JN443229

제3판

예측을 위한 통계적 기법

SPSS 활용
시계열 자료분석

이원우 · 장인홍 지음

자유아카데미

제3판을 내면서

공저자는 이원우 교수님의『예측을 위한 통계적 기법』3판을 출판하게 되어 매우 영광으로 생각한다. 2011년 개정판이 출간된 후 꽤 많은 시간이 지나도록 수정이 이루어지지 못하였는데, 이 책으로 시계열 강의를 하며 컴퓨터 및 SPSS 통계소프트웨어의 급속한 발달에 따라 수정의 필요성을 느끼게 되었다.

주어진 시간의 한계로, 내용면에서 많은 부분을 수정하지 못하였지만, 실습 부분에서는 통계분석 소프트웨어 최신버전인 SPSS 25를 활용하여 기존의 내용을 전면적으로 수정하고 보완하였다. 이전 개정판에서와 마찬가지로 이론적 내용은 시계열자료분석 분야의 초보자도 쉽게 이해하도록 설명하였으며, 실습 내용 또한 SPSS 초보자도 쉽게 따라할 수 있도록 비교적 상세히 서술하였다.

시계열자료분석에 대한 이론들이 지속적으로 연구되고 있지만, 이번 3판에서는 실습 부분의 최신 업그레이드 정도에서 수정을 마치고 추가적인 이론적 접근과 보완은 다음 기회에 하고자 한다.

좋은 책을 위해 최선을 다했지만 부족한 부분이 있을 수 있다. 출간 후에라도 수정사항이 있을 경우에는 자유아카데미 홈페이지(www.freeaca.com) 자료실에 제공할 예정이다.

끝으로 출간하기까지 많은 도움을 준 조선대학교 전산통계학과 박사 과정 이다혜 선생에게 감사의 말을 전하며, 3판에 참여할 수 있는 기회를 주신 원저자 이원우 교수님께 다시 한 번 감사드린다. 또한 자유아카데미 임철석 사장님께도 감사의 말을 전하고 싶다.

2018년 3월
장인홍 씀

개정판을 내면서

처음에 예측을 위한 통계적 기법을 집필하면서 시계열자료분석의 이론을 이해하는 데에 어려움이 많은 독자들, 특히 실무자들을 위하여 이론적 배경을 쉽게 풀어 설명하고, SPSS로써 어떻게 해결하는가에 초점을 맞추었다. 그동안 사회과학 분야의 SPSS를 활용한 시계열자료분석 관련 교재들을 보면서, 이론적 배경을 모르는 채 SPSS 실습을 하는 것은 의미가 없다고 생각했기 때문에, 이론과 실습이 어렵지 않게 조화될 수 있도록 노력하였다. 즉, 이론에 대한 설명은 쉽게, SPSS 실습은 누구나 할 수 있도록 자세하게 구성하였다. 그리고 초판을 한 학기 동안 대학 교재로 사용해보았다. 강의를 수강한 경영학 분야 학생들에게도 전혀 어려운 교재가 아니었음을 확인할 수 있었다. 그러나 초판에서 많은 오타, 오류, 내용 부족 등을 실감하고 곧바로 개정판을 준비하기 시작하였다. 초판 1,500부가 인쇄되어 시중에 나간 것에 대해 책임을 느끼며, 더 이상 개정판을 미룰 수 없었다. 막중한 책임감과 함께 죄송스러운 마음이다.

이 개정판에서는 새로운 분석 기법들을 보강하고 일부분을 수정하였다. 우선, 수정하고 보강한 부분은 제2장 평활법의 Brown 방법과 Holt 방법이다. 두 가지 방법에 대한 이론 정의 식들의 계산 결과와 SPSS 계산 결과를 면밀하게 비교하지 않고 출판을 서두른 것 또한 본인의 책임이다. 그러나 초판의 Brown 방법에 대한 SPSS 계산 결과를 수정하면서, 단순지수평활방법에 대해 새롭게 발견한 내용을 추가하였다. 즉, Brown 방법은 단순지수평활 결과들을 가지고 전개되는데, SPSS로 계산된 단순지수평활 결과를 가지고 전개를 하는 것이 아닌 것을 발견하게 되었다. 따라서 기존의 단순지수평활방법을 수정할 필요가 있다는 점에 착안하였고, 매우 중요한 발견이라고 생각한다. 구체적으로는 식 (2-18)이다. 기존의 단순지수평활법의 예측치들에 대한 정확도보다는 식 (2-18)을 적용했을 때의 단순지수평활법의 정확도가 훨씬 나아진다는 것이며, 이 결과가 또한 Brown 방법에 적용된다는 것이다. 그리고 제2장에 추가한 주제는 Winter의 방법이다. 계절성이 있는 경우의 시계열자료를 평활하는 데 필요한 기법이기 때문이다. 제2장을 수정·보완하면서 느끼고, 특히 강조하고 싶은 점은 SPSS를 활용하는 경우,

이론적 이해 없이 SPSS 계산 결과만을 가지고 예측치들을 얻는다면 많은 오류를 범할 수 있다는 것이다. 그리고 제7장 기타 중요한 모형에 오차항이 ARIMA 모형인 경우와 전이함수모형을 새롭게 포함시켜 보완하였다. 두 가지 모형 모두 시계열자료를 분석하는 데에 필요한 일반적인 주제이기는 하지만, 고급 분석 기법에 속하는 것이기 때문에 초판에서는 제외했었다. 그러나 시계열자료를 분석하는 데에 기본적인 것들에 대해 익숙해지면 반드시 고려해보고 싶은 주제들일 것이므로, 개정판에 포함하게 된 것이다. 이 부분도 다른 시계열분석 교재들보다는 이론적 배경을 쉽게 이해할 수 있도록 설명했다고 자부한다.

또한, 제4장 Box-Jenkins 모형에서는 부분자기상관계수를 구하는 Yule-Walker 방정식을 추가하였다. Yule-Walker 방정식 역시 초보자들에게는 어렵고 복잡한 부분이기는 하지만, ARIMA 모형에서 중요하게 사용되는 통계량이므로 궁금하거나 알고 싶은 독자들에게 부록 차원의 도움이 될 것으로 기대한다.

시계열자료를 분석해야 하는 경우는 의외로 많다. 우리 주변에는 시간이 지남에 따라 값들이 변하는 자료가 많고, 이런 자료에 대해 예측이 필요하기 때문에 시계열자료분석의 요구가 증대되고 있다. 특히 시계열자료를 단순히 회귀분석 모형으로 해결하려는 것은 상당한 오류를 범할 수 있음을 재삼 강조한다. 통상적인 회귀분석 기법이란 일정시점에서 얻어진 자료들에 대한 분석 기법이기 때문에, 시계열자료를 처리하는 경우와는 기본적으로 다르다. 물론 회귀분석 기법이 시계열자료를 이해하는 데 필요하고 시계열자료분석에 일부 적용되기는 하지만, 기본적으로 자료 자체가 다르다는 것이다.

일반적인 이야기이긴 하지만 통계기법을 활용하여 어떤 결과를 얻으려고 하는 경우에 이론을 제대로 이해하지 못하고, 통계패키지 계산 결과만을 얻어 목적한 바에 사용하려는 것은 대단히 위험한 일이다. 시계열자료뿐만이 아니라 다양한 자료들을 통계적 기법으로 분석하여야 하는 수요가 증대하는 시점에서, 올바른 통계기법의 활용 및 설명이 필요하며 간단하게라도 이론적 배경에 대한 이해가 필요하다. 왜냐하면 이론에 대한 이해 없이 통계분석을 할 경우 심각한 오류를 범할 수 있기 때문이다. 통계학 관련 교재를 집필하거나 가르치는 교수들도 이에 대해 책임감을 가지고 있어야 할 것이라고 감히 제안한다.

어려운 여건 속에서도 개정판 출간에 적극적으로 나서 주신 자유아카데미 주정희 사장님과 편집부 여러분들께 감사드린다. 이 개정판도 완벽하다고 하기는 어려울 것이다. 모든 책임은 본인에게 있음을 다시 한 번 밝힌다.

2011년 7월

저자 이 원 우

이 책을 쓰기까지

추운 날이다. 나뭇가지들이 헐벗고 하늘이 얼어 있는 듯이 보이는 것처럼 많은 이들의 마음이 비어있는 듯하다. 마음인들 봄이 온다고 채워질까?

이 교재는 통계학 중에서 특히 시계열자료분석을 알아야 하는 실무진들과 비통계전공 연구자들의 갈증을 풀어 주기 위한 차원에서 쓰기 시작하였다. 물론 통계 전공자들에게도 손쉽게 접근할 수 있는 교재가 될 것으로 기대한다.

현재 우리 주변에는 시계열자료를 다루고자 하는 사람들에게 쉽게 접근할 수 있는 시계열자료분석 관련 서적이 많지 않은 것이 사실이다. 더욱이 통계학을 전공하지 않은 사람들에게는 전혀 이해할 수 없는 식들과 문자들 때문에 접근 불가의 영역으로 느껴지지는 않았는가 싶다. 오랜 경험을 바탕으로, 시계열자료를 다루어야 하는 분야가 상당히 많은 데도 불구하고 포기할 수밖에 없는 비통계전공자들이 많은 것을 알기 때문에 시계열자료는 어떤 특징을 가지고 있는 자료이며, 분석을 어떻게 하는 것인가에 대한 소개서가 절실하게 요구됨을 알게 되었다. 그러므로 이론 부분은 꼭 필요한 것만 설명하면서 어려운 수식을 가급적 사용하지 않았다. 특히, 중요 주제들에 대해 실습 문제들을 분석 도구인 SPSS로 다룸으로써 각 문제를 해결할 수 있도록 하였다. SPSS를 전혀 사용해 본 적이 없는 경우에도 아무 문제가 없을 것이다. 그러나 이 책을 제대로 이해하기 위해서는 통계학에 대한 기초 배경은 필요하다. 예를 들어, 신뢰구간이라든가 가설검증($p-value$)에 대한 것 등을 여기서 추가로 설명할 수는 없기 때문이다.

제1장과 제2장은 시계열자료에 대한 소개와 예측의 정확도 개념을 다루면서 가장 우선적으로 생각할 수 있는 평활(Smoothing) 방법에 대해 설명하였다. 이는 여러 가지 형태로 변하여 규칙이 없는 듯한 시계열자료를 부드러운 선으로 만들어 예측하고자 하는 방법이다. 제3장은 시계열의 변화는 여러 요소들의 변화가 복합적으로 작용하기 때문이라는 측면에서 요소분해법을 설명하고 있다. 즉, 시계열자료를 여러 요소의 결합으로 보고 각 요소로 분해하여 보자는 것이다. 제4

장과 제5장에서는 소위 Box-Jenkins 모형으로 불리는 *ARIMA* 모형을 매우 간결하게 이해할 수 있도록 설명한다. 이 주제는 통계학 전공자들에게도 매우 생소하고 어렵게 인식하고 있는 부분이다. 간단한 모형부터 계절성이 들어 있는 복잡한 모형까지 모두 쉽게 설명하였다. 제6장은 회귀모형에 의한 예측으로서 일반 통계학 서적에서 배운 것이 큰 도움이 될 것이다. 일반적인 회귀모형은 한 시점에서 얻어진 자료(Cross-section)를 대상으로 하는 것이지만, 시계열자료를 대상으로 회귀모형을 사용한다면 추가적으로 고려해야 하는 것들이 있다. 마지막으로 제7장은 제6장의 연결선상에서 단순하지 않은 문제들, 즉 개입모형, 잔차들 간에 자기상관이 있는 경우를 추가하였다. 시계열자료를 다루는 사람들이 실제로 당면할 수 있는 문제들을 다룬 것이다.

이 교재에서 다루고 있는 문제들이 전부는 아니라고 생각한다. 그러나 이 교재를 이해하면 더욱 복잡한 문제들을 해결하는 데에 큰 도움이 될 것으로 믿는다. 그리고 앞으로 개정판이 나오게 되면 더 많은 사례연구들을 보강하고자 한다.

이 책이 나오기까지 많은 시간을 내어 SPSS 실습 문제를 해결해 준 정현주씨에게 고마움을 전하고, 또한 어려운 여건에서 출간을 지원해 주신 자유아카데미 주정희 사장님, 임철석 상무님과 편집부 여러분들께도 감사를 드린다.

허전한 마음 속에 따뜻함을 불어 넣고 싶다. 훈훈한 사랑이 모두의 마음 속에 채워지고, 한 곳에 머무르지 않는 진실을 붙잡기 위해 노력하고자 한다.

마지막으로 젊은 시절 대학에서 해임되었다가 15년 동안 리서치 현장에서 여러 가지 경험을 하게 하시고 다시 학교로 복귀할 수 있도록 인도하신 하나님께 감사를 드린다.

2009년 12월

저자 이 원 우

차례

3장 시계열 요소분해법 · 75

4장 Box-Jenkins 모형 · 117

5장 비정상적 계절시계열모형 · 177

6장 회귀분석모형 · 211

1장

시계열자료와 예측

1.1 예측
1.2 시계열자료
1.3 예측의 정확도 측정

1.1 예측

어떤 자료에 대해 장래의 값을 예측한다는 것은 간단한 일이 아니다. 또한 그것을 정확히 예측하기도 어렵다. 어떤 자료에 대한 예측을 하는 데에 있어서 그 자료가 영향을 받을 수 있는 수많은 다른 변수들이 존재할 경우도 있을 것이기 때문에, 예측 작업은 어렵고 복잡한 일이며 여러 가지 고려할 사항들이 많다. 그러나 많은 경우에, 특히 경영자나 관리자 입장에서 장래에 대한 계획을 하고자 할 경우, 특정한 자료들에 대한 장래의 예측값들을 알아야만 할 것이다. 예측을 한다고 하더라도 어떤 시계열자료는 예측 시점에서는 전혀 생각하지 못한 다른 변수들이나, 갑자기 결정된 (정부)정책의 영향을 받을 수도 있을 것이다. 그러므로 예측을 한다는 자체가 매우 어렵거나 부정확할 수 있다는 전제를 이해해야만 한다.

그럼에도 불구하고 어떤 자료에 대한 예측이 꾸준히 요구되는 것은 반드시 예측이 되어야만 할 욕구가 있기 때문이다. 가까운 예로서, 강우량에 대한 예측이 그것이다. 현대는 강우량이 얼마나 될까를 모르는 채 살아가기 어려운 시대이다. 얼마나 비가 올지 모르고 살았던 시대가 있었던 반면, 강우량이 바로 내일 나의 업무에 영향을 미치는데 이를 예측하지 않고는 살 수가 없는 것이다. 또는 설비투자를 계획하고 있는 제조업체에서는 향후 제품의 수요를 예측하지 않고서는 설비투자의 규모나 기간 등에 대한 계획을 수립할 수 없을 것이다.

예측에 따른 불확실성에 대해서는 더 이상 강조할 필요가 없을 정도이다. 그러므로 많은 경우 과거부터 현재까지 얻어진 자료를 토대로 합리적인 방법에 따른 예측의 필요성은 더욱 절실하다. 향후 전망을 하기 위해서는 중요한 경제 및 경영 자료뿐만이 아니라 관련 자료들에 대한 예측을 함으로써, 보다 정확한 의사결정을 할 수 있기 때문이다.

올바른 예측을 위해서는 자료의 성격을 잘 파악하여야 한다. 다시 말하면, 정확한 예측을 위하여 보다 중요한 것은 시계열자료의 성격과 특징을 파악하고, 그 자료와 관련된 주변환경 변수들은 어떤 것들이 있는지, 그 자료 자체를 분석할 것인지 변환 또는 조정이 필요한지 등을 고려해 보아야만 할 것이다. 여기서 주변환경 변수들이란 인구통계변수, 경제지표변수, 경쟁관계변수, 정부정책, 기술변화 등을 말한다.

예를 들면, 어느 회사제품의 판매액에 대한 시계열자료가 있을 때 판매액 자체의 시계열자료를 분석할 것인가, 판매량의 시계열자료를 분석할 것인가를 생각해 보아야 할 것이다. 또 제품시장이 최종 소비자(개인)와 기업의 수요로 나누어질 경우, 성격이나 패턴이 다르게 나타나는 개인수요와 기업수요를 각각 분석하는 것이 바람직할 것이다. 그리고 분석의 접근방법에 대해서도 고려해 둘 필요가 있다. 예를 들면, A자동차 제조회사에서 A사의 국내 수요를 예측함에 있어 두 가지의 접근방법이 있을 수 있다. 먼저, Top-Down 방법은 국내 전체 승용차 수요를 예측하고, A사 시장점유율(M/S)을 예측하여 A사의 제품수요를 예측하는 방법이고, Bottom-Up 방법은 A사의 소형, 중형, 대형차의 수요를 예측하여 그 결과를 합함으로써 A사의 국내 수요 승용차 대수를 예측하는 방법이다.

예측의 방법은 여러 가지가 존재하지만 여기서는 주로 과거의 시점들에서 관찰된 값들(시계열)로써 예측하는 기법(time-series 분석)을 중심으로 예측의 방법들을 설명해 나가고자 한다.

1.2 시계열자료

시계열(time-series)자료를 분석한다는 것은 어떤 자료가 과거 시점에서 얻어진 관찰값들의 변화패턴에 따라 앞으로도 변화될 것이라는 전제하에서 향후 시점의 값을 예측하는 기법이다. 즉, 현재까지 일정한 패턴을 가지고 변화해 온 자료는 앞으로도 그 패턴으로 변화해 나갈 것이라는 전제하에 향후 시점의 값들을 예측한다는 것이다.

시계열자료를 표현하는 방법은 $\{ Y_t, \ t = 1, 2, \cdots \}$ 로서 t 는 시점을 나타내고 Y 는 그 시계열자료를 나타내는 변수이다. 즉, $\{ Y_1, \ Y_2, \cdots \}$ 등으로 시계열자료를 표현한다면 Y_1 은 시점 1에서의 Y값, Y_2 는 시점 2에서의 Y값을 나타내는 것이다.

시계열자료는 크게 두 가지로 나누어진다. 하나는 **정상적(stationary) 시계열**이고, 다른 하나는 **비정상적(non-stationary) 시계열**이다. 다음의 [그림 1-1]은 정상적 시계열의 대표적인 형태이며 [그림 1-2], [그림 1-3], [그림 1-4]는 비정상적 시계열의 몇 가지 예를 보여주고 있다.

정상적 시계열은 어떤 일정한 값(평균)을 중심으로 일정한 변동 폭(분산)을 가지면서 시간에 따라 변하는 형태의 패턴을 갖는 시계열을 말한다. 시계열자료분석은 기본적으로 정상적 시계열에 대해 그 이론이 전개되어 있기 때문에 분석하고자 하는 시계열자료가 정상적 시계열인지 여부를 판단하는 것이 매우 중요하다. 그러나 우리가 분석하고자 하는 시계열은 대개가 정상적이지 않은 시계열(비정상적 시계열)이다. 따라서 비정상적 시계열을 분석하기 위해서는 그 시계열을 일단 정상적 시계열로 전환시키게 된다. 그리고 전환된 정상적 시계열에 대한 패턴을 알아본 후에 다시 원래의 비정상적 시계열로 바꾸어 줌으로써 향후 시점에 대한 예측을 하게 되는 것이다.

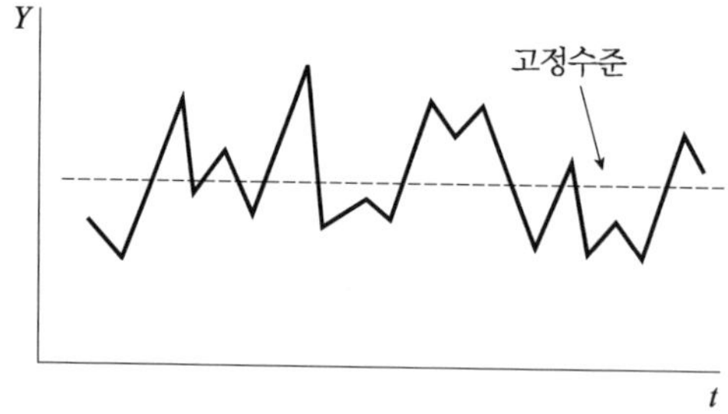

그림 1-1 정상적 시계열

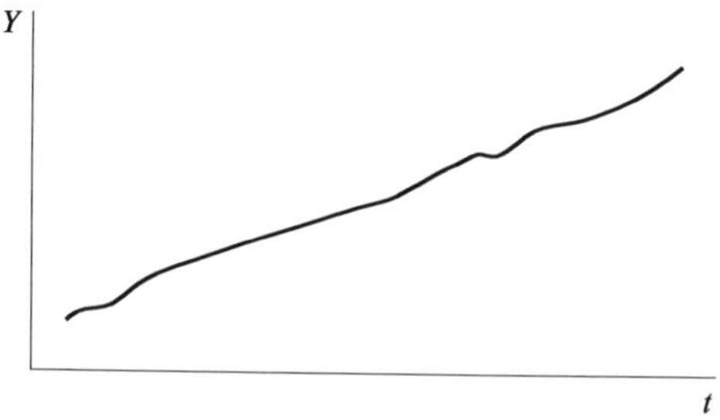

그림 1-2 비정상적 시계열

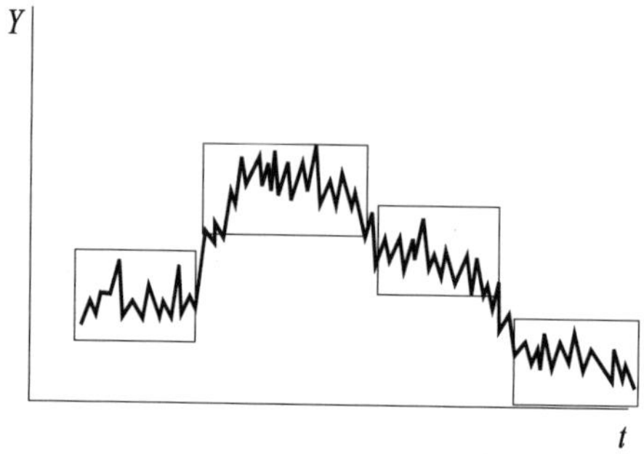

그림 1-3 비정상적 시계열

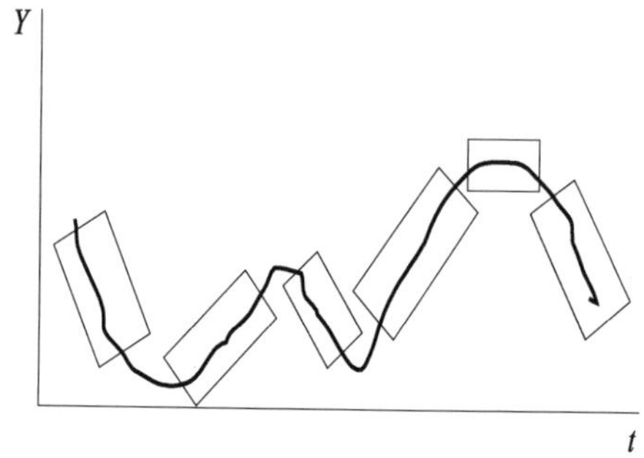

그림 1-4 비정상적 시계열

1.3 예측의 정확도 측정

예측은 과거부터 예측하고자 하는 시점까지 얻어진 시계열자료들을 이용하여 이후 시점에서의 그 자료의 값들을 알아내는 것인데, 그 예측값들이 얼마나 정확한가를 측정해야만 할 것이다. 앞으로 여러 가지의 예측방법들을 설명하겠지만, 어떤 시계열자료에 대해 몇 가지 방법으로 예측하였을 경우, 어느 방법으로 예측한 결과가 가장 적당한가를 알기 위해서는 예측값들로써 그 예측방법의 **정확도**를 측정하여 비교해 보아야 할 것이다. 여기서는 정확도를 어떻게 측정하는가에 대해 좀 더 구체적으로 설명하고, 정확도 측정 도구를 몇 가지 제시하기로 한다.

먼저, **예측시점**(T)에서 n개의 이전 시점들의 시계열자료를 갖고 있다고 하자. 여기서 예측시점이란 현재 시점을 뜻하는 것은 아니고, 예측하고자 하는 그 시점을 말한다. 그러면 이 자료들을 다음과 같이 표현할 수 있을 것이며 다음과 같은

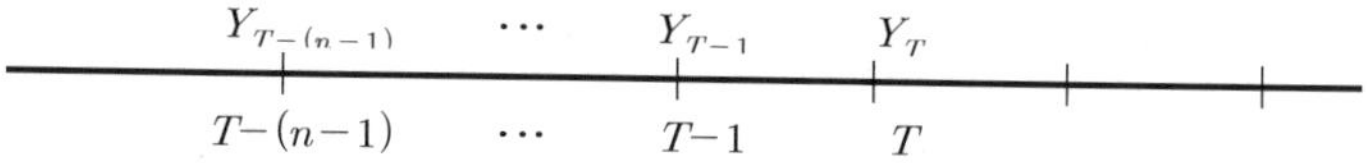

$\{ Y_{T-(n-1)}, \cdots , Y_{T-1}, Y_T \}$ 의 시계열자료들을 가지고 예측을 수행하게 된다는 것이다. 그리고 n 개의 시계열자료들로써 어떤 예측방법을 사용하여 향후 m 개 시점들에 대한 예측값들을 얻는다면, 그 예측값들을 $\{ F_{T+1}, F_{T+2}, \cdots , F_{T+m} \}$ 으로 표현할 수 있을 것이다.

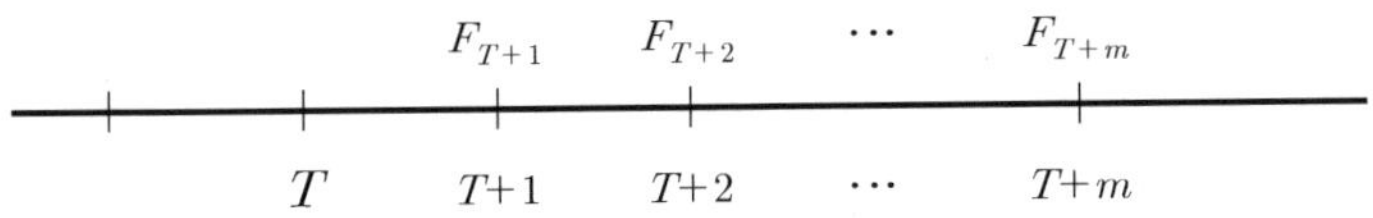

또한 이 예측방법에 의하여 예측하고자 하는 시점부터 과거 n개의 자료들을 (역으로) 계산할 경우, 그 값들을 $\{ F_{T-(n-1)}, \cdots , F_{(T-1)}, F_T \}$ 로 표현하기로 하자. 엄밀히 말하면, 이 값들은 예측값이라기보다는 적합값(fitted value)이다. 즉, 다음 그림과 같이 $\{F_T, F_{T-1}, \cdots , F_{T-(n-1)}\}$ 를 얻게 된다.

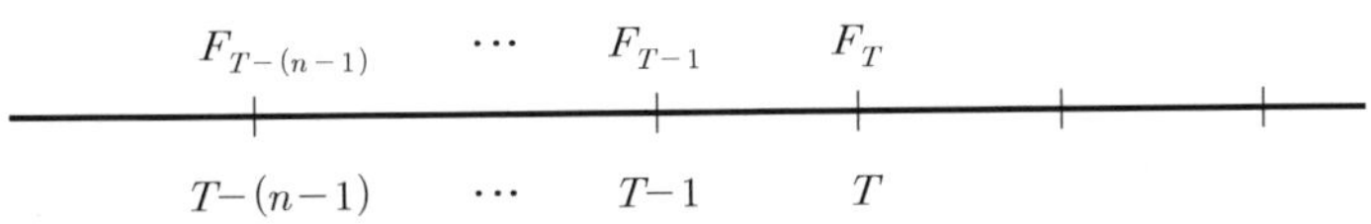

따라서 실제로 이미 알고 있는 시계열자료 $\{ Y_{T-(n-1)}, \cdots , Y_{(T-1)}, Y_T \}$ 와 예측모형을 통하여 얻어지는 시계열 $\{ F_{T-(n-1)}, \cdots , F_{(T-1)}, F_T \}$ 간의 차이는 그 예측모형에 의하여 얻게 되는 오차들이 되며, 이 오차들로써 그 예측모형의 정확도를 계산할 수 있을 것이다. 다시 말하면,

$$
\begin{aligned}
\epsilon_T &= Y_T - F_T \\
\epsilon_{T-1} &= Y_{T-1} - F_{T-1} \\
&\vdots \\
\epsilon_{T-(n-1)} &= Y_{T-(n-1)} - F_{T-(n-1)}
\end{aligned}
$$

들을 **예측오차**(error)라고 하며, 이 오차들을 가지고 예측모형의 정확도를 측정하는 것이다. 그리고 실제로 얻어진 시계열자료값들에 대해서 실제로 계산된 오차들을 잔차(residual)라고도 한다.

즉, 시점 T를 기준으로 m 시점에 걸쳐 시계열의 관찰값, $\{Y_{T+1}, \cdots , Y_{T+m}\}$가 있을 경우, $\{Y_{T+1} - F_{T+1}, \cdots , Y_{T+m} - F_{T+m}\}$도 계산될 수 있을 것이고, 이 값들도 예측오차(forecasting error)라고 한다는 것이며, 잔차를 e로 표현한다.

위에서 설명한 잔차들로 예측방법의 정확도를 측정하는 방법은 다음과 같은 것들이 있다.

1) Mean Error: $ME = \dfrac{\sum e_t}{n}$

이 방법은 계산된 잔차들의 단순평균을 말한다.

2) Mean Absolute Error: $MAE = \dfrac{\sum |e_t|}{n}$

이 방법은 잔차들의 절댓값들을 평균한 것이다.

3) Mean Squared Error: $MSE = \dfrac{\sum e_t^2}{n}$

잔차들의 평균은 0이라고 하고(실제로 0에 가깝다), 잔차들의 제곱평균을 구하는 것이다. 잔차들의 제곱합을 SSE(sum of squared error)라고 한다.

4) Standard Deviation of Errors: $SDE = \sqrt{\dfrac{\sum e_t^2}{(n-1)}}$

잔차들에 대한 표준편차를 뜻한다.

5) Mean Percentage Error: $MPE = \dfrac{\sum PE_t}{n}$

잔차의 실제 자료에 대한 비율 평균이다.

여기서 $PE_t = (\dfrac{Y_t - F_t}{Y_t}) \times 100$이며, 잔차 $(Y_t - F_t)$의 실제 자료(Y_t)에 대한 비율이다.

6) Mean Absolute Percentage Error: $MAPE = \dfrac{\sum |PE_t|}{n}$

잔차의 실제 자료에 대한 비율의 절댓값들 평균을 말한다.

7) Durbin-Watson Statistic

$$D - W = \frac{\sum_{2}^{n}(e_t - e_{t-1})^2}{\sum_{1}^{n} e_t^2}$$

여기서, 일반적으로 사용되는 정확도 척도는 **잔차제곱합**(SSE)인데, SSE(또는 MSE)는 통계적인 의미나 활용도가 높다. 그리고 $D - W$는 자기상관이 존재하는가를 판단하는 척도로서 7장에서 다루게 된다.

정확도 측정의 계산 예

어느 제품의 반품개수 시계열자료와 특정한 예측방법의 예측값들이 다음과 같다고 하자.

t	1	2	3	4	5	6	7	8	9	10
반품개수	22	23	39	37	38	47	43	49	61	63
예측값	24	28	32	36	40	44	48	52	56	60

이 자료에 대한 정확도를 계산하기 위한 과정과 여러 가지 정확도의 값들은 다음 [표 1-1]과 같다.

표 1-1 예측의 정확도 계산 결과

t	Y	F	$e=Y-F$	$\|e\|$	e^2	$\left(\frac{Y-F}{Y}\right)100$	$\left\|\frac{Y-F}{Y}\right\|100$
1	22	24	−2	2	4	−9.09	9.09
2	23	28	−5	5	25	−21.74	21.74
3	39	32	7	7	49	17.95	17.95
4	37	36	1	1	1	2.70	2.70
5	38	40	−2	2	4	−5.26	5.26
6	47	44	3	3	9	6.38	6.38
7	43	48	−5	5	25	−11.63	11.63
8	49	52	−3	3	9	−6.12	6.12
9	61	56	5	5	25	8.20	8.20
10	63	60	3	3	9	4.76	4.76
	합계		2	36	160	−13.85	93.83

1) $ME = 0.2$
2) $MAE = 3.6$
3) $MSE = 16$
4) $SDE = \sqrt{160/9} = 4.22$
5) $MPE = -1.385(\%)$
6) $MAPE = 9.383(\%)$

그리고 $D-W$ 통계량 값은 다음 [표 1-2]와 같이 계산된다.

앞으로도 설명하겠지만 여기서 소개한 정확도를 구하는 방법들 중 어느 방법이 가장 좋은지를 판단할 수는 없다. 다만 여러 가지 다른 예측방법으로 예측값들을 얻었을 경우, 그 예측방법들에 대한 여러 가지 정확도들을 구하여 대체적인 비교를 함으로써, 주어진 시계열자료에 대해서는 어떤 예측방법이 더 타당하다는 것을 알 수 있을 뿐이다. 물론 두 가지 예측방법을 비교할 때 정확도를 기준으로 판단하려면 계산된 정확도의 값이 더 작은 것이 바람직한 예측방법이 된다.

표 1-2 $D-W$ 통계량 계산 결과

t	Y	F	e	$(e_t - e_{t-1})$	e^2	$(e_t - e_{t-1})^2$
1	22	24	−2	−	4	−
2	23	28	−5	−3	25	9
3	39	32	7	12	49	144
4	37	36	1	−6	1	36
5	38	40	−2	−3	4	9
6	47	44	3	5	9	25
7	43	48	−5	−8	25	64
8	49	52	−3	2	9	4
9	61	56	5	8	25	64
10	63	60	3	−2	9	4
	합계		2	5	160	359

$$D-W = \frac{359}{160} = 2.24375$$

1장 연습문제

1 다음은 20개월간의 시계열자료와 두 가지 방법에 의해 얻어진 예측값들이다.

(1) 시계열자료와 예측방법 1의 자료들을 가지고, ME(mean error), MAE (mean absolute error), SSE(sum of squared of error), MSE(mean squared error), SDE(standard deviation of error), MPE(mean percentage error), $MAPE$(mean absolute percentage error) 등을 구하라.

(2) 시계열자료와 예측방법 2의 자료를 가지고 위 (1)의 척도들을 구하라.

(3) 예측방법 1과 예측방법 2 중에 어느 방법이 좋은가를 판단하라.

(4) 시차 1의 자기상관계수(autocorrelation with lag 1)란 시계열자료의 현시점과 바로 이전 시점 간의 시계열자료로써 얻어지는 상관계수를 말한다. 즉, 시차 1의 자기상관계수는 다음과 같은 식으로 계산된다.

$$auto-corr(1) = \frac{\sum_{t=2}^{n} (y_t - \bar{y})(y_{t-1} - \bar{y})}{\sum_{t=1}^{n} (y_t - \bar{y})^2}$$

이 식에 대해 설명하고, 주어진 시계열자료에 대한 시차 1의 자기상관계수를 구하라.

t	시계열자료	예측방법 1	예측방법 2
1	139	153	170
2	137	148	171
3	174	144	169
4	142	156	176
5	141	152	172
6	162	148	167
7	180	154	168
8	164	165	172
9	171	166	172
10	206	170	173
11	193	186	183
12	207	192	189

13	218	202	198
14	229	213	208
15	225	224	220
16	204	230	229
17	227	225	230
18	223	230	236
19	242	232	239
20	239	240	245

2 다음은 어느 시계열자료로부터 얻어진 잔차들이다. 이 자료로써 Durbin-Watson 통계량의 값을 계산하라.

t	잔차
1	26
2	0
3	31
4	−21
5	−61
6	−79
7	−113
8	−69
9	68
10	50
11	50
12	26
13	13
14	71
15	−37

2장

평활법

2.1 이동평균방법

이동평균방법(Moving Average Method)이란 어느 시계열자료에 대해 예측시점(T)을 기준으로, 차기($T+1$)의 예측값을 시점 T에서 가지고 있는 과거 자료들의 평균값으로 하는 방법이다. 예측시점에서 평균을 구할 때 이전 시점의 자료들을 몇 개 사용하느냐에 따라 평균값이 다르게 되므로 이동평균이라는 용어를 사용한다. 이동평균방법은 대체로 일정한 주기를 갖고 비슷한 패턴으로 움직이고 있는 경우에 적용시킬 수 있는 방법이다. 주기가 길어질수록 많은 자료로써 평균을 얻는 것이기 때문에 직선에 가까운 부드러운 선이 얻어질 것임을 쉽게 알 수 있다. 예를 들어 주가지수를 나타내는 도표에 5일, 20일, 60일 이동평균선이 나타나는데, 20일 이동평균선보다는 60일 이동평균선이 훨씬 직선으로 나타나는 것이다. 시계열자료에 따라 다양한 이동평균방법이 적용될 수 있으므로, 몇 가지 기본적인 이동평균방법들인 평균방법, 단순이동평균방법, 선형이동평균방법을 소개하기로 한다.

2.1.1 평균방법

평균을 사용하여 예측을 한다는 것은 매우 간단하고 직관적인 방법이다. 왜냐하면 평균이란 누구나 알고 있는 개념이며 쉽고 간단하게 얻어지기 때문이다.

이 방법은 시계열자료, $\{Y_T\}$가 있을 때 예측시점(T)에서 차기시점($T+1$)의 예측값, F_{T+1}을

$$F_{T+1} = \overline{Y}_T = \sum_{i=1}^{T} Y_i / T \tag{2-1}$$

로 하자는 것이다. 즉, 예측시점에서 가지고 있는 과거 자료들의 평균을 차기시점의 예측값으로 하자는 것이다. 그리고 시점 ($T+1$)의 시계열값이 있다면 예측오차는

$$e_{T+1} = Y_{T+1} - F_{T+1} = Y_{T+1} - \overline{Y}_T \tag{2-2}$$

로 계산된다. 마찬가지로 시점 ($T+2$)의 예측값, F_{T+2}는

$$\begin{aligned} F_{T+2} &= \overline{Y}_{T+1} = \sum_{i=1}^{T+1} Y_i / (T+1) \\ &= \frac{T \times F_{T+1} + Y_{T+1}}{(T+1)} \end{aligned} \tag{2-3}$$

로 계산된다.

평균을 예측의 방법으로 적용시킬 수 있는 시계열자료는 추세(trend)도 없고, 계절성(seasonality)도 없는 시계열자료가 적당하다. 이러한 시계열자료에 대해서라면 평균에 사용되는 자료의 수가 많으면 많을수록 안정적(stable)인 평균값이 얻어지기 때문에 평균을 이용할 경우 좋은 예측값이 될 수 있을 것이다. 그러나 시계열자료가 추세나 계절성이 있을 경우, 또는 어느 시점에서 급격히 변화하는 모습을 나타낸다면 평균의 방법으로는 그 시계열자료에 대해 좋은 예측값을 기대할 수 없을 것이다.

다음은 18개로 이루어진 시계열자료에 대해 평균방법을 적용했을 때의 예측값들과 예측오차들을 계산한 결과이다.

평균 예측방법의 예

표 2-1 예측값과 예측오차들의 결과

t	Y	예측값	예측오차	t	Y	예측값	예측오차
1	42	–	–	10	41	40.22	0.78
2	40	42.00	–2	11	39	40.30	–1.3
3	43	41.00	2	12	36	40.18	–4.28
4	38	41.67	–3.67	13	41	39.83	1.17
5	41	40.75	0.25	14	40	39.92	0.08
6	37	40.80	–3.8	15	43	39.93	3.07
7	39	40.17	–1.17	16	42	40.13	1.87
8	42	40.00	2	17	38	40.25	–2.25
9	40	40.25	–0.25	18	36	40.12	–4.12

여기서, 예측시점 $T=1$에서 다음 시점($T=2$)의 예측값은 42이고, 예측시점 $T=2$에서 다음 시점($T=3$)의 예측값은 $(42+40)/2=41$이 되는 것이다. 예를 하나 더 들면 예측시점 $T=6$에서 다음 시점($T=7$)의 예측값은 $(42+40+43+38+41+37)/6=40.17$이다.

2.1.2 단순이동평균방법

시계열자료가 충분히 확보되어 있을 경우, 앞에서 보았던 평균의 방법을 개선하여 일정한 수의 자료들을 평균하여 예측하는 방법이다. 즉, 예측시점을 기준으로 과거 일정한 개수의 자료들 평균을 다음 시점의 예측값으로 사용하는 방법으로서, 모든 과거 자료를 동원하여 평균을 얻는 평균방법과는 다르다. 예측시점(T)을 기준으로 과거 몇 개의 자료로써 평균을 얻는가 하는 주기(N)가 결정되면, 다음과 같은 방법으로 이동평균(Moving Average: MA)을 얻을 수 있다.

시계열자료, $\{Y_T\}$가 있다고 하자. 그리고 주기를 N이라고 하면

표 2-2 이동평균의 계산법

예측시점	이동평균 $MA(N)$	예측값
T	$\dfrac{Y_T+Y_{T-1}+\cdots+Y_{T-(N-1)}}{N}$	$=F_{T+1}$
$T+1$	$\dfrac{Y_{T+1}+Y_T+\cdots+Y_{T+1-(N-1)}}{N}$	$=F_{T+2}$
$T+2$	$\dfrac{Y_{T+2}+Y_{T+1}+\cdots+Y_{T+2-(N-1)}}{N}$	$=F_{T+3}$

[표 2-2]와 같이 시점(T, $T+1$, $T+2$)에서 각각 시점($T+1$, $T+2$, $T+3$)의 예측값(F_{T+1}, F_{T+2}, F_{T+3})을 얻는데, 각 시점에서부터 과거 N개의 자료들을 평균하여 예측하는 방법이다. 물론 주기 N은 시계열자료의 성격에 따라 3, 4, 5, 12 등 다양하게 결정할 수 있을 것이다.

그러나 단순이동평균방법도 시계열자료가 추세를 갖고 있을 경우에는 부적절하다. 그리고 이동평균방법을 사용함에 있어서 주기(N)를 얼마로 해야 하는가 하는 문제는 다음과 같은 점들을 고려해야 할 것이다. 주기가 N인 단순이동평균방법을 $MA(N)$으로 표현하기로 하자.

(a) $MA(1)$는 주기가 1인 이동평균방법을 나타내며, 현재 시점(T)의 시계열 값으로 다음 시점($T+1$)의 시계열자료를 예측한다는 것이다.

(b) $MA(4)$는 분기별 자료에 대해 사용할 수 있는데, 4개의 자료들 평균을 얻으면 분기마다 가지고 있는 소위 계절효과가 제거된다. 그러나 단순이동평균방법처럼 분기별로 나타나는 시계열자료의 평균값을 다음 시점의 예측값으로 한다는 것은 추세나 계절효과를 나타내기에 바람직하지 않다. 다음에 설명되겠지만(중심화 이동평균방법), 4개의 자료들 평균을 4개 자료들의 가운데 쪽에 위치시킨다면 시계열자료들의 요소들을 파악하는 데 도움이 될 것이다.

(c) 이동평균방법에서 주기를 크게 하면 할수록 시계열자료를 부드럽게 하는 효과가 있다. 왜냐하면 많은 자료들의 평균을 내어서 예측값으로 사용한다는 것은 그 기간 동안의 크고 작은 값들이 상쇄되기 때문이다.

단순이동평균방법의 예

어느 회사의 전기 믹서(Mixer) 출고량 시계열자료에 대해 주기 3의 이동평균 $MA(3)$과 주기 5의 이동평균 $MA(5)$ 방법을 이용하여 예측값을 얻으면 [표 2-3]과 같다.

예를 들어, 주기를 3으로 할 경우 4월의 예측값은

$$MA(3): \quad F_4 = (200 + 135 + 195) / 3 = 176.7$$

이 되고, 주기를 5로 할 경우에는 6월의 예측값은

$$MA(5): \quad F_6 = (200 + 135 + 195 + 197.5 + 310) / 5 = 207.5$$

로 예측값을 얻게 된다. 여기서 $MA(3)$ 방법을 택할 경우 1월, 2월, 3월의 예측값은 구할 수 없으며, $MA(5)$의 경우 1월부터 5월까지의 예측값을 구할 수 없다.

[그림 2-1]은 전기 믹서 시계열자료와 $MA(3)$, $MA(5)$의 이동평균값들에 의한 예측값들, 그리고 각각의 방법으로 얻어진 12월의 예측값 244.0, 203.4를 나타내고 있다. 그리고 주기가 큰 $MA(5)$가 $MA(3)$보다는 부드러운 예측값들의 곡선을 나타내고 있음을 알 수 있다.

표 2-3 시계열자료의 예측결과

월	1	2	3	4	5	6	7	8	9	10	11	12
Y_t	200	135	195	197.5	310	175	155	130	220	277	235	−
MA(3)	−	−	−	176.7	175.8	234.2	227.5	213.3	153.3	168.3	209.0	244.0
MA(5)	−	−	−	−	−	207.5	202.5	206.5	193.5	198.0	191.4	203.4

표 2-4 $MA(3)$, $MA(5)$에 대한 예측의 정확도 값

정확도	$MA(3)$ $t=4 \sim t=11$	$MA(5)$ $t=6 \sim t=11$
Mean Error	17.67	−1.23
Mean Absolute Error	71.42	50.90
Mean Absolute Percentage Error (MAPE)	34.89	21.27
Standard Deviation of Error (Unbiased)	85.41	60.01
Mean Square Error (MSE)	6383.35	3001.49

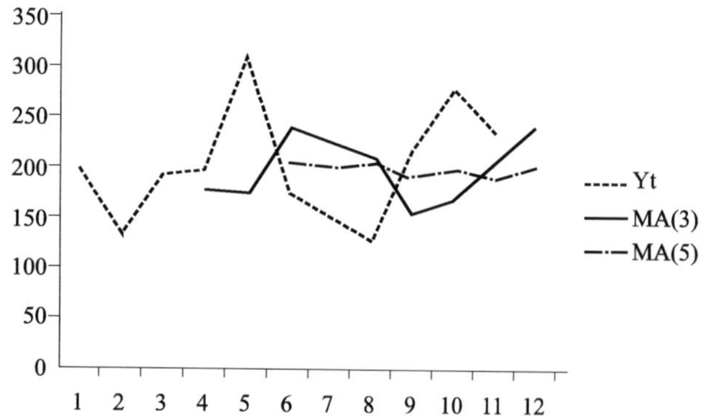

그림 2-1 단순이동평균값들에 의한 예측값

그리고 위의 자료에 대한 $MA(3)$, $MA(5)$에 대한 예측의 정확도 값들은 [표 2-4]와 같이 정리된다. 두 가지 예측방법의 여러 가지 정확도 값들을 비교해 볼 때, 모든 척도에서 $MA(5)$가 $MA(3)$보다는 좋은 예측방법임을 알 수 있다. 그렇다고 해서 $MA(5)$가 최선의 예측방법이라는 의미는 아니다.

이제 이동평균방법의 예측값을 다음과 같이 정리해 보자. 즉, 주기가 N일 경우

$$F_{T+1} = \frac{Y_T + Y_{T-1} + \cdots + Y_{T-N+1}}{N} \tag{2-4}$$

$$F_{T+2} = \frac{Y_{T+1} + Y_T + \cdots + Y_{T-N+2}}{N} \tag{2-5}$$

이다. 그리고

$$F_{T+2} = F_{T+1} + \frac{1}{N}(Y_{T+1} - Y_{T-N+1}) \tag{2-6}$$

이 되는데, 시점 $(T+2)$의 예측값은 F_{T+1}을 $(Y_{T+1} - Y_{T-N+1})/N$ 만큼 조정한 것이라는 의미이다. 만일 N이 상당히 크다면 F_{T+2}는 F_{T+1}과 큰 차이를 보이지 않을 것이다.

2.1.3 중심화 이동평균방법

단순이동평균방법에서는 주기가 3인 이동평균을 계산할 때, 시점 1, 2, 3의 이동평균값이 시점 4의 예측값이 된다. 그러나 계절적인 변동이 있을 경우, 시점 1, 2, 3의 이동평균은 계절 변동을 상쇄한 것이므로, 이동평균의 위치를 시점 1, 2, 3의 중심인 시점 2에 위치시키는 것이 바람직한데 이를 **중심화 이동평균방법**이라고 한다. 즉, 중

심화 이동평균방법은 주기 N의 이동평균값의 위치를 N 기간의 가운데로 하는 것이다. 이때 N의 값이 짝수인 경우 중심위치를 정할 수 없기 때문에 주기 N의 이동평균값을 연속적으로 구하여 2개의 이동평균값들의 평균을 $N/2+1$번째에 위치시킨다. 예를 들어 주기가 4인 경우, 시점 1~4의 이동평균값과 시점 2~5의 이동평균값의 평균을 시점 3에 위치시킨다는 것이다.

중심화 이동평균방법의 예

앞에서 보았던 어느 회사 전기 믹서(Mixer) 출고량 시계열자료에 대해 주기 3의 중심화 이동평균 $MA(3)$과 주기 5의 중심화 이동평균 $MA(5)$ 방법을 이용하여 예측값을 얻으면 [표 2-5]와 같다.

표 2-5 중심화 이동평균방법의 예측결과

월	1	2	3	4	5	6	7	8	9	10	11	12
Y_t	200	135	195	197.5	310	175	155	130	220	277	235	–
MA(3)	–	176.7	175.8	234.2	227.5	213.3	153.3	168.3	209.0	244.0	–	–
MA(5)	–	–	207.5	202.5	206.5	193.5	198.0	191.4	203.4	–	–	–

그리고 [표 2-5]의 자료들을 그래프로 나타내면 [그림 2-2]와 같은데, [그림 2-2]에서 이동평균의 주기를 5로 했을 때보다 3으로 했을 때 원 시계열자료에 접근되어 있는 예측값들이 얻어짐을 알 수 있다. 그리고 [그림 2-1]의 중심화시키지 않은 경우보다도 훨씬 예측이 잘 되어 있는 것을 알 수 있다.

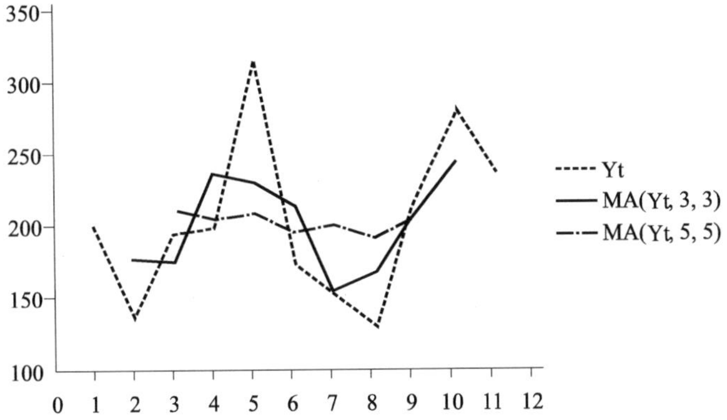

그림 2-2 중심화 이동평균값들에 의한 예측값

2.1.4 단순이동평균방법과 중심화 이동평균방법에 대한 SPSS 실습

SPSS 실습 2-1

다음 시계열자료는 2004년부터 2008년까지의 우리나라의 전 분기 대비 GDP 성장률 분기별 자료이다. 이 자료에 대한 주기 4의 단순이동평균값과 중심화 이동평균값을 구해 보기로 하자(자료명: ch2ex1.sav).

표 실습 2-1-1 GDP 성장률 분기별 시계열자료

연도	분기	시점	GDP 성장률(%)	연도	분기	시점	GDP 성장률(%)
2004	1	1	98.7	2006	3	11	101.1
	2	2	98.6		4	12	100.1
	3	3	100.6	2007	1	13	101
	4	4	99.5		2	14	100.6
2005	1	5	100.1		3	15	103.2
	2	6	98.9		4	16	102.8
	3	7	101	2008	1	17	102.9
	4	8	100		2	18	104.4
2006	1	9	99.6		3	19	106.1
	2	10	98.7		4	20	105.5

상단 메뉴에서 [파일(F)]→[열기(O)]→[데이터(D)]로 SPSS 자료 파일 폴더에서 ch2ex1.sav를 불러온다.

실습 1.1 날짜 정의(1)

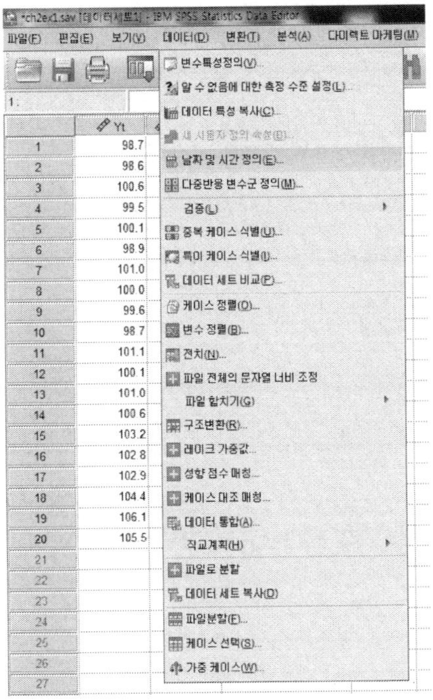

• 상단 메뉴에서 **[데이터(D)] → [날짜 및 시간 정의(E)]**를 선택한다.

실습 1.2 날짜 정의(2)

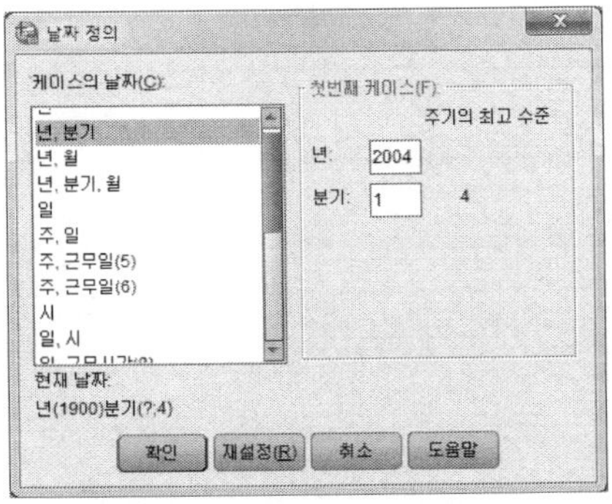

• 날짜 정의 대화상자의 **[케이스의 날짜(C)]**에서 [년, 4분기]를 선택하고, **[첫 번째 케이스(F)]**에 **2004년, 1분기**를 입력한 후 [확인]을 누른다. 이 과정은 시계열자료의 측정시점 단위를 표현하는 것이다. 시점을 순서대로 정리하기 위한 것이다.

실습 1.3 시계열 변수 생성

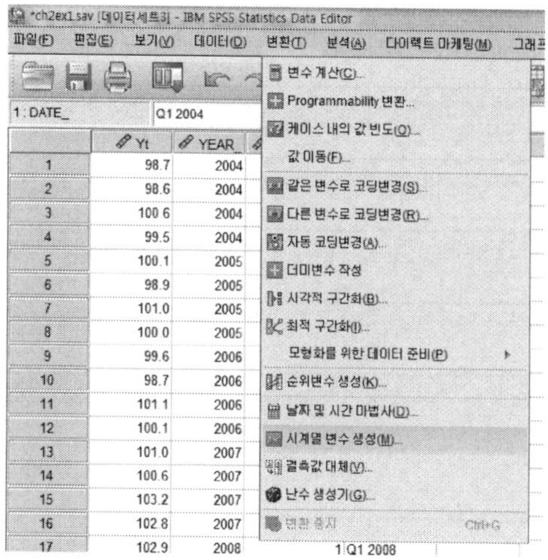

• 상단 메뉴에서 **[변환(T)]**→**[시계열 변수 생성(M)]**을 누른다.

실습 1.4 Yt에 대한 단순이동평균값

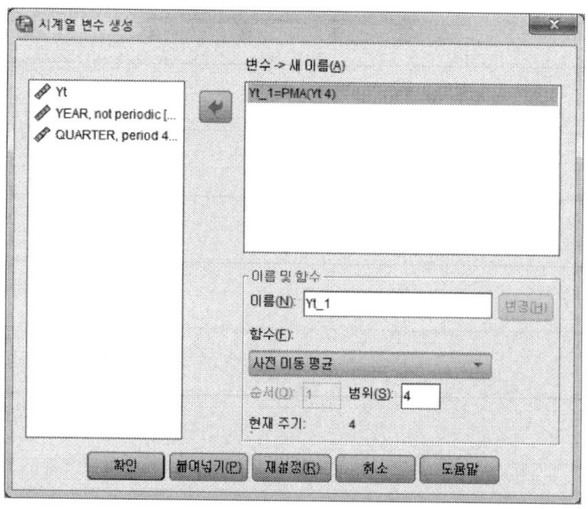

• 시계열 변수 생성 대화상자에서 **[변수 → 새 이름(A)]**에 Yt를 넣고, 이름 및 함수의 [함수(F)]에서 [사전 이동 평균]을 선택한다. 그리고 **[범위(S)]**는 주기 4를 넣고, **[이름(N)]**에서 Yt_1을 입력한 후 **[변경(H)]** 버튼을 누르고, [확인]을 누르면 주기 4인 단순이동평균값들이 변수명 Yt_1로 생성되고 데이터 편집기에 저장된다.

실습 1.5 Yt_1에 대한 예측오차(1)

• 상단 메뉴의 **[변환(T)]**에서 **[변수 계산(C)]**을 누른다.

실습 1.6 Yt_1에 대한 예측오차(2)

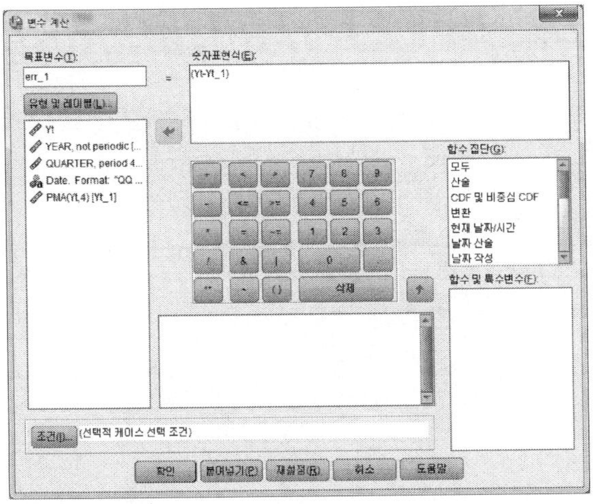

• **[목표변수(T)]**에 err_1과 같이 변수명을 입력한다. 예측오차는 Yt(GDP성장률)에서 Yt_1(예측값)을 뺀 값이므로, **[숫자표현식(E)]**에 변수 Yt를 옮겨놓고 –를 입력한 후, 다시 Yt_1을 옮겨놓고 확인을 누르면 SPSS 데이터 창에 대상변수 err_1이 생성된다.

다음에 설명하는 중심화 이동평균방법에 대해서도 앞의 절차와 유사하다.

실습 1.7 Yt에 대한 중심화 이동평균값

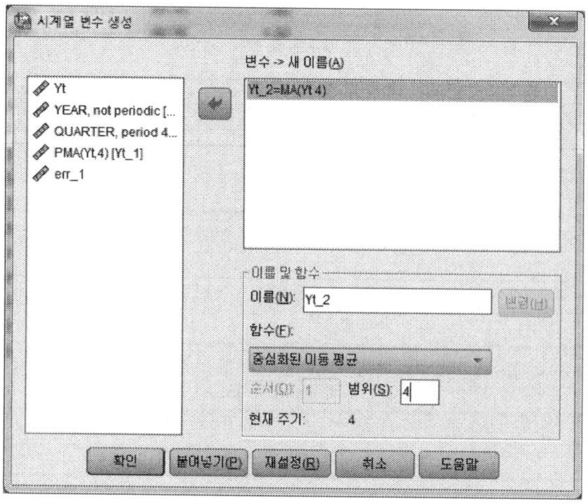

- 상단 메뉴에서 **[변환(T)]**→**[시계열 변수 생성(M)]**을 누른다.
- 시계열 변수 생성 대화상자가 나타나면, 이름 및 함수 **이름(A)**에 실습 1.4와 같이 Yt를 **[변수 → 새 이름(A)]**에 넣고, **[함수(F)]**에서 [중심화된 이동 평균]을 선택한다. **[범위(S)]**에 4를 입력하고, **[변경(H)]**을 누른 다음, [확인]을 누른다.

실습 1.8 Yt_2에 대한 예측오차

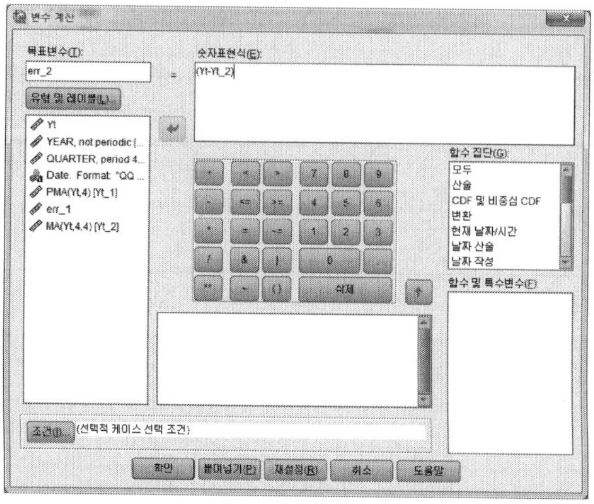

- 상단 메뉴의 **[변환(T)]**에서 **[변수 계산(C)]**을 누른다.
- 변수 계산 대화창이 나타나면 **[목표변수(T)]**에 err_2를 입력한다. **[숫자표현식(E)]**에 (Yt−Yt_2)와 같이 입력하고 [확인] 버튼을 누르면, SPSS 데이터 편집 창에 err_2 변수의 값이 생성된다. GDP 시계열자료에 대한 SPSS 실습으로 얻어진 결과는 다음의 [표 실습 2-1-2]와 같이 정리된다.

위의 시계열자료에 대해 GDP 성장률(%)을 단순이동평균방법과 중심화 이동평균방법으로 예측한 값들은 [표 실습 2-1-2]와 같다. 그리고 [표 실습 2-1-2]의 자료를 그래프로 나타내면 [그림 실습 2-1-1]과 같다. [그림 실습 2-1-1]에서 보는 바와 같이 주기 4의 단순이동평균방법에 의한 예측보다는 중심화 이동평균방법으로 예측하는 것이 훨씬 바람직한 결과를 얻는다는 것을 알 수 있다.

표 실습 2-1-2 GDP 시계열의 단순이동평균방법과 중심화 이동평균방법

연도	분기	날짜	GDP 성장률 (%)	단순이동평균(4)		중심화 이동평균(4)	
				예측값	예측오차	예측값	예측오차
2004	1	Q1 2004	98.7	–	–	–	–
2004	2	Q2 2004	98.6	–	–	–	–
2004	3	Q3 2004	100.6	–	–	99.53	1.08
2004	4	Q4 2004	99.5	–	–	99.74	–0.24
2005	1	Q1 2005	100.1	99.35	0.75	99.83	0.27
2005	2	Q2 2005	98.9	99.7	–0.80	99.94	–1.04
2005	3	Q3 2005	101	99.78	1.22	99.94	1.06
2005	4	Q4 2005	100	99.88	0.13	99.85	0.15
2006	1	Q1 2006	99.6	100	–0.40	99.84	–0.24
2006	2	Q2 2006	98.7	99.88	–1.17	99.86	–1.16
2006	3	Q3 2006	101.1	99.83	1.27	100.05	1.05
2006	4	Q4 2006	100.1	99.85	0.25	100.46	–0.36
2007	1	Q1 2007	101	99.88	1.13	100.96	0.04
2007	2	Q2 2007	100.6	100.23	0.38	101.56	–0.96
2007	3	Q3 2007	103.2	100.7	2.50	102.14	1.06
2007	4	Q4 2007	102.8	101.23	1.58	102.85	–0.05
2008	1	Q1 2008	102.9	101.9	1.00	103.69	–0.79
2008	2	Q2 2008	104.4	102.38	2.03	104.39	0.01
2008	3	Q3 2008	106.1	103.32	2.78	–	–
2008	4	Q4 2008	105.5	104.05	1.45	–	–

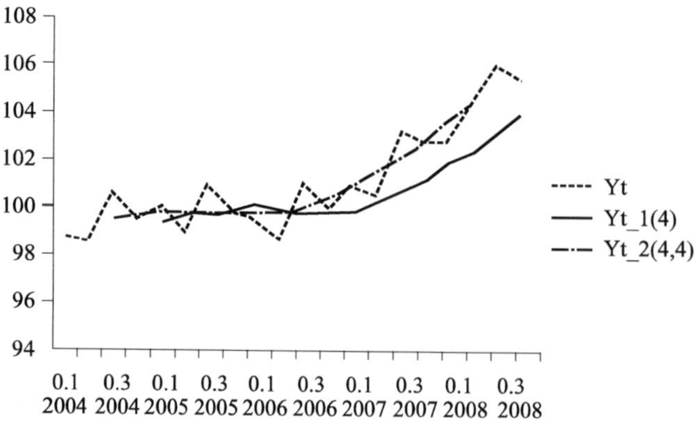

그림 실습 2-1-1 원 시계열과 두 가지 이동평균 예측값(주기=4)

2.1.5 선형이동평균방법

앞에서 설명한 평균이나 단순이동평균의 방법은 시계열자료가 어떤 추세를 보이고 있을 경우 적당한 예측방법이 될 수 없다. 극단적인 예로서 아래의 [표 2-6]과 같이 시점마다 2만큼 증가하는 추세가 있는 시계열자료에 주기 3의 단순이동평균방법을 적용시켜 예측했다고 할 때 각 시점에서 오차는 4가 될 것이다. 이 오차는 단순이동평균방법의 체계적 오차(systematic error)이다.

이와 같이 추세가 있는 시계열자료에 대해 단순이동평균방법을 사용하면 체계적 오차가 발생하기 때문에 이런 경우 **선형이동평균방법**(linear moving average method)을 사용하는 것이 바람직하다.

표 2-6 이동평균 예측의 체계적 오차

t	1	2	3	4	5	6	7	8	9	10
Y_t	2	4	6	8	10	12	14	16	18	–
F_t	–	–	–	4	6	8	10	12	14	16
오차	–	–	–	4	4	4	4	4	4	–

선형이동평균방법은 이동평균값들을 다시 이동평균하여 얻어진 값들로 예측하는 방법이다. 따라서 선형이동평균방법을 **반복(또는 이중)이동평균방법**이라고도 하는데, 주기가 N인 이동평균값들을 다시 주기 N으로 반복하여 이동평균하는 방법으로서, 그 결과를 $MA(N \times N)$으로 표현하기로 하자.

이제는 [표 2-6]의 선형의 추세가 있는 시계열자료를 가지고 선형이동평균방법에 대해 설명을 해보기로 한다.

표 2-7 선형이동평균방법으로 예측한 결과

t	(1) Y_t	(2) $MA(3)$	(3) $Y_t - MA(3)$	(4) $MA(3\times3)$	(5) $MA(3) - MA(3\times3)$	예측(6) (2)+(5)	예측오차 (1)-(6)
1	2	–	–	–	–	–	–
2	4	–	–	–	–	–	–
3	6	–	–	–	–	–	–
4	8	4	4	–	–	–	–
5	10	6	4	–	–	–	–
6	12	8	4	–	–	–	–
7	14	10	4	6	4	14	0
8	16	12	4	8	4	16	0
9	18	14	4	10	4	18	0
10	–	16	–	12	4	20	–

즉, [표 2-7]에서 예측값들은 실제 시계열의 값들과 같게 되는데, 시점 7에서의 예측값은

$$\begin{aligned} F_8 &= MA(3)_7 + [\,MA(3)_7 - MA(3\times3)_7\,] + 2 \\ &= 10 + 4 + 2 = 16 \end{aligned}$$

가 된다. 위의 식에서 볼 수 있는 바와 같이 선형이동평균방법은 단순이동평균값을

$$[\,MA(3) - MA(3\times3)\,]$$

만큼 조정하고 추세 2를 더한 결과이다.

이제, 선형이동평균방법에 의한 예측방법을 일반화시켜보기로 하자. 단순이동평균은 $S_T{'}$ 으로, 반복이동평균은 $S_T{''}$ 으로 표현하기로 한다.

$$S_T' = \frac{Y_T + Y_{T-1} + \cdots + Y_{T-(N-1)}}{N} \qquad (2\text{–}7)$$

$$S_T'' = \frac{S'_T + S'_{T-1} + \cdots + S'_{T-(N-1)}}{N} \qquad (2\text{–}8)$$

이 되고,

$$a_T = S_T' + (S_T' - S_T'') \qquad (2\text{–}9)$$

$$b_T = \frac{2}{N-1}(S_T' - S_T'') \qquad (2\text{–}10)$$

으로 할 때, 선형이동평균방법으로 시점 T에서 시점 $(T+m)$의 예측값을

$$F_{T+m} = a_T + b_T m \tag{2-11}$$

와 같이 얻는다.

식 (2-9)는 단순이동평균으로 얻어진 S_T' 값을 $(S_T' - S_T'')$ 만큼 조정한 결과를 나타내고, 식 (2-10)은 단위기간의 추세 추정치를 나타낸다. 식 (2-10)의 $2 / (N-1)$을 간단히 설명하면 다음과 같다.

먼저, 주기 N의 이동평균은 N기간 동안의 시계열자료들 평균이기 때문에 N개 자료들의 가운데 시점인 $(N+1) / 2$에 위치시키는 것이 원칙이다. 그러나 주기

표 2-8 A회사 재고량의 선형이동평균 적용 예

t	(1) Y_t	(2) $MA(4) = S_T'$	(3) $MA(4 \times 4) = S_T''$	(4) a_T	(5) b_T	(6) $a+b(m)(m=1)$
1	140.00	–	–	–	–	–
2	159.00	–	–	–	–	–
3	136.00	–	–	–	–	–
4	157.00	–	–	–	–	–
5	173.00	148.00	–	–	–	–
6	131.00	156.25	–	–	–	–
7	177.00	149.25	–	–	–	–
8	188.00	159.50	–	–	–	–
9	154.00	167.25	153.25	181.25	9.33	–
10	179.00	162.50	158.06	166.94	2.96	190.58
11	180.00	174.50	159.63	189.38	9.92	169.90
12	160.00	175.25	165.94	184.56	6.21	199.30
13	182.00	168.25	169.88	166.63	−1.08	190.77
14	192.00	175.25	170.13	180.38	3.42	165.55
15	224.00	178.50	173.31	183.69	3.47	183.80
16	188.00	189.50	174.31	204.69	10.13	187.15
17	198.00	196.50	177.88	215.13	12.42	214.82
18	206.00	200.50	184.94	216.06	10.38	227.55
19	203.00	204.00	191.25	216.75	8.50	226.44
20	238.00	198.75	197.63	199.88	0.75	225.25
21	228.00	211.25	199.94	222.56	7.54	200.63
22	231.00	218.75	203.63	233.88	10.08	230.10
23	221.00	225.00	208.19	241.81	11.21	243.96
24	259.00	229.50	213.44	245.56	10.71	253.02
25	273.00	234.75	221.13	248.38	9.08	256.27
26						257.46

그림 2-3 재고량 시계열과 선형이동평균 예측법

가 N임을 고려할 때 $N-(N+1)/2=(N-1)/2$ 기간의 차이가 나게 된다. 반복이동평균의 값도 이와 마찬가지로 $(N-1)/2$ 기간의 차이가 나며, 이 기간 동안의 추세 변동 폭은 $(S_T{}' - S_T{}'')$ 이므로, 이를 $(N-1)/2$로 나누어 준 값이 단위기간(시점과 시점간의 기간)에 대한 추세가 되는 것이다.

선형이동평균의 적용 예

[표 2-8]은 A 회사 제품의 재고량에 대한 2007년 1월부터 25개월간의 시계열자료이다. 주기를 4로 하여 선형이동평균방법을 적용시킨 결과를 설명해 보기로 하자.

먼저 [표 2-8]에서 주기 4의 첫 번째 이동평균($MA(4)$)을 $t=5$에 위치시킨다 ($S_5{}'=148$). 그리고 제(3)열에는 반복이동평균값($MA(4\times4)$) 들을 나열하고 있는데 $t=9$에 첫 번째 $S_t{}''$값, $S_9{}''=153.25$를 위치시킨다. 또 제(4)열, 제(5)열에는 a_T 값들과 b_T값들을 계산하여 나열하였다.

예를 들어,

$$a_9 = 2(167.25) - 153.25 = 181.25$$

$$b_9 = [2/(4-1)](167.25 - 153.25) = 9.33$$

이다.

마지막으로 제(6)열에 $t=10$부터 $t=25$까지의 식 (2-11)에 따른 $m=1$일 경우의 예측값들이 계산되어 있다. 따라서 $t=26$일 때의 예측값은

$$F_{26} = 248.38 + 9.08(1) = 257.46$$

으로 얻어진다.

선형이동평균의 방법으로 예측을 하고자 할 때 식 (2-11)을 이용한다는 것은 이미

설명한 바와 같다. 이제는 단순이동평균과 반복이동평균의 기본적 개념을 살펴보고 다음 절로 넘어가도록 한다. 단순이동평균은 일정한 주기에 해당되는 시계열자료들의 평균이므로 그 시계열값들이 일정한 가중치를 갖는 반면, 반복이동평균에서는 시계열값들이 서로 다른 가중치를 갖게 된다.

예를 들어 주기가 3인 경우의 단순이동평균과 반복이동평균을 구해 보자. 즉,

$$S_3' = (Y_1 + Y_2 + Y_3) / 3$$
$$S_4' = (Y_2 + Y_3 + Y_4) / 3$$
$$S_5' = (Y_3 + Y_4 + Y_5) / 3$$

으로 S_3', S_4', S_5'를 구함에 있어 Y들에 대한 가중치가 1/3로 같음에 비해서, 반복이동평균 S''는

$$\begin{aligned} S_5'' &= (S'_3 + S'_4 + S'_5) / 3 \\ &= \frac{1}{9}Y_1 + \frac{2}{9}Y_2 + \frac{3}{9}Y_3 + \frac{2}{9}Y_4 + \frac{1}{9}Y_5 \end{aligned} \qquad (2\text{–}12)$$

가 되어, 반복이동평균 S_5''는 시계열자료 $(Y_1, \cdots, Y_5)$에 각각 다른 가중치가 부여되어 얻어진다는 것이다. 더욱이 선형이동평균방법은 단순이동평균과 반복이동평균을 이용하여 예측을 하게 되는데, 위의 경우($N=3$)에 대해 시점 $(T+1)$의 예측값은

$$\begin{aligned} F_{T+1} &= a_T + b_T \\ &= 2S_T' - S_T'' + \frac{2}{N-1}(S_T' - S_T'') \\ &= \frac{2N}{N-1}S_T' - \frac{N+1}{N-1}S_T'' \\ &= \frac{6}{3-1}S_T' - \frac{3+1}{3-1}S_T'' \\ &= \left(-\frac{2}{9}\right)Y_{T-4} + \left(-\frac{4}{9}\right)Y_{T-3} + \left(\frac{3}{9}\right)Y_{T-2} + \left(\frac{5}{9}\right)Y_{T-1} + \left(\frac{7}{9}\right)Y_T \end{aligned} \qquad (2\text{–}13)$$

로 얻어진다. 다시 말하면, 주어진 시계열에 대해 예측시점(T)의 시계열값(Y_T)에는 (7/9)의 가중치를 주고, 4기 이전의 시계열값(Y_{T-4})에는 $(-2/9)$의 가중치 등을 주어 예측을 하게 되는 것이다. 이러한 가중치 패턴이 적절한 시계열자료에 대해서는 주기 3의 선형이동평균방법이 적절한 예측방법이 될 것이다.

2.1.6 선형이동평균방법에 대한 SPSS 실습

SPSS 실습 2-2

앞의 선형이동평균의 예에서 설명한 A 회사 재고량 시계열자료에 대해 선형이동평균 방법을 적용시키는 절차를 설명하기로 하자. 즉, [표 실습 2-2-1]의 A 회사 제품의 재고량에 대한 2007년 1월부터 2009년 1월까지 25개월간의 시계열자료에 대해(자료명: ch2ex2.sav) 2009년 2월과 3월의 재고량을 예측해 보자.

표 실습 2-2-1 A 회사 재고량 시계열자료

년도	월	재고량	년도	월	재고량	년도	월	재고량
2007	1	140	2008	1	182	2009	1	273
	2	159		2	192		2	?
	3	136		3	224		3	?
	4	157		4	188			
	5	173		5	198			
	6	131		6	206			
	7	177		7	203			
	8	188		8	238			
	9	154		9	228			
	10	179		10	231			
	11	180		11	221			
	12	160		12	259			

상단 메뉴에서 [파일(F)]→[열기(O)]→[데이터(D)]로 SPSS 자료 파일 폴더에서 ch2ex2.sav를 불러온다.

실습 2.1 날짜 정의

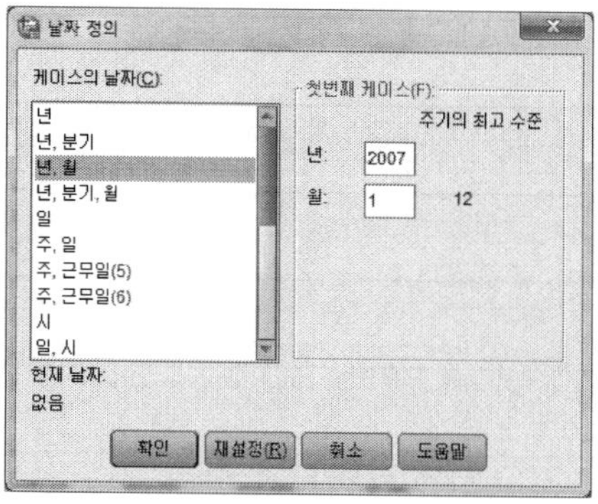

- 상단 메뉴에서 [**데이터(D)**] → [**날짜 및 시간 정의(E)**]를 누른다.
- 날짜 정의 대화상자가 나타나면 왼쪽 [**케이스의 날짜(C)**]에서 중 [년, 월]을 클릭한 후, [**첫 번째 케이스(F)**]에 2007년, 1월을 입력한다.

실습 2.2 $N=4$주기의 단순이동평균 S_4'

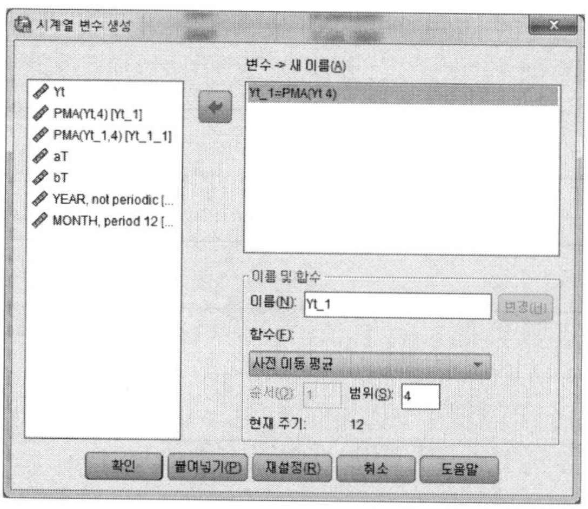

- 상단 메뉴에서 [**변환(T)**] → [**시계열 변수 생성(M)**]을 누른다.
- 시계열 변수 생성의 대화상자가 나타나면, [**함수(F)**]를 [사전 이동 평균]으로 선택하고, 왼쪽의 변수 Yt를 [**변수 → 새 이름(A)**] 창으로 옮긴다. 그 후, [**범위(S)**]를 4로 입력한 후, [**이름(N)**] 함수 옆에 [**변경(H)**] 버튼을 선택하고 [확인] 버튼을 누른다.

실습 2.3 $N=4$주기의 반복이동평균 S_4''

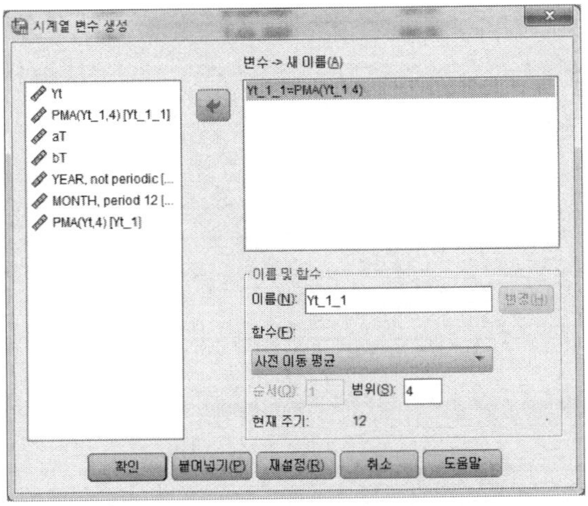

- 상단 메뉴에서 **[변환(T)]**→**[시계열 변수 생성(M)]**을 누른다.
- 시계열 변수 생성 대화창이 나타나면, 왼쪽 변수 중 PMA(Yt,4)[Yt_1]을 선택해서 **[변수→새 이름(A)]** 창으로 옮긴다. 그 후, **[함수(F)]**에서 [사전 이동 평균]으로 선택하고, **[범위(S)]**에 4를 입력한 후, **[변경(H)]**을 누르고, [확인]을 누른다.

실습 2.4 a_T

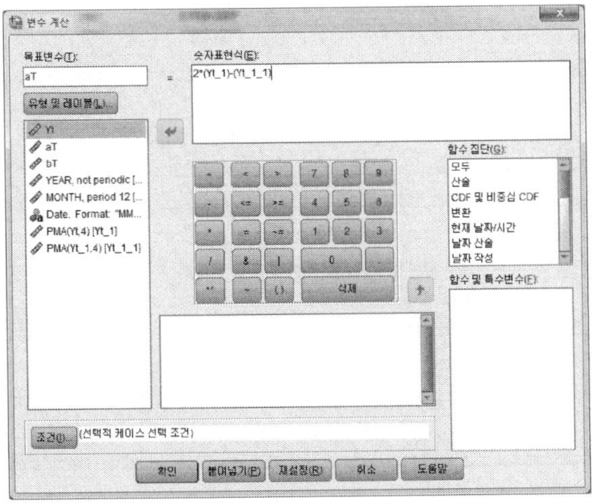

- 상단 메뉴의 **[변환(T)]**에서 **[변수 계산(C)]**을 누른다.
- 변수 계산 대화상자가 나타나면 왼쪽 **[목표변수(T)]**에 변수명 aT를 넣고, **[숫자표현식(E)]**에 2*(Yt_1)-(Yt_1_1)을 입력한 후, [확인]을 누른다. 이는 식 (2-9)의 $2\mathrm{X}-S'-S''$을 구한 것이다.

실습 2.5 b_T

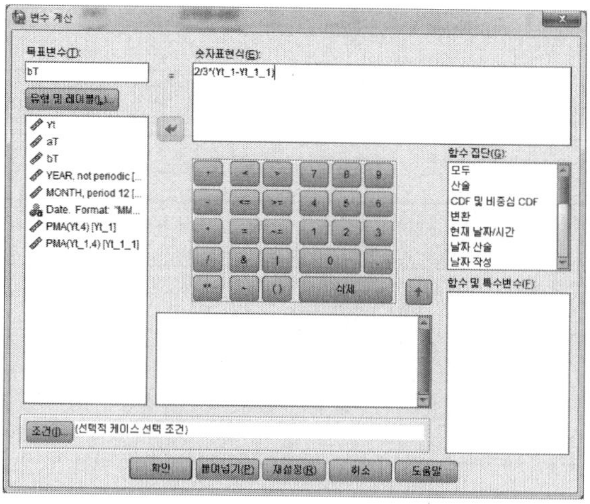

• 상단 메뉴의 **[변환(T)]**에서 **[변수 계산(C)]**을 누른다.

• 변수 계산 대화상자가 나타나면 왼쪽 **[목표변수(T)]**에 변수명 bT를 입력하고, **[숫자표현식(E)]**에 식 (2-10)의 2/3*(Yt_1-Yt_1_1)을 입력한 후, [확인]을 누른다.

SPSS를 사용하여 얻어진 결과는 다음 [표 실습 2-2-2]로 정리된다.

선형이동평균방법에 의한 미래 시점 26과 27의 예측값은 식 (2-11)을 이용하여 다음과 같이 구한다. 즉,

$$F_{T+m} = a_T + b_T m$$

[표 실습 2-2-2]에 나타나 있는 값들을 이용하여 얻어진 결과는 각각

$$\begin{aligned} F_{25+1} &= a_{25} + b_{25} \times 1 \\ &= 248.38 + 9.08 = 257.46 \end{aligned}$$

$$\begin{aligned} F_{25+2} &= a_{25} + b_{25} \times 2 \\ &= 248.38 + 9.08 \times 2 = 266.54 \end{aligned}$$

이다.

[표 실습 2-2-2]에서 얻어진 자료들은 [표 2-8]과 같다.

표 실습 2-2-2 A 회사 제품의 재고량 시계열의 선형이동평균방법

년도	월	t	Y_t	S_4'	S_4''	a_T	b_T
2007	1	1	140.00	–	–	–	–
2007	2	2	159.00	–	–	–	–
2007	3	3	136.00	–	–	–	–
2007	4	4	157.00	–	–	–	–
2007	5	5	173.00	148.00	–	–	–
2007	6	6	131.00	156.25	–	–	–
2007	7	7	177.00	149.25	–	–	–
2007	8	8	188.00	159.50	–	–	–
2007	9	9	154.00	167.25	153.25	181.25	9.33
2007	10	10	179.00	162.50	158.06	166.94	2.96
2007	11	11	180.00	174.50	159.63	189.38	9.92
2007	12	12	160.00	175.25	165.94	184.56	6.21
2008	1	13	182.00	168.25	169.88	166.63	–1.08
2008	2	14	192.00	175.25	170.13	180.38	3.42
2008	3	15	224.00	178.50	173.31	183.69	3.46
2008	4	16	188.00	189.50	174.31	204.69	10.13
2008	5	17	198.00	196.50	177.88	215.13	12.42
2008	6	18	206.00	200.50	184.94	216.06	10.38
2008	7	19	203.00	204.00	191.25	216.75	8.5
2008	8	20	238.00	198.75	197.63	199.88	0.75
2008	9	21	228.00	211.25	199.94	222.56	7.54
2008	10	22	231.00	218.75	203.63	233.88	10.08
2008	11	23	221.00	225.00	208.19	241.81	11.21
2008	12	24	259.00	229.50	213.44	245.56	10.71
2009	1	25	273.00	234.75	221.13	248.38	9.08
2009	2	26	257.46				
2009	3	27	266.54				

2.2 지수평활방법

시계열자료를 가지고 예측을 하고자 할 경우, 앞에서 다룬 것과 같이 이미 얻어진 시계열 관찰값들에 대해 어떤 패턴의 가중치들을 부여해야 하는가 하는 문제가 평활(Smoothing)방법의 주요 관심거리이다. 앞 절의 식 (2-13)에서 본 것처럼 현재 시점의 시계열자료에 큰 가중치를 주고 과거로 갈수록 작은 가중치를 주는 것이 일반적이고 합리적인 가중치의 패턴이다. 그러므로 여기서는 과거로 갈수록 지수적으로 감소(exponentially decreasing)하는 가중치 패턴을 다루게 된다.

2.2.1 단순지수평활방법

주기가 N인 단순이동평균방법으로 예측값을 얻을 경우, 예측시점 T에서 시점 $(T+1)$의 예측값은 식 (2-6)과 같이

$$F_{T+1} = F_T + \frac{1}{N}(Y_T - Y_{T-N}) \qquad (2\text{–}14)$$

이 된다. 만일 아주 과거의 시계열 값 Y_{T-N}이 존재하지 않는다면, 하나의 가능한 방법은 Y_{T-N}값 대신 시점 T의 예측값(F_T)로 대체하는 것이다. 그러면 식 (2-14)는

$$\begin{aligned} F_{T+1} &= F_T + \frac{1}{N}(Y_T - F_T) \\ &= \frac{1}{N}Y_T + (1 - \frac{1}{N})F_T \end{aligned} \qquad (2\text{–}15)$$

가 된다. 단순이동평균방법인 식 (2-15)는 시계열자료가 정상적(stationary)일 경우 적절한 예측방법이 될 수도 있으나, 앞에서 설명한 바와 같이 계절성이 있거나 시계열에 추세가 있을 경우에는 좋은 예측값을 얻을 수 없을 것이다.

식 (2-15)는 기본적으로 시점$(T+1)$의 예측값은 예측시점(T)의 시계열 값(Y_T)과 예측시점의 계산된 예측값(F_T)을 가중평균한 것이다. 더욱이 주기(N)가 주어져 있지 않을 경우(또는 주기를 모를 경우)에는 식 (2-15)보다는 다음과 같은 임의의 가중치를 부여하는 것이 바람직할 것이다. 즉, $0 \le \alpha \le 1$일 때

$$F_{T+1} = \alpha Y_T + (1-\alpha) F_T \qquad (2\text{–}16)$$

으로 가중치를 부여하자는 것이다. 식 (2-16)은 예측시점에서의 실제 자료(Y_T)와 예측값(F_T) 그리고 α만을 가지고 시점 $((T+1)$의 예측값을 얻는 것이기 때문에 아주 단순한 예측모형이 된다. 이제 단순지수평활(Single Exponential Smoothing: SES)방법의 원리를 구체적으로 알아보기 위해 식 (2-16)을 전개해 보기로 하자.

식 (2-16)은

$$\begin{aligned} F_{T+1} &= \alpha Y_T + (1-\alpha) F_T \\ &= \alpha Y_T + (1-\alpha)[\alpha Y_{T-1} + (1-\alpha) F_{T-1}] \\ &= \alpha Y_T + \alpha(1-\alpha) Y_{T-1} + \alpha(1-\alpha)^2 Y_{T-2} + (1-\alpha)^3 F_{T-2} \end{aligned}$$

$$\vdots$$

$$= \alpha Y_T + \alpha(1-\alpha)Y_{T-1} + \alpha(1-\alpha)^2 Y_{T-2} + \cdots$$
$$+ (1-\alpha)^N F_{T-N+1} \qquad (2\text{–}17)$$

로 전개되는데, α는 (0, 1) 사이의 값이므로 예측시점의 가중치보다 시계열자료의 과거값들에 점점 작은 가중치를 주는 패턴을 갖게 된다.

식 (2–16)을 다음과 같이 표현해 보는 것도 예측의 원리를 이해하는 데 도움이 될 것이다. 즉, 식 (2–16)을

$$F_{T+1} = F_T + \alpha(Y_T - F_T)$$

로 표현하면 시점$(T+1)$의 예측값은 예측시점(T)에서의 예측값에 예측오차$(Y_T - F_T)$가 어느 정도 조정되어(α) 얻어진다는 것이다. 여기서 α가 1에 가까운 값이면 예측오차가 많이 반영되는 예측값을 얻게 되고, α가 0에 가까운 값이면 이전 시점의 예측값과 비슷한 예측값을 갖게 되어 평활(smoothing) 효과가 더욱 커진다는 점을 알 수 있다.

단순지수평활의 예

[표 2–3]의 B 회사 전기 Mixer 출고량 시계열자료를 단순지수평활방법으로 다루어 보기로 하자.

[표 2–9]는 B 회사의 1 ~ 11월 전기 Mixer 출고량 시계열자료에 대해 단순지수평활방법으로, 식 (2–16)의 가중치 α는 0.1, 0.5, 0.9를 각각 사용하여 예측값들을 얻은 결과이다. 즉, 12월의 예측값(predicted value: PRE)은

α=0.1일 경우, $F_{12} = \alpha Y_{11} + (1-\alpha)F_{11}$
$= (0.1)235.0 + (0.9)202.2 = 205.5$

α=0.9일 경우, $F_{12} = \alpha Y_{11} + (1-\alpha)F_{11}$
$= (0.9)235.0 + (0.1)270.4 = 238.5$

으로 계산된 것이다.

[표 2–9]에서 $t=2$의 예측값(PRE)은 $F_2 = \alpha Y_1 + (1-\alpha)F_1$가 되어야 하는데 F_1값이 없으므로 F_1값으로 Y_1을 사용하였다. 이것은 예측의 초깃값을 어떻게 구하느냐 하는 문제로서 다른 초깃값을 사용하여도 무방하다. 예를 들면, 처음 4 ~ 5개 값들의 평균을 사용하는 방법이 있을 수 있다.

단순지수평활방법은 단순하다는 장점이 있는 반면에 몇 가지 문제점들이 있다. 즉, 적정한 α값을 어떻게 결정하느냐 하는 문제이다. 게다가 정확도 척도를 무엇으로 하느냐에 따라 적정한 α값이 달라질 경우, 어느 결과를 사용하느냐 하는 문제도 있다. 앞의 예를 통해 이 문제들을 살펴보기로 하자.

우선 MSE(또는 SSE)를 최소로 하는 α값을 얻기 위해서는 여러 가지 다른 α값들을 대입하여 MSE를 구하고, MSE값이 가장 작게 얻어지는 α값을 구하는 시행착오의 방법(trial and error)이 있다. 이 자료는 α=0.1일 때 MSE=3118로 가장 작다. 이제 α=0.1과 가까운 값들을 사용하면서 α=0.1보다 작을 경우 MSE 가 작게 얻어진다는 것을 알게 된다. 즉, α=0.05를 사용하면 MSE는 2994, α=0.01일 때는 MSE 값이 2887로 얻어지는데 α값이 0에 가까운 값일수록 정확도가 높아짐(MSE 값이 작아짐)을 알 수 있다. 그 이유는 이 시계열자료가 거의 랜덤(random)하기 때문이다. 그러나 정확도 척도를 MAPE로 한다면 상황이 또 다르게 되어, 여러 가지 정확도 척도를 만족시키는 적정한 α값을 구하는 문제는 간단한 문제가 아니다.

그러나 SPSS 25 버전에서는 자동적으로 가장 적합한 α값에 대응하는 예측값을 제공한다.

표 2-9 전기 Mixer 출고량에 대한 단순지수평활 예측값

월	1	2	3	4	5	6	7	8	9	10	11	12
Y_t	200.0	135.0	195.0	197.5	310.0	175.0	155.0	130.0	220.0	277.0	235.0	–
PRE	213.3	212.3	206.1	205.2	204.6	213.0	210.0	205.6	199.5	201.2	207.2	209.5

2.2.2 단순지수평활방법의 SPSS 실습

SPSS 실습 2-3

앞의 단순지수평활방법의 예로 들었던 2008년 1월부터 11월까지의 B 회사 전기 Mixer 출고량 자료에 대해 실습을 해 보자(자료명: ch2ex3.sav).

년	월	Y_t	년	월	Y_t
2008	1	200.0	2008	7	155.0
	2	135.0		8	130.0
	3	195.0		8	220.0
	4	197.5		10	277.0
	5	310.0		11	235.0
	6	175.0		12	?

2008년 12월까지의 예측값을 구해 보도록 하자.

상단 메뉴에서 [파일(F)]→[열기(O)]→[데이터(D)]로 SPSS 자료 파일 폴더에서 ch2ex3.sav를 불러온다.

실습 3.1 날짜 정의

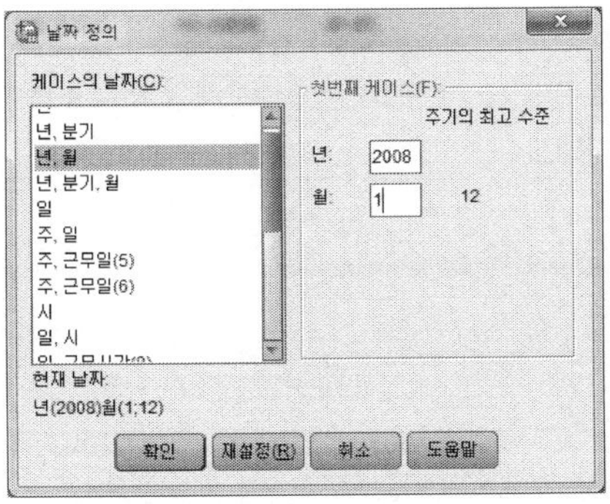

- 상단 메뉴에서 **[데이터(D)]→[날짜 및 시간 정의(E)]**를 누른다.
- 날짜 정의 대화상자에서 **왼쪽 [케이스의 날짜(C)]**에서 중 년, 월을 클릭하고, **[첫 번째 케이스(F)]**에 2008년, 1월을 입력한다.

실습 3.2 지수평활(1)

- 상단 메뉴에서 **[분석(A)]**에서 **[시계열 분석(T)]→[기준 모형 작성(C)]**을 선택한다.

실습 3.3 지수평활(2)

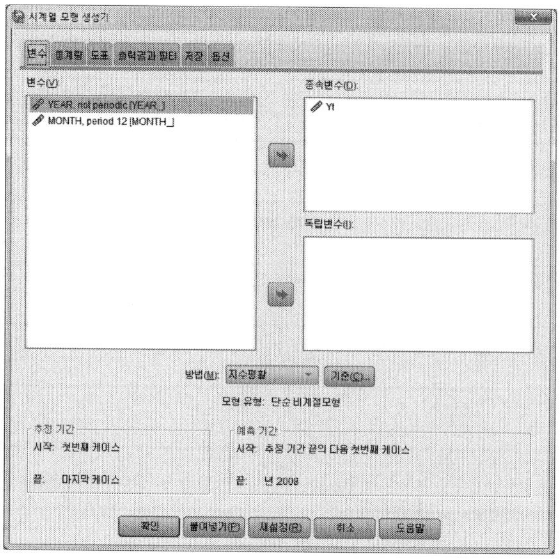

• 시계열 모형 생성기 대화상자가 나타나면 왼쪽 [변수(V)]에서 변수 Yt를 [종속변수(D)]로 옮긴 후, [방법(M)]에서 [지수평활]을 선택하고 [기준(C)]을 누른다.

실습 3.4 지수평활(3)

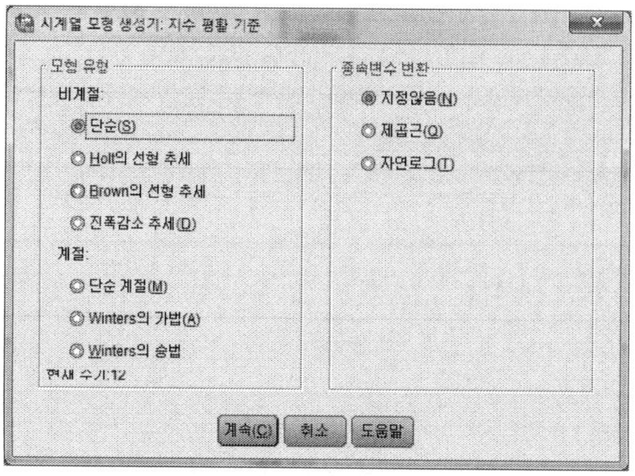

• 지수 평활 기준 대화상자가 나타나면, [모형 유형]의 비계절에서 [단순(S)]을 선택한 후, 하단의 [계속(C)]를 누른다.

실습 3.5 지수평활(4)

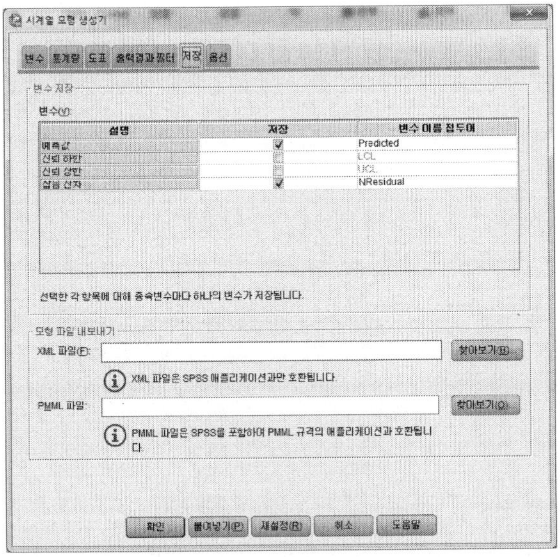

- 시계열 모형 생성기 대화상자에서 상단의 저장을 선택한다.
- [변수 저장]에서 [변수(V)] 중 예측값과 잡음 잔차를 선택한다. 후에 결과를 출력하면, 데이터 창에 예측값과 잡음 잔차 변수가 생성되어 저장된다.

실습 3.6 지수평활(5)

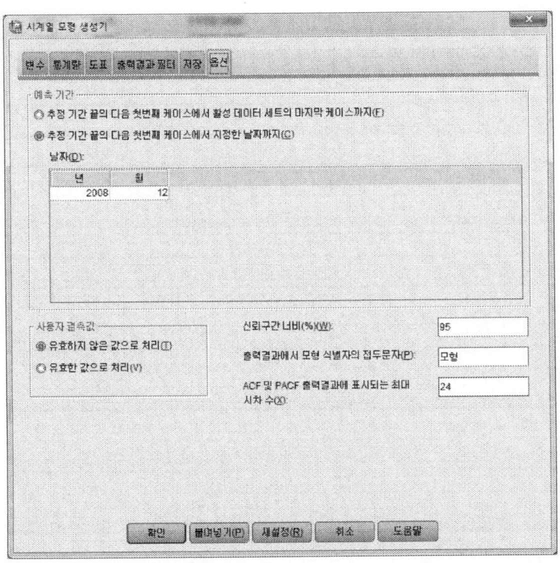

- 시계열 모형 생성기 대화상자에서 상단의 옵션을 선택한다.
- [예측 기간]에서 [추정 기간 끝의 다음 첫 번째 케이스에서 지정한 날짜까지(C)]를

선택한 후, [날짜(D)]에 2008년, 12월을 입력하고, 이는 2008년 12월 시점까지를 예측하겠다는 의미이다. 하단의 [확인]을 누른다.

실습 3.7 결과

Yt	YEAR_	MONTH_	DATE_	Predicted_Yt_모형_1	NResidual_Yt_모형_1
200.00	2008	1	JAN 2008	213.34	-13.34
135.00	2008	2	FEB 2008	212.27	-77.27
195.00	2008	3	MAR 2008	206.09	-11.09
197.50	2008	4	APR 2008	205.20	-7.70

- 위는 결과 값의 일부분으로, 시계열 모형이 정상적으로 생성됐다면, 위와 같은 결과값을 얻을 수 있다. 시계열 모형 생성기의 [저장]을 통해 얻어진 변수들 중 Predicted는 예측값을 의미하며, NResidual은 잡음 잔차를 의미한다.

단순지수평활방법의 수정

이제는 앞에서 실습한 단순지수평활방법에 대한 결과를 보고, 단순지수평활방법을 수정하는 방법을 다루어보기로 하자. 우선 [표 2-9]나 [표 실습 2-3-1]을 보면 $T=2$일 때 시작값(200)이 그대로 반복적으로 얻어짐을 알 수 있다. 이는 단순지수평활방법의 모형 식 (2-16)으로부터 얻어지는 결과이다. 그러나 $T=2$일 때 200이 나오는 것을 조정해보면 훨씬 좋은 결과를 얻을 수 있다. 즉, SPSS 실습 결과 얻어지는 예측값들을 한 시점씩 앞으로 옮겨주는 것이다. 다시 말하면, 이는 주어진 시계열자료가 n개 있을 때, n번째까지의 예측값(적합값)들을 얻는 단순지수평활방법의 모형식을 다음의 식 (2-18)로 하는 것이다.

표 실습 2-3-1 전기 Mixer 출고량 자료에 대한 단순지수평활값

년도	월	출고량	DATE	PRE_1	RES_1
2008	1	200.0	Jan-08	213.34	13.34
	2	135.0	Feb-08	212.27	77.27
	3	195.0	Mar-08	206.09	11.09
	4	197.5	Apr-08	205.2	7.7
	5	310.0	May-08	204.59	−105.41
	6	175.0	Jun-08	213.02	38.02
	7	155.0	Jul-08	209.98	54.98
	8	130.0	Aug-08	205.58	75.58
	9	220.0	Sep-08	199.54	−20.46
	10	277.0	Oct-08	201.17	−75.83
	11	235.0	Nov-08	207.24	−27.76
	12	−	Dec-08	209.46	209.46

$$F_{T+1} = \alpha Y_{T+1} + (1-\alpha) F_T \,, \quad T = 0, 1, 2, \cdots, n-1$$
$$F_{T+1} = \alpha Y_T + (1-\alpha) F_T \,, \quad T = n, n+1, \cdots \qquad (2\text{–}18)$$

여기서 $F_0 = Y_1$ 이다. 그리고 $F_2 = \alpha Y_2 + (1-\alpha) F_1$ 이 된다.

다시 말하면, 식 (2–18)을 이용하여 주어진 n개의 시계열자료에 대해 예측값(적합값)들을 얻고, 시점 n에서 향후 시점인 시점 $(n+1)$에서의 예측값을 얻고자 할 때는 시계열자료, Y_{n+1}이 존재하지 않기 때문에 식 (2–16)으로 시점 $(n+1)$의 예측값을 얻는다는 것이다. 식 (2–18)은 유효하고 가치 있는 결과이다. 왜냐하면 주어진 자료들에 대해(n개) 예측값(적합값)을 얻을 때, 같은 시점의 값을 사용하는 것이 더욱 정확한 예측값이 되기 때문이다. 더욱이 다음에 소개되는 Brown의 방법은 단순평활방법을 이용하여 얻어진 결과를 사용하는 예측방법인데, 식 (2–18)에 의한 단순평활값들을 얻어야 한다. 강조하는 바, 시계열자료분석이란 어차피 주어진 시계열자료들로부터 예측방법을 알아내는 것이기 때문에, 주어진 자료들에 대해 정확도 척도(여기서는 SSE)가 작게 얻어지는 예측방법이 더욱 타당한 방법이 되는 것이다. 이에 대한 SPSS 실습을 추가한다.

실습 3.8 리드(lead) 사용

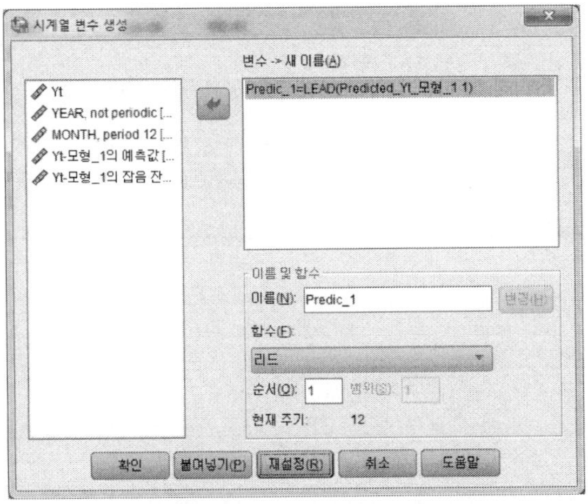

- [실습 3.5]에서 얻어진 값들을 한 시점씩 위로 올리는 작업이다. **[변환(T)]**에서 **[시계열 변수 생성(M)]**을 선택한 후 **[함수(F)]**에서 **[리드]**를 선택하고 [순서(O)]는 1을 입력한다. 그리고 **[변수 → 새 이름(A)]**에 변수 Predicted를 옮겨온다. 그러면 다음과 같은 결과를 얻게 된다.

실습 3.9 식 (2-18)에 의한 예측값

Yt	YEAR_	MONTH_	DATE_	Predicted_Yt_모형_1	Predic_1
200.00	2008	1	JAN 2008	213.34	212.27
135.00	2008	2	FEB 2008	212.27	206.09
195.00	2008	3	MAR 2008	206.09	205.20
197.50	2008	4	APR 2008	205.20	204.59

- [실습 3.8]의 결과의 일부로서 데이터 편집기에 Predic_1이 얻어지는데, 이 값들이 식 (2-18)에 의해 계산된 예측값들이다.

실습 3.10 잔차 구하기

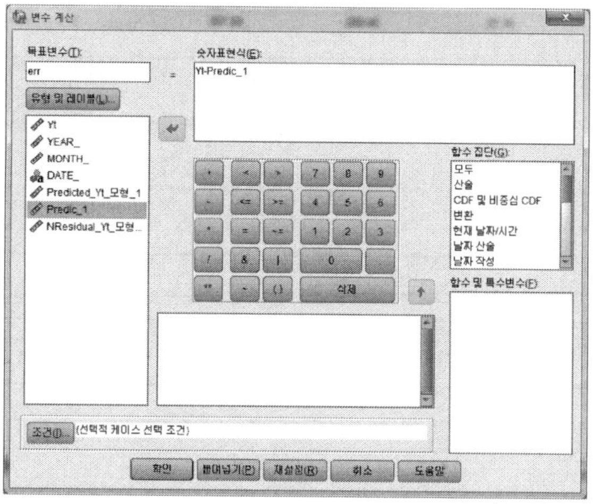

- 여기서는 조정하여 얻어진 예측값들에 대한 잔차들을 계산하는 것이다.
- **[변환(T)]**에서 **[변수 계산(C)]**을 선택한 후 **[목표변수(T)]**에 err을 입력하고, **[숫자표현식(E)]**에 잔차에 해당하는 Yt-Predic_1을 입력한다.

실습 3.11 잔차값들

Yt	YEAR_	MONTH_	DATE_	Predicted_Yt_모형_1	Predic_1	err
200.00	2008	1	JAN 2008	213.34	212.27	-12.27
135.00	2008	2	FEB 2008	212.27	206.09	-71.09
195.00	2008	3	MAR 2008	206.09	205.20	-10.20

- 결과 값에 대한 일부이다. 변수 err은 조정된 예측값들에 대한 잔차들이며 이 값들을 제곱하여 합하면 SSE가 된다.
- 잔차제곱합을 구하면 MSE = SSE/11 = 2526이다.

식 (2-18)의 방법으로 얻어진 MSE는 2526으로 단순지수평활방법의 식 (2-16)

으로 예측했을 때의 3118보다 훨씬 작은 MSE를 얻게 된다.

B 회사의 전기 Mixer 출고량 시계열자료를 단순지수평활방법으로 다룰 경우뿐만이 아니라 다른 자료들에 대해서도 식 (2−18)과 위의 실습 절차는 매우 유효하다. 식 (2−16)의 기본적인 단순지수평활방법의 식은 장래 시점의 예측이라는 관점에서만 얻어진 결과일 뿐, 주어진 시계열자료들에 대한 적합(fit)은 고려하지 않은 것이라고 할 수 있다. 더욱이 다음 절에서 설명하는 Brown의 방법을 적용하는 데 있어서 SPSS의 단순지수평활값을 그대로 사용하면 안 되고 식 (2−18)의 방법으로 얻어진 단순지수평활 결과를 사용해야만 한다.

2.2.3 Brown 지수평활방법

단순이동평균방법의 원리를 바탕으로 단순지수평활방법을 생각하였다면 선형이동평균방법을 기본으로 반복(또는 선형)지수평활방법을 생각해 볼 수 있다. 다시 말하면, 단순이동평균의 방법은 예측시점을 기준으로 주기 N개의 자료를 가지고 예측을 하는 방법으로서 가중치가 $1/N$, $1-1/N$이고 단순지수평활방법은 단순하게 가중치를 임의의 값 α, $1-\alpha$로 하는 방법이라면, 선형이동평균에서의 과거 자료들에 대한 가중치들 패턴을 반복지수평활방법에서는 임의의 값으로 구성해 볼 수 있다는 것이다.

여기서는 Brown의 방법을 살펴보기로 한다. 이 방법은 식 (2−7)부터 식 (2−11)까지의 모형으로 설명한 선형(또는 반복)이동평균방법의 원리와 비슷하다. 즉, 단순평활된 값들과 반복평활된 값들 모두 실제 자료들과 시차(lag)를 갖기 때문에 단순평활된 값과 반복평활된 값의 차이를 단순평활된 값에 더하고, 추세를 조정해 주는 방법이다. Brown 방법의 예측모형은 다음 식과 같다.

$$S_T' = \alpha Y_T + (1-\alpha) S'_{T-1} \tag{2−19}$$

$$S_T'' = \alpha S_T' + (1-\alpha) S''_{T-1} \tag{2−20}$$

$$a_T = S_T' + (S_T' - S_T'') = 2S_T' - S_T'' \tag{2−21}$$

$$b_T = \frac{\alpha}{1-\alpha}(S_T' - S_T'') \tag{2−22}$$

$$F_{T+m} = a_T + b_T m \tag{2−23}$$

여기서 S_T'는 단순지수평활된 값이고, S_T''는 반복지수평활된 값이다. 그리고 m은 향후 예측하고자 하는 기간을 나타낸다.

Brown 방법의 예

다음의 [표 2-10] 자료는 외국인 관광객수이다. 그리고 $\alpha = 0.2$일 경우, 위의 식들로써 계산된 값들과 예측값을 나열하였다. 예를 들면, 시점 23에서 시점 24의 값을 예측할 경우,

$$F_{24} = a_{23} + b_{23}(1) = 239.855+4.654(1) = 244.51$$

로 계산되는데,

$$a_{23} = 2S_{23}' - S_{23}'' = 239.855$$

$$b_{23} = \frac{0.2}{0.8}(S_{23}' - S_{23}'') = \frac{1}{4}(18.616) = 4.654$$

표 2-10 외국인 관광객수 시계열에 대한 Brown 방법 예

Yt (관광객수)	DATE	PRE	err
143	1	157.43	−14.43
152	2	151.92	0.08
161	3	153.43	7.57
139	4	159.16	−20.16
137	5	149.89	−12.89
174	6	143.11	30.89
142	7	159.94	−17.94
141	8	151.75	−10.75
162	9	146.18	15.82
180	10	154.71	25.29
164	11	169.81	−5.81
171	12	169.42	1.58
206	13	172.73	33.27
193	14	193.99	−0.99
207	15	198.61	8.39
218	16	208.42	9.58
229	17	219.57	9.43
225	18	231.39	−6.39
204	19	235.06	−31.06
227	20	224.35	2.65
223	21	230.14	−7.14
242	22	230.64	11.36
239	23	240.97	−1.97
266	24	244.71	21.29
	25	261.37	

$$S_{23}' = 0.2Y_{23} + 0.8S_{22} = 0.2(239) + 0.8(216.798) = 221.238$$

$$S_{23}'' = 0.2S_{23}' + 0.8S_{22}'' = 0.2(221.238) + 0.8(197.968) = 202.622$$

이다.

그러면, 시점 25의 예측값은

$$F_{25} = a_{24} + b_{24}(1) = 252.246 + 5.514(1) = 257.76$$

이고, 시점 30에서의 예측값은

$$F_{30} = a_{24} + b_{24}(6) = 252.246 + 5.514(6) = 285.33$$

이 된다. 여기서 a와 b는 시점 24에서 이용된 가장 최근 시점의 값들임을 유의해야 한다.

[표 2-10]에서 SES는 Single Exponential Smoothing을 나타내며, DES는 Double Exponential Smoothing의 약자이다.

2.2.4 Brown 지수평활방법의 SPSS 실습

SSS 실습 2-4

외국인 관광객수에 대한 시계열자료에 대해 본문 [표 2-10]의 결과를 확인하기 위하여 SPSS 실습을 하기로 한다(자료명: ch2ex4.sav). 25일까지의 관광객수를 예측하기로 한다.

t	관광객수	t	관광객수
1일	143.00	13일	206.00
2일	152.00	14일	193.00
3일	161.00	15일	207.00
4일	139.00	16일	218.00
5일	137.00	17일	229.00
6일	174.00	18일	225.00
7일	142.00	19일	204.00
8일	141.00	20일	227.00
9일	162.00	21일	223.00
10일	180.00	22일	242.00
11일	164.00	23일	239.00
12일	171.00	24일	266.00

우선, 이 시계열자료의 움직임을 알기 위해 그래프를 그려보면 [그림 실습 2-4-1]과 같다. 시계열자료는 선형의 추세를 가지고 증가하고 있음을 볼 수 있다.

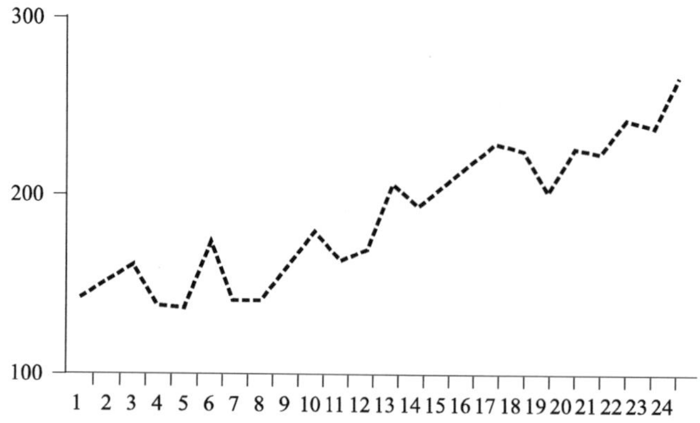

그림 실습 2-4-1 외국인 관광객의 수

상단 메뉴에서 [파일(F)]→[열기(O)]→[데이터(D)]로 SPSS 자료 파일 폴더에서 ch2ex4.sav를 불러온다.

실습 4.1 날짜 정의

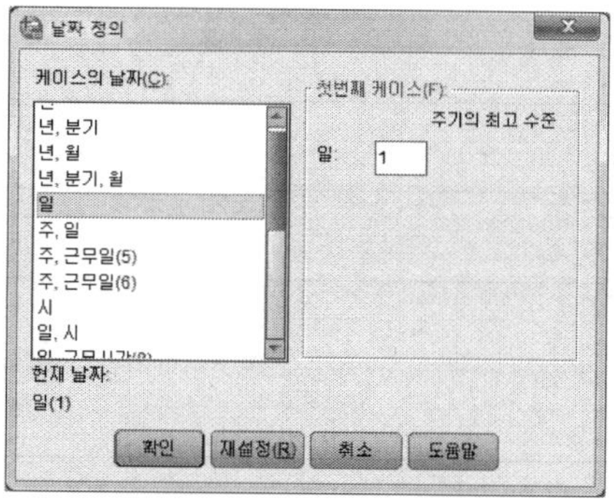

- 상단 메뉴에서 **[데이터(D)]→[날짜 및 시간 정의(E)]**를 누른다.
- 날짜 정의 대화상자가 나타나면 왼쪽 **[케이스의 날짜(C)]**에서 일을 클릭하고 **[첫 번째 케이스(F)]**에 1일을 입력한다.

실습 4.2 Brown 지수평활(1)

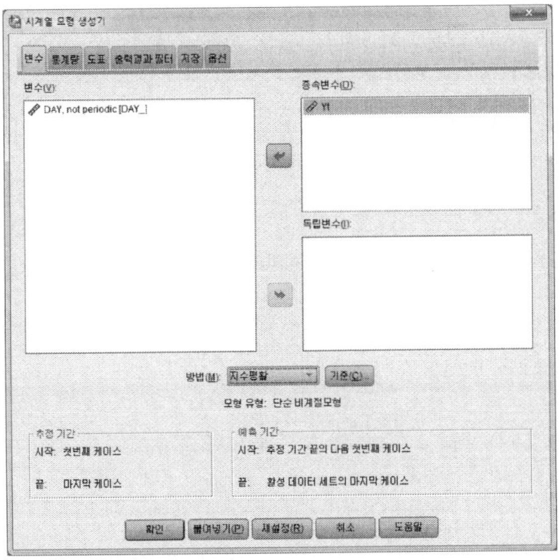

- 상단 메뉴에서 **[분석(A)]**에서 **[시계열 분석(T)]**→**[기존 모형 작성(C)]**을 선택한다.
- 변수 Yt를 [종속변수(D)]로 옮기고, [방법(M)]에서 지수평활을 선택한 후, [기준(C)]을 누른다.

실습 4.3 Brown 지수평활(2)

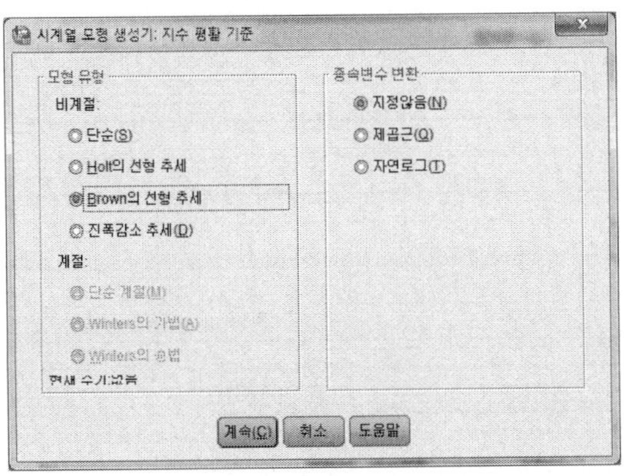

- 시계열 모형 생성기 대화상자가 나타나면, 모형유형의 비계절에서 [Brown의 선형 추세]를 선택하고 [계속(C)]을 누른다.

실습 4.4 Brown 지수평활(3)

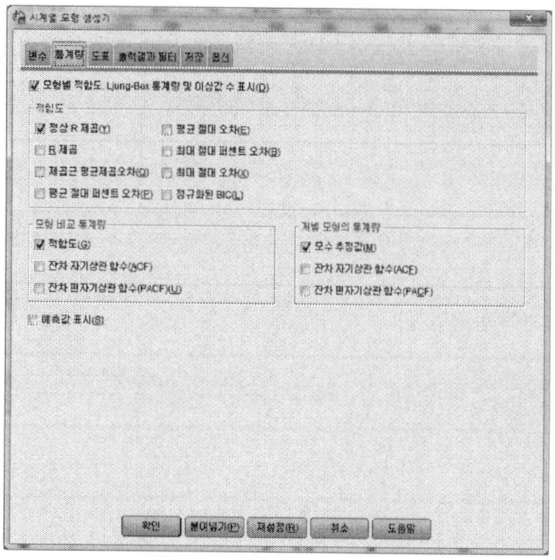

• 시계열 모형 생성기 대화상자에서 상단의 통계량을 누른다. 오른쪽 하단의 [개별 모형의 통계량]에서 [모수 추정값(M)]을 선택한다.

실습 4.5 Brown 지수평활(4)

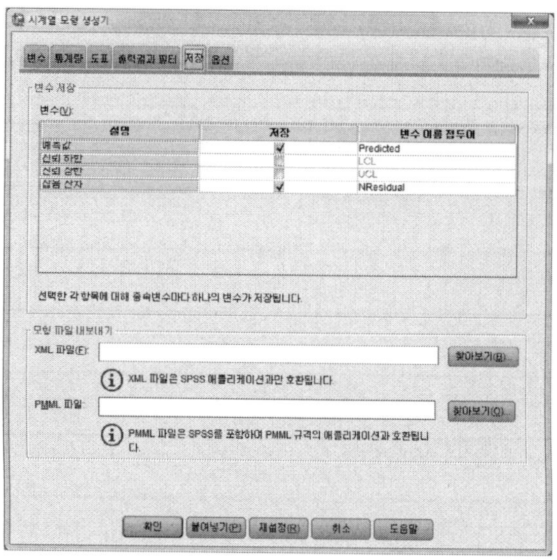

•상단의 저장의 [변수(V)]에서 예측값과 잡음 잔차를 선택한다.

실습 4.6 Brown 지수평활(5)

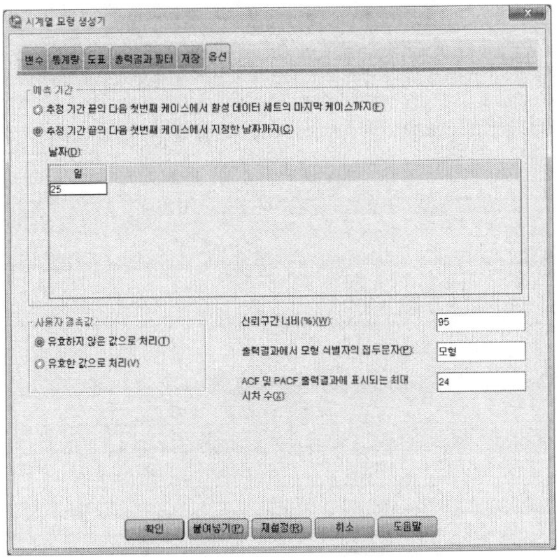

- 시계열 모형 생성기 대화상자에서 상단의 옵션을 누른다.
- 예측기간에서 [추정 기간 끝의 다음 첫 번째 케이스에서 지정한 날짜까지(C)]를 선택하고, [날짜(D)]에 25일을 입력한다.

실습 4.7 실행된 결과

지수평활 모형 모수

모형			추정값	SE	t	유의확률
Yt-모형_1	변환 안 함	알파(수준 및 추세)	.281	.069	4.091	.000

- 실행결과를 보면 알파 값은 0.281임을 알 수 있다.

실습 4.8 실행된 결과

Yt	DAY_	DATE_	Predicted_Yt_모형_1	NResidual_Yt_모형_1
143.00	1	1	157.43	-14.43
152.00	2	2	151.92	.08
161.00	3	3	153.43	7.57
139.00	4	4	159.16	-20.16

- 추정된 알파 값에 대한 예측값들이 데이터 편집기에 저장된다.

실습 4.9 시퀀스 차트(1)

• [분석(A)]→[시계열 분석(T)]→[시퀀스 차트(N)]을 실행한다.

실습 4.10 시퀀스 차트(2)

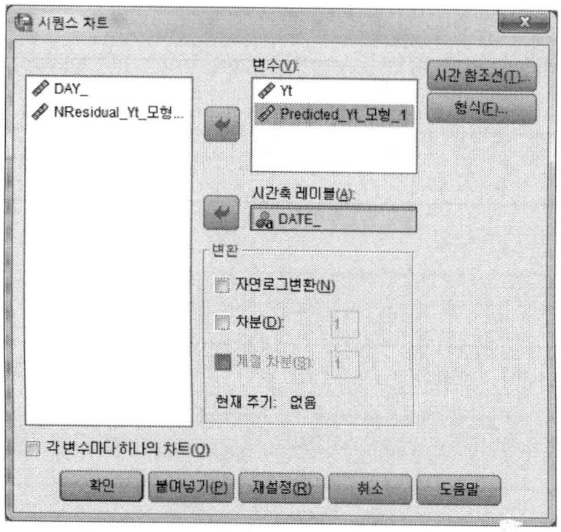

• 시퀀스 차트 대화상자에서 추세를 보고자 하는 변수 Yt와 Predicted Yt를 [변수(V)]로 옮긴 다음, 날짜 정의 변수 DATE를 [시간축 레이블(A)]로 옮기고 확인을 누른다.
• 만약 각 변수별로 그래프를 그리려면, 하단의 [각 변수마다 하나의 차트(Q)]를 선택하고 확인을 누른다.

실습 4.11 시퀀스 차트(순차 도표) 실행된 결과

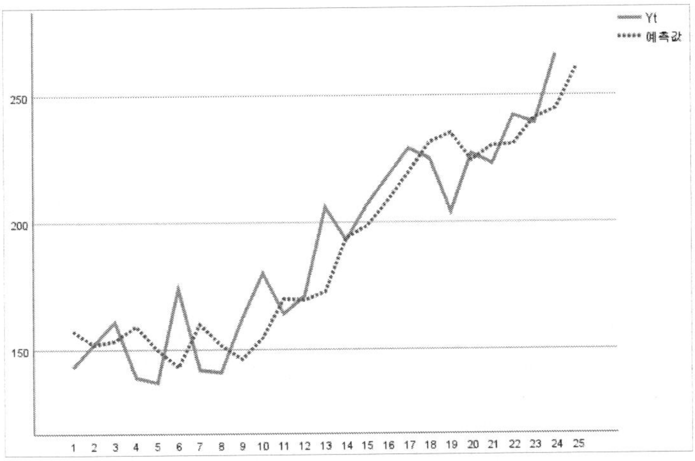

그림 실습 2-4-2 원 시계열과 Brown의 선형지수평활 예측값의 그래프

2.2.5 Holt의 2-parameter 지수평활방법

우선 Holt의 방법은 파라미터가 2개이다. 그러므로 흔히 Holt의 2-parameter 방법이라고 한다. Holt의 방법은 앞에서 설명한 Brown의 방법과 유사하다. 즉, Brown 방법은 식 (2-19)부터 식 (2-23)까지 하나의 파라미터 α만으로 정의되는데 반해, Holt 방법은 추세를 나타내는 식을 다른 하나의 파라미터 γ로 평활하는 것이다. Holt 방법은 다음의 식들로 정의된다.

$$S_T' = \alpha Y_T + (1-\alpha)(S_{T-1}' + b_{T-1}) \tag{2-24}$$

$$b_T = \gamma(S_T' - S_{T-1}') + (1-\gamma) b_{T-1} \tag{2-25}$$

$$F_{T+m} = S_T' + b_T m \tag{2-26}$$

여기서, 초깃값은 $S_1' = Y_1$, $b_1 = Y_2 - Y_1$ 으로 한다.

식 (2-24)는 S_T'가 이전 시점의 S_{T-1}'에 이전 시점의 추세 b_{T-1}을 더하여 조정하는 결과로 얻어짐을 보여 주고 있다. 식 (2-25)는 추세를 평활해 나가는 것인데, 추세가 있을 경우 과거 값보다 크거나 작아지는 임의성이 있게 되어 $(S_T' - S_{T-1}')$에 가중치 γ를 곱하고, 이전 시점의 추세 b_{T-1}에 $(1-\gamma)$를 곱하여 합하는 것이다.

Holt 2-parameter 예

이제 앞에서 보았던 외국 관광객수의 자료([표 2-11])에 대해 Holt의 2-parameter 평활방법을 수행해 보기로 하자. 일단 α = 0.2, γ = 0.3의 경우, 시점 23에서의 예측값은

$$F_{23} = S_{22} + b_{22}(1)$$

로 얻어지는데, 여기서

$$\begin{aligned} S_{22} &= 0.2\,Y_{22} + 0.8(S_{21} + b_{21}) \\ &= 0.2(242) + 0.8(233.11 + 5.43) = 239.23 \\ b_{22} &= 0.3(S_{22} - S_{21}) + 0.7\,b_{21} \\ &= 0.3(239.23 - 233.11) + 0.7(5.43) = 5.63 \end{aligned}$$

이 되므로

$$F_{23} = 239.23 + 5.63(1) = 244.87$$

로 예측된다.

[표 2-11]에 계산된 값들로부터 시점 30에서의 예측값은

$$F_{30} = 252.39 + 6.30(6) = 290.19$$

이다.

Holt의 2-파라미터 방법을 적용시키기 위해서는 초깃값을 결정해야 하는데, $S_1{}' = Y_1$ 으로 하면 되지만 b_1을 결정하기는 쉽지 않을 수 있다. 예를 들면,

$$b_1 = Y_2 - Y_1\ , \quad \text{또는} \quad b_1 = \frac{(Y_2 - Y_1) + (Y_3 - Y_2) + (Y_4 - Y_3)}{3}$$

등의 방법으로 초기 추세값을 정할 수 있다. 이 초깃값은 시계열자료의 특징을 보아 시행착오(trial-error)를 반복하면서 적절하게 결정해야 할 것이다.

표 2-11 외국인 관광객수 시계열에 대한 Holt 방법 예

Yt	DATE	PRE	err
143	1	132.92	10.08
152	2	139	13
161	3	145.36	15.64
139	4	151.99	−12.99
137	5	155.81	−18.81
174	6	159.07	14.93
142	7	165.62	−23.62
141	8	168.41	−27.41
162	9	170.82	−8.82
180	10	175.05	4.95
164	11	180.63	−16.63
171	12	184.1	−13.1
206	13	187.91	18.09
193	14	194.78	−1.78
207	15	199.7	7.3
218	16	205.51	12.49
229	17	211.82	17.18
225	18	218.59	6.41
204	19	224.31	−20.31
227	20	227.42	−0.42
223	21	232.48	−9.48
242	22	236.64	5.36
239	23	242.26	−3.26
266	24	247.04	18.96
	25	253.99	
	26	259.08	
	27	264.17	
	28	269.27	
	29	274.36	
	30	279.46	

2.2.6 Holt 방법의 SPSS 실습

SPSS 실습 2-5

이제 앞에서 다루었던 외국인 관광객수 시계열자료에 대해 Holt의 선형지수평활 방법을 적용시켜 보자(자료명: ch2ex5.sav). 30일까지의 관광객수를 예측해 보기로 한다.

먼저, 상단 메뉴에서 [파일(F)] → [열기(O)] → [데이터(D)]로 SPSS 자료 파일 폴더에서 ch2ex5.sav를 불러온다.

실습 5.1 날짜 정의

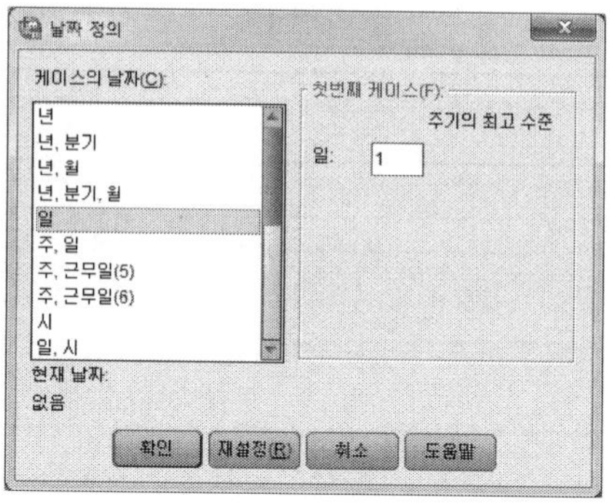

- 상단 메뉴에서 **[데이터(D)]** → **[날짜 및 시간 정의(E)]**를 누른다.
- 날짜 정의 대화상자가 나타나면 **[케이스의 날짜(C)]**에서 일을 클릭하고, **[첫번째 케이스(F)]**에 1일을 입력한다.

실습 5.2 지수평활

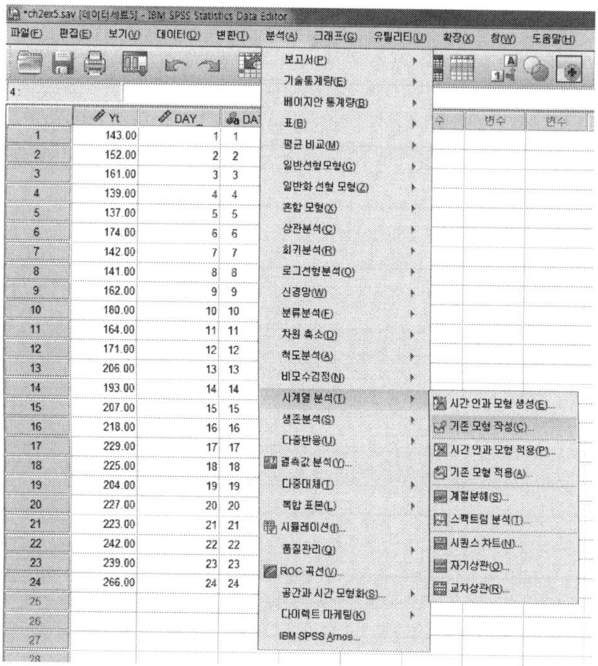

• **[분석(A)] → [시계열 분석(T)] → [기존 모형 작성(C)]**을 [실습 5.2]와 같이 실행한다.

실습 5.3 Holt의 선형지수평활(1)

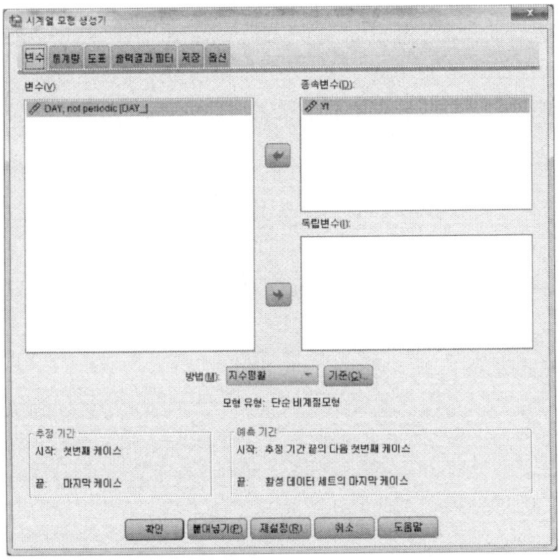

• 시계열 모형 생성기 대화상자가 나타나면 왼쪽에 Yt 변수를 [종속변수(D)]에 이동시키고, [방법(M)]에서 [지수평활]을 선택한 후, [기준(c)]을 누른다.

실습 5.4 Holt의 선형지수평활(2)

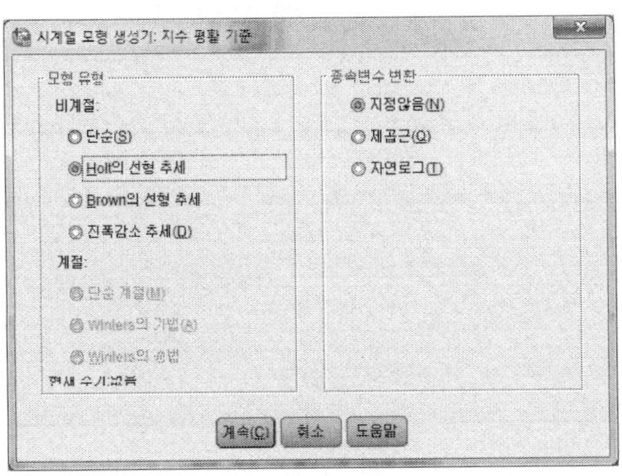

• 지수평활 기준 대화상자가 나타나면 모형 유형의 비계절에서 [Holt의 선형 추세]를 선택하고, [계속(C)]을 누른다.

실습 5.5 Holt의 선형지수평활(3)

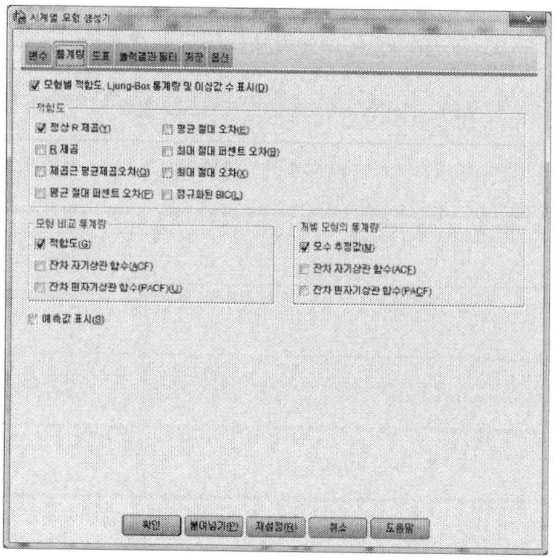

• 시계열 모형 생성기 대화상자에서 상단의 통계량을 누른다. 오른쪽 하단의 [개별 모형의 통계량]에서 [모수 추정값(M)]을 선택한다.

실습 5.6 Holt의 선형지수평활(4)

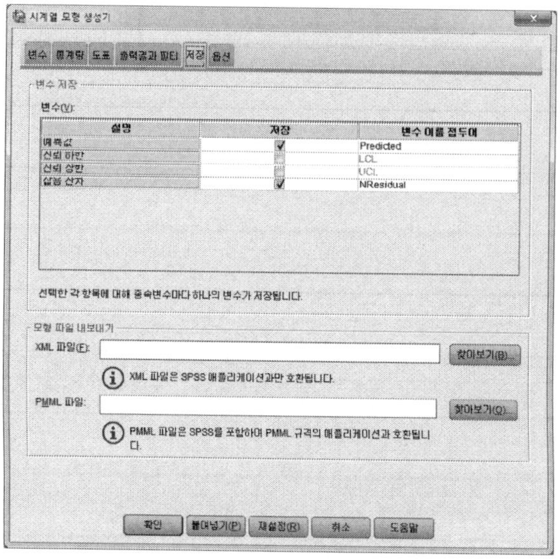

• 상단의 저장의 [변수(V)]에서 예측값과 잡음 잔차를 선택한다.

실습 5.7 Holt의 선형지수평활(5)

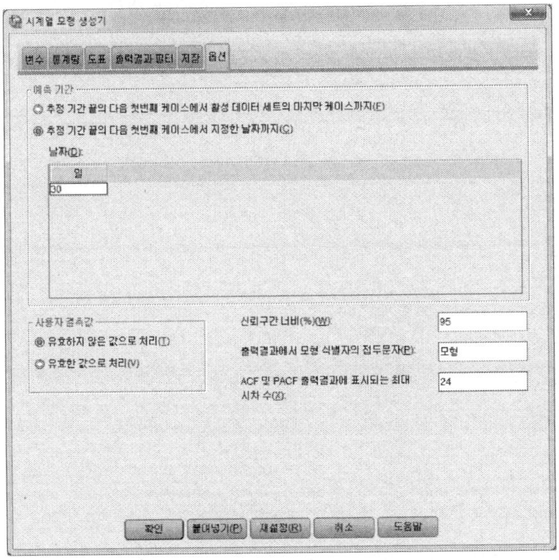

• 상단의 옵션에서 예측기간 30일을 입력하고, 확인을 누른다.

실습 5.8 실행된 결과(1)

지수평활 모형 모수

모형			추정값	SE	t	유의확률
Yt-모형_1	변환 안 함	알파(수준)	.098	.135	.723	.478
		감마(추세)	1.102E-6	.069	1.598E-5	1.000

• 실행결과를 보면 알파와 감마 값은 각각 0.098, 1.102E-6임을 알 수 있다.

실습 5.9 실행된 결과(2)

Yt	DAY_	DATE_	Predicted_Yt_모형_1	NResidual_Yt_모형_1
143.00	1	1	132.92	10.08
152.00	2	2	139.00	13.00
161.00	3	3	145.36	15.64
139.00	4	4	151.99	-12.99
137.00	5	5	155.81	-18.81

• 추정된 알파와 감마 값에 대한 예측값들이 데이터 편집기에 저장된다.

실습 5.10 시퀀스 차트(1)

• [분석(A)] → [시계열 분석(T)] → [시퀀스 차트(N)]를 누른다.

실습 5.11 시퀀스 차트(2)

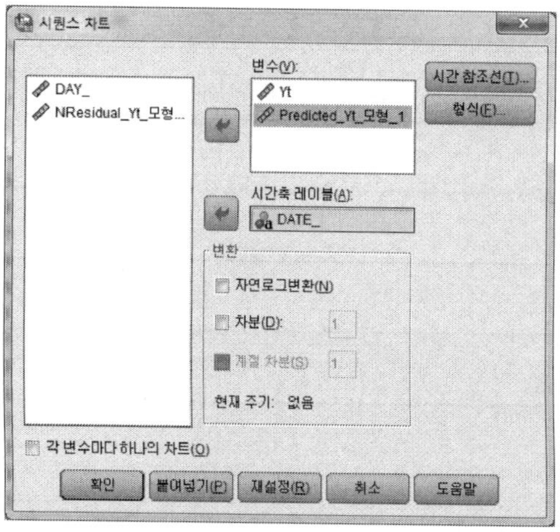

• 시퀀스 차트 대화상자에서 추세를 보고자 하는 변수 Yt와 Predicted Yt를 [변수(V)]로 옮긴 다음, 날짜 정의 변수 DATE를 [시간축 레이블(A)]로 옮기고 확인을 누른다.
• 만약 각 변수별로 그래프를 그리려면, 하단의 [각 변수마다 하나의 차트(Q)]를 선택하고 확인을 누른다.

실습 5.12 시퀀스 차트(순차 도표) 실행된 결과

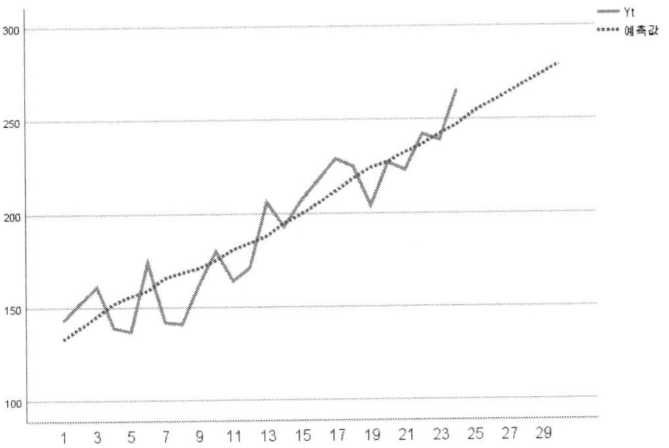

그림 실습 2-5-1 외국인 관광객수 시계열자료와 예측값

2.2.7 Winter의 3-parameter 지수평활방법

시계열자료가 정상적일 경우에는 이동평균방법이나 단순지수평활방법 같은 방법들이 유용하게 사용될 수 있다. 그리고 시계열자료가 추세를 가지고 있는 비정상적 시계열자료라면 Brown의 방법이나 Holt의 방법을 적용하는 것이 바람직할 것이다. 그러나 추세를 가지면서 계절성이 있는 비정상적 시계열의 경우라면 위의 방법들보다는 Winter의 방법으로 예측하는 것을 고려해 보아야 한다. 즉, Winter의 방법은 계절성을 반영할 수 있는 모형이다.

예를 들어 [표 2-12]는 어느 기업 A의 2000년부터 2005년까지의 분기별 수출량 자료이다. 그림 (2-4)는 이 시계열자료의 순차도표로서 계절성이 있음을 시사하고 있다.

표 2-12 기업 A의 분기별 수출량 시계열자료

t	년도/분기	수출량(Y_t)	t	년도/분기	수출량(Y_t)
1	2000/1	362	13	2003/1	544
2	2	385	14	2	582
3	3	432	15	3	681
4	4	341	16	4	557
5	2001/1	382	17	2004/1	628
6	2	409	18	2	707
7	3	498	19	3	773
8	4	387	20	4	592
9	2002/1	473	21	2005/1	627
10	2	513	22	2	725
11	3	582	23	3	854
12	4	474	24	4	661

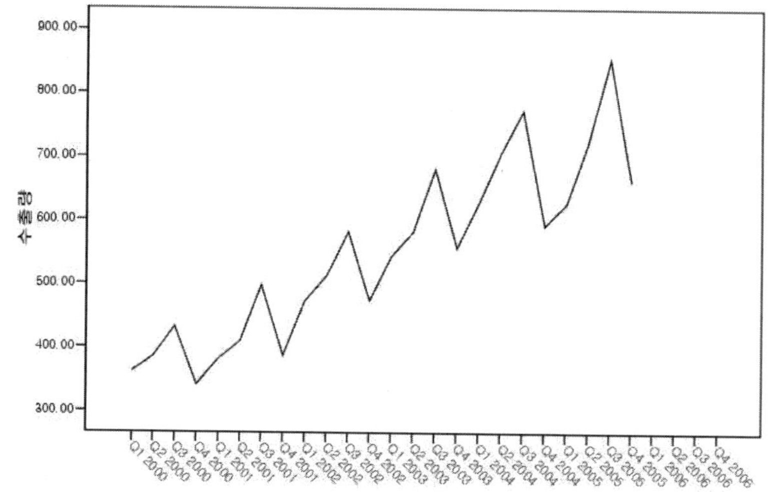

그림 2-4 기업 A의 수출량 자료 순차도표

표 2-13 단순지수평활방법과 Brown 방법의 예측결과

수출량	DATE	단순평활방법($\alpha = 0.460$)		Brown 방법($\alpha = 0.234$)	
		예측값	오차	예측값	오차
362	Q1 2000	380.11	−18.11	455.44	−93.44
385	Q2 2000	371.78	13.22	426.49	−41.49
432	Q3 2000	377.86	54.14	416.72	15.28
341	Q4 2000	402.76	−61.76	431.21	−90.21
382	Q1 2001	374.35	7.65	397.24	−15.24
409	Q2 2001	377.87	31.13	393.38	15.62
498	Q3 2001	392.19	105.81	403.11	94.89
387	Q4 2001	440.86	−53.86	450.73	−63.73
473	Q1 2002	416.09	56.91	429.41	43.59
513	Q2 2002	442.27	70.73	454.76	58.24
582	Q3 2002	474.8	107.2	489.34	92.66
474	Q4 2002	524.11	−50.11	543.18	−69.18
544	Q1 2003	501.06	42.94	526.45	17.55
582	Q2 2003	520.81	61.19	546.48	35.52
681	Q3 2003	548.96	132.04	575.86	105.14
557	Q4 2003	609.7	−52.7	639.71	−82.71
628	Q1 2004	585.46	42.54	621.52	6.48
707	Q2 2004	605.03	101.97	640.49	66.51
773	Q3 2004	651.93	121.07	687.87	85.13
592	Q4 2004	707.62	−115.62	747.58	−155.58
627	Q1 2005	654.44	−27.44	699.45	−72.45
725	Q2 2005	641.82	83.18	681.68	43.32
854	Q3 2005	680.08	173.92	714.05	139.95
661	Q4 2005	760.08	−99.08	793.94	−132.94
	Q1 2006	714.51		753.95	

[표 2-13]은 기업 A의 분기별 수출량 시계열자료에 대한 단순지수평활방법과 Brown 방법에 의한 예측결과이다. 이 표에서 볼 수 있는 것과 같이 단순지수평활방법이나 Brown의 방법으로 예측된 값들의 예측오차들은 일정한 패턴을 갖는다는 점이다. 즉, 매 4분기의 예측오차가 −의 값을 갖고 다른 분기들에서는 + 값을 갖는 것을 알 수 있다($t = 21$ 예외). 이것은 이 시계열자료가 뚜렷한 계절성을 갖고 있음을 시사하는 것이다. 따라서 이러한 시계열자료에 대해서는 계절성을 해결할 수 있는 Winters의 방법으로 접근하는 것이 바람직하다.

Winters의 방법은 3가지 평활 식으로 구성되어 있다. 즉, 전체(일반) 평활에 대하여 추세평활에 대하여, 그리고 계절적 평활에 대한 평활 식으로 구성되어 있는데, 그

모형은 다음과 같다.

$$S_T' = \alpha \frac{Y_T}{I_{T-L}} + (1-\alpha)(S_{T-1}' + b_{T-1}) \tag{2-27}$$

$$b_T = \gamma(S_T' - S_{T-1}') + (1-\gamma) b_{T-1} \tag{2-28}$$

$$I_T = \delta \frac{Y_T}{S_T'} + (1-\delta) I_{T-L} \tag{2-29}$$

$$F_{T+m} = (S_T' + b_T m) I_{T-L+m} \tag{2-30}$$

여기서 L은 계절성의 주기이고, I는 계절조정요인이다. 계절조정요인인 식 (2-29)는 계절지수와 비교될 수 있는데, 현 시점의 시계열자료를 현 시점의 평활값으로 나누어 L 이전 시점의 계절조정요인으로 조정한 것이다. Y_T / S_T'은 1보다 클 수도 작을 수도 있으며, 계절성을 나타내는 지수이다.

식 (2-27)은 Holt의 방법과 약간 차이가 있는데, 시계열자료 Y_T를 L 이전 시점의 계절조정 요인으로 나누어 줌으로써 계절성을 제거시킨 것이다. 즉, I_{T-L}이 1보다 큰 경우라면, $(T-L)$ 시점의 시계열 값이 평균보다 크다는 의미이기 때문에 Y_T를 작게 조정해 주는 효과가 있는 것이다.

이제 Winters 방법의 파라미터 α, γ, δ 값들을 어떻게 얻어야 하는가 하는 문제를 해결해야 하는데, SSE가 가장 작게 되는 α, γ, δ를 시행착오(trial-error)의 과정을 거쳐 얻을 수밖에 없다.

그리고 초깃값을 얻는 것도 간단하지는 않지만 추세를 나타내는 b의 초깃값은 2개의 계절주기 자료들을 사용하여

$$b = \frac{1}{L}\left[\frac{Y_{L+1} - Y_1}{L} + \frac{Y_{L+2} - Y_2}{L} + \cdots + \frac{Y_{2L} - Y_L}{L}\right]$$

을 계산하여 사용할 수도 있다.

2.2.8 Winters 방법의 SPSS 실습

SPSS 실습 2-6

[표 2-12]의 기업 A 분기별 수출량 시계열자료에 대해 Winters 방법을 적용시키는 SPSS 실습을 해 보기로 하자(자료명: ch2ex6.sav).

실습 6.1 먼저 날짜 정의(년, 분기/2000년, 1분기 입력)를 한다(생략).

실습 6.2 Winters 모형 선택(1)

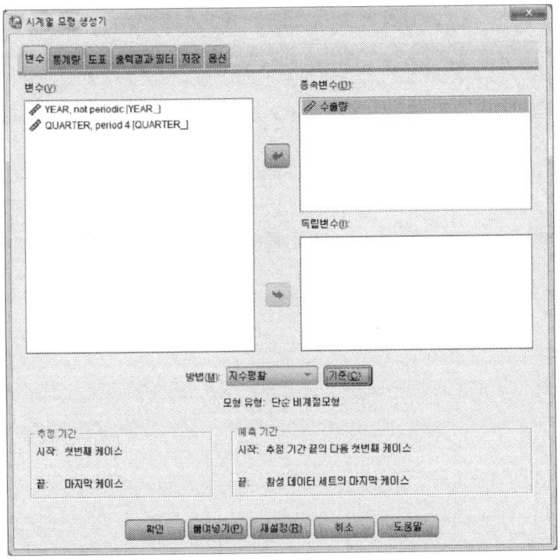

- **[분석(A)]**→[시계열 분석(T)]→[기존 모형 작성(C)]을 실행한다. 수출량을 [종속변수(D)]로 옮기고, [방법(M)]에서 [지수평활]을 선택한 후, [기준(C)]을 누른다.

실습 6.3 Winters의 가법모형(2)

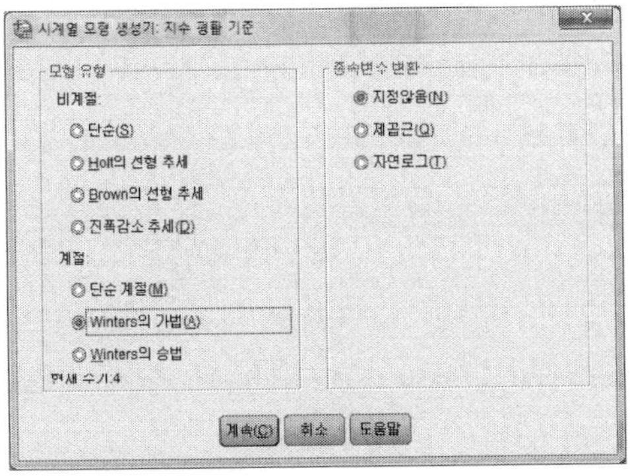

- 지수 평활 기준 대화상자가 나타나면, 모형 유형의 계절에서 먼저 [Winters의 가법(A)]를 선택하고 [(계속(C)]을 누른다.

실습 6.4 Winters의 가법모형(3)

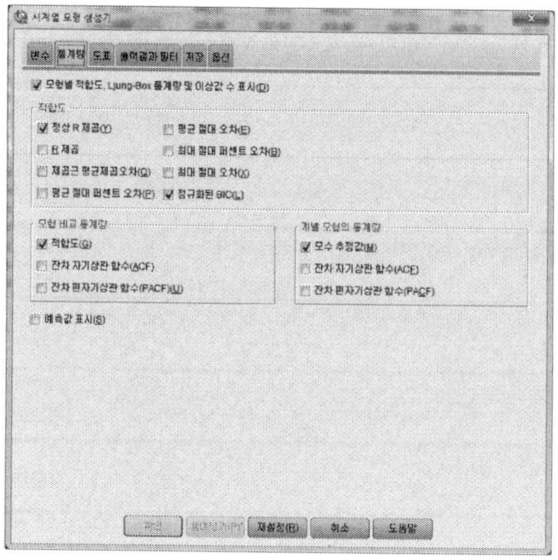

- 시계열 모형 생성기 대화상자의 상단에 있는 통계량에서 [적합도]의 [정규화된 BIC(L)]을 선택한 후, [개별 모형의 통계량]에서 [모수 추정값(M)]을 선택한다.

실습 6.5 Winters의 가법모형(4)

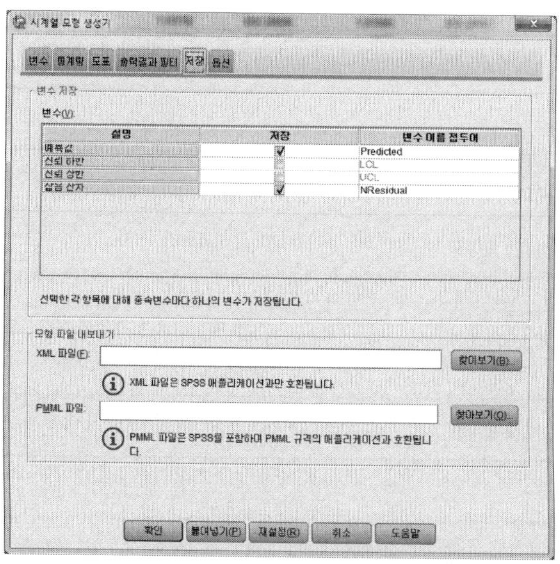

- 상단에 있는 저장에서 [변수(V)]의 예측값, 잡음 잔차를 선택한다.

실습 6.6 Winters의 가법모형(5)

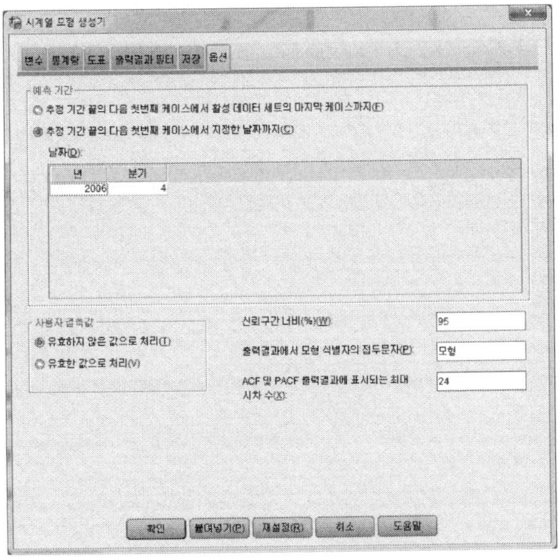

• 상단에 있는 옵션에서 예측기간 2006년 4분기를 입력한 후, 확인을 누른다.

실습 6.7 Winters의 승법모형(1)

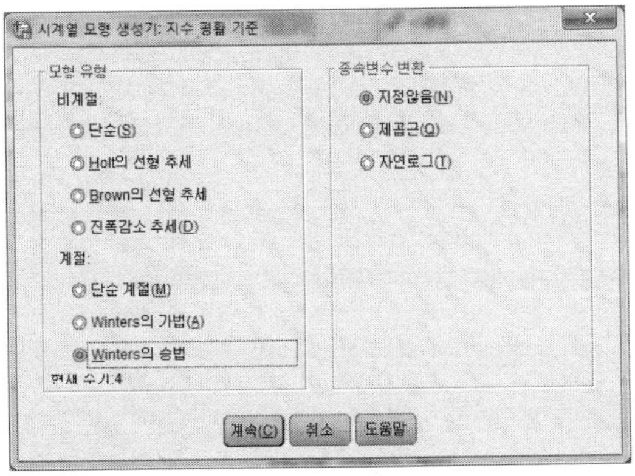

• 지수 평활 기준 대화상자가 나타나면, 모형 유형의 계절에서 먼저 [Winters의 승법]을 선택하고 [(계속(C)]을 누른다.
• 통계량, 저장, 옵션 설정은 [실습 6.4–6.6]과 같이 진행한다.

실습 6.8 Winters 가법방법 결과(1)

적합 통계량	평균
정상 R-제곱	.280
R-제곱	.964
제곱근 평균제곱오차 (RMSE)	27.768
평균 절대 퍼센트 오차 (MAPE)	4.061
최대 절대 퍼센트 오차 (MaxAPE)	11.978
평균 절대 오차(MAE)	21.395
최대 절대 오차(MaxAE)	62.602
정규화된 BIC	7.045

지수평활 모형 모수

모형			추정값	SE	t	유의확률
수출량-모형_1	변환 안 함	알파(수준)	.124	.078	1.588	.127
		감마(추세)	.000	.010	.046	.964
		델타(계절)	.001	.139	.007	.994

- $\alpha=0.124$, $\gamma=0$, $\delta=0.001$임을 알 수 있으며, 이에 대한 예측값들이 데이터 편집기에 자동으로 저장된다.

실습 6.9 Winters 가법방법 결과(2)

수출량	YEAR_	QUARTER_	DATE_	Predicted	NResidua
513.00	2002	2	Q2 2002	511.66	1.34
582.00	2002	3	Q3 2002	594.95	-12.95
474.00	2002	4	Q4 2002	458.71	15.29
544.00	2003	1	Q1 2003	533.52	10.48
582.00	2003	2	Q2 2003	585.56	-3.56
681.00	2003	3	Q3 2003	668.23	12.77
557.00	2003	4	Q4 2003	535.21	21.79
628.00	2004	1	Q1 2004	610.83	17.17
707.00	2004	2	Q2 2004	663.70	43.30
773.00	2004	3	Q3 2004	752.21	20.79
592.00	2004	4	Q4 2004	620.21	-28.21
627.00	2005	1	Q1 2005	689.60	-62.60
725.00	2005	2	Q2 2005	732.57	-7.57
854.00	2005	3	Q3 2005	814.73	39.27
661.00	2005	4	Q4 2005	684.98	-23.98
.	2006	1	Q1 2006	754.87	.
.	2006	2	Q2 2006	805.68	.
.	2006	3	Q3 2006	888.82	.
.	2006	4	Q4 2006	754.13	.

실습 6.10 Winters 승법방법 실행 결과(1)

적합 통계량	평균
정상 R-제곱	.382
R-제곱	.973
제곱근 평균제곱오차 (RMSE)	24.362
평균 절대 퍼센트 오차 (MAPE)	3.221
최대 절대 퍼센트 오차 (MaxAPE)	9.820
평균 절대 오차(MAE)	17.879
최대 절대 오차(MaxAE)	61.572
정규화된 BIC	6.783

지수평활 모형 모수

모형			추정값	SE	t	유의확률
수출량-모형_1	변환 안 함	알파(수준)	.606	.178	3.414	.003
		감마(추세)	.001	.022	.050	.961
		델타(계절)	.560	.579	.968	.344

- $\alpha = 0.606$, $\gamma = 0.001$, $\delta = 0.560$임을 알 수 있으며, 이에 대한 예측값들이 데이터 편집기에 자동으로 저장된다.

실습 6.11 Winters 승법방법 실행 결과(2)

수출량	YEAR_	QUARTER_	DATE_	Predicted_수출량_모형_1_A	NResidual_수출량_모형_1_A
513.00	2002	2	Q2 2002	500.86	12.14
582.00	2002	3	Q3 2002	594.07	-12.07
474.00	2002	4	Q4 2002	462.89	11.11
544.00	2003	1	Q1 2003	549.10	-5.10
582.00	2003	2	Q2 2003	582.57	-.57
681.00	2003	3	Q3 2003	671.06	9.94
557.00	2003	4	Q4 2003	536.89	20.11
628.00	2004	1	Q1 2004	634.47	-6.47
707.00	2004	2	Q2 2004	671.14	35.86
773.00	2004	3	Q3 2004	797.48	-24.48
592.00	2004	4	Q4 2004	621.18	-29.18
627.00	2005	1	Q1 2005	688.57	-61.57
725.00	2005	2	Q2 2005	701.98	23.02
854.00	2005	3	Q3 2005	808.57	45.43
661.00	2005	4	Q4 2005	659.88	1.12
.	2006	1	Q1 2006	744.07	.
.	2006	2	Q2 2006	821.86	.
.	2006	3	Q3 2006	929.86	.
.	2006	4	Q4 2006	723.89	.

Winters의 가법방법과 승법방법을 비교해 본 결과, 승법모형의 R^2값이 더 높으며, 평균제곱오차(RMSE)는 더 작게 나타났다. 또한, 정규화된 BIC의 값이 더 작게 나타났으므로, Winters의 승법방법이 더 적합하다.

실습 6.12 계절요인

• [분석(A)] → [시계열 분석(T)] → [계절분해(S)]를 실행한다.

실습 6.13 계절요인

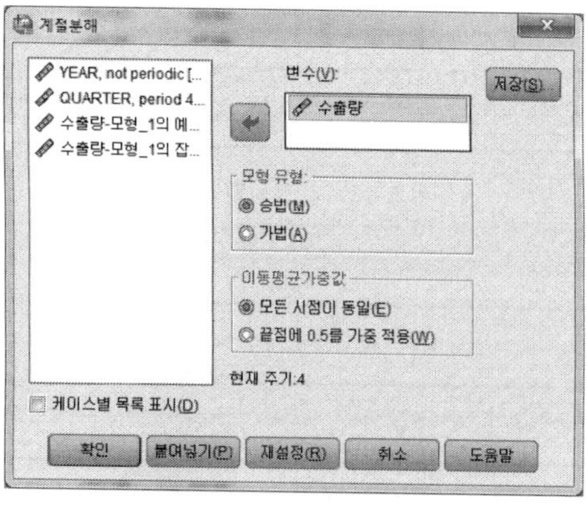

• 계절분해 대화상자가 나타나면, 변수 수출량을 [변수(V)]로 이동시킨 후, [모형 유형]에서 [승법(M)]을 선택하고, 하단의 확인을 누른다.

실습 6.14 계절요인 실행 결과

계절요인

계열 이름: 수출량

주기	계절요인(%)
1	96.8
2	102.0
3	113.9
4	87.3

위와 같이 Winters의 승법과 가법방법의 분석결과를 통해 적합한 방법을 선택할 수 있지만, 원 시계열 그래프를 그려서 적합한 분해 방법을 결정할 수 있다.

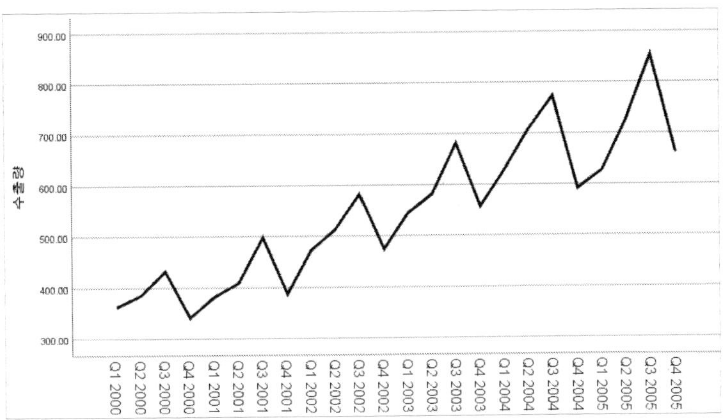

그림 실습 2-6-1 원 시계열 도표

원 시계열 도표를 보면 매년 3분기에 수출량이 가장 높은 계절성을 보이며, 시간의 흐름에 따라 수출량이 증가하고 있다. 또한, 시간이 증가함에 따라 시계열의 분산이 증가하는 것으로 보인다. 이런 경우에는 승법방법을 사용하는 것이 바람직하며, 만약 시간의 흐름에 따라 분산이 일정하게 나타난다면 가법방법을 선택한다.

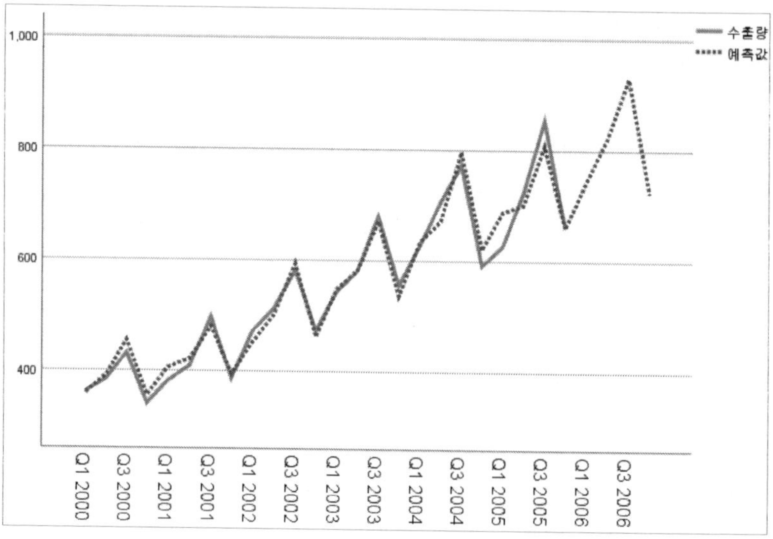

그림 실습 2-6-2 수출량 시계열자료와 Winter 예측값

2장 연습문제

1 다음은 철강산업의 월별 생산지수이다.

(1) 이 시계열자료에 대해 주기 12의 단순이동평균방법, 선형이동평균방법으로 시점 $t=29,\ 30$의 예측값을 구하라.

(2) 위의 두 가지 방법들에 대한 정확도(SSE)를 구하라.

(3) 주기를 6으로 하여 (1)을 수행하라.

(4) 위에서 구한 결과 중 어느 것이 가장 바람직한 예측결과인지를 설명하라.

t (월)	철강산업 생산지수	t (월)	철강산업 생산지수
1	108	15	98
2	108	16	97
3	110	17	101
4	106	18	104
5	108	19	101
6	108	20	99
7	105	21	95
8	100	22	95
9	97	23	96
10	95	24	96
11	95	25	97
12	92	26	98
13	95	27	94
14	95	28	92

2 [실습 2-4]의 외국인 관광객수의 자료에 대해 $\alpha=0.7$을 사용하여 Brown 방법의 예측값과 SSE를 구하라. 그리고 [실습 2-4]에서 얻어진 예측값, SSE와 비교하라.

3 다음은 A, B 두 가지 TV 모델을 판매하는 대형 마켓의 일별 판매대수이다.

(1) 이 시계열자료에 대해 선형이동평균방법, Brown 방법, Holt 방법으로 시점 31, 32, 33의 예측값을 구하라.

(2) (1)의 세 가지 방법의 결과 얻어지는 잔차값들로써 세 가지 방법의 정확도

(SSE)를 구하여 어느 예측방법이 좋은지를 비교하라.

(3) (2)에서 구한 잔차들로써 Durbin-Watson 통계량을 구하라.

t(일)	A 모델	B 모델	t(일)	A 모델	B 모델
1	199	139	16	243	240
2	172	128	17	225	189
3	111	172	18	167	222
4	209	139	19	237	158
5	161	191	20	202	178
6	119	168	21	186	217
7	195	170	22	176	261
8	195	145	23	232	238
9	131	184	24	195	240
10	183	135	25	190	214
11	143	218	26	182	200
12	141	198	27	222	201
13	168	230	28	217	283
14	201	222	29	188	220
15	155	206	30	247	259

4 다음은 48개월 동안의 음료매출액과 시계열자료이다.

t	Y_t	t	Y_t	t	Y_t	t	Y_t
1	189.00	13	244.00	25	298.00	37	352.00
2	229.00	14	296.00	26	378.00	38	445.00
3	249.00	15	319.00	27	373.00	39	453.00
4	289.00	16	370.00	28	443.00	40	541.00
5	260.00	17	313.00	29	374.00	41	457.00
6	431.00	18	556.00	30	660.00	42	762.00
7	660.00	19	831.00	31	1004.00	43	1194.00
8	777.00	20	960.00	32	1153.00	44	1361.00
9	915.00	21	1152.00	33	1388.00	45	1615.00
10	613.00	22	759.00	34	904.00	46	1059.00
11	485.00	23	607.00	35	715.00	47	824.00
12	277.00	24	371.00	36	441.00	48	495.00

(1) 이 시계열자료의 순차도표를 구하라.

(2) Holt의 방법으로 예측값들을 구하라.

(3) Winter의 방법으로 예측값들을 구하라.

(4) (2)와 (3)을 비교한 후 어느 방법이 더 적절한가를 평가하라.

5 다음은 2004년 1월부터 2010년 12월까지의 어느 정수장 물공급량에 대한 시계열자료이다. 이 자료에 대해 Winter의 방법으로 2011년의 월별 물공급량을 예측하라(자료명: ch2Winter.sav).

월수요	날짜	월수요	날짜	월수요	날짜
11363395	Jan–04	12284728	Jan–06	11521546	Jan–08
10851856	Feb–04	10821404	Feb–06	11163448	Feb–08
11600359	Mar–04	11828236	Mar–06	11849945	Mar–08
11175640	Apr–04	11493004	Apr–06	11470723	Apr–08
11149285	May–04	12216633	May–06	11794227	May–08
11125620	Jun–04	11902576	Jun–06	11506311	Jun–08
11961040	Jul–04	12387968	Jul–06	12484994	Jul–08
12020570	Aug–04	12769354	Aug–06	12462621	Aug–08
11516961	Sep–04	11927370	Sep–06	12467524	Sep–08
11447110	Oct–04	12380311	Oct–06	12095584	Oct–08
11135970	Nov–04	12033594	Nov–06	11791808	Nov–08
11442675	Dec–04	12200993	Dec–06	12109523	Dec–08
11409638	Jan–05	11559079	Jan–07	12223370	Jan–09
10453824	Feb–05	10389680	Feb–07	10959710	Feb–09
11329307	Mar–05	11314442	Mar–07	12076990	Mar–09
11096955	Apr–05	11080693	Apr–07	11457112	Apr–09
11417737	May–05	11619944	May–07	12214190	May–09
11274830	Jun–05	11304550	Jun–07	12437359	Jun–09
11708300	Jul–05	11878095	Jul–07	12876984	Jul–09
11921104	Aug–05	12171377	Aug–07	12669040	Aug–09
11586442	Sep–05	11822227	Sep–07	12102150	Sep–09
11522041	Oct–05	11742978	Oct–07	12286272	Oct–09
10935886	Nov–05	11270763	Nov–07	12113680	Nov–09
11684494	Dec–05	11585252	Dec–07	11738141	Dec–09
				12266891	Jan–10
				11065251	Feb–10
				11964430	Mar–10
				11417590	Apr–10
				12105410	May–10
				11955990	Jun–10
				12360527	Jul–10
				12672870	Aug–10
				12164914	Sep–10
				11874691	Oct–10
				11984919	Nov–10
				12484081	Dec–10

3장

시계열 요소분해법

3.1 시계열 요소분해법
3.2 시계열 요소의 소개
3.3 시계열 요소의 분해 절차
3.4 추세변동
3.5 순환변동
3.6 계절변동

3.1 시계열 요소분해법

앞 장에서 다룬 여러 가지 평활(smoothing)방법은 시계열자료가 어떤 패턴에 따라 변화한다는 전제하에서 예측시점으로부터 과거 시점의 자료들을 평균함으로써(주로 가중평균), 시계열 변화 패턴의 부드러운 모습을 찾아보자는 것이었다. 즉, 시계열자료의 부드러운 패턴이 얻어지면 그 패턴의 연장선상에서 예측값을 찾는 방법들이다.

이에 반해 **시계열 요소분해법**(decomposition)이란 시계열자료는 몇 가지 변동들의 혼합(결합)으로 이루어지는 것이므로, 시계열자료를 형성하고 있는 변동 요소들을 찾아내고 시계열자료를 그 요소들의 결합으로 표현한 후 장래시점에 대해 예측해 보자는 것이다.

실제로, 우리가 분석하고자 하는 많은 경영, 경제, 사회 등 많은 분야의 시계열자료들은 대체로 추세(trend), 계절변동(seasonal fluctuation), 순환변동(cyclical movement)으로 이루어지며, 기타 불규칙변동(irregular/random fluctuation)이 추가되어 변화하는 모습을 갖는다. 따라서 시계열자료에 내포되어 있는 이 변동들을 하나하나 분리시켜 보고, 이 변동들의 조합으로 예측을 하는 것이 요소분해법이며, 이 방법도 바람직한 예측방법 중의 하나일 것이다.

물론 평활방법과 요소분해방법 중 어느 방법이 더 좋다고 단정할 수는 없다. 왜냐하면 시계열자료들의 변동 상태가 자료에 따라 다르고 시점에 따라 다르기 때문이다. 다만, 경우에 따라서 평활방법으로 예측한 결과와 요소분해법으로 예측한 결과를 비교해보는 것은 바람직하다고 할 수 있다.

3.2 시계열 요소의 소개

시계열자료(Y_t)를 구성하고 있는 기본적인 세 가지 변동은 다음과 같다.

1) 추세(trend)

추세란 자료가 장기적으로 변화해 가는 큰 흐름을 나타내는 것이다. 자료가 장기적으로(long-run) 커지는지, 작아지는지, 변화가 없는지를 나타내 주는 요소를 추세라고 한다. 보다 구체적으로는 장기적으로 증가하는 모습일 때 그것이 선형(linear)인지, 지수적으로(exponentially) 증가하는지 등을 함수관계로 표현할 수 있을 것이다.

2) 순환변동(cyclical movement)

순환변동은 경제 전반 또는 특정 산업의 부침(ups and downs)을 나타내 주는 것을 말한다. 예를 들면, GNP(국민총생산), 산업생산지수, 주택수요 등과 같은 시계열은 순환변동을 갖는다고 할 수 있다. 또는 자동차 판매대수, 주식가격, 통화공급량, 이자율 등도 순환변동을 내포하고 있다고 간주된다. 경우에 따라서 어떤 시계열자료는 순환변동을 포함하고 있지 않다고도 할 수 있을 것이다.

3) 계절변동(seasonal fluctuation)

계절변동은 일정한 주기를 갖고 반복적으로 같은 패턴으로 변화하는 것을 말한다. 주기는 시계열자료에 따라 서로 다를 수 있는데, 예를 들면, 온도(1일 주기), 강우량(1년 주기), 전력소비량(1일 주기 또는 1년 주기) 등의 시계열자료들은 각각 일정한 주기를 가지고 같은 패턴을 반복하며 변화하는 것들이다.

여기서, 순환변동과 계절변동의 차이점은 계절변동은 주기가 일정하게(1년, 1달, 1주 등) 정해진 반면, 순환변동은 정해지지 않은 기간 동안에 사이클(cycle)을 보여주는 것이라 할 수 있다.

앞에서 설명한 대로 시계열자료는 세 가지 변동을 기본으로 하여 불규칙하게 변화하는 형태를 갖는 시계열자료(Y_t)는 세 가지 변동들 외에 오차를 포함하고 있다고 보아야 할 것이다. 다시 말하면, 시계열자료가 불규칙하게 변동하는 부분을 **오차**(error / randomness) 또는 **잡음**(noise)이라고 하는데, 오차는 추세, 순환, 계절변동 외에 다른 잡다한 이유들에 의하여 불규칙하게 변하는 시계열자료의 성질을 나타내며, 오차들의 평균은 0으로 간주한다.

따라서 시계열자료는 실제로 위에서 설명한 네 가지 요소가 뒤섞여 있는 것으로 간주하여 시계열 $\{Y_t\}$를 네 가지 요소들의 함수, 즉

$$Y_t = f(T_t, C_t, S_t, I_t) \tag{3-1}$$

로 표현한다. 여기서 Y_t는 시점 t에서의 시계열 값, T_t는 시점 t에서의 추세요소, C_t는 순환요소, S_t는 계절요소, I_t는 불규칙요소를 나타낸다.

3.3 시계열 요소의 분해 절차

앞에서 설명한 시계열자료의 네 가지 요소들을 각각으로 분해하는 절차에 대해서는 다음과 같이 요약된다.

(1) 먼저, 시계열자료의 주기(N)를 파악한 후 N기의 이동평균을 구하면 계절성과 불규칙성(임의성)을 제거시킬 수 있다. 즉, 시계열자료에 계절성이 있을 경우, 계절변동의 주기(N)가 12개월이든, 4분기든, 7일이든 간에 시계열자료의 N기 이동평균을 얻는다. 그러면 계절성으로 인한 높은 값과 낮은 값들을 평균하는 것이 되어 계절성이 제거되고, 또 평균값을 얻음으로써 임의의 어떤 이유 때문에 생기는 작은 변동인 불규칙 변동도 일부분 제거되는 효과를 얻을 수 있다.

(2) 시계열자료(Y_t)로부터 (1)에서 구한 이동평균값들을 분리시키게 되면 시계열자료에는 추세변동과 순환변동만 남게 된다.

(3) 그러면 시계열자료의 추세가 어떤 형태로 이루어져 있는지를 알 수 있게 되고, 그 추세의 형태(T_t)를 구할 수 있다.

(4) (2)에서 얻어진 추세변동과 순환변동만 남아 있는 시계열에서 (3)에서 구한 추세변동을 제거하면 순환변동(C_t)이 얻어지고

(5) 위의 과정에서 얻어진 S_t, T_t, C_t를 모두 제거할 때 남는 것은 **불규칙변동**(I_t)이다.

이제, 시계열 요소분해법을 보다 잘 이해하기 위해 다음 [표 3-1]의 시계열자료에 대해 알아보자. [표 3-1]의 자료는 위에서 설명한 네 가지 요소들이 덧셈으로 합하여진 가공된 자료이다. 이와 같이 네 가지 요소들이 합하여진 시계열자료를 **가법모형**(additive model)이라고 한다. 즉, 가법모형은

$$Y_t = T_t + C_t + S_t + I_t \qquad (3\text{-}2)$$

으로 표현되는데, 여기서는 $C_t = 0$으로 하자. 즉, 시점 1에서 12까지 추세(T_t)는 2만큼씩 증가하고, 계절변동(S_t)은 주기(N)를 3으로 하되 3, 5, 7 값들이 반복하여 더하여지는 패턴을 가지며, 불규칙변동(I_t)은 임의로 그 값들을 부여하였다. 즉, 시계열자료(Y_t)인 제(1)열은 제(2)열부터 제(4)열까지의 합으로써 얻어진 것으로 하자.

표 3-1 시계열자료의 구성 및 분해 예

시점	(1) Yt	(2) Tt	(3) St	(4) It	(5) Mt = Tt+Ct	(6) Yt−Mt = St+It
1	4.7	2	3	−.3	−	−
2	9.0	4	5	0	8.9	.1
3	13.0	6	7	0	11.1	1.9
4	11.3	8	3	.3	13.4	−2.1
5	15.9	10	5	.9	15.6	.3
6	19.6	12	7	.6	17.4	2.2
7	16.7	14	3	−.3	19.0	−2.3
8	20.7	16	5	−.3	20.8	−.1
9	25.0	18	7	0	23.1	1.9
10	23.6	20	3	.6	25.2	−1.6
11	27.0	22	5	0	27.3	−.3
12	31.3	24	7	.3	−	−

먼저, [표 3−1]의 시계열자료(Y_t)를 그래프로 나타내면 [그림 3−1]과 같다. [그림 3−1]을 통하여 이 시계열은 주기가 3인 시계열임을 파악할 수 있으므로,

(a) 주기를 3으로 하는 이동평균($MA(3)$)을 구하고 그 주기의 가운데 시점에 이동평균값을 위치시킨다(중심화 이동평균). 왜냐하면 이동평균은 3개의 시계열 값들을 대표하는 값이기 때문이다. 그러면 이동평균값들은(제(5)열) 계절요소를 제거하고 불규칙요소를 일부분 제거하는 효과가 있어 추세와 순환요소만을 나타내게 된다. 즉,

$$MA(3)_t = T_t + C_t$$

이다.

(b) 여기서 $C_t = 0$ 이기 때문에 제(6)열에서 $Y_t - MA(3)_t = S_t + I_t$ 를 얻게 된다.

(c) 제(6)열은 계절요소와 불규칙요소만을 나타내고 있기 때문에 이 값들을 계절별(I, II, III)로 평균하면, 불규칙요소가 제거되고 계절요소만 남게 된다.

	I	II	III
	−	.1	1.9
	−2.1	.3	2.2
	−2.3	−.1	1.9
	−1.6	−.3	−
평균	−2.0	0.0	2.0

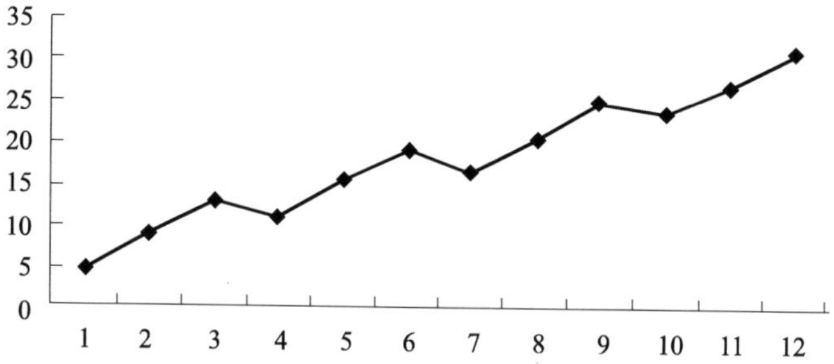

그림 3-1 시계열자료 예의 순차도표

즉, 계절 I에는 −2의 계절효과, 계절 II에는 0, 계절 III에 대해서는 +2의 계절효과가 있음을 알 수 있다. 여기서 계산된 계절효과 값들은 계절 II(시점 2, 5, 8, 11)를 기준으로 계절성을 계산할 때 계절 I(시점 1, 4, 7, 10)은 2만큼 작고, 계절 III(시점 3, 6, 9, 12)에 대해서는 2만큼 크다는 것을 의미한다.

위의 예는 시계열자료가 세 가지 요소(추세, 계절, 불규칙)들의 가법모형이라고 할 때 그 시계열자료를 다시 분해하는 과정을 설명한 것이다.

그러므로 앞으로 설명되는 시계열자료 분해도 모두 승법모형을 기초로 하여 다루어질 것이다. 가법모형은 요소들의 분해과정을 쉽게 이해하기 위한 것일 뿐이라고 간주해도 좋다.

그러나 일반적으로 가법모형보다는 승법모형이 현실적이다. 시계열자료분석에서 승법모형(multiple model)이란

$$Y_t = T_t \times C_t \times S_t \times I_t \tag{3-3}$$

으로서 여러 가지 변동 요소들이 단순히 더해지는 것이 아니라 서로 관련을 갖기 때문에 곱해지는 것으로 모형을 설정하는 것이다. 가법모형은 다른 변동들이 어느 정도인지에 상관없이 특정 변동이 일정하게 시계열자료(Y_t)에 영향을 준다는 것이 전제되어 있는 데 반해, 승법모형은 특정변동이 Y_t에 미치는 영향은 다른 변동들의 값에 따라 달라진다는 것을 반영하는 모형이다. 따라서 대부분의 시계열자료는 승법모형으로 간주되고, 식 (3-3)을 이용하여 요소를 분해하는 것이 일반적이다.

3.4 추세변동

시계열자료가 장기적으로(log-run) 어떤 경향을 나타내고 있는가를 추세(trend)라고 한다. 시계열자료가 증가하는 경향이 있는지 또는 감소하는 경향이 있는지를 알아보고, 증가나 감소의 경향이 선형(linear)인지 어떤 함수관계로 나타낼 수 있는지를 찾는 것이다. 시계열자료가 갖는 추세의 종류는 대체적으로 [그림 3-2]와 같은 것들이 있다.

먼저 [그림 3-2] (a)는 시간의 변화에 따라 직선으로 증가하는 시계열의 형태이다. 이와 같은 선형의 관계는 가장 단순한 추세를 나타내는 것으로서

$$\text{(a)}\quad Y_t = \alpha + \beta t \tag{3-4}$$

의 관계식을 찾으면 될 것이다. [그림 3-2] (b)는

$$\text{(b)}\quad Y_t = \alpha\beta^t \qquad (0 < \beta < 1) \tag{3-5}$$

의 관계를 나타내는 것으로서 시계열의 값들이 초기에는 급격히 작아지다가 차차 점진적으로 작아지는 형태를 나타낸다. 비록 그 관계가 비선형(non-linear)이지만, 대수(logarithm)를 취하여

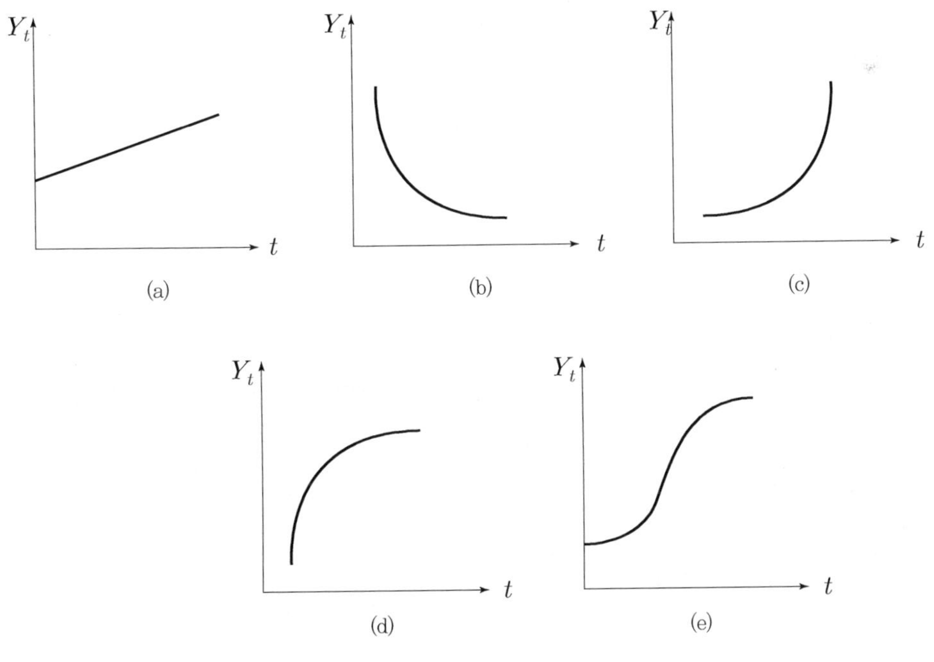

그림 3-2 추세의 종류

$$(b') \quad \log Y_t = \log\alpha + (\log\beta)t$$
$$= \alpha' + \beta' t$$

로부터 α'과 β'을 구할 수 있다. 여기서 $\alpha' = \log\alpha$, $\beta' = \log\beta$ 이다.
[그림 3-2] (c)와 (d)는

$$Y_t = \alpha t^{\beta} \Rightarrow \log Y_t = \log\alpha + \beta\log t \tag{3-6}$$

의 관계로 전환되는데 (c)의 경우는 $\beta \geq 1$이고 (d)의 경우는 $0 \leq \beta \leq 1$ 이다. 여기서도 마찬가지로 $\log Y_t$와 $\log t$의 선형관계를 구하면 결국 Y_t와 t의 비선형관계를 찾을 수 있는 것이다. 그리고 [그림 3-2] (e)는 로지스틱 곡선을 나타내는 그래프로서 초기에는 서서히 증가하다가, 일정 시점 이후에는 성장의 속도가 빠르게 되고 다시 성장이 둔화하는 모습을 나타내는 시계열에 적합하다. 이와 같은 곡선은

$$(e) \quad Y_t = \frac{1}{1+\alpha e^{\beta t}} \qquad (\beta < 0) \tag{3-7}$$

로 관계식으로 표현된다. 여기서는 위의 관계식에 역수를 취하고 정리하면

$$(e') \quad \log\left(\frac{1}{Y_t} - 1\right) = \log\alpha + \beta t$$

로 변환되어 $\log\left(\frac{1}{Y_t} - 1\right)$과 t의 선형관계로부터 α와 β를 구할 수 있게 된다. 이밖에도

$$(\text{S–모형}) \quad Y_t = e^{\alpha + \beta / t} \tag{3-8}$$
$$(\text{성장모형}) \quad Y_t = e^{\alpha + \beta t} \tag{3-9}$$

등이 있다.

여기서 설명한 함수 관계는 기본적인 것들이고 보다 복잡한 추세를 나타내는 경우들도 있을 것이다. 다만, 아무리 복잡한 추세를 가지고 있더라도 우리가 알고 있는 함수 관계로 접근시켜 문제를 해결하여야 할 것이다. 물론 함수 관계는 간단할수록 좋을 것이지만 자료의 변화를 잘 나타내는 것이어야 한다. 그리고 앞에서 설명한 대로 선형의 관계로 전환시켜 파라미터 값들을 추정하게 된다.

3.4.1 선형추세와 비선형추세

선형추세는 시계열자료의 가장 기본적인 추세이다. 많은 시계열자료들이 복잡한 형태로 변화한다고 할지라도, 장기적으로는 대강(roughly) 선형으로 증가하거나 감소하는 경향이 있다고 할 수 있을 것이다. 더욱이 어떤 시계열자료가 선형추세를 가지고 있다면 그 결과를 설명하는 데 있어 간편하고 쉬운 점이 장점이다. 경우에 따라 시계열자료가 비선형추세를 가지고 있다고 할지라도 비선형의 관계를 선형으로 전환시켜 알아본 후, 비선형의 추세의 관계식을 구하는 것이기 때문에 기본적으로 선형추세를 알아보는 것은 중요한 일이다.

시간의 흐름에 따라 일정한 비율로 증가하는 선형의 시계열자료 패턴은 Y_t 와 t 가

$$Y_t = \alpha + \beta t$$

의 관계에 있음을 뜻한다.

실제로 [표 3-2]와 같이 시간에 따른 시계열 값들이 있을 경우, 즉 $(Y_t,\ t)$ 에 대한 자료가 n 개 있을 경우, 회귀분석의 최소제곱법(Least Squares Method)에 따라 기울기 β와 절편 α의 값을 구할 수 있다. 예를 들어 [표 3-2]와 같은 실제 판매액 시계열자료가 있을 때 물가지수를 반영한 판매액(Y_t) 시계열자료에 대해 최소제곱법에 의한 α와 β의 추정값들은 각각 $a = 3828.11$, $b = 166.45$이기 때문에 선형의 추세선은

$$Y_t = 3828.11 + 166.45t$$

로 얻어진다. 이 자료에 대한 순차도표와 추세선은 [그림 3-3]과 같다.

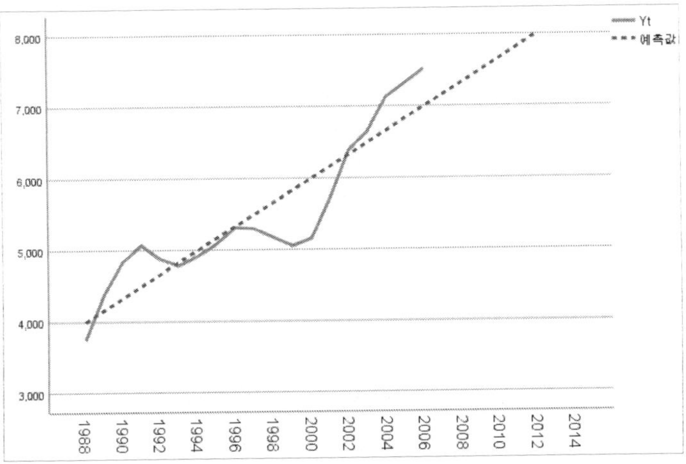

그림 3-3 물가반영 판매액과 추세선

표 3-2 실제 판매액과 물가지수를 반영한 판매액(단위: 백만 원)

t	물가지수 (t_{13}=100)	실제 판매액	물가지수를 반영한 판매액(Y_t)
1	0.456	1721	3744
2	0.474	2077	4382
3	0.485	2345	4835
4	0.517	2619	5066
5	0.579	2822	4874
6	0.623	2977	4778
7	0.652	3201	4910
8	0.687	3489	5079
9	0.735	3903	5310
10	0.807	4272	5294
11	0.895	4625	5168
12	0.967	4881	5048
13	1.000	5151	5151
14	1.021	5838	5718
15	1.051	6715	6389
16	1.070	7108	6643
17	1.072	7639	7126
18	1.076	7878	7322
19	1.081	8131	7522

이 예에서 주목해야 할 것은 시계열자료를 분석할 때 원자료(실제 판매액)에 대해서 분석할 것인지, 여기에서처럼 물가지수를 반영한(판매액을 물가지수로 나눈) 시계열자료에 대해서 분석할 것인지에 대해서는 분석자가 판단을 해야 할 것이다. 자료를 다루는 데 있어 이러한 판단은 분석자의 목적에 맞도록 분석자가 알아서 결정해야만 한다.

6장에서 회귀모형을 이용하여 예측하는 방법을 자세하게 다루고 있으므로 여기서 다루고 있는 부분(최소제곱법, 추정 등)에 대해 이해하지 못하는 부분이 있다면 미리 6장의 내용을 참고해야 할 것이다.

이제는 비선형추세에 대한 설명을 해보기로 하자. 비선형추세는 앞 절에서도 설명한 바와 같이 일단 선형추세의 관계로 전환시켜야 한다. 즉, 시계열자료(Y_t)가 시점이 변함에 따라 직선의 관계에 있지 않고, [그림 3-2]의 (b), (c), (d)와 같이 비선형의 관계에 있을 경우, Y_t는 t와 식 (3-5), 식 (3-6), 식 (3-7) 등의 관계로 표현될 수 있는데, 이 관계식들은 앞에서 설명한 대로 대수(logarithm)를 취함으로써 선형의 관계로 바뀌어진다. 일단 선형의 관계로 전환시킨 다음에 최소제곱법을 적용하여 파라미터들을 추정하게 되는 것이다.

다음 절에서 SPSS의 실습을 하게 되는데 비선형의 경우, SPSS에서는 여러 가지 비선형모형에 대해 결정계수(R^2)가 최대가 되는(또는 잔차제곱합(SSE)이 최소가 되는) 비선형 관계식을 쉽게 찾을 수 있다.

3.4.2 선형추세와 비선형추세에 대한 SPSS 실습

이 절에서는 선형추세를 찾는 방법과 비선형추세에 대해 간단한 시계열자료들로써 SPSS 실습을 하기로 한다.

SPSS 실습 3-1 선형추세

먼저 자료는 본문 [표 3-2]에서 다룬 물가지수가 반영된 판매액 자료이다(자료명: ch3ex1.sav).

시점(t)	물가지수 반영 판매액	시점(t)	물가지수 반영 판매액
1988년	3744	1998년	5168
1989년	4382	1999년	5048
1990년	4835	2000년	5151
1991년	5066	2001년	5718
1992년	4874	2002년	6389
1993년	4778	2003년	6643
1994년	4910	2004년	7126
1995년	5079	2005년	7322
1996년	5310	2006년	7522
1997년	5294		

먼저, SPSS를 이용하여 선형추세를 구하는 과정은 다음과 같다.

상단 메뉴에서 [파일(F)] → [열기(O)] → [데이터(D)]로 SPSS 자료 파일 폴더에서 ch3ex1.sav를 불러온다.

실습 7.1 날짜 정의

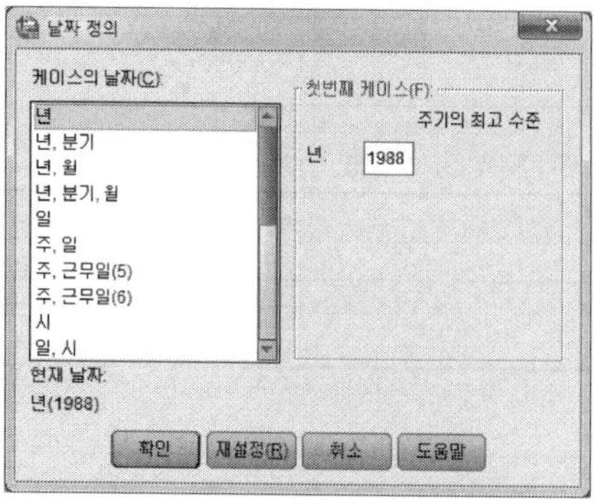

- 상단 메뉴에서 **[데이터(D)]→[날짜 및 시간 정의(E)]**를 누른다.
- 날짜 정의 대화상자가 나타나면 왼쪽 **[케이스의 날짜(C)]**에서 년을 클릭하고, **[첫 번째 케이스(F)]**에 1988년을 입력하고 [확인]을 누른다.

실습 7.2 추세분석값(1)

- **[분석(A)]→[회귀분석(R)]→[곡선추정(C)]**을 실행한다.

※ SPSS에서는 시계열자료에 대한 선형추세를 곡선추정 메뉴에서 다루고 있다.

실습 7.3 추세분석값(2)

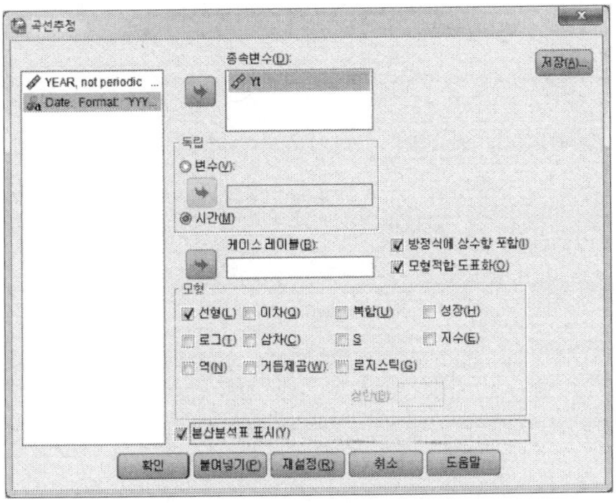

• 곡선추정의 대화상자가 나타나면 **[종속변수(D)]**에 Yt를 옮겨놓고, **독립변수**는 **[시간(M)]**을 선택한다. 그리고 모형에서 **[선형모형(L)]**과 하단의 **[분산분석표 표시(Y)]**를 선택한 후, **[저장(A)]**을 누른다.

실습 7.4 추세분석값(3)

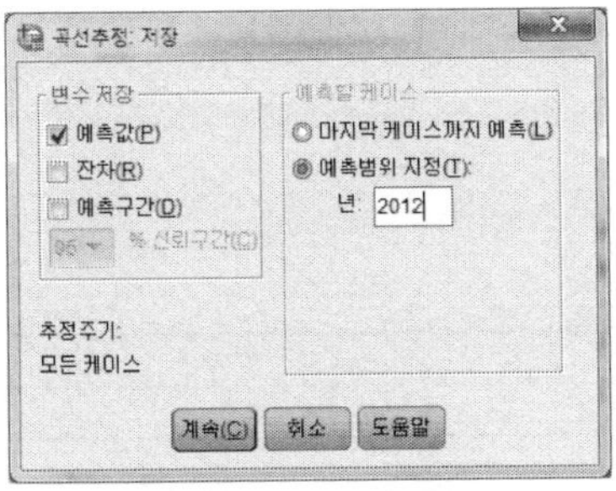

• 곡선추정: 저장의 대화상자가 나타나면, [변수 저장]에서 **[예측값(P)]**을 선택하고, **[예측할 케이스]**에 **[예측 범위 지정(T)]**을 선택하여 2012년을 입력한 후, [계속(C)]을 누르고, 하단의 [확인]을 눌러 실행한다.

• 2012년을 입력하는 것은 2012년까지 예측값을 얻기 위한 것이다.

실습 7.5 실행된 결과

모형 요약

R	R 제곱	수정된 R 제곱	추정값의 표준 오차
.909	.826	.816	441.988

ANOVA

	제곱합	자유도	평균제곱	F	유의확률
회귀	15791694.08	1	15791694.08	80.837	.000
잔차	3321004.553	17	195353.209		
전체	19112698.63	18			

계수

	비표준화 계수		표준화 계수		
	B	표준오차	베타	t	유의확률
케이스 순차	166.447	18.513	.909	8.991	.000
(상수)	3828.105	211.079		18.136	.000

- 곡선추정법으로 추정된 선형추세식은 $Y_t = 3828.1 + 166.4t$이고, 추정된 추세식으로 예측된 시계열은 FIT_1이라는 이름으로 [데이터 보기(D)] 창에 추가된다.

SPSS 실습으로 얻어진 추세식에 의하여 계산된 예측값들은 [표 실습 3-1-1]과 같다.

표 실습 3-1-1 선형추세식에 의한 예측값

물가지수 반영 판매액	시점(t)	예측값	물가지수 반영 판매액	시점(t)	예측값
3744	1988년	3994.55	5718	2001년	6158.37
4382	1989년	4161.00	6389	2002년	6324.82
4835	1990년	4327.45	6643	2003년	6491.26
5066	1991년	4493.89	7126	2004년	6657.71
4874	1992년	4660.34	7322	2005년	6824.16
4778	1993년	4826.79	7522	2006년	6990.61
4910	1994년	4993.24	–	2007년	7157.05
5079	1995년	5159.68	–	2008년	7323.50
5310	1996년	5326.13	–	2009년	7489.95
5294	1997년	5492.58	–	2010년	7656.39
5168	1998년	5659.03	–	2011년	7822.84
5048	1999년	5825.47	–	2012년	7989.29
5151	2000년	5991.92			

그리고 물가지수 반영 판매액과 선형추세식으로 예측된 시계열을 하나의 도표로 나타내면 아래 [그림 실습 3-1-1]과 같다.

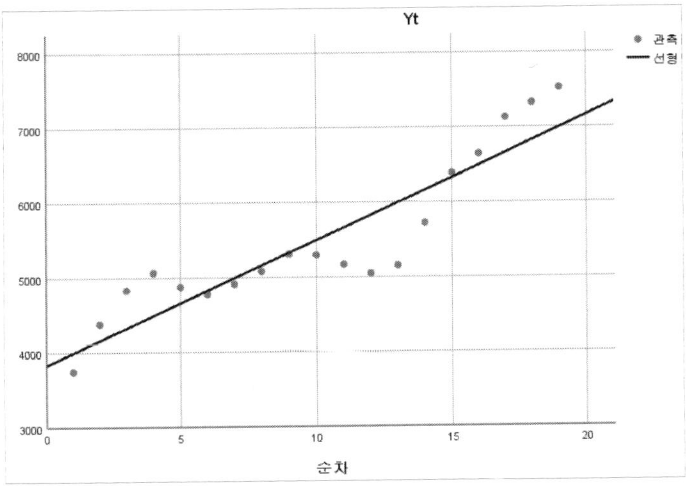

그림 실습 3-1-1 물가지수 반영 판매액과 예측된 시계열

SPSS 실습 3-2 비선형추세

다음의 자료는 S사의 휴대폰 월별 판매량이다. SPSS를 이용하여 이 자료에 적합한 모형식을 추정하고, 향후 시점에 대한 값들을 예측해 보자(자료명: ch3ex2.sav).

년	월	판매량	년	월	판매량	년	월	판매량
2007	1월	159580	2008	1월	318280	2009	1월	399102
	2월	172641		2월	323602		2월	404064
	3월	190200		3월	329050		3월	408065
	4월	204382		4월	334597		4월	412143
	5월	222084		5월	352813		5월	416220
	6월	235470		6월	358496		6월	420312
	7월	251206		7월	364123		7월	424490
	8월	261675		8월	369690		8월	428695
	9월	265022		9월	375347			
	10월	279543		10월	381245			
	11월	283270		11월	387230			
	12월	314356		12월	393267			

먼저 2007년 1월부터 2009년 8월까지의 시계열자료에 대한 그래프는 다음과 같다.

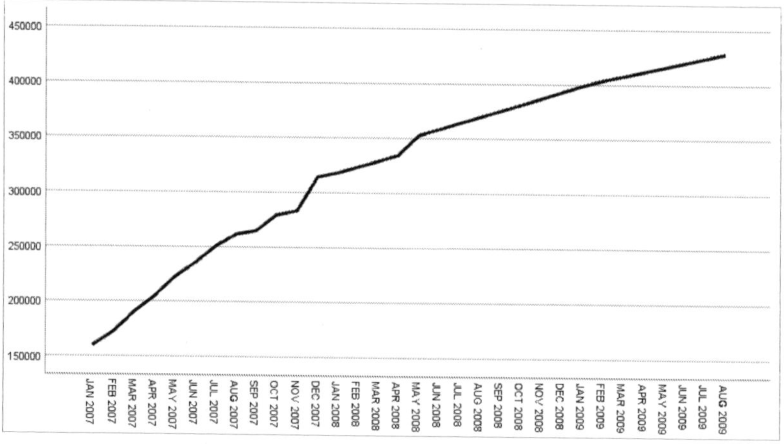

그림 3-4 휴대폰 월별 판매량의 순차도표

SPSS를 이용하여 여러 가지 비선형추세를 구하는 절차는 다음과 같다.

상단 메뉴에서 [파일(F)] → [열기(O)] → [데이터(D)]로 SPSS 자료 파일 폴더에서 ch3ex2.sav를 불러온다.

실습 8.1 날짜 정의

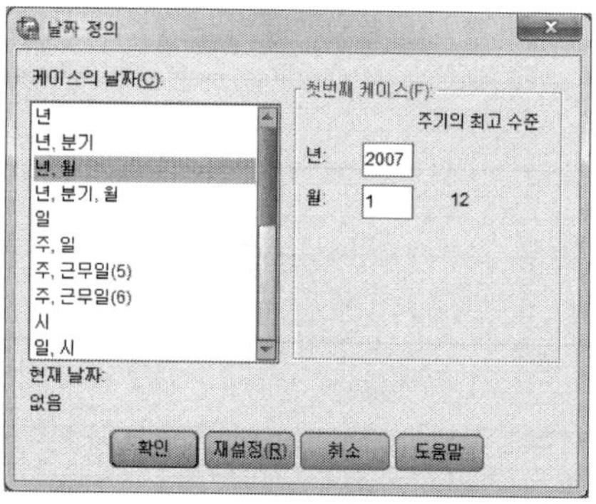

- 상단 메뉴에서 **[데이터(D)] → [날짜 및 시간 정의(E)]**를 누른다.
- 날짜 정의 대화상자가 나타나면 왼쪽 **[케이스의 날짜(C)]**에서 **년, 월**을 선택하고, **[첫 번째 케이스(F)]**에 **2007년 1월**을 입력한다.

실습 8.2 비선형추세값(1)

• 상단 메뉴에서 **[분석(A)]→[곡선추정(C)]**을 선택한다.

실습 8.3 비선형추세값(2)

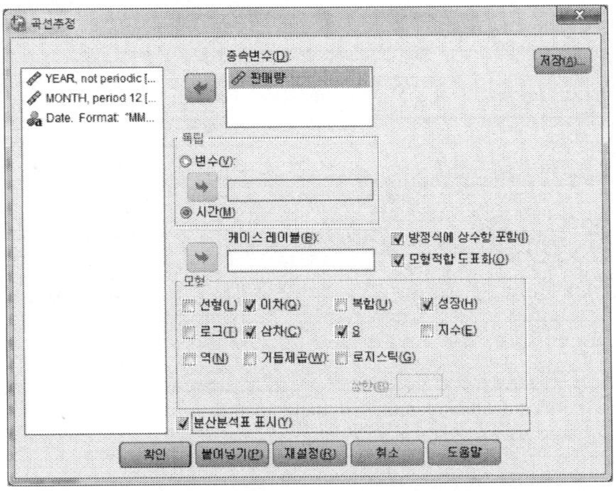

• 곡선추정 대화창이 나타나면, **[종속변수(D)]**에 판매량을 넣고, 독립변수는 **[시간(M)]**을 선택한다. 하단의 [모형]에서 그림과 같이 [이차(Q)], [성장(H)], [삼차(C)], [S]형 모형을 선택한 후, 하단의 **[분산분석표 표시(Y)]**를 선택한 다음, 오른쪽 상단의 **[저장(A)]**을 누른다.

실습 8.4 비선형추세값(3)

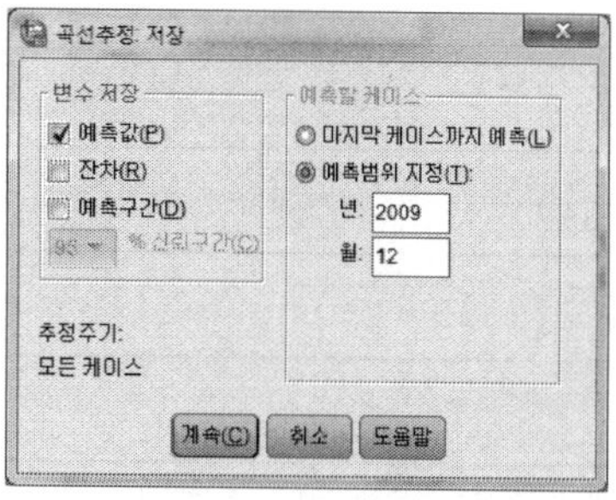

• 곡선추정: 저장의 대화상자가 나타나면 [변수 저장]에 **[예측값(P)]**을 선택하고, [예측할 케이스]에서 **[예측범위 지정(T)]**에 2009년 12월을 입력한 후, **[계속(C)]**을 누른다. 다시 [실습 8.3]의 대화상자로 돌아가면 하단의 **[확인]**을 눌러 실행한다.

실습 8.5 2차 모형의 Output

모형 요약

R	R 제곱	수정된 R 제곱	추정값의 표준 오차
.999	.997	.997	4205.936

ANOVA

	제곱합	자유도	평균제곱	F	유의확률
회귀	2.024E+11	2	1.012E+11	5721.258	.000
잔차	513007131.2	29	17689901.08		
전체	2.029E+11	31			

계수

	비표준화 계수		표준화 계수		
	B	표준오차	베타	t	유의확률
케이스 순차	15459.733	332.164	1.792	46.542	.000
케이스 순차 ** 2	-212.929	9.765	-.840	-21.805	.000
(상수)	147294.667	2377.587		61.951	.000

• 2차 모형의 모형식은 $Y_t = a + b_1 t + b_2 t^2$이고, $a = 147294.67$, $b_1 = 15459.73$, $b_2 = -212.93$이므로 모형식은 $Y_t = 147294.67 + 15459.73t - 212.93t^2$이다.

실습 8.6 3차 모형의 Output

모형 요약

R	R 제곱	수정된 R 제곱	추정값의 표준 오차
.999	.998	.998	3777.616

ANOVA

	제곱합	자유도	평균제곱	F	유의확률
회귀	2.025E+11	3	6.751E+10	4730.788	.000
잔차	399570627.7	28	14270379.56		
전체	2.029E+11	31			

계수

	비표준화 계수		표준화 계수		
	B	표준오차	베타	t	유의확률
케이스 순차	17490.923	779.759	2.028	22.431	.000
케이스 순차 ** 2	-364.465	54.458	-1.437	-6.693	.000
케이스 순차 ** 3	3.061	1.086	.374	2.819	.009
(상수)	141283.755	3017.532		46.821	.000

- 3차 모형식은 $Y_t = a + b_1 t + b_2 t^2 + b_3 t^3$이고, $a = 141283.75$, $b_1 = 17490.92$, $b_2 = -364.46$, $b_3 = 3.06$이므로 모형식은 $Y_t = 141283.75 + 17490.92t - 364.46t^2 + 3.06t^3$이다.

실습 8.7 S–모형의 Output

모형 요약

R	R 제곱	수정된 R 제곱	추정값의 표준오차
.804	.646	.634	.170

ANOVA

	제곱합	자유도	평균제곱	F	유의확률
회귀	1.587	1	1.587	54.721	.000
잔차	.870	30	.029		
전체	2.457	31			

계수

	비표준화 계수		표준화 계수		
	B	표준오차	베타	t	유의확률
1 / 케이스 순차	-1.201	.162	-.804	-7.397	.000
(상수)	12.813	.036		351.238	.000

종속변수는 ln(판매량)입니다.

- S–모형의 모형식은 $Y_t = e^{a + \frac{b}{t}}$ 이고, $a = 12.81$, $b = -1.20$ 이므로, 모형식은 $Y_t = e^{12.81 - \frac{1.20}{t}}$ 이다.

실습 8.8 성장모형의 Output

모형 요약

R	R 제곱	수정된 R 제곱	추정값의 표준오차
.946	.894	.891	.093

ANOVA

	제곱합	자유도	평균제곱	F	유의확률
회귀	2.198	1	2.198	253.990	.000
잔차	.260	30	.009		
전체	2.457	31			

계수

	비표준화 계수		표준화 계수		
	B	표준오차	베타	t	유의확률
케이스 순차	.028	.002	.946	15.937	.000
(상수)	12.192	.034		362.067	.000

종속변수는 ln(판매량)입니다.

- 성장모형의 모형식은 $Y_t = e^{a+bt}$이고, $a = 12.19$, $b = 0.03$이므로, 모형식은 $Y_t = e^{12.19+0.03t}$이다.

SPSS 실습을 통하여 얻어진 결과들(2차, 3차, S모형, 성장모형)을 정리하여 [분석(A)]→[시계열 분석(T)]→[시퀀스 차트(N)]를 이용해 그래프로 나타내면 아래 [그림 실습 3-2-1]과 같다.

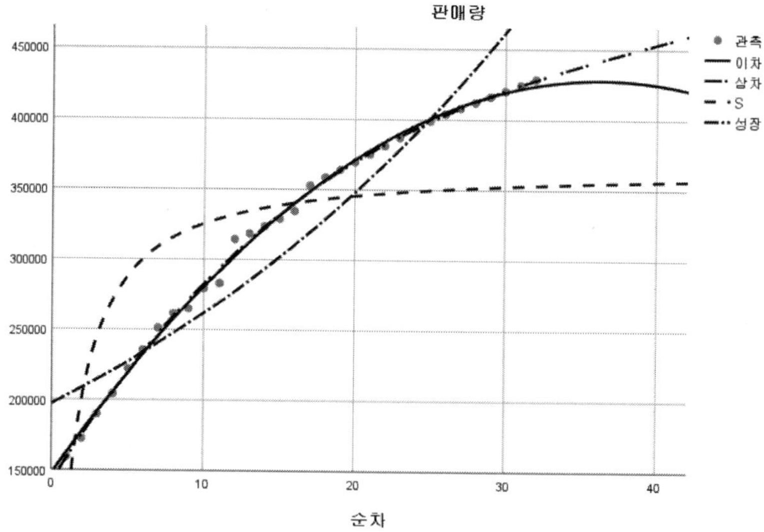

그림 실습 3-2-1

이 그림에서 볼 수 있는 바와 같이 S 통신회사의 월간 판매량 시계열자료를 비선형모형으로 처리했을 때, 가장 적합한 모형은 각 모형의 결정계수를 비교하여 R^2 =0.998인 3차 모형이라고 판단할 수 있다.

따라서 자료를 3차 모형에 적합시켰을 경우, 예측값은 SPSS 데이터보기 창에서

FIT_2 변수값으로 아래와 같이 나타나며, 2009년 12월까지의 예측값들을 정리하면 [표 실습 3-2-1]과 같다.

판매량	YEAR_	MONTH_	DATE_	FIT_1	FIT_2	FIT_3	FIT_4
159580	2007	1	JAN 2007	162541.47	158413.27	110326.81	202880.11
172641	2007	2	FEB 2007	177362.42	174832.23	201177.74	208720.91
190200	2007	3	MAR 2007	191757.51	190559.00	245779.82	214729.87
204382	2007	4	APR 2007	205726.74	205611.94	271662.30	220911.83
222084	2007	5	MAY 2007	219270.11	220009.42	288482.36	227271.76
235470	2007	6	JUN 2007	232387.62	233769.81	300270.40	233814.79
251206	2007	7	JUL 2007	245079.28	246911.48	308984.20	240546.19
261675	2007	8	AUG 2007	257345.07	259452.80	315685.11	247471.38

표 실습 3-2-1 3차 모형에 의한 예측값

매출량	년/월	예측값	매출량	년/월	예측값
159580	2007/ 1	158413.27	364123	2008/ 7	363037.17
172641	2007/ 2	174832.23	369690	2008/ 8	369806.94
190200	2007/ 3	190559.00	375347	2008/ 9	376215.14
204382	2007/ 4	205611.94	381245	2008/10	382280.14
222084	2007/ 5	220009.42	387230	2008/11	388020.31
235470	2007/ 6	233769.81	393267	2008/12	393454.01
251206	2007/ 7	246911.48	399102	2009/ 1	398599.61
261675	2007/ 8	259452.8	404064	2009/ 2	403475.48
265022	2007/ 9	271412.13	408065	2009/ 3	408099.99
279543	2007/10	282807.84	412143	2009/ 4	412491.5
283270	2007/11	293658.3	416220	2009/ 5	416668.39
314356	2007/12	303981.88	420312	2009/ 6	420649.01
318280	2008/ 1	313796.95	424490	2009/ 7	424451.75
323602	2008/ 2	323121.87	428695	2009/ 8	428094.96
329050	2008/ 3	331975.02	–	2009/ 9	431597.02
334597	2008/ 4	340374.75	–	2009/10	434976.3
352813	2008/ 5	348339.44	–	2009/11	438251.15
358496	2008/ 6	355887.46	–	2009/12	441439.95

3.4.3 시계열의 차분

시계열자료의 추세 패턴을 찾기 위해서는 시계열자료의 순차도표를 구하여 그래프 상에 나타난 추세를 적당한 모형식에 적용시키는 것이 가장 기본적인 방법일 것이다. 그러나 순차도표로부터 앞에서 설명한 선형이나 비선형의 함수 관계를 찾는다는 것 자체가 쉬운 일은 아니다. 여기서는 주어진 시계열자료가 선형의 추세를 가지고 있는지를 확인할 수 있는 시계열자료의 **차분**(differencing)에 대해 알아보기로 한다.

시계열자료를 차분한다는 것은 현시점의 자료에서 바로 이전 시점의 자료를 빼는 것을 의미한다. 즉, 시계열자료 $\{Y_t\}$가 있을 때,

$$\Delta Y_t = Y_t - Y_{t-1} \tag{3-10}$$

을 구하는 것을 차분한다고 하고 (1차) 차분된 시계열을 ΔY_t로 표현한다(Δ를 델타라고 읽는다). 이 차분된 값들이 대체로 일정한(constant) 값이라면 시계열 Y_t는 선형의 추세를 갖는다고 판단할 수 있을 것이다. 만약 1차 차분한 것을 다시 차분(2차 차분)한 경우에 일정한 값들을 보인다면 그 시계열자료는 2차식의 포물선 추세를 갖는다고 판단할 수 있을 것이다. 즉,

$$\Delta^2 Y_t = \Delta Y_t - \Delta Y_{t-1}$$

이 대체로 일정한 값을 가지면, 시계열 Y_t는 2차식의 포물선 추세를 갖는 시계열자료라는 것이다.

또, 어떤 시계열은 대수를 취한 값들($\log Y_t$)의 1차 차분이 일정한 값을 갖는 경우도 있는데, 이런 경우는 성장곡선의 패턴을 갖는 시계열이라고 판단할 수 있다. [표 3-3]은 성장곡선의 패턴을 갖는 시계열자료의 예이다. 즉, [표 3-3]의 시계열자료(원자료)를 차분했을 경우 1차 차분된 값들이 일정하지 않고, 2차 차분을 하여도 2차 차분된 값들이 일정하지 않음을 알 수 있다. 이때, 이 자료에 대수(logarithm)를 취한 후 1차 차분을 하면 그 결과가 일정한 값(0.1)을 갖게 됨을 알 수 있다. 이러한 시계열자료에 대해서는 앞에서 설명한 비선형추세의 하나인 식 (3-9), 성장모형으로 접근하게 되는 것이다.

여기서 주목하고 넘어가야 할 것은 시계열의 추세를 찾아낸 후에는 원 시계열자료에서 추세를 제거시킴으로써 추세가 없는(de-trending) 시계열의 형태를 얻게 된다는 것이다. 그리고 추세가 없는 시계열자료는 1장에서 설명한 정상적 시계열(stationary time-series)이 될 것이다. 그러면 정상적 시계열에 나타나는 다른 변동 요소들을 찾는 일만 남게 된다. 사실 추세가 없는 시계열자료는 거의 없기 때문에 추세를 찾고 그 추세를 제거시킴으로써 정상적 시계열을 만든 후, 정상적 시계열에 대해 분석을 하게 되는 것이 시계열자료분석의 기본임을 알아 두어야 할 것이다. 그러므로 대부분의 시계열자료에 대해 차분은 항상 고려해야만 하는 절차이다. 이 부분에 대해서는 4장에서 자세히 다루게 될 것이다.

표 3-3 성장곡선의 시계열 예

t	1	2	3	4	5	6
Y_t	400	440	480	520	590	670
$\log Y_t$	6.0	6.1	6.2	6.3	6.4	6.5
ΔY_t	–	40	40	40	70	80
$\Delta \log Y_t$	–	0.1	0.1	0.1	0.1	0.1

3.5 순환변동

순환변동(cyclical fluctuation)은 추세변동을 제거시킨 시계열로부터 찾아낼 수 있는데, 비교적 장기간의 시계열자료일 경우, 일정한 주기를 갖지는 않더라도(주로 1년 이상의 사이클을 가짐) 침체기와 활황기가 반복적으로 나타나는 일종의 경기변동을 말한다. 그러므로 순환변동을 알아내는 것은 쉬운 일이 아니고 순환변동을 고려할 수 없는 시계열자료도 많이 있다고 할 것이다.

예를 들어 [표 3-4]와 같이 1970년부터 1987년까지의 중형급 승용차 판매대수에 대한 시계열자료가 있다고 하자. 그리고 [표 3-4]의 시계열에 대해 추세변동을 나타내는 추세선은 [그림 3-4]와 같다.

우선, 시계열 Y_t에 대한 선형 추세선은

$$Y_{trend} = 89.521 + 4.234t$$

로 얻어지고, 시점에 따른 추세선의 값들(Y_{trend})은 [표 3-4]의 제(2)열에 나타나 있다. 여기서 시점을 나타내는 t는 1970년을 1, 1971년을 2, ... 등으로 값을 부여한 것이다.

[표 3-4]의 제(3)열은

$$(Y_t / Y_{trend}) \times 100 \tag{3-11}$$

을 계산한 것으로써 **순환변동지수**라고 한다. 1973년~1976년과 1979년~1983년 동안에는 순환변동지수가 100 이하로서 침체기를 나타내고 있다.

또한 순환변동을

$$\left(\frac{Y_t - Y_{trend}}{Y_{trend}} \right) \times 100 \tag{3-12}$$

으로 나타낼 수도 있는데, 이는 추세를 제거시킨 자료(이는 잔차와 같다), $(Y_t - Y_{trend})$를 추세값으로 나눈 것으로서 상대적 순환잔차(relative cyclical residual)라고 한다. [표 3-4]의 제(5)열에서 (−)값들은 침체에 의해 추세값보다 작은 시계열(Y_t) 값이 얻어짐을 나타내고 있다.

이 시계열에서 살펴본 바와 같이 침체기가 다시 시작한다면 그 패턴은 1979년~1983년과 같이 될 것이고, 이전의 침체기 주기를 고려하여 1988년이 침체기의 첫해가 될 것으로 예측할 수 있다. 그러면 1988년의 판매대수는 추세선에 의해

169.967로 얻어진 값에 가장 최근의 침체기 첫해 값인 1979년의 순환변동지수(0.947)를 곱하여 160.96(= 169.967 × 0.947)으로 1988년의 판매대수를 예측할 수 있는 것이다.

표 3-4 중형승용차 판매대수

년도	Y_t (1)	Y_{trend} (2)	순환변동지수 (3)	추세가 제거된 시계열(4)	$\left(\dfrac{Y-Y_{trend}}{Y_{trend}}\times 100\right)$
1970	98.22	93.75	104.8	4.47	4.8
1971	110.22	97.99	112.5	12.23	12.5
1972	120.37	102.22	117.8	18.15	17.8
1973	106.22	106.46	99.8	−0.24	−0.2
1974	101.01	110.69	91.3	−9.68	−8.7
1975	103.51	114.92	90.1	−11.41	−9.9
1976	118.37	119.16	99.3	−0.79	−0.7
1977	126.14	123.39	102.2	2.75	2.2
1978	132.16	127.63	103.6	4.53	3.6
1979	124.86	131.86	94.7	−7.00	−5.3
1980	116.64	136.09	85.7	−19.45	−14.3
1981	121.82	140.33	86.8	−18.51	−13.2
1982	131.66	144.56	91.1	−12.90	−8.9
1983	145.29	148.80	97.6	−3.51	−2.4
1984	156.67	153.03	102.4	3.64	2.4
1985	168.53	157.26	107.2	11.27	7.2
1986	172.53	161.50	106.8	11.03	6.8
1987	181.16	165.73	109.3	15.43	9.3

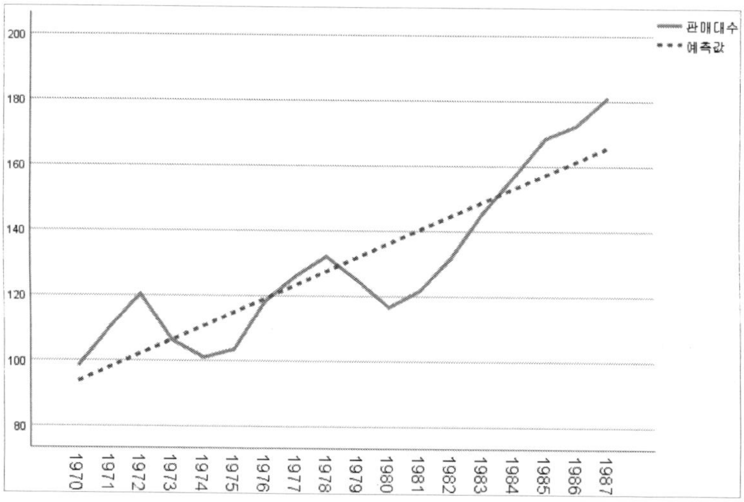

그림 실습 3-5 중형승용차 판매대수와 예측대수의 순차도표

3.6 계절변동

계절변동(seasonal variation)이란 1년 이내의 주기를 갖고 반복적으로 나타나는 변동을 말한다. 주기는 1일, 1주, 1년 등이 될 수 있으며, 시계열자료가 주기마다 반복적으로 비슷한 형태의 패턴을 보일 경우 계절변동을 갖고 있다고 말할 수 있다. 예측에 있어서 계절변동을 찾는 것은 중요한 일이다. 그 이유는 많은 시계열자료에서 추세변동 다음으로 뚜렷하게 나타나는 것이 계절변동이기 때문이다. 따라서 예측을 함에 있어 이 계절성을 고려해야만 보다 정확한 예측이 가능하다. 즉, 시계열자료에 포함되어 있는 계절변동을 찾아내 원 시계열자료에서 계절성을 제거할 때 예측모형의 큰 틀이 짜여지고, 정확한 예측을 할 수 있는 것이다. 계절변동을 찾아야 되는 이유는 또한 장기간의 계획을 수립함에 있어 계절적 변동을 파악해야만 올바른 예측이 가능하기 때문이다. 예를 들어 현재시점에서 생산량을 예측하고자 할 경우, 월별 또는 분기별 계절변동을 파악하여야만 월별 또는 분기별 생산량을 제대로 예측할 수 있는 것이다.

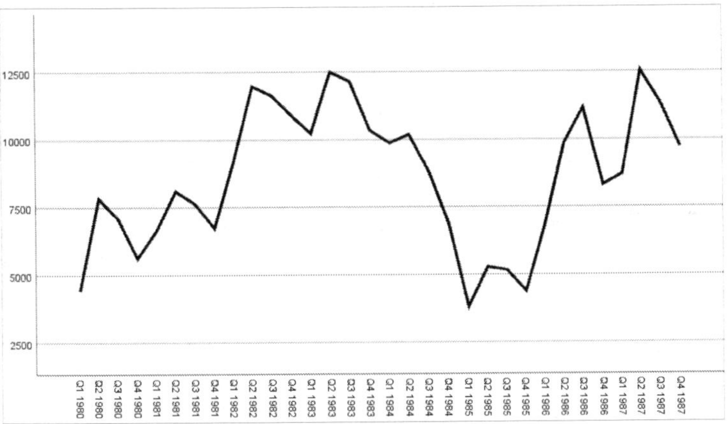

그림 3-6 신축주택수 자료의 순차도표

이제 계절변동을 찾기 위한 예를 들어 보기로 하자. [표 3-5]의 제(1)열은 어느 지역의 1980년부터 1987년까지의 분기별 신축주택수에 대한 시계열자료이다. 그리고 이 시계열자료의 순차도표는 그림 [3-6]과 같다. 우선, 이 순차도표에서 신축주택수의 시계열자료는 추세가 거의 없으며 진폭(fluctuation)이 일정하지는 않지만 주기가 4인 계절성을 가지고 있음을 알 수 있다.

먼저, 이 자료에 대해 우선 주기가 4인 이동평균을 구한다. 주기가 4인 이동평균,

표 3-5 신축주택수 계절변동 시계열자료

		신축주택수	MA_t	Y_t/MA_t	계절지수	계절성이 제거된 시계열
t		(1)	(2)	(3)	(4)	(5)
1980	I	4424	–	–	92.717	4771.499
	II	7832	–	–	113.109	6924.289
	III	7086	6241.5	113.530	107.149	6613.197
	IV	5624	6797.8	82.733	87.024	6462.560
1981	I	6649	6864.5	96.861	92.717	7171.270
	II	8099	7000.5	115.692	113.109	7160.344
	III	7630	7278.0	104.836	107.149	7120.900
	IV	6734	7912.5	85.106	87.024	7738.065
1982	I	9187	8880.8	103.448	92.717	9908.627
	II	11972	9879.8	121.177	113.109	10584.47
	III	11626	10921.3	106.453	107.149	10850.27
	IV	10900	11181.3	97.485	87.024	12525.23
1983	I	10227	11310.5	90.420	92.717	11030.32
	II	12489	11439.8	109.172	113.109	11041.55
	III	12143	11300.3	107.458	107.149	11332.78
	IV	10342	11211.8	92.243	87.024	11884.03
1984	I	9873	10635.5	92.831	92.717	10648.51
	II	10184	9801.5	103.902	113.109	9003.697
	III	8807	8938.0	98.534	107.149	8219.366
	IV	6888	7419.0	92.843	87.024	7915.027
1985	I	3797	6193.8	61.304	92.717	4095.249
	II	5283	5282.3	100.014	113.109	4670.712
	III	5161	4656.8	110.828	107.149	4816.640
	IV	4386	5419.0	80.937	87.024	5039.969
1986	I	6846	6563.3	104.308	92.717	7383.744
	II	9860	8062.8	122.291	113.109	8717.248
	III	11159	9041.8	123.416	107.149	10414.43
	IV	8302	9505.0	87.344	87.024	9539.860
1987	I	8699	10173.3	85.509	92.717	9382.295
	II	12533	10222.3	122.605	113.109	11080.45
	III	11355	10573.3	107.394	107.149	10597.35
	IV	9706	–	–	87.024	11153.20

$MA(4)$를 구하면, 이동평균 시계열은 계절적 요소들과 불규칙 요소들이 평균을 구하는 과정에서 제거되는 효과가 있어

$$MA_t = T_t \times C_t \tag{3-13}$$

로 표현된다(제(2)열). 첫 번째 $MA(4)$를 2분기와 3분기의 중간에 위치시켜야 하지만 3분기에 위치시킨다. 여기서, 시계열자료의 기본 모형을 식 (3-3)의 승법모형으로 전제한다. 왜냐하면 신축주택수라는 시계열은 4가지의 변동들이 서로 관련을 가지고 영향을 주는 형태로 구성되어 있다고 보아야 하기 때문이다.

따라서 시계열자료를 이동평균 MA_t로 나누어 주면 계절변동과 불규칙변동만 남게 된다. 즉,

$$\frac{Y_t}{MA_t} = S_t \times I_t \tag{3-14}$$

가 되며, 이 값들은 제(3)열에 나열되어 있다.

이제 제1분기부터 제4분기의 분기별 계절지수를 얻기 위해 제(3)열의 값들을 분기별로 정리하여 평균을 내게 된다. 그 이유는 제(3)열에 있는 자료들은 계절변동과 불규칙변동이 함께 들어 있기 때문이다. 즉, 분기별로 평균을 얻음으로써 불규칙요소들을 제거시킬 수 있기 때문이다. 더욱이 불규칙변동을 확실하게 제거하기 위하여 **절삭평균**(trimmed mean)의 방법으로 평균을 얻는다. 즉, 각 분기의 값들 중에서 최솟값과 최댓값을 제거한 후 평균을 내는 것이다. 보다 구체적으로 설명하면 [표 3-6]은 제(3)열의 값들을 분기별로 나열한 후 해당 분기에 대한 값들을 절삭평균의 방법으로 구한 것이다. 그리고 지수는 100을 기준으로 하여야 하므로 수정이 필요하다. 즉, 분기별 절삭평균들의 합계가 404.73이 되기 때문에 절삭평균들의 합계가 400이 되도록 하기 위하여, 각 분기별 절삭평균값에 400/404.73를 곱하여 수정 계절지수를 얻는 것이다. [표 3-6]에서 얻어진 수정 계절지수들이 [표 3-5]의 제(4)열에 나열되어 있다.

이제 [표 3-5]의 제(5)열에는 수정된 계절지수가 반영된 시계열자료들이 나열되어

표 3-6 수정 계절지수 작성

년도	분기				
	I	II	III	IV	
1980			113.53	82.73	
1981	96.86	115.69	104.84	85.11	
1982	103.45	121.18	106.45	~~97.48~~	
1983	90.42	109.17	107.46	92.24	
1984	92.83	103.90	~~98.53~~	92.84	
1985	~~61.30~~	~~100.01~~	110.83	~~80.94~~	
1986	~~104.31~~	122.29	~~123.42~~	87.34	
1987	85.51	~~122.61~~	107.39		
절삭평균	93.81	114.45	108.42	88.05	404.73
수정 계절지수	92.72	113.11	107.15	87.02	400

있다. 이를테면 제1분기의 계절지수가 92.72라는 것은 제1분기에는 평균보다 0.9272만큼 낮은 값을 갖는다는 의미이다. 따라서 계절성이 제거된 시계열자료는 원 시계열자료를 분기별 계절지수로 나눈 값이 된다. 즉, 계절성이 제거된 시계열자료는

$$Y_t/\text{분기별 계절지수}$$

로서 얻어지게 된다.

3.6.1 계절변동에 대한 SPSS 실습

SPSS 실습 3-3 계절변동에 대한 SPSS 실습 1 - 추세가 없는 경우

본문에서 설명했던 분기별 신축주택수 시계열자료에 대해서 SPSS의 실습을 해 보기로 하자(자료명: ch3ex3.sav).

먼저, SPSS를 이용하여 시계열분해를 구하는 과정은 다음과 같다.

상단 메뉴에서 [파일(F)] → [열기(O)] → [데이터(D)]로 SPSS 자료 파일 폴더에서 ch3ex3.sav를 불러온다.

실습 9.1 날짜 정의

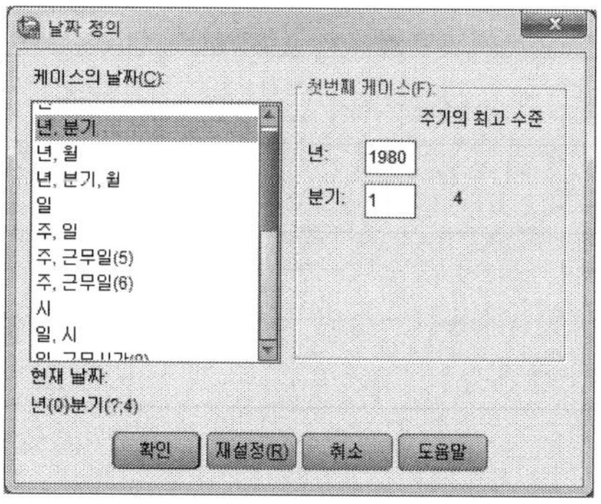

- 상단 메뉴에서 **[데이터(D)]** → **[날짜 및 시간 정의(E)]**를 누른다.
- 날짜 정의 대화상자가 나타나면 왼쪽 **[케이스의 날짜(C)]**에서 **[년, 분기]**를 선택한 후 **[첫 번째 케이스(F)]**에 **1980년 1분기**를 입력한다.

실습 9.2 계절분해(1)

• 상단 메뉴에서 [**분석(A)**] → [**시계열 분석(T)**] → [**계절분해(S)**]를 선택한다.

실습 9.3 계절분해(2)

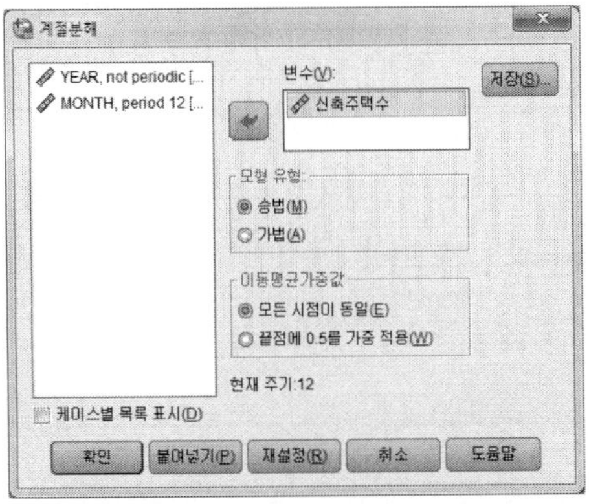

• 계절분해 대화상자가 나타나면 [**변수(V)**]에 신축주택수를 넣고, [**모형 유형**]에서 [**승법(M)**]을 선택하고, 오른쪽 상단의 [**저장(S)**]을 누른다.

실습 9.4 계절분해(3)

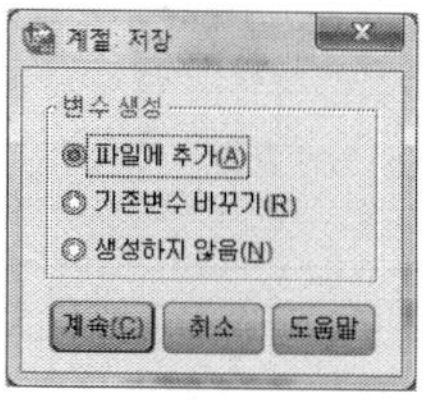

- 계절: 저장 대화상자가 나타나면 **[변수 생성]**에서 [**파일에 추가(A)**]를 선택하고 [계속(C)]을 누른 후, [실습 9.3]의 대화상자로 돌아오면, [확인]을 눌러 실행한다.

실습 9.5 계절분해(4)_Output

계절요인

계열 이름: 신축주택수

주기	계절요인(%)
1	92.7
2	113.1
3	107.1
4	87.0

- 계절분해에 대한 값을 Output에서 [실습 9.5]와 같이 확인할 수 있다. ERR_1, SAS_1, SAF_1, STC_1의 값이 SPSS 데이터 보기 창에 생성된다.

여기서 ERR_1은 불규칙요소(Irregular component)를 말하며, SAS_1은 수정된 계절지수가 반영된 시계열을 의미한다. SAF_1은 수정된 계절지수, STC_1은 추세*순환변동에 대한 값이다.

실습 9.6 계절분해(5)

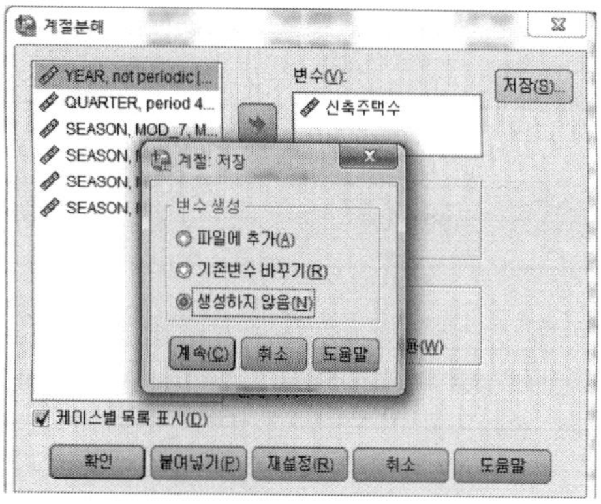

- [분석(A)] → [시계열 분석(T)] → [계절분해(S)]를 선택한다.
- 위의 [실습 9.6]과 같이 하단의 [케이스별 목록 표시(D)]를 선택한 후, 오른쪽 상단의 [저장(S)]을 누른다. [실습 9.4]와 같이 대화상자가 나타나면, [변수 생성]에서 [생성하지 않음(N)]을 선택한 후, [계속(C)]을 눌러, 위의 [실습 9.6]과 같이 대화상자로 돌아오면 [확인]을 눌러 실행한다.

실습 9.7 계절분해(6)_Output

계절분해

계열 이름: 신축주택수

DATE_	원계열	이동평균 계열	이동평균 계열에 대한 원계열의 비율(%)	계절요인(%)	계절 수정 계열	평활 추세 순환 계열	불규칙한 (오차) 성분
Q1 1980	4424.000	.	.	92.7	4771.499	5901.378	.809
Q2 1980	7832.000	.	.	113.1	6924.209	6102.995	1.135
Q3 1980	7086.000	6241.50	113.5	107.1	6613.197	6506.229	1.016
Q4 1980	5624.000	6797.75	82.7	87.0	6462.560	6782.361	.953
Q1 1981	6649.000	6864.50	96.9	92.7	7171.270	6943.746	1.033
Q2 1981	8099.000	7000.50	115.7	113.1	7160.344	7140.666	1.003
Q3 1981	7630.000	7278.00	104.8	107.1	7120.900	7582.157	.939
Q4 1981	6734.000	7912.50	85.1	87.0	7738.065	8335.340	.928

- 케이스 목록별 값이 [실습 9.7]과 같이 Output에 나타난다.

참고로, [분석(A)] → [시계열 분석(T)] → [시퀀스 차트(N)]을 실행해서 분해된 성분별 그래프를 나타내면 다음과 같다.

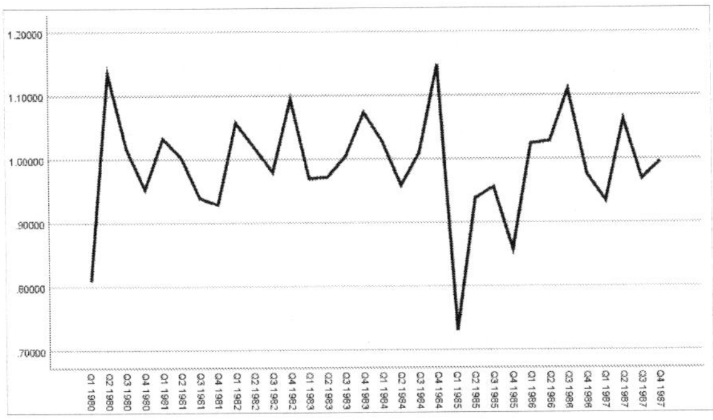

그림 실습 3-3-1 불규칙요소의 도표

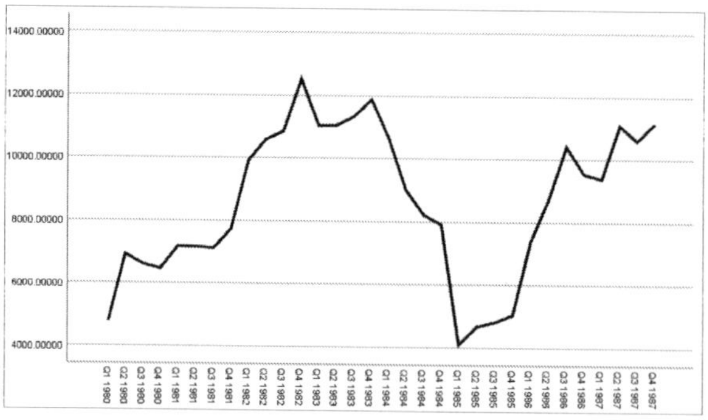

그림 실습 3-3-2 계절조정된 시계열 도표

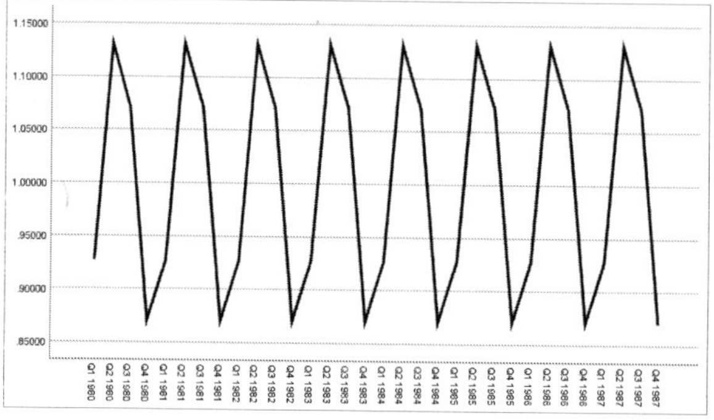

그림 실습 3-3-3 계절성분의 도표

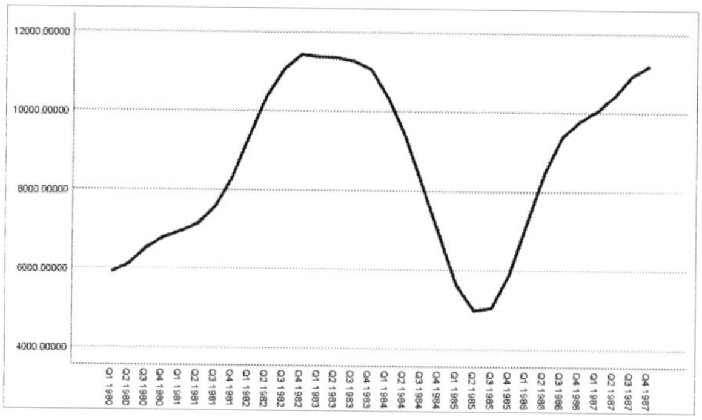

그림 실습 3-3-4 추세와 순환성분의 도표

위의 신축주택수 시계열자료는 추세가 없는 시계열자료이다. 그러므로 위 [그림 실습 3-3-4]의 그래프 형태는 순환변동을 나타내고 있다고 해도 좋을 것이다.

SPSS 실습 3-4 계절변동에 대한 SPSS 실습 2 - 추세가 있는 경우

많은 시계열자료 중에는 계절성이 있으면서 추세도 분명하게 존재하는 경우들이 있다. 여기에서 1981년 1월부터 1986년 12월까지의 월별 자료로 오토사이클 등록대수의 예를 다루어보도록 하자(자료명: ch3ex4.sav).

월 \ 년	1981	1982	1983	1984	1985	1986
1월	894	931	900	983	1195	960
2월	667	874	859	757	931	954
3월	858	937	927	950	1033	996
4월	865	952	1038	1056	912	1194
5월	989	997	1058	1213	1154	1401
6월	1093	1178	1397	1329	1271	1328
7월	1191	1404	1476	1476	1539	1760
8월	1159	1327	1393	1473	1575	1588
9월	1046	1247	1316	1368	1325	1461
10월	1191	1302	1353	1419	1423	1640
11월	1203	1205	1267	1493	1492	1439
12월	1121	1234	1300	1123	1327	1491

우선, 오토사이클 월별자료 60개의 시계열자료 그래프는 다음 [그림 실습 3-4-1]과 같다. 이 그래프로부터 시계열자료는 계절성을 가지고 있으면서 약간 증가하는 추세도 있음을 알 수 있다.

이제 SPSS를 이용하여 시계열자료를 분해하는 과정은 다음과 같다.

상단 메뉴에서 [파일(F)] → [열기(O)] → [데이터(D)]로 SPSS 자료 파일 폴더에서 ch3ex4.sav를 불러온다.

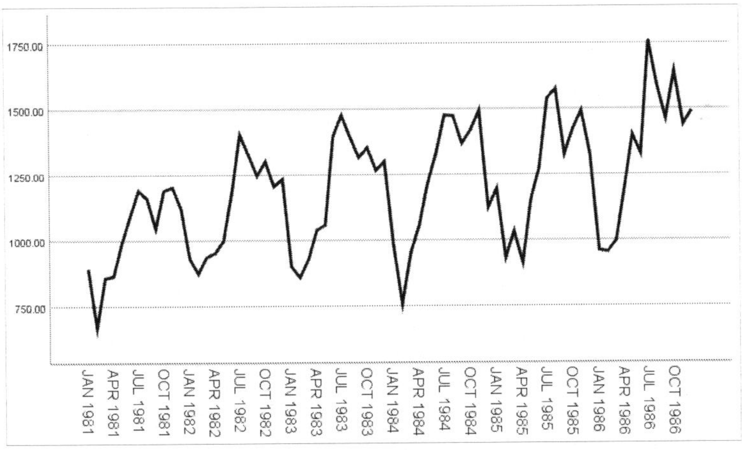

그림 실습 3-4-1 오토사이클 등록대수 순차도표

실습 10.1 날짜 정의

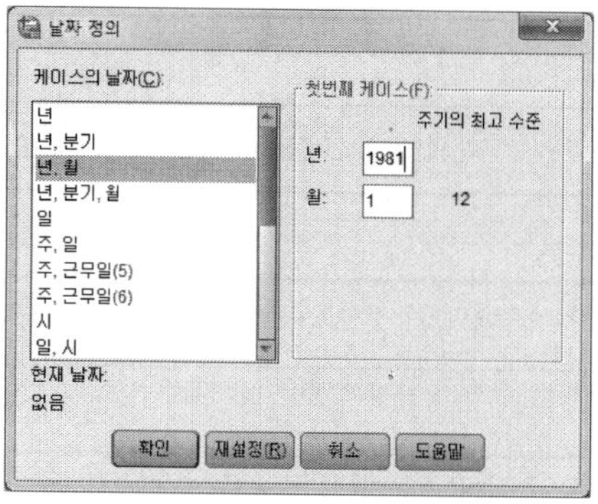

- 상단 메뉴에서 **[데이터(D)]** → **[날짜 및 시간 정의(E)]**를 누른다.
- 날짜 정의 대화상자가 나타나면 왼쪽 **[케이스의 날짜(C)]**에서 년, 월을 선택하고, **[첫번째 케이스(F)]**에 1981년 1월을 입력한다.

실습 10.2 계절분해(1)

- 상단 메뉴에서 **[분석(A)]** → **[시계열 분석(T)]** → **[계절분해(S)]**를 선택한다.

실습 10.3 계절분해(2)

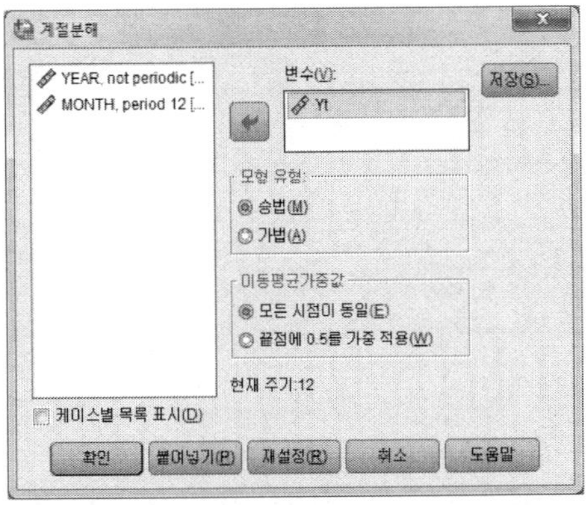

• 계절분해 대화상자가 나타나면 **[변수(V)]**에 Yt를 넣고, **[모형 유형]**에 **[승법(M)]**을 선택하고, 오른쪽 상단의 **[저장(S)]**을 클릭한다.

실습 10.4 계절분해(3)

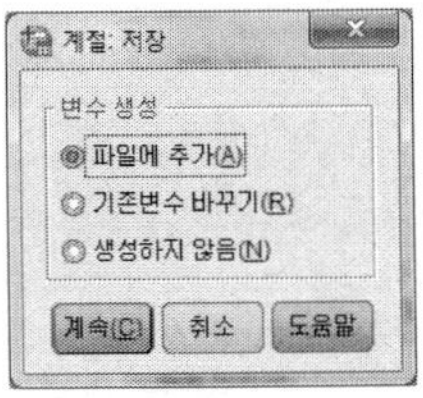

• 계절: 저장 대화상자가 나타나면, [변수 생성]에서 **[파일에 추가(A)]**를 선택하고 [계속(C)]을 누르면 [실습 10.3]의 대화상자가 다시 나타나는데 [확인]을 누른다.

실습 10.5 계절분해(4)_Output

계절요인

계열 이름: Yt

주기	계절요인(%)
1	82.1
2	73.6
3	80.0
4	86.8
5	93.7
6	104.5
7	122.3
8	117.3
9	108.4
10	113.5
11	112.3
12	105.3

• 계절분해에 대한 값을 Output에서 [실습 10.5]와 같이 확인할 수 있다. ERR_1, SAS_1, SAF_1, STC_1의 값이 SPSS 데이터 편집 창에 생성된다.

실습 10.6 계절분해(5)

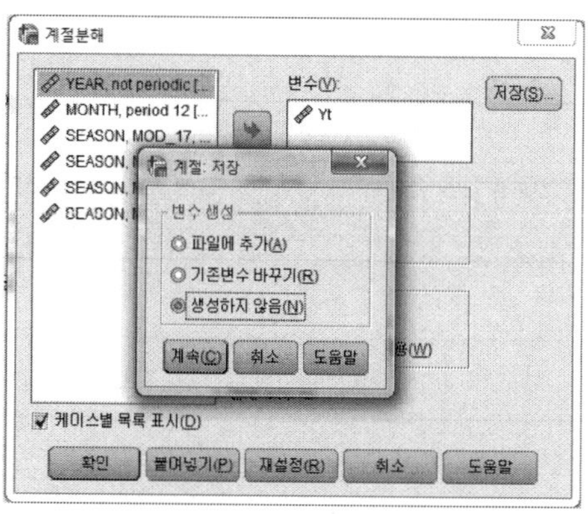

• 실습 10.3과 같이 실행한 다음, 하단의 **[케이스별 목록 표시(D)]**를 선택한 후, 오른쪽 상단의 [저장(S)]을 누르면, [실습 10.6]과 같이 대화상자가 나타난다. [변수 생성]에서 [생성하지 않음(N)]을 선택한 후, [계속(C)]를 누르고 하단의 [확인]을 눌러 실행한다.

실습 10.7 계절분해(6)_Output

계절분해

계열 이름: Yt

DATE_	원계열	이동평균 계열	이동평균 계열에 대한 원계열의 비율(%)	계절요인(%)	계절 수정 계열	평활 추세 순환 계열	불규칙한 (오차) 성분
JAN 1981	894.000	.	.	82.1	1088.304	1024.177	1.063
FEB 1981	667.000	.	.	73.6	905.888	1022.288	.886
MAR 1981	858.000	.	.	80.0	1072.673	1018.511	1.053
APR 1981	865.000	.	.	86.8	996.671	1021.913	.975
MAY 1981	989.000	.	.	93.7	1055.154	1032.920	1.022
JUN 1981	1093.000	.	.	104.5	1045.662	1019.887	1.025
JUL 1981	1191.000	1023.0833	116.4	122.3	973.481	1000.903	.973
AUG 1981	1159.000	1026.1667	112.9	117.3	988.056	992.904	.995

• 케이스목록별 값이 [실습 9.7]과 같이 Output에 나타난다.

이제, 1981년 1월부터 1986년 12월까지의 오토사이클 등록대수 시계열자료에 대한 각 변동요소의 값들을 [분석(A)] → [시계열 분석(T)] → [시퀀스 차트(N)]를 실행해서 그래프로 나타내면 다음과 같다.

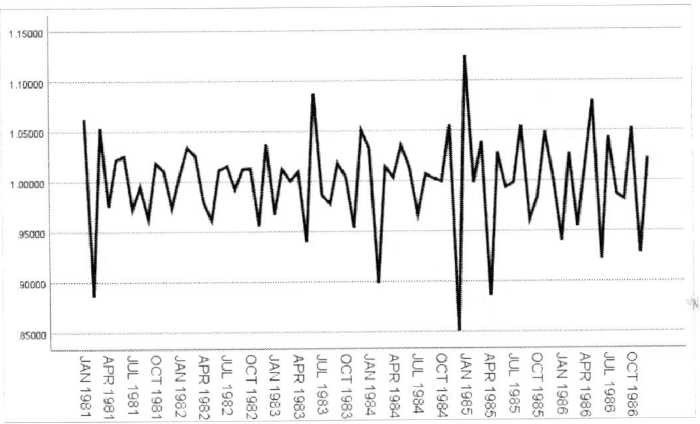

그림 실습 3-4-2 불규칙 성분의 도표

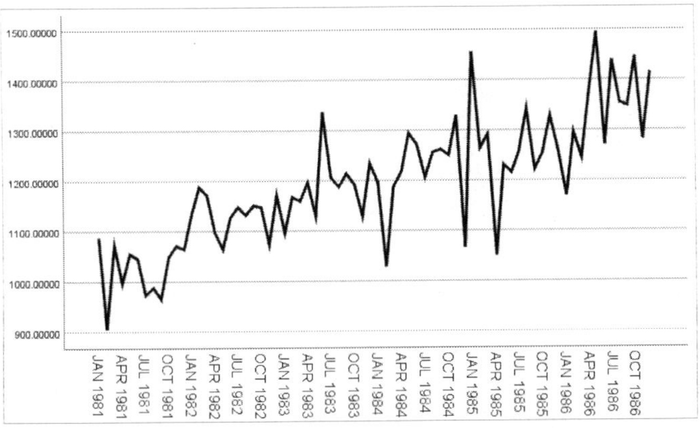

그림 실습 3-4-3 계절 조정된 시계열의 도표

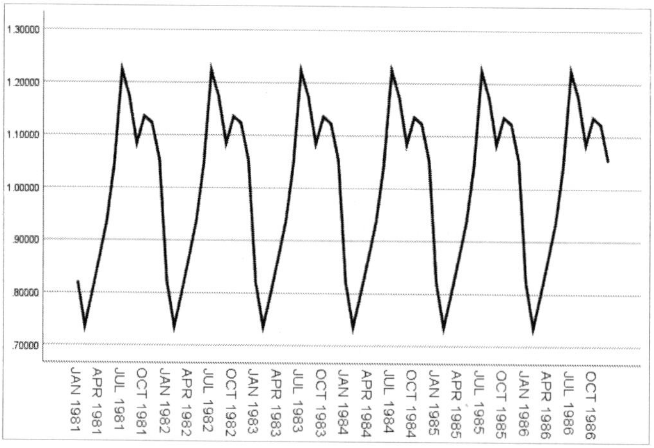

그림 실습 3-4-4 계절성분의 도표

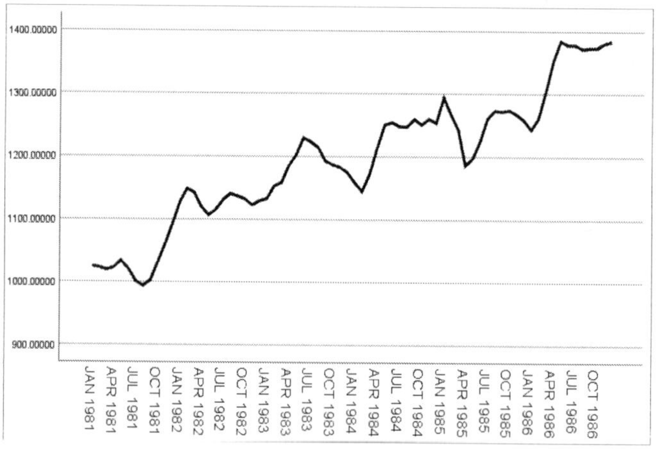

그림 실습 3-4-5 추세와 순환성분의 도표

이제 위의 실습 결과([실습 10.7])에 나와 있는 SAS(Seasonally Adjusted Series)와 STC(Smoothed Trend-cycle) 자료들에 대한 설명을 해보기로 하자. SAS 자료는 시계열, $Y = T \times C \times S \times I$로부터 시계열 Y를 계절지수(Seasonal Factor) S로 나눈, 즉

$$SAS = Y / S = T \times C \times I \tag{3-15}$$

이다. 그리고 식 (3-15)에서 불규칙요소 I를 제거한 결과가 STC, 즉 $T \times C$이다. 여기서 불규칙요소 I는 SAS 자료에 포함되어 있기 때문에 SAS를 종속변수로 하고 t를 독립변수로 회귀분석(6장 참조)을 하여 얻어지는 $\widehat{SAS}$ 값으로 SAS를 나누면 불규칙요소인 I를 얻을 수 있다. 즉,

$$I = \frac{SAS}{\widehat{SAS}} \tag{3-16}$$

그러면, 마지막으로 $T \times C$ $(= STC)$를 다음과 같이 얻게 되는 것이다. 즉,

$$T \times C = SAS / I \tag{3-17}$$

이다.

마지막으로 1987년 12개월 동안의 오토바이 등록대수를 예측해 보기로 한다. 우선 [그림 실습 3-4-5]로부터 이 시계열자료에 대해서는 순환변동을 고려할 필요가 없다고 판단할 수 있다. 그러므로 [그림 실습 3-4-5]에 대한 자료, 즉 [실습 10.7]에 나와 있는 SAS(Seasonally Adjusted Series) 자료로써 선형추세를 구해야 한다. 다시 말하면, 향후 시점들에 대한 $\widehat{SAS}$ 값들을 얻어야 하며, 그 값들에 계절지수를 곱한 것이 예측값들이 될 것이다. 구체적으로는

$$SAS = \alpha + \beta\, t, \qquad t = 1, 2, \cdots, 72$$

로부터 $\widehat{SAS}$ 를 구하고 $t = 73, \cdots, 82$ 에 대한 $\widehat{SAS}$ 값들에 해당 계절지수를 곱하면, 1987년 12개월의 예측값들이 얻어진다.

3장 연습문제

1. 석유 송유관의 최대 하루 송유량은 500,000배럴이다. 지난 5년 동안 1일 평균 송유량이 다음과 같다고 할 때,

(1) 1일 송유량의 자료로 추세식을 구하라.

(2) 2011년의 1일 송유량 예측값은 얼마인가?

(3) 최대 1일 송유량을 초과할 때는 몇 년도인가?

연도	1일 송유량 평균(단위: 1000배럴)
2004	250
2005	276
2006	300
2007	327
2008	349

2. 다음과 같은 시계열자료에 가장 적합한 추세 모형을 찾으라. 그리고 주기 5, 주기 7의 이동평균값들과 주기 3의 반복이동평균값, 주기 5의 반복이동평균값들을 구하여 원 시계열자료에 가장 적합한 방법은 무엇인지 설명하라.

t	Y_t	t	Y_t
1	42	9	180
2	69	10	204
3	100	11	228
4	115	12	247
5	132	13	291
6	141	14	337
7	154	15	391
8	171		

3. 휴대폰 가입자의 특정 서비스 신청자수에 대한 시계열자료는 다음과 같다.

(1) 이 시계열자료에 대해 1차, 2차 차분을 하라.

(2) 이 시계열자료에 적합한 추세모형을 구하라.

t	1988	1989	1990	1991	1992	1993	1994	1995	1996	1997
Y_t	42	40	46	36	39	49	55	58	56	65
t	1998	1999	2000	2001	2002	2003	2004	2005	2006	2007
Y_t	35	77	43	56	87	105	109	136	112	134

4. 다음은 어느 경찰서에서 집계한 2005년부터 2007년까지의 월별 교통사고 사망자수이다.

월	2005년	2006년	2007년
1월	100	90	110
2월	90	110	120
3월	80	90	90
4월	90	110	110
5월	110	130	140
6월	130	120	140
7월	140	150	140
8월	160	170	160
9월	200	200	220
10월	210	210	220
11월	180	200	240
12월	240	220	280

(1) 평균의 방법과 절삭평균의 방법으로 계절지수를 구하고 비교하라.

(2) 2008년도 6월까지의 사망자수가 다음과 같을 때, 평균의 방법으로 구한 계절지수로 조정한 사망자수는 몇 명씩인가?

월	2008년
1월	120
2월	120
3월	100
4월	90
5월	130
6월	150

(3) 2008년도의 사망자수가 지난 3년 동안보다 증가했다고 주장할 수 있는가?

5. 다음 자료는 어느 카드회사의 월별 연체율 자료이다.

(1) 이 자료로부터 계절지수를 구하라.

(2) 이 자료에 추세가 있는가?

(3) 이 자료에 순환요소가 있는가?

(4) 2009년도 월별 연체율을 예측하라.

월	2001	2002	2003	2004	2005	2006	2007	2008
1월	26.0	29.0	27.0	27.5	23.9	27.6	26.9	28.4
2월	24.5	24.7	26.3	27.2	24.7	23.4	26.6	25.5
3월	27.9	31.3	29.8	30.2	27.5	25.0	27.6	26.6
4월	29.1	32.4	32.6	28.6	26.7	26.0	27.1	26.2
5월	34.7	33.9	35.1	34.1	28.7	31.0	29.8	29.3
6월	33.1	35.0	34.4	30.9	30.3	29.3	29.1	28.8
7월	36.0	36.4	35.7	34.7	31.3	31.7	32.6	31.2
8월	37.5	36.5	33.6	33.7	32.1	32.0	31.6	31.9
9월	34.8	34.4	31.9	33.6	31.2	30.0	31.1	28.5
10월	35.5	33.9	35.1	31.0	31.4	31.8	33.2	32.2
11월	33.4	33.9	33.4	28.9	30.8	33.6	33.6	31.7
12월	32.9	36.4	37.6	29.7	30.6	31.6	34.0	31.8

6. [SPSS 실습 3-4]의 자료로부터 1987년도 12개월간의 예측값들을 구하라.

4장

Box-Jenkins 모형

4.1 Box-Jenkins 모형이란?

Box-Jenkins 모형은 시계열자료분석의 대표적인 예측모형이다. 2장과 3장에서 설명한 예측기법들이 주어진 시계열자료를 여러 방법으로 분석해보는 것이라면 소위 *ARIMA*(Auto-Regressive Integrated Moving Average) 모형으로 일컬어지는 Box-Jenkins 방법은 주어진 시계열자료가 어떤 모형에 맞을 것인가를 판단하고, 시계열자료를 그 모형에 적용시켜 나가는 방법이라 할 수 있다.

Box-Jenkins 모형에 의하여 시계열자료를 다루고자 할 때는 다음의 세 가지 단계, 즉

(1) **모형식별**(model identification): 현시점을 기준으로 과거 시계열자료들로부터 얻어진 여러 가지 통계량으로써, 그 시계열자료가 어느 모형에 적합한가를 알아보는 단계.

(2) **식별된 모형의 파라미터 추정 및 진단**(testing): 일단 어느 모형이라고 식별을 한 후, 시계열자료들로써 그 모형의 파라미터들을 추정한다. 그리고 추정된 모형으로부터 얻어진 예측값(또는 적합값(fitted-value)), 잔차들이 적합한가를 진단하는 단계. 적합하지 않을 경우, 다시 모형식별을 해야 한다.

(3) **예측**(forecasting): (2)단계에서 구해진 모형의 파라미터 값들을 이용하여 향후 시점에 대한 예측을 하는 단계.

를 거치게 된다. 다시 말하면, 분석하고자 하는 시계열자료가 여러 가지 Box-Jenkins 모형 중 어떤 모형으로 판단되는가를 알아내고(식별), 시계열자료를 그 식별된 모형에 적용시켰을 때 모형의 파라미터 값들을 계산(추정)하여 그 식별된 모형이 적합한가를 진단(testing/diagnostic)한 후, 적합하다면 그 모형으로 예측하는 것이다. 이때 그 모형이 적합하지 않다면, 다시 다른 모형으로 식별될 수는 없는가를 판단하여 시계열자료를 다른 모형에 적용시켜 나가게 된다.

앞으로 Box-Jenkins 방법을 설명해 나가는 순서는, 우선 정상적 시계열자료에 대한 Box-Jenkins 모형을 설명하고, 계절성이 있는 시계열자료를 다룬 다음, 비정상적 시계열자료에 대한 Box-Jenkins 모형을 알아볼 것이다. Box-Jenkins 모형은 정상적 시계열자료에 대해 식별을 하는 것이기 때문에 비정상적 시계열자료를 분석해야 할 경우에는, 그 비정상적 시계열을 먼저 정상적 시계열로 바꾸어야 한다는 것을 기억해 두어야 한다.

4.2 정상적 시계열에 대한 Box-Jenkins 모형

시계열자료가 **정상적 시계열**일 경우, Box-Jenkins 방법은 그 시계열자료를 다음의 기본적인 세 가지 모형의 하나라고 전제한다.

(1) 자기회귀모형(AR: Auto-Regressive Model)
(2) 이동평균모형(MA: Moving Average Model)
(3) 자기회귀이동평균모형(ARMA: Auto-Regressive Moving Average Model)

이 절에서는 위의 세 가지 모형에 대해 차례대로 설명하기로 한다. 다시 한 번 강조할 점은 이 절에서 설명하는 시계열자료는 모두 정상적 시계열이라고 전제한다.

4.2.1 자기회귀모형

자기회귀모형(autoregressive model)이란 시계열자료(Y_t)가 그 시계열자료의 과거 값들로써 설명된다는 모형이다. 다시 말하면, 회귀모형에서 이야기하는 독립변수(또는 설명변수)들이 그 시계열자료의 과거 값들이라는 것이다. 즉,

$$Y_t = \alpha_1 Y_{t-1} + \alpha_2 Y_{t-2} + \cdots + \alpha_p Y_{t-p} + \epsilon_t \qquad (4\text{-}1)$$

라고 할 때, 현재(t) 시점의 시계열 값(Y_t)은 바로 전기 ($t-1$) 값으로부터 α_1만큼, 2 시점 전인 ($t-2$)의 값으로부터 α_2만큼 등으로 영향을 받는다고 할 수 있을 것이다. 그리고 회귀분석모형에서와 같이 오차항(ϵ)을 포함시킨다. 과거 p기까지의 값들이 Y_t에 영향을 준다고 할 경우의 식 (4-1)을 p차 **자기회귀모형**이라고 하며, $AR(p)$라고 표현한다. 가장 간단하게, 바로 전기 ($t-1$)의 값만이 현재(t)의 값에 중요하게 영향을 준다고 할 경우, $AR(1)$ 모형이 되며 1차 자기회귀모형을

$$AR(1): \; Y_t = \alpha_1 Y_{t-1} + \epsilon_t \qquad (4\text{-}2)$$

$$(\text{가정}) \; \epsilon_t \sim i.i.d. \; N(0, \sigma^2)$$

으로 표현한다. 여기서 ϵ_t는 오차를 나타내며 시점에 관계없이 독립적이고 정규분포한다고 가정한다. 특히 시계열자료분석에서는 ϵ_t를 **백색잡음**(white noise)이라고도 한다. 즉,

$$E(\epsilon_t) = 0$$

$$Var(\epsilon_t, \epsilon_{t-k}) = 0 \Rightarrow E(\epsilon_t \epsilon_{t-k}) = 0 \ , \ k = 1, 2, \cdots$$

이 되는 것이다.

4.2.2 이동평균모형

이동평균모형(moving average model)이란 시계열자료가 연속적인 오차항들의 영향을 받는다는 것으로서, 2장에서의 이동평균방법과는 의미가 다르다. 그리고

$$Y_t = \epsilon_t - \beta_1 \epsilon_{t-1} - \cdots - \beta_q \epsilon_{t-q} \tag{4-3}$$

으로 표현되는데 식 (4-3)을 q**차 이동평균모형**이라고 하며, $MA(q)$ 로 나타낸다. 물론 바로 이전 시점 $(t-1)$의 오차항만이 포함되는 경우라면 1차 이동평균모형이 되며,

$$MA(1): \ Y_t = \epsilon_t - \beta_1 \epsilon_{t-1} \tag{4-4}$$

으로 표현하면 된다. 여기서 파라미터들의 부호를 −로 표현한 것에 대해서는 개의치 않아도 된다. 다만, 이동평균모형을 자기회귀모형과 다르게 나타내기 위한 수단이고, Backward Operator(식 (4−18) 참조)를 사용할 때의 편리성 때문이다.

4.2.3 자기회귀이동평균모형

앞에서 설명한 두 가지 모형의 차이점은, 자기회귀모형은 시계열자료(Y_t)가 과거의 시계열자료값들로 표현될 수 있다는 것이고, 이동평균모형은 시계열자료가 과거의 오차값들로 표현될 수 있다는 것이다. 그러나 경우에 따라서는 시계열자료가 과거의 시계열자료값들과 과거의 오차값들 모두의 영향을 받는다고 할 수도 있을 것이다. 그러므로 AR과 MA가 혼합된 **자기회귀이동평균모형**(Autocorrelation Moving Average Model)을 다음과 같이 나타낼 수 있다. 즉,

$$\begin{aligned} Y_t = {} & \alpha_1 Y_{t-1} + \cdots + \alpha_p Y_{t-p} \\ & + \epsilon_t - \beta_1 \epsilon_{t-1} - \cdots - \beta_q \epsilon_{t-q} \end{aligned} \tag{4-5}$$

이다. 이러한 자기회귀이동평균모형을 $ARMA(p, q)$ 로 표현한다. 가장 단순한 $ARMA$ 모형은 바로 이전 시점의 Y_{t-1}과 ϵ_{t-1}만 모형에 포함된

$$Y_t = \alpha_1 Y_{t-1} + \epsilon_t - \beta_1 \epsilon_{t-1} \tag{4-6}$$

으로서, $ARMA(1, 1)$ 으로 표현하게 된다.

$ARMA$ 모형은 AR 모형과 MA 모형의 혼합모형으로서, 모든 AR 모형이나 MA 모형을 $ARMA$ 모형 표현 방법으로 나타낼 수도 있다. 예를 들면 $AR(1)$ 은 $ARMA(1,0)$ 으로, $MA(1)$ 은 $ARMA(0,1)$ 등으로 표현하기도 한다.

여기서 주목해야 할 점은 시계열자료(Y_t) 의 평균을 나타내는 방법이다. 예를 들어 식 (4–2)는 Y_t를 Y_{t-1}에 회귀시킨 회귀모형인데 Y_t와 Y_{t-1}의 평균이 모두 μ로 같기 때문에(정상적 시계열이므로), $AR(1)$ 모형은 원칙적으로

$$Y_t - \mu = \alpha_1 (Y_{t-1} - \mu) + \epsilon_t \tag{4–7}$$

로 표현되는 것이다. 그리고 식 (4–7)을 정리하면

$$\begin{aligned} Y_t &= \alpha_1 Y_{t-1} + (\mu - \alpha_1 \mu) + \epsilon_t \\ &= \alpha_1 Y_{t-1} + \mu' + \epsilon_t \end{aligned} \tag{4–8}$$

가 된다. 이를테면 절편이 있는 단순회귀모형(설명변수가 Y_{t-1})과 같이 $AR(1)$ 모형이 표현되는 것이며, SPSS에서는 식 (4–8)의 결과를 제공해 준다. 또, 식 (4–4)의 $MA(1)$ 모형은 Y_t의 평균이 μ일 때, 원칙적으로

$$\begin{aligned} Y_t - \mu &= \epsilon_t - \beta_1 \epsilon_{t-1} \\ \Rightarrow Y_t &= \mu + \epsilon_t - \beta_1 \epsilon_{t-1} \end{aligned} \tag{4–9}$$

으로 표현되는 것이다. 식 (4–8)과 식 (4–9)는 SPSS 실습에서 다시 다루게 된다.

4.3 모형의 식별

정상적 시계열에 대한 모형은 AR, MA, $ARMA$ 세 가지가 있다는 설명을 하였다. 그리고 이 모형들에 대해 차수(order)를 결정해야 하는 것은 당연하다. 그러면 주어진 시계열자료를 어떤 모형에 적합시키는 것이 바람직한가를 찾아야 하는데, 이를 **식별**(identification)이라고 한다. 즉, 주어진 시계열자료로부터 얻어지는 통계량들을 수단으로 하여, 그 시계열자료는 AR, MA, $ARMA$ 중에서 어떤 모형이며 차수는 얼마인가를 식별하게 되는데, 식별은 주어진 시계열자료로부터 얻어지는 **자기상관계수**(autocorrelation: AC)와 **부분자기상관계수**(partial autocorrelation: PAC)를 가지고 수행한다.

4.3.1 자기상관계수

자기상관계수(autocorrelation)란 주어진 시계열자료(Y_t) 들의 정해진 시차(lag) 간의 상관계수이다. 예를 들면, 시차 1의 자기상관계수란 Y_t 와 Y_{t-1} 간의 상관계수를 말하는데, 주어진 시계열자료의 모든 시점에 걸쳐서 이웃 시점 간에 상관계수가 얼마나 되는가를 찾고자 하는 것이다. 시차 1의 자기상관계수는 다음 식,

$$r_{Y_tY_{t-1}} = \frac{Y_t \text{와 } Y_{t-1}\text{의 공분산}}{(Y_t\text{의 표준편차}) \times (Y_{t-1}\text{의 표준편차})}$$

$$= \frac{\sum_{t=2}^{n}(y_t - \overline{y_t})(y_{t-1} - \overline{y}_{t-1})}{\sqrt{\sum_{t=1}^{n}(y_t - \overline{y_t})^2}\sqrt{\sum_{t=2}^{n}(y_{t-1} - \overline{y}_{t-1})^2}} \quad (4\text{-}10)$$

으로써 계산된다.

여기서, 시계열자료가 정상적인 경우 $\overline{y_t} = \overline{y}_{t-1} = \overline{y}$이므로 식 (4-10)은

$$r_1 = r_{Y_tY_{t-1}} = \frac{\sum_{t=2}^{n}(y_t - \overline{y})(y_{t-1} - \overline{y})}{\sum_{t=1}^{n}(y_t - \overline{y})^2} \quad (4\text{-}11)$$

와 같다.

자기상관계수를 구체적으로 이해하기 위하여 다음과 같은 단순한 예를 들어 보자.

◆ 1차 자기상관계수 계산 예

다음은 10개 시점에 걸쳐 얻어진 시계열자료이다.

t	1	2	3	4	5	6	7	8	9	10	평균
Y_t	13	8	15	4	4	12	11	7	14	12	10

그러면 시차(lag) 1의 자기상관계수를 얻기 위해 Y_{t-1}을 정리하면 다음과 같고, $t=2$ 부터 9개의 짝으로 된 자료들이 얻어진다. 그러면 이렇게 얻어진 9개의 짝으로 된 값들로 시차 1의 자기상관계수, r_1을 계산하는 것이다.

t	1	2	3	4	5	6	7	8	9	10
Y_t	13	8	15	4	4	12	11	7	14	12
Y_{t-1}	−	13	8	15	4	4	12	11	7	14

즉, 식 (4−11)을 사용하여 이 자료에 대한 1차 자기상관계수는 다음과 같다.

$$r_1 = \frac{(8-10)(13-10)+(15-10)(8-10)+\cdots+(12-10)(14-10)}{(13-10)^2+(8-10)^2+\cdots+(12-10)^2}$$

$$= \frac{-27}{144} = -0.188$$

4.3.2 자기상관계수의 분포

시계열자료, $\{Y_1, Y_2, \cdots, Y_T\}$로부터 계산된 자기상관계수가 유의적인가를 알기 위해서는 자기상관계수들의 분포를 알아야 한다. 즉, $H_0 : \rho_k = 0$를 가설검증하기 위해서는 r_k의 분포를 알아야 하며, $H_0 : \rho_k = 0$가 기각될 경우 얻어진 k차 자기상관계수가 유효한 것이라는 것이다. 가설검증을 위한 검증통계량인, k차 자기상관계수인 r_k의 분포는

$$r_k \sim N(\rho_k, \frac{1}{T}) \tag{4-12}$$

로 얻어지는데, r_k의 표준오차 $1/\sqrt{T}$를 이용하여 ρ_k의 95% 신뢰수준의 신뢰구간을 얻을 수도 있다. 통계패키지는 가설검증을 하는 것보다는 95% 신뢰수준의 신뢰구간을 제공하여 특정 시차의 자기상관계수가 유의적인가를 판단하게 한다.

또한 시차 1에서 시차 m까지의 모든 자기상관계수들이 0인가를 판단하는 통계량으로 Box-Ljung Q^* 통계량이 사용되는데, AR 모형과 MA 모형을 $ARMA(p,q)$로 표현했을 경우,

$$Q^* = n(n+2)\sum_{i=1}^{m} r_i^2/(n-i) \tag{4-13}$$

로 얻어진다. Q^* 통계량에 대해서는 뒤(4.5절)에 자세히 설명하지만, 이 통계량은

$$H_0 : \rho_1 = \cdots = \rho_m = 0$$

의 가설을 검증하는 데 사용된다.

4.3.3 부분자기상관계수

자기상관계수 이외에 모형을 식별하는 또 다른 하나의 수단이 **부분자기상관계수**이다. 부분자기상관계수는 다중회귀분석모형에서 반응변수 Y를 X_1과 X_2에 회귀시킬 경우, 즉

$$Y = \beta_0 + \beta_1 x_1 + \beta_2 x_2 + \epsilon$$

의 모형에서, X_2가 Y에 미치는 영향을 제외시킨 후 X_1이 Y에 미치는 영향을 얻고자 할 때의 부분결정계수(부분상관계수의 제곱)라는 개념과 유사하다. 그러므로 시계열분석에서도 이와 같은 개념으로 부분자기상관계수를 이해하면 된다. 즉, 시차(lag)가 주어져 있을 때, 다른 시차들의 시계열자료값들이 주어진 시차의 시계열자료값들에 미치는 영향을 제거한 후에 주어진 시차에 대한 시계열자료들 간의 상관계수를 **부분(또는 편) 자기상관계수**(partial autocorrelation: PAC)라고 한다. 부분자기상관계수를 구하는 Yule-Walker 방정식은 이 장의 맨 뒤에 설명되어 있다.

부분자기상관계수(또는 편자기상관계수)를 얻는 방법이나 의미를 이해하기보다는 모형을 식별하는 보조적 수단으로 부분자기상관계수가 사용된다는 점을 알면 될 것이다. 특히, AR 모형에서는 부분자기상관계수가 뚜렷하게(spike) 나타나게 되는데, 시계열자료의 1차 부분자기상관계수 또는 1차 부분자기상관계수와 2차의 부분자기상관계수들이 유의적으로 나타나면 그 시계열자료는 AR 모형으로 식별되는 것이다.

앞에서 설명한 바와 마찬가지로, 주어진 시계열자료가 Box-Jenkins 모형 중 어느 모형으로 식별될 수 있는가를 판단하는데 자기상관계수(AC)와 부분자기상관계수(PAC)를 사용한다. 따라서 자기회귀모형(AR), 이동평균모형(MA), 자기회귀이동평균모형($ARMA$)의 자기상관계수와 부분자기상관계수의 형태를 몇 가지로 정리하여 모형식별의 가이드라인으로 이용하는 것이 바람직하다. 주어진 시계열자료를 어느 모형으로 식별할 것인가를 위해서 다음의 가이드라인을 기억하는 것이 필요하다.

(a) MA 모형

MA 모형은 시계열자료의 AC가 돌출적인 값들을(spikes) 갖고 PAC는 순차적으로 시나브로 작아지는(decay) 모습을 나타내는데, 유의적인 AC의 spike 수로 MA 모형의 차수를 결정한다.

(b) AR 모형

AR 모형은 MA 모형과는 달리, 주어진 시계열자료의 PAC가 돌출적인 값들을 갖고, AC는 순차적으로 작아지는 모습을 나타낸다. AR 모형으로 판단되면 유의적인 PAC의 spike의 수로 차수를 결정한다.

(c) $ARMA$ 모형

AC와 PAC 모두 순차적으로 작아지는 경우 $ARMA$ 모형으로 식별되며, 차수는 대체로 $(2, 2)$를 넘지 않는다. 즉, AC와 PAC의 유의적인 spike 수가 각각 2를 넘지 않는다.

4.4 MA 모형, AR 모형, $ARMA$ 모형의 AC와 PAC

여기서는 앞 절에서 설명한 모형 식별 가이드라인의 배경을 이해하기 위하여 기본 모형들(MA, AR, $ARMA$)에 대해 자기상관계수(AC)와 부분자기상관계수(PAC)가 어떻게 얻어지는가를 이론적으로 간단히 살펴보기로 한다. 즉, 각 모형에 대해서 이론적으로 AC 값들이 어떻게 얻어지는가를 알아보는 것이 실제로 주어진 시계열자료로부터 계산된 AC 값들로써 모형을 식별하는 데 도움이 될 것이다.

4.4.1 MA 모형

먼저 $MA(1)$ 모형,

$$Y_t = \epsilon_t - \beta_1 \epsilon_{t-1}$$

$$(\text{가정})\ \epsilon \sim i.\ i.\ d.\ N(0,\ \sigma^2)$$

에 대한 자기상관계수(AC)는 다음과 같이 계산된다. 즉, 시차(lag) 1의 자기상관계수는

$$\rho_1 = Corr(Y_t,\ Y_{t-1}) = \frac{Cov(Y_t, Y_{t-1})}{\sqrt{Var(Y_t)}\sqrt{Var(Y_{t-1})}}$$

$$= \frac{E[(\epsilon_t - \beta_1 \epsilon_{t-1})(\epsilon_{t-1} - \beta_1 \epsilon_{t-2})]}{\sqrt{Var(\epsilon_t - \beta_1 \epsilon_{t-1})}\sqrt{Var(\epsilon_{t-1} - \beta_1 \epsilon_{t-2})}}$$

$$= \frac{E\left[(\epsilon_t \epsilon_{t-1} - \beta_1 \epsilon_t \epsilon_{t-2} - \beta_1 \epsilon_{t-1}^2 + \beta_1 \epsilon_{t-1} \epsilon_{t-2})\right]}{\sqrt{\sigma^2 + \beta_1^2 \sigma^2}\ \sqrt{\sigma^2 + \beta_1^2 \sigma^2}}$$

$$= \frac{-\beta_1 \sigma^2}{(1+\beta_1^2)\sigma^2} = \frac{-\beta_1}{1+\beta_1^2} \qquad (4-14)$$

이다. 시차(lag) 2 이상에서는 식 (4–14)의 전개과정에서 분자가 0이 되므로 자기상관계수들은 모두 0이다. 즉,

$$\rho_k = 0\,, \qquad k \geqq 2 \qquad (4-15)$$

이다.

그러므로 $MA(1)$ 모형은 시차 1의 AC만이 존재하며 2 이상의 시차에서는 AC 값들이 0이 되고, PAC는 점진적으로 소멸되어 가는 형태를 갖게 된다. [그림 4–1]에서는 $MA(1)$의 여러 가지 이론적인 AC와 PAC 그래프를 보여 주고 있다. 그러므로 실제 시계열자료에 대한 AC와 PAC가 [그림 4–1]과 유사하게 얻어진다면 그 시계열자료를 $MA(1)$ 모형으로 식별한다는 것이다.

다음으로 $MA(2)$ 모형에 대한 자기상관계수는 다음과 같이 얻어진다. 즉, $MA(2)$ 모형은

$$Y_t = \epsilon_t - \beta_1 \epsilon_{t-1} - \beta_2 \epsilon_{t-2}$$

이므로, 시차 1의 자기상관계수는

$$\rho_1 = Corr(Y_t,\ Y_{t-1}) = \frac{Cov(Y_t, Y_{t-1})}{\sqrt{Var(Y_t)}\ \sqrt{Var(Y_{t-1})}}$$

$$= \frac{E\left[(\epsilon_t - \beta_1 \epsilon_{t-1} - \beta_2 \epsilon_{t-2})(\epsilon_{t-1} - \beta_1 \epsilon_{t-2} - \beta_2 \epsilon_{t-3})\right]}{\sqrt{Var(\epsilon_t - \beta_1 \epsilon_{t-1} - \beta_2 \epsilon_{t-2})}\ \sqrt{Var(\epsilon_{t-1} - \beta_1 \epsilon_{t-2} - \beta_2 \epsilon_{t-3})}}$$

$$= \frac{E\left[-\beta_1 \epsilon_{t-1}^2 + \beta_1 \beta_2 \epsilon_{t-2}^2)\right]}{(1+\beta_1^2+\beta_2^2)\sigma^2} = \frac{(-\beta_1 + \beta_1 \beta_2)\sigma^2}{(1+\beta_1^2+\beta_2^2)\sigma^2}$$

$$= \frac{-\beta_1 + \beta_1 \beta_2}{(1+\beta_1^2+\beta_2^2)} \qquad (4-16)$$

이고, 시차 2의 자기상관계수는

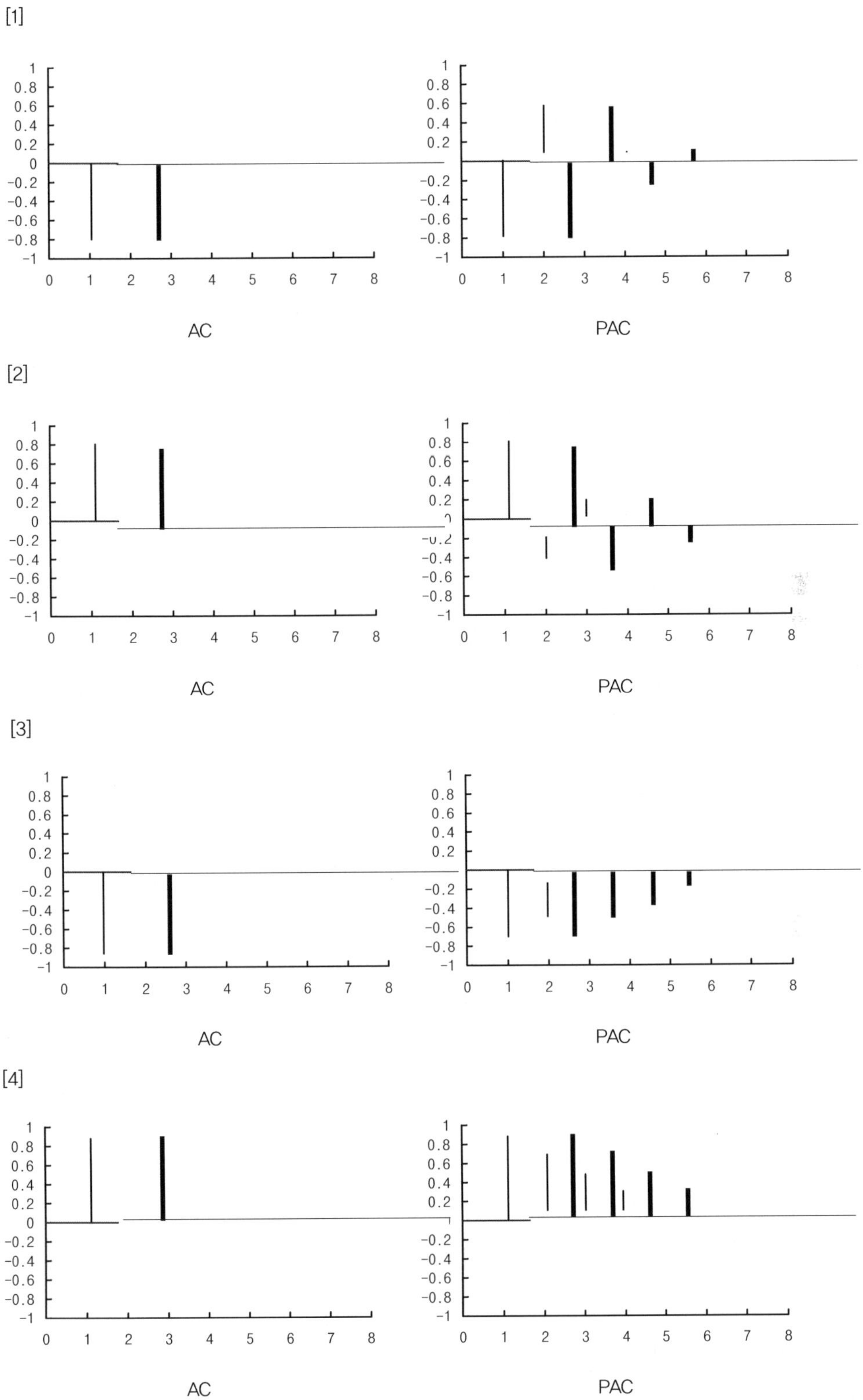

그림 4-1 $MA(1)$ 모형의 AC 와 PAC 형태

$$\rho_2 = Corr(Y_t,\ Y_{t-2}) = \frac{-\beta_2}{(1+\beta_1^2+\beta_2^2)} \tag{4-17}$$

으로 얻어지며, 시차 3 이상에서는 0이다.

따라서 $MA(2)$ 모형에 대한 AC와 PAC 그래프는 [그림 4-2]와 같이 시차 1과 2에서만 AC 값이 존재하고, 그 이상의 시차에서는 0으로 얻어진다.

여기서 설명하고 있는 자기상관계수값들은 이론적으로 얻어지는 값들을 말한다. 그러므로 다시 강조하건데, 식 (4-14)부터 식 (4-17)까지는 이론적으로 정확하게 $MA(1)$이거나 $MA(2)$일 경우에 해당하는 자기상관계수값들이고, 실제 시계열자료에 대해서는 [그림 4-1]과 [그림 4-2]와 같이 AC 그래프가 명확하게 나타나지는 않을 것이다. 다만 시차 1에서만 또는 시차 1, 2에서만 AC가 뚜렷하게 나타나며(spike), 그 이상의 시차들에서는(비유의적인) AC가 아주 작은 값들로 얻어질 것이다.

이제 모형을 좀 더 간결하고 효과적으로 표현하기 위하여 **후진연산자**(Backward Operator), 'B'를 소개하기로 하자. 즉, B라는 부호를

$$BY_t = Y_{t-1} \tag{4-18}$$

로 정의하기로 하면, $MA(1)$ 모형은

$$\begin{aligned} Y_t &= \epsilon_t - \beta_1 \epsilon_{t-1} \\ &= (1-\beta_1 B)\epsilon_t \end{aligned} \tag{4-19}$$

로, $MA(2)$ 모형은

$$\begin{aligned} Y_t &= \epsilon_t - \beta_1 \epsilon_{t-1} - \beta_2 \epsilon_{t-2} \\ &= (1-\beta_1 B - \beta_2 B^2)\epsilon_t \end{aligned} \tag{4-20}$$

로 간략하게 표현할 수 있다는 것이다. 이러한 표현은 앞으로 계절성과 비정상적 시계열을 나타내는 데에 절대적으로 필요하며, 시계열분석에서의 파라미터 값에 대한 제약조건을 나타내는 데도 필요하다.

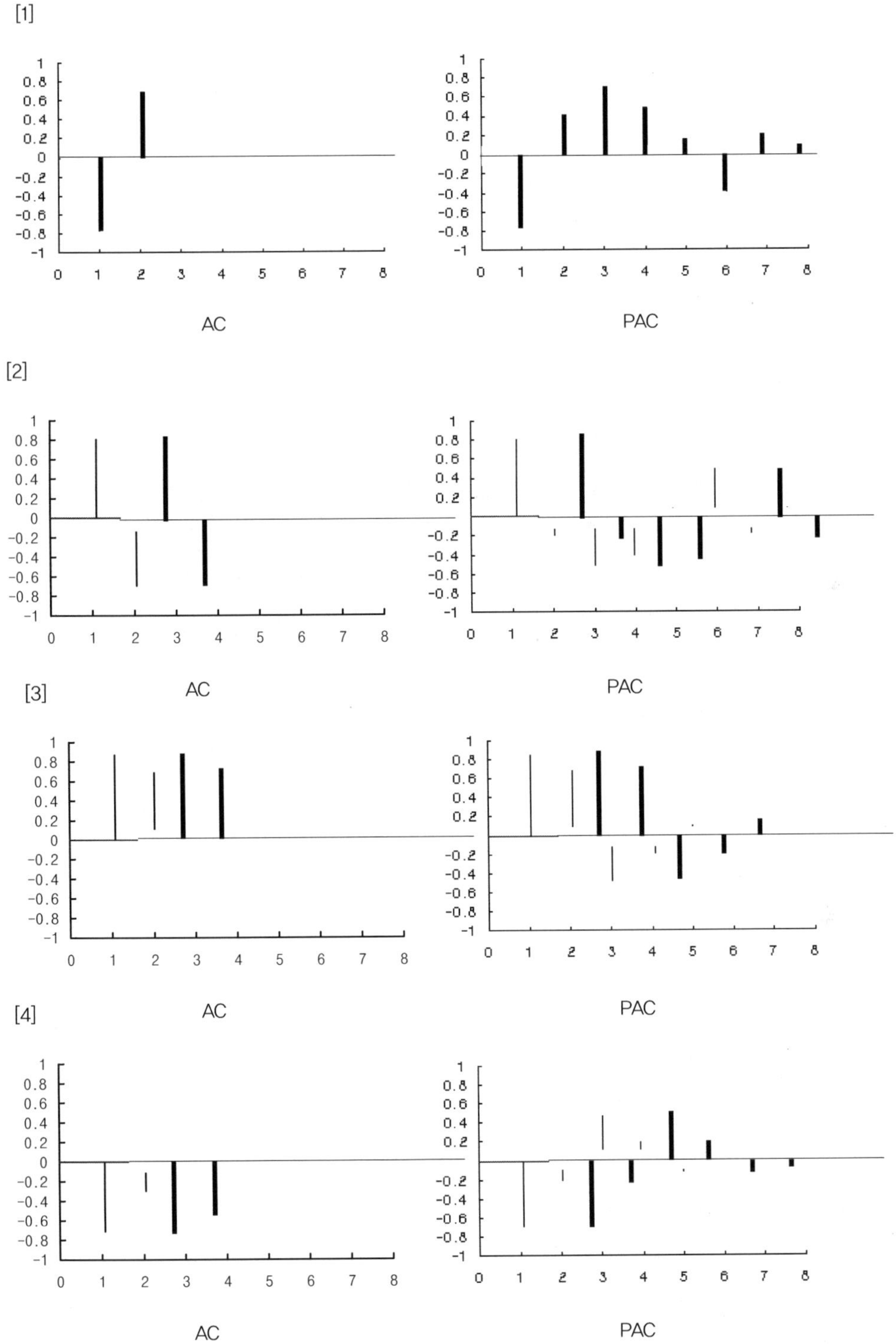

그림 4-2 $MA(2)$의 AC와 PAC 형태

4.4.2 AR 모형

먼저, 가장 단순한 $AR(1)$ 모형에 대한 자기상관계수(AC)는 다음과 같이 구해진다. 즉,

$$Y_t = \alpha_1 Y_{t-1} + \epsilon_t$$

에 대한 자기상관계수는

$$\rho_k = \alpha_1^k \,, \qquad k \geq 1 \tag{4-21}$$

로 얻어진다. 여기서 α_1은 $(-1,\ 1)$ 사이의 값이기 때문에 AC는 시차 k가 커질수록 점진적으로 감소하는 모양을 갖게 된다.

반면에, $AR(1)$ 모형의 부분자기상관계수(PAC)는 MA 모형에서의 AC처럼 시차에 따라 명료하게 구해진다. 부분자기상관계수를 구하는 절차는 매우 복잡하기 때문에 이 장의 마지막에 정리해 놓았다. 다시 말하면, 이론적으로 $AR(1)$ 모형의 PAC는 시차 1에서만 존재한다. $MA(1)$ 모형에 대한 AC가 시차 1에서만 구해지는 것과 흡사하다. [그림 4-3]은 $AR(1)$ 모형의 AC와 PAC의 예이다.

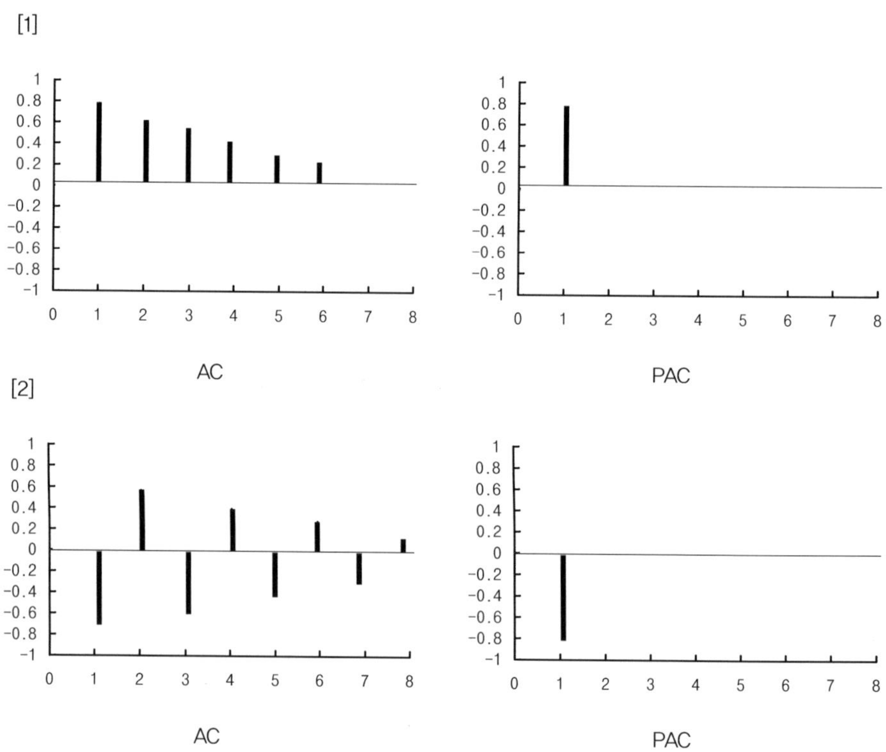

그림 4-3 $AR(1)$의 AC와 PAC 형태

그리고 $AR(2)$ 모형에 대한 자기상관계수는

$$AR(2)\ :\ Y_t = \alpha_1 Y_{t-1} + \alpha_2 Y_{t-2} + \epsilon_t$$

$$\rho_k = \begin{cases} \dfrac{\alpha_1}{1-\alpha_2}, & k=1 \\ \dfrac{\alpha_2+\alpha_1^2}{1-\alpha_2}, & k=2 \\ \alpha_1\rho_{k-1}+\alpha_2\rho_{k-2}, & k \geqq 3 \end{cases} \tag{4-22}$$

으로 모든 시차에 대해 자기상관계수값들이 존재한다. [그림 4-4]에 $AR(2)$ 모형의 전형적인 AC, PAC가 나타나 있다. 앞에서도 설명한 대로, $AR(2)$ 모형에 대해서는 PAC가 시차 1과 2에서만 계산되고, 그 이후 시차에 대해서는 0이며, AC는 점차(빠르게) 작아지는 값들로 얻어진다.

다시 한 번 정리하면, 어떤 주어진 시계열자료에 대해 AC가 시차 1과 시차 2 등에서 유의적인 값으로 얻어지고, PAC가 점진적으로 작아지면 그 시계열자료를 MA 모형으로 식별하고, 반대로 PAC가 시차 1과 시차 2 등에서 유의적으로 나타나면서 AC가 점차 작아지는 형태로 얻어지면 AR 모형으로 식별할 수 있다는 것이다. 그리고 유의적으로 나타나는 시차의 값을 모형의 차수로 정하게 되는 것이다.

4.4.3 $ARMA$ 모형

AR과 MA 모형의 혼합 형태인 $ARMA$ 모형에 대해서는 자기상관계수(AC) 나 부분자기상관계수(PAC) 모두 점진적으로 작아지는 형태를 갖는다. 이 경우에는 AC, PAC 모두 특별한 특징을 보이지 않기 때문에 AR이 아니고, MA도 아닌 경우라고 판단될 때 $ARMA$ 모형으로 식별할 수밖에 없다. $ARMA(1,1)$ 모형에 대한 몇 가지 AC와 PAC 패턴을 소개하면 [그림 4-5]와 같다.

다행스럽게도 $ARMA$ 모형의 차수는 (2, 2)를 넘지 않는다. 말하자면 차수가 (1, 1), (1, 2), (2, 1), (2, 2) 중에 하나라고 식별하면 될 것이다. 그리고 앞에서도 설명했지만, MA 모형이나 AR 모형을 $ARMA$ 모형으로 표현할 수 있음을 다시 한 번 강조한다. 예를 들어 $MA(1)$ 모형은 $ARMA(0,\ 1)$로 표현될 수 있고, $AR(2)$ 모형은 $ARMA(2,\ 0)$ 등으로 표현해도 되는 것이다.

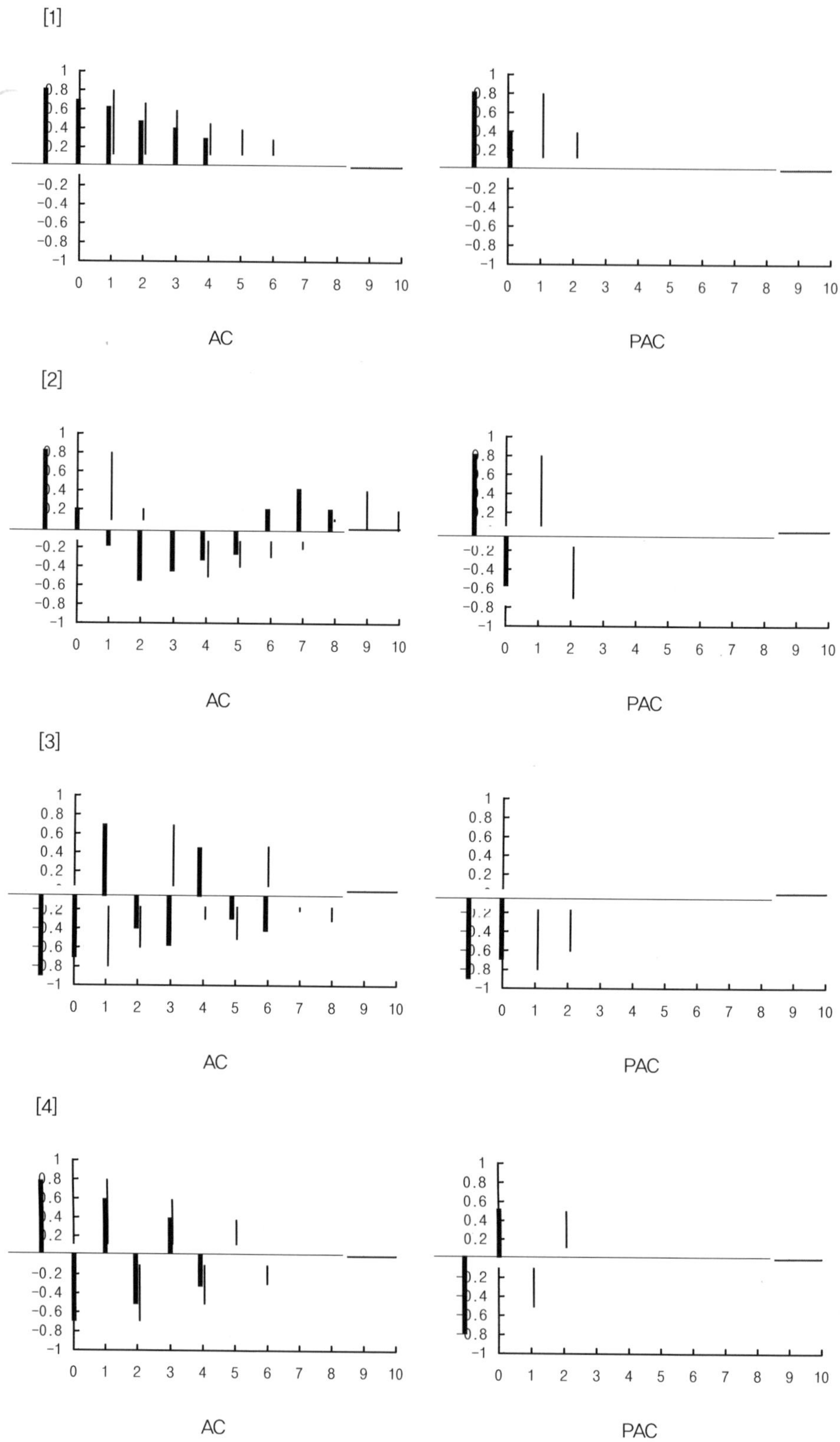

그림 4-4 $AR(2)$ 의 AC와 PAC

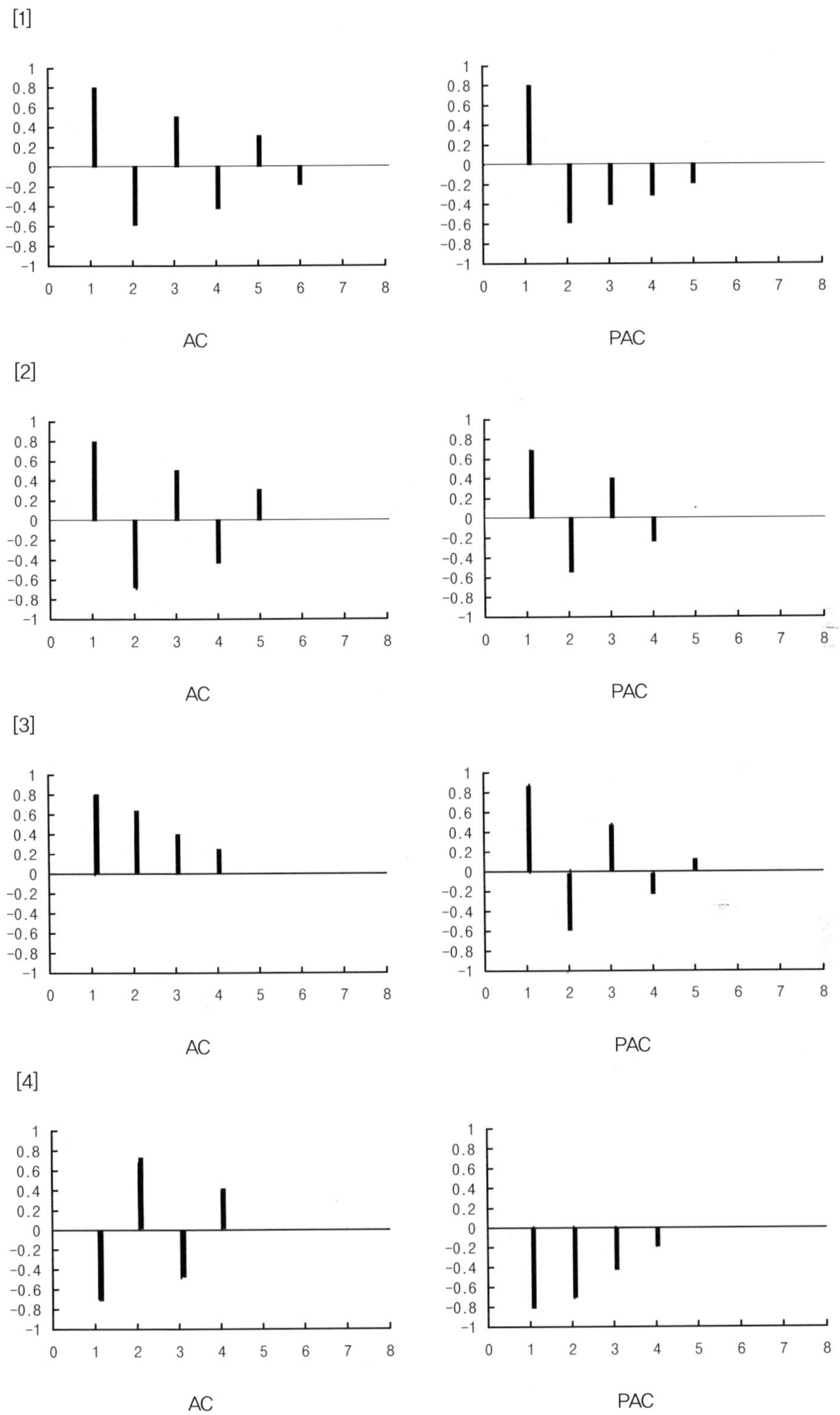

그림 4-5 $ARMA(1,1)$ 의 AC와 PAC 형태

4.4.4 모형식별의 SPSS 실습

SPSS 실습 4-1 모형식별

아래의 예제 데이터(70개)에 대한 시계열 도표, 자기상관함수와 부분자기상관함수(편자기상관) 도표를 그려서 그 특성을 파악하고, 모형을 결정해 보자(자료명: ch4ex1).

표 실습 4-1-1 모형식별을 위한 시계열자료 예

t	Y_t	t	Y_t	t	Y_t
1	0.399867	25	0.576787	49	0.218410
2	0.409758	26	0.539835	50	0.441064
3	0.836354	27	0.787062	51	0.731123
4	0.520146	28	0.970424	52	0.665077
5	0.750089	29	0.898502	53	0.612767
6	1.356390	30	0.940231	54	0.422186
7	1.156210	31	0.822331	55	0.497974
8	0.429620	32	0.980424	56	0.384326
9	0.211938	33	0.553439	57	0.277158
10	0.146031	34	0.358969	58	0.542303
11	0.607829	35	1.15321	59	1.211890
12	0.652921	36	1.23094	60	1.223630
13	0.237419	37	0.705965	61	1.072830
14	0.909631	38	0.2692	62	0.676968
15	1.432100	39	0.354189	63	0.999402
16	0.797527	40	0.636681	64	0.669951
17	0.374156	41	1.26249	65	0.338699
18	0.410271	42	0.886903	66	0.830104
19	0.941954	43	0.281436	67	0.462813
20	0.821265	44	1.05919	68	0.151744
21	0.380911	45	1.63544	69	0.433777
22	0.294511	46	1.44346	70	0.846945
23	0.704384	47	0.946141		
24	0.953682	48	0.367679		

상단 메뉴에서 [파일(F)] → [열기(O)] → [데이터(D)]로 SPSS 자료 파일 폴더에서 ch4ex1.sav를 불러온다.

실습 11.1 순차도표(시퀀스 차트)(1)

• 상단 메뉴에서 [분석(A)] → [시계열 분석(T)] → [시퀀스 차트(N)]를 실행한다.

실습 11.2 순차도표(시퀀스 차트)(2)

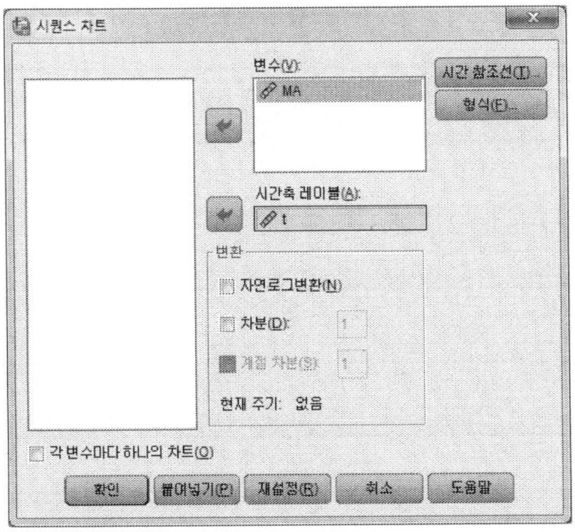

• 순차도표 대화상자가 나타나면 **[변수(V)]**에 MA를 넣고, **[시간축 레이블(A)]**에 t를 이동시킨 후, **[형식(F)]**을 누른다.

실습 11.3 순차도표(시퀀스 차트)(3)

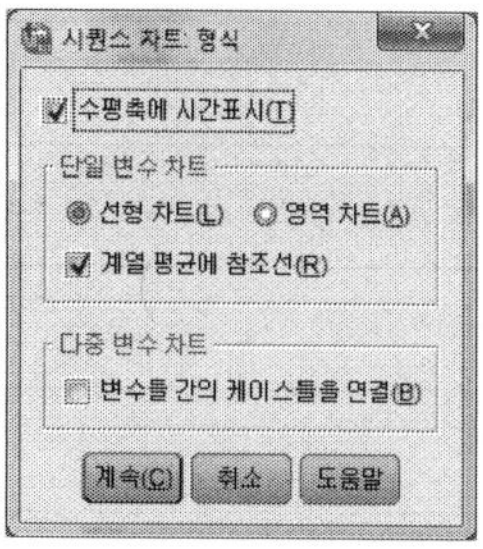

• 시퀀스 차트: 형식 대화상자가 나타나면 **[수평축에 시간표시(T)]**를 클릭하고, [단일 변수 차트]에서 [**선형 차트(L)**]와 **[계열 평균에 참조선(R)]**을 체크한 후, [계속(C)]을 누르고, 다시 [실습 11.2]의 대화상자가 나타나면 [확인]을 눌러 실행한다.

실습 11.4 순차도표(시퀀스 차트)(4)_ Output

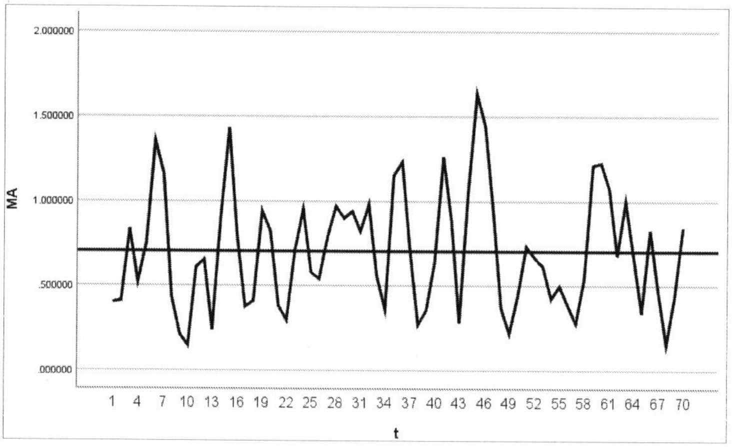

• 시계열자료 Y_t의 순차도표는 위의 그림과 같다.

실습 11.5 자기상관함수와 부분자기상관함수(1)

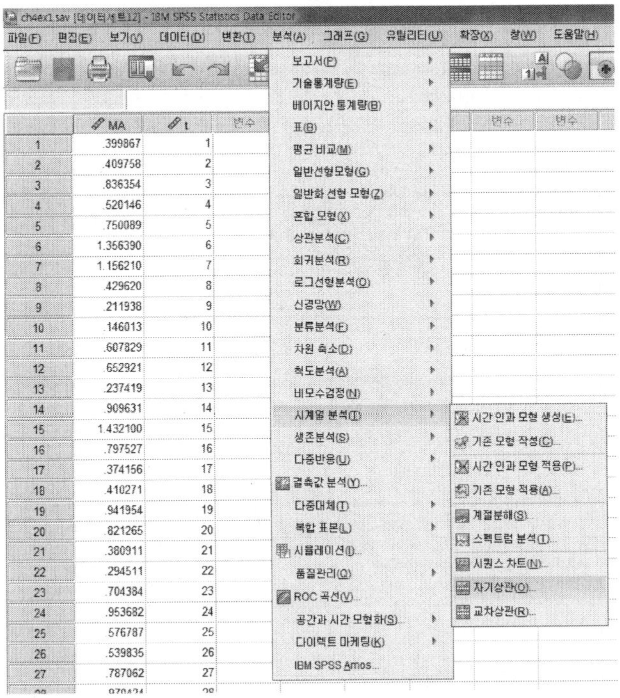

• [분석(A)] → [**시계열 분석(T)**] → [**자기상관(O)**]을 클릭한다.

실습 11.6 자기상관함수와 부분자기상관함수(2)

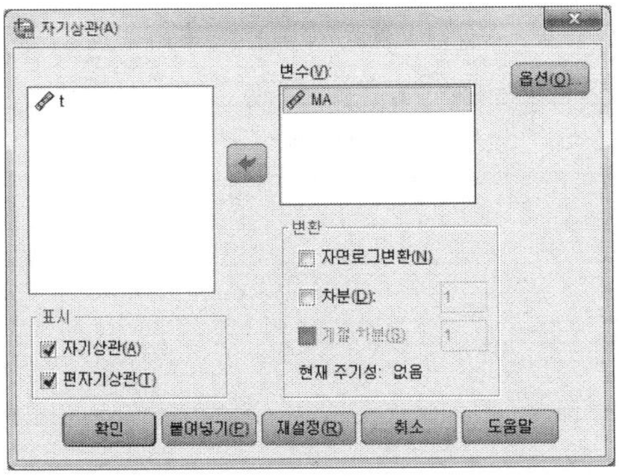

• 자기상관 대화상자가 나타나면 [**변수(V)**]에 MA를 넣고, 왼쪽 하단의 [표시]에 [**자기상관(A)**], [**편자기상관(T)**]을 선택한 후, [**확인**]을 눌러 실행한다.

실습 11.7 자기상관함수_ Output(1)

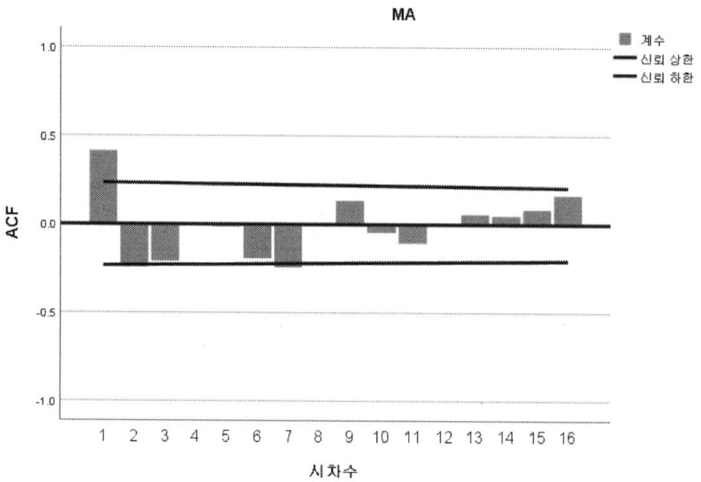

- 이 그래프에서 0을 기준으로 위 아래 나타나 있는 실선은 AC(자기상관계수)에 대한 95% 신뢰구간이므로, 시차 1의 자기상관계수(AC)만 유의적임을 알 수 있다.

실습 11.8 부분자기상관함수_ Output(2)

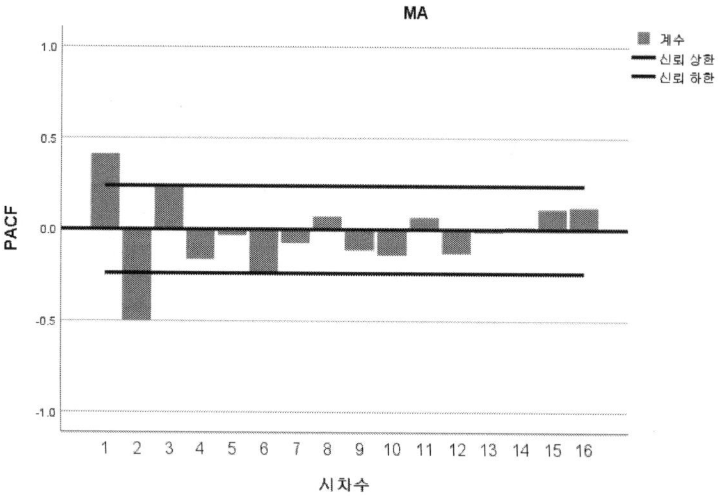

- 부분자기상관계수는 점차 작아지는 형태를 갖는다. 따라서 이 시계열자료를 $MA(1)$으로 식별하게 된다. 다른 대안으로 AR(2) 모형으로 식별하는 것도 가능하다.

4.5 모형의 파라미터 추정과 진단

앞의 4.4절에서는 간단한 MA 모형과 AR 모형 그리고 $ARMA$ 모형의 AC와 PAC 형태를 살펴봄으로써 어떤 시계열자료가 주어졌을 때 그 시계열자료의 AC와 PAC 그래프를 얻어, 그 시계열자료를 어떤 모형으로 식별할 수 있는가를 알아보았다.

물론 실제로 주어진 시계열자료의 AC와 PAC 그래프는 이론적으로 얻어진 AC와 PAC의 형태보다 훨씬 복잡한 형태로 얻어질 것이다.

이제 주어진 시계열자료의 AC와 PAC를 보고 어떤 모형이라고 식별한 후에는 식별된 모형의 파라미터 값들을 추정해야 한다. 파라미터를 추정하는 방법으로는

i) 비조건최소제곱법
ii) 조건최소제곱법
iii) 최우추정법

등이 있는데, 각각의 추정 방법에 대한 이론적 계산식은 매우 복잡하여 여기서 설명하지는 않는다. 따라서 이 교재에서는 통계패키지(SPSS)로 얻어진 결과만을 이용하기로 한다. 필요한 경우 위의 여러 가지 추정 방법을 통하여 얻어진 결과들을 비교해 봄으로써 가장 좋은 결과를 선택하면 될 것이다.

그리고 모형의 파라미터 값들이 추정되면, 시계열자료가 그 모형에 얼마나 잘 적합되는지를 진단해야 하는데, 그 적합도(정확도)로서 AIC(Akaike Information Criterion) 또는 SBC(Schwartz Bayesian Criterion)를 사용하는 것이 일반적이다. 즉, $ARMA(p,q)$ 모형에 대해 AIC와 SBC는

$$AIC(p,q) = -\log(\hat{\sigma}_{\epsilon}^{2}) + 2(p+q) \qquad (4\text{–}23)$$

$$SBC(p,q) = n\log(\hat{\sigma}_{\epsilon}^{2}) + (p+q)\log n \qquad (4\text{–}24)$$

로 정의되는 바, AIC(또는 SBC) 값이 가장 작은 (p,q)가 가장 적합한 모형이라고 판단할 수 있다. 다시 말하면, 여러 개의 (p,q) 조합에 대한 AIC(또는 SBC) 값들 중에서 가장 작은 AIC(또는 SBC) 값을 갖는 (p,q) 모형을 선택한다는 것이다. 여기서도 AIC나 SBC의 이론적 배경을 알 필요는 없을 것이다.

또한 시계열분석에서도(회귀분석에서와 마찬가지로) 예측오차(잔차)들을 분석해야 하는데, 잔차들은 아무런 패턴을 갖지 않고 임의로 퍼져 있는 것이 바람직하다. 잔차들로써 그래프를 얻었을 때 일정한 패턴을 보이거나 증가(또는 감소) 패턴을 보인다면 식별된 모형은 적당한 모형이 아니라는 것이다. 그 이유는 오차항에 대한 가정(백

색잡음)이 만족되지 못하기 때문이다. 시계열자료를 분석할 때 예측오차(잔차)들에 대한 진단에서 가장 중요한 것은 잔차들이 서로 상관되어 있는가를 알아보는 것이다. 이를 위하여 다음의 Box-Ljung Q^* 통계량을 사용한다.

Box-Ljung Q^* 통계량

잔차들이 서로 상관되어 있다면 잔차들을 얻는 데 사용된 그 모형은 주어진 시계열자료를 잘 적합시키지 못한다는 것을 말한다. 그러므로 우선적으로 살펴보아야 하는 것이 잔차들에 대한 자기상관 여부이다. **잔차들의 자기상관**(autocorrelation of residuals)을 검색하는 도구로 우선 Box-Pierce(또는 Portmanteu) **Q 통계량**을 소개한다. 구체적으로 Q 통계량은 시차(lag) 묶음들에 대해 자기상관이 존재하는가를 검증하는 통계량이다. 즉, $ARMA(p,q)$ 모형에 대해서 Q 통계량은

$$Q = n\sum_{i=1}^{m} {r_i}^2 \quad \sim \quad \chi^2_{(m-p-q)} \tag{4-25}$$

로 정의되는데, n은 자료의 수(잔차의 수), r_i는 i 번째 시차(lag)의 자기상관계수, m은 고려하고 있는 최대 시차를 나타낸다. $\chi^2_{(m-p-q)}$는 자유도 $(m-p-q)$의 카이제곱분포를 한다는 표현이다. 즉,

$$H_0 : \rho_1 = \rho_2 = \cdots = \rho_m = 0$$

을 가설검증하기 위한 검증통계량으로 Q 통계량을 사용한다. 예를 들면, m을 6, 12, 18 등으로 하여 잔차들의 자기상관계수 묶음들에 대한 가설검증을 하는 것이다. 물론 Q 통계량으로 H_0를 기각할 수 없어야만(유의확률 p 값이 커야함) 그 모형이 (최적은 아니더라도) 주어진 시계열자료에 적합한 모형이 되는 것이다.

그러나 SPSS에서는 위의 H_0를 검증하기 위해 식 (4-25)의 Q 통계량보다는 **Box-Ljung Q^* 통계량**을 사용한다. Box-Ljung 통계량은 Box-Pierce 통계량을 개선한 것으로서 [식 (4-13)]

$$Q^* = n(n+2)\sum_{i=1}^{m} r_i^2/(n-i) \tag{4-26}$$

으로 정의된다. 여기서 Q^*는 자유도 $(m-p-q)$의 카이제곱 분포한다.

추정된 파라미터들의 상관계수

또한 파라미터의 수가 2개 이상인 모형에 대해서 추정된 파라미터들 간의 상관계수를 살펴보아야 한다. 만일, 두 개의 파라미터들 간에 높은 상관관계가 존재한다면 둘 중 하나의 파라미터는 제외시켜 모형을 간결(parsimony)하게 하는 것이 바람직하기 때문이다. 예를 들어, 다음과 같이 파라미터들 간의 상관계수가 얻어졌다면 파라미터 3은 불필요하다고 간주할 수 있다. 왜냐하면 파라미터 2와 파라미터 3의 상관계수가 0.856이어서 둘 중의 하나가 필요 없다고 한다면, 파라미터 2보다는 파라미터 3이 파라미터 1과 높은 상관계수를 갖기 때문이다. 그러면 파라미터 3이 없는 모형으로 식별하여 그 모형에 대한 파라미터들을 다시 추정하고, 그 모형에 대한 적합성 검진을 해야 하는 것이다.

	Para 1	Para 2	Para 3
Para 1	1.0		
Para 2	0.012	1.0	
Para 3	0.235	0.856	1.0

4.6 정상적 시계열에 대한 SPSS 실습

SPSS 실습 4-2 교통사고의 분기별 자료

다음은 2000년부터 2005년 3분기까지 수도권에서 발생한 교통사고의 분기별 자료이다(자료명: ch4ex2.sav).

표 실습 4-2-1 교통사고 분기별 자료

t	1	2	3	4	5	6	7	8	9	10	11	12
Y_t	29373	28057	22005	21467	19984	18244	16591	18721	21272	22464	23666	22213

t	13	14	15	16	17	18	19	20	21	22	23
Y_t	21033	21838	25904	27318	26702	26945	25735	25099	27046	26018	25629

먼저, 이 시계열자료에 대한 순차도표를 그래프로 나타내면 육안으로 시계열자료의 특징을 살펴볼 수 있다. 시계열자료의 순차도표는 시계열자료가 정상적인지, 계절성을 갖고 있는지 등을 알아보는 데 도움이 된다. 이때 고려해야 할 것은 그래프의 스케일(크기)을 크게 또는 작게 해 보는 것이 바람직하다. 왜냐하면 산포도의 스케일

을 작게 하면 변화의 움직임이 보이지 않을 것이고, 반대로 너무 크게 하면 변화가 큰 것처럼 보일 것이기 때문이다. [그림 실습 4-2-1]은 이 시계열자료의 순차도표이다.

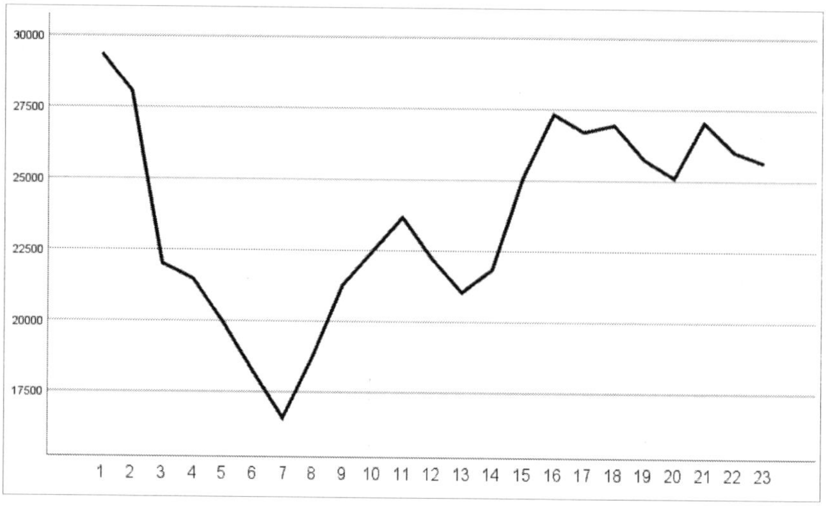

그림 실습 4-2-1 교통사고 시계열자료의 순차도표

이 시계열자료를 정상적 시계열로 간주하고, 자기상관계수(AC) 들과 부분자기상관계수(PAC) 들의 그래프를 얻어 보면 [그림 실습 4-2-2]와 같다. 여기서 실선은 식 (4-12)에서 설명한 대로 자기상관계수(또는 부분자기상관계수)에 대한 95% 신뢰구간으로서 이 구간 내에 있는 자기상관계수(또는 부분자기상관계수) 값들은 0으로 간주되는 것이다.

[그림 실습 4-2-2]에서 AC의 분포 형태를 보면 시차가 커짐에 따라 빠르게 작아지는 형태를 갖지는 않더라도 점진적으로 소멸되어 가는 형태를 갖고 있음을 알 수 있다. 그리고 PAC의 경우는 lag 1 에서 0.7564의 유의적인 값을 갖고, lag 2 에서는 −0.3326으로 유의적이지는 않지만, 비교적 큰 값을 갖는다. 따라서 이 시계열자료를 $AR(1)$ (또는 기껏해야 $AR(2)$)로 식별하여 파라미터를 추정해 보기로 한다.

이제 SPSS에서는 추정의 방법으로 비조건최소제곱법(unconditional least square method)과 조건최소제곱법(conditional least square method)이 있는데, 일반적으로 비조건최소제곱법을 사용한다. 이 시계열자료를 $AR(1)$ 모형에 적합시켜 파라미터를 추정하고, 추정된 $AR(1)$ 모형에 대한 결과물들을 얻는 방법은 다음과 같다.

상단 메뉴에서 [파일(F)]→[열기(O)]→[데이터(D)]로 SPSS 자료 파일 폴더에서 ch4ex2. sav를 불러온다.

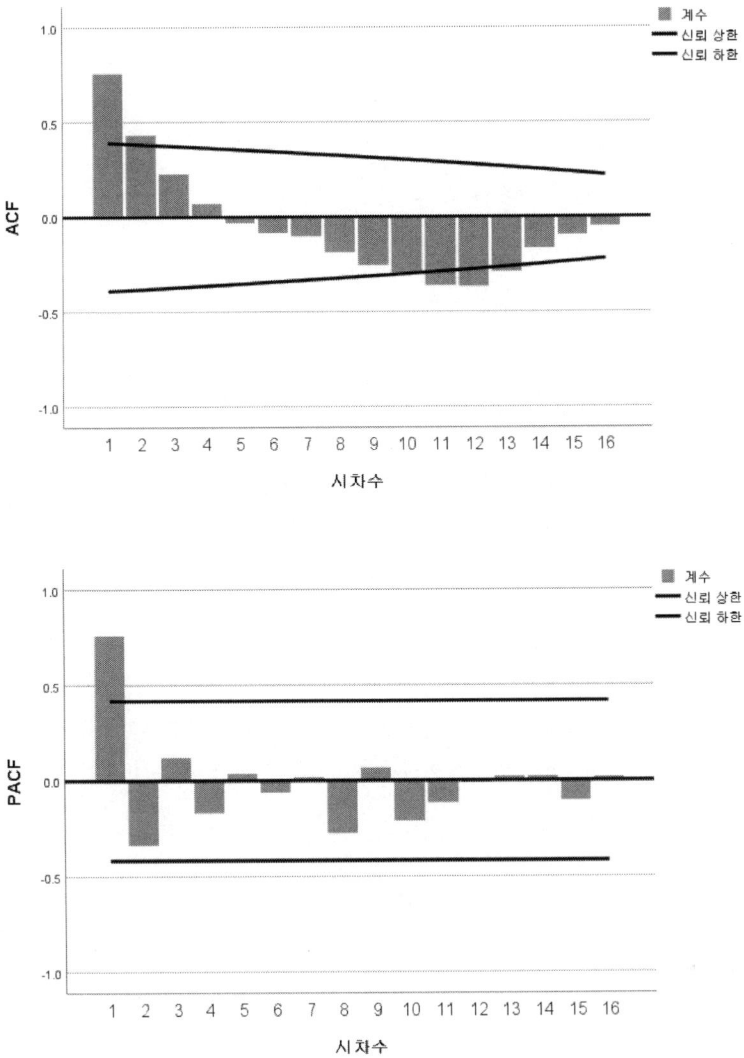

그림 실습 4-2-2 교통사고 자료의 AC와 PAC

실습 12.1 날짜 정의

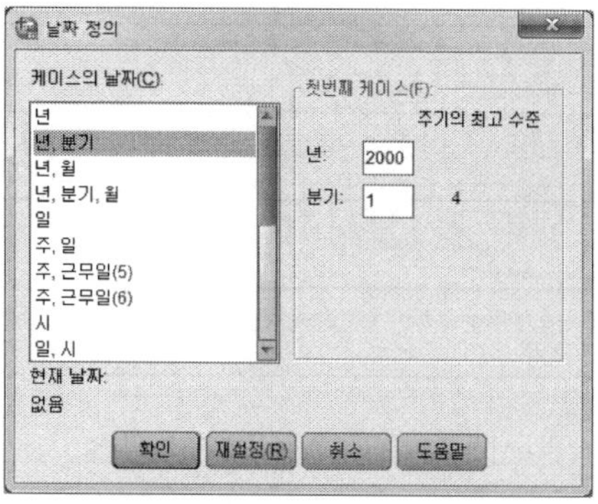

- 상단 메뉴에서 [**데이터(D)**] → [**날짜 및 시간 정의(E)**]를 누른다.
- 날짜 정의 대화상자가 나타나면 왼쪽 [**케이스의 날짜(C)**]에서 년, 분기를 선택한 후 [**첫 번째 케이스(F)**]에 2000년 1분기를 입력하고 [확인]을 누른다.

실습 12.2 AR(1) 모형 생성(1)

- 상단 메뉴에서 [**분석(A)**] → [**시계열 분석(T)**] → [**기존 모형 작성(C)**]을 실행한다.

실습 12.3 AR(1) 모형 생성(2)

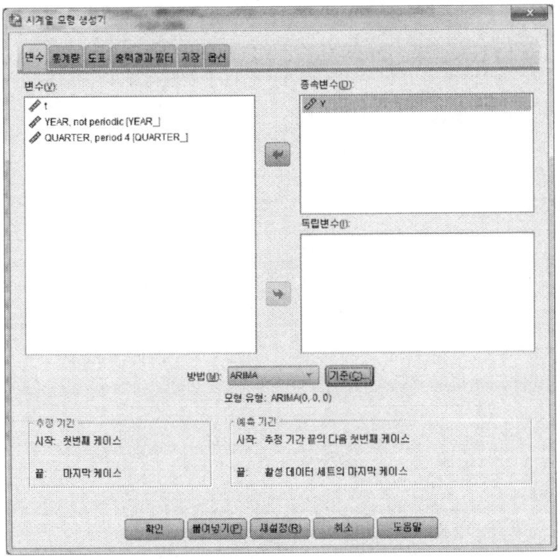

• 시계열 모형 생성기 대화상자가 나타나면 **[종속변수(D)]**에 Y 변수를 넣고, [방법(M)]에서 [ARIMA]를 선택하고 [기준(C)]을 누른다.

실습 12.4 AR(1) 모형 생성(3)

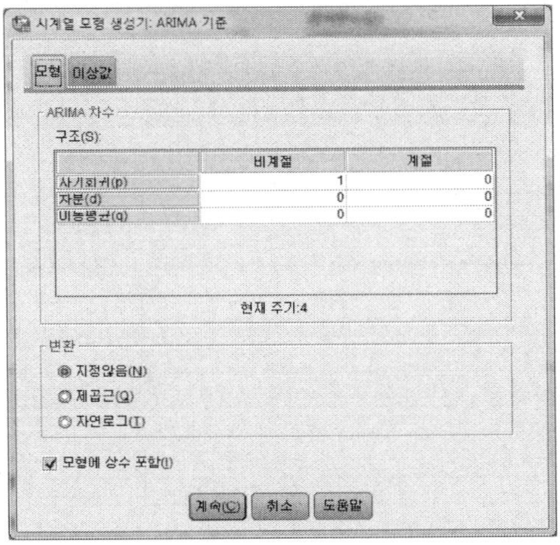

• [자기회귀(p)], [차분(d)], [이동평균(q)]을 그림과 같이 입력한 후, 하단의 [계속(C)]을 누른다.

실습 12.5 AR(1) 모형 생성(4)

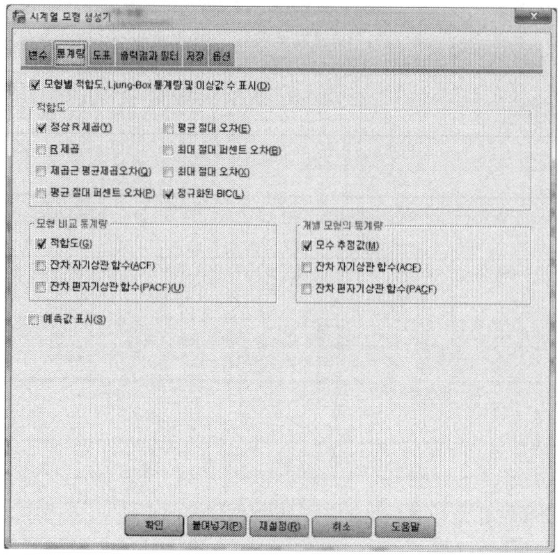

- 시계열 모형 생성기 대화상자에서 상단에 있는 통계량을 선택한다.
- 그림과 같이 [적합도]에서 [정규화된 BIC(L)]과 [개별 모형의 통계량]에서 [모수 추정값(M)]을 선택한다.

실습 12.6 AR(1) 모형 생성(5)

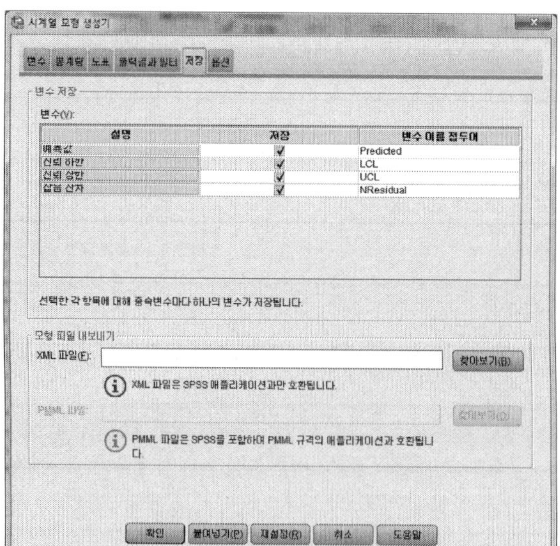

- 상단의 저장에서 [변수(V)]에 모든 변수를 선택한다.

실습 12.7 AR(1) 모형 생성(6)

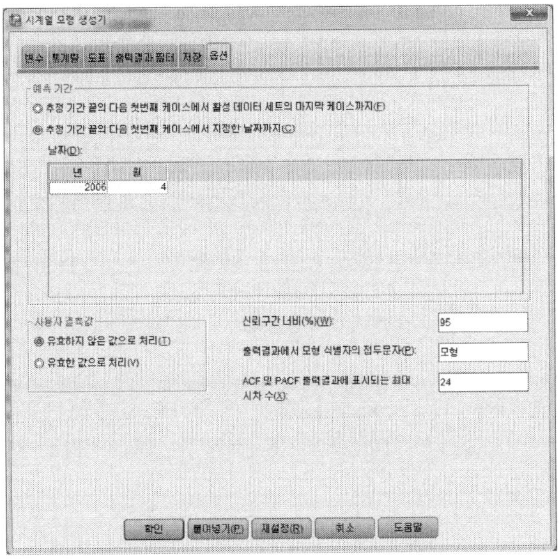

• 상단의 옵션에서 예측을 위해 2006년, 4월을 입력한 후, 하단의 [확인]을 눌러 실행한다.

실습 12.8 AR(1) 모형의 결과물

적합 통계량	평균
정상 R-제곱	.619
R-제곱	.619
제곱근 평균제곱오차 (RMSE)	2166.657
평균 절대 퍼센트 오차 (MAPE)	6.943
최대 절대 퍼센트 오차 (MaxAPE)	25.145
평균 절대 오차(MAE)	1574.069
최대 절대 오차(MaxAE)	5533.169
정규화된 BIC	15.635

모형 통계량

		모형 적합 통계량		Ljung-Box Q(18)			
모형	예측자 수	정상 R-제곱	정규화된 BIC	통계량	자유도	유의확률	이상값 수
Y-모형_1	0	.619	15.635	12.037	17	.798	0

ARIMA 모형 모수

					추정값	SE	t	유의확률
Y-모형_1	Y	변환 안 함	상수항		24812.421	2161.848	11.477	.000
			AR	시차 1	.840	.108	7.755	.000

- ARIMA 모형 모수 결과 값을 보면, 값에 따라 파라미터들이 유의적인가를 판단한다. 결과를 보면 AR1과 상수항 모두 매우 유의적임을 알 수 있다.
  그리고 적합통계량을 보면

$$R^2 = 0.619$$
$$RMSE = 2166.657$$
$$BIC = 15.635$$

이다. 이 값들은 다른 모형, 예를 들어 $AR(2)$ 모형의 이 값들과 비교하여 최종적으로 어느 모형으로 식별하는 것이 바람직한가를 결정하는 데 사용하면 될 것이다.

실습 12.9 AR(1) 모형의 결과물_데이터 창

t	Y	분기/년	FIT_1	LCL_1	UCL_1	RES_1
1	29373	Q1 2000	24812.42	17149.23	32475.61	4560.58
2	28057	Q2 2000	28643.73	24486.89	32800.57	−586.73
3	22005	Q3 2000	27538.17	23381.33	31695.01	−5533.17
4	21467	Q4 2000	22453.93	18297.09	26610.77	−986.93
5	19984	Q1 2001	22001.96	17845.12	26158.8	−2017.96
6	18244	Q2 2001	20756.1	16599.26	24912.94	−2512.1
7	16592	Q3 2001	19294.34	15137.5	23451.18	−2702.34
8	18722	Q4 2001	17906.5	13749.66	22063.34	815.5
9	21272	Q1 2002	19695.9	15539.06	23852.74	1576.1
10	22464	Q2 2002	21838.14	17681.3	25994.98	625.86
11	23666	Q3 2002	22839.53	18682.69	26996.37	826.47
12	22213	Q4 2002	23849.32	19692.48	28006.16	−1636.32
13	21033	Q1 2003	22628.67	18471.83	26785.5	−1595.67
14	21838	Q2 2003	21637.36	17480.52	25794.19	200.64
15	25094	Q3 2003	22313.63	18156.79	26470.47	2780.37
16	27318	Q4 2003	25048.97	20892.13	29205.81	2269.03
17	26702	Q1 2004	26917.34	22760.5	31074.18	−215.34
18	26945	Q2 2004	26399.84	22243	30556.68	545.16
19	25735	Q3 2004	26603.99	22447.15	30760.82	−868.99
20	25099	Q4 2004	25587.47	21430.63	29744.31	−488.47
21	27046	Q1 2005	25053.17	20896.34	29210.01	1992.83
22	26018	Q2 2005	26688.84	22532	30845.67	−670.84

t	Y	분기/년	FIT_1	LCL_1	UCL_1	RES_1
23	25629	Q3 2005	25825.22	21668.38	29982.06	−196.22
24	.	Q4 2005	25498.42	21341.58	29655.26	
25	.	Q1 2006	25388.73	19959.7	30817.75	
26	.	Q2 2006	25296.57	19125.59	31467.55	
27	.	Q3 2006	25219.15	18574.21	31864.09	
28	.	Q4 2006	25154.11	18194.08	32114.15	

- 여기서 FIT_1은 예측값이고, LCL_1은 예측값에 대한 95% 신뢰하한, UCL_1은 95% 신뢰상한 그리고 RES_1은 잡음 잔차이다. [실습 12.4]에 따라 얻어진 값들이다. 여기서, 2005년 4분기 이후의 예측값들이 얻어졌음을 확인할 수 있다.

자기상관

계열: Y-모형_1의 잡음 잔차

시차	자기상관	표준화 오차[a]	Box-Ljung 통계량		
			값	자유도	유의확률[b]
1	.246	.196	1.576	1	.209
2	-.195	.191	2.622	2	.270
3	-.043	.187	2.676	3	.444
4	-.100	.182	2.980	4	.561
5	-.099	.177	3.293	5	.655
6	-.049	.172	3.375	6	.761
7	.128	.167	3.962	7	.784
8	-.027	.162	3.989	8	.858
9	-.036	.156	4.042	9	.909
10	.039	.150	4.108	10	.942
11	-.173	.144	5.540	11	.902
12	-.220	.138	8.059	12	.780
13	-.104	.132	8.679	13	.797
14	.088	.125	9.174	14	.820
15	.052	.118	9.367	15	.858
16	.008	.110	9.372	16	.897

a. 가정된 기본 공정은 독립적입니다(백색잡음).

b. 점근 카이제곱 근사값을 기준으로 합니다.

그림 실습 4-2-3 잔차들에 대한 Box-Ljung 통계량

그리고 교통사고 자료에 $AR(1)$ 모형을 적합시켰을 때 얻어진 잔차들이 서로 자기상관이 없는가를 알아보아야 한다. 즉, 잔차들은 오차항의 실현된 값들로서, 얻어진 잔차들이 주어진 시차들에서 자기상관이 없는가를 알아보는 방법으로, SPSS는 식 (4-26)의 Box-Ljung 통계량 값들을 제공해 준다.

다시 말하면, SPSS 결과물에서 잔차는 ERR_1으로 표현되어 얻어지는데, ERR_1을 종속변수로 선택하여 자기상관을 얻는다[실습 12.7]. 그 결과 얻어진 Box-Ljung 통계

량과 $p-value$(Prob.)는 [그림 실습 4-2-3]과 같다. 이 예에서 $p-value$가 모두 상당히 크기 때문에 모든 $H_0: \rho_1 = \rho_2 = \cdots = \rho_m = 0\,(m=1,\ \ 2,\cdots,16)$를 기각할 수 없다. 예를 들면, 시차 3의 Box-Ljung 통계량 값 2.675는 m=3일 때의 H_0를 기각할 수 없다는 것이다. 즉, 잔차들은 자기상관이 없다고 할 수 있는 것이며, 교통사고 시계열자료를 모형 $AR(1)$에 적합시킨 것은 (최소한) 잘못된 것이 아니라는 판단을 할 수 있는 것이다.

이제 [그림 실습 4-2-3]의 잔차들에 대한 Box-Ljung 통계량 값을 구하는 방법에 대한 SPSS 실습 과정은 다음과 같다.

실습 12.10 Box-Ljung 통계량(1)

• 상단 메뉴에서 **[분석(A)]** → **[시계열 분석(T)]** → **[자기상관(O)]**을 실행한다.

실습 12.11 Box-Ljung 통계량(2)

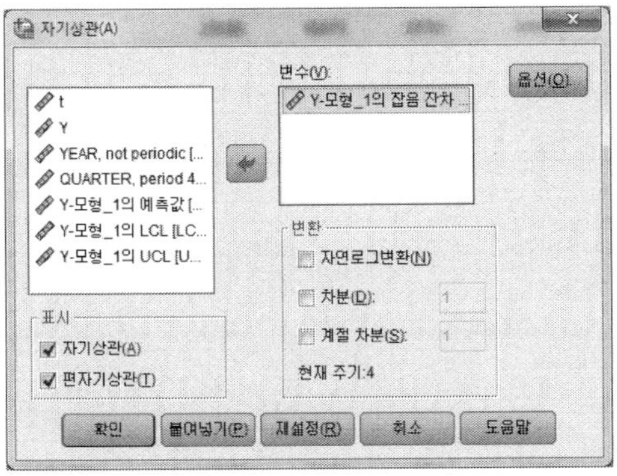

- 자기상관 대화상자가 나타나면, [실습 12.6]에 AR(1)값에서 구해진 [NResidual(잡음 잔차)]를 [변수(V)]로 이동시킨 후, [확인]을 누르면, output에서 자기상관(AC)과 부분자기상관(PAC)의 그래프와 [그림 실습 4-2-3]과 같이 잔차들에 대한 Box-Ljung 통계량 값을 확인할 수 있다.

식별 과정과 식별된 모형(여기서는 $AR(1)$)에 대한 추정과 진단이 끝나면 또 다른 가능 모형은 없는가를 판단해 본다. 앞의 식별 과정에서 $AR(2)$도 하나의 가능한 모형일 수 있겠다는 판단을 했기 때문에 이제 이 자료를 $AR(2)$ 모형에 적합시켜 보도록 하자. SPSS 실습 과정은 $AR(1)$ 모형을 다룰 때와 같은데 다만 p값(자기회귀 수)을 2로 하면 된다.

실습 12.12 AR(2) 모형의 결과물(1)

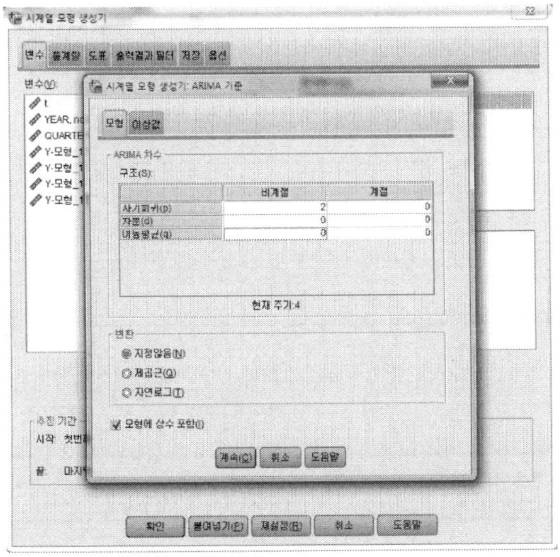

- **[분석(A)]** → **[시계열 분석(T)]** → [기존 모형 작성(C)]을 실행한다.
- **[종속변수(D)]**에 Y 변수를 넣고, 실습 12.3과 같이 [ARIMA]를 선택하여 [구조(s)]에 **[자기회귀(p)]**는 2, **[차분(d)]**과 **[이동평균(q)]**에는 0을 입력하고 하단의 [계속(C)]을 누른다.
- 그 외 통계량, 저장, 옵션 설정은 실습 12.5–12.7과 같이 진행한다.

다음에 나와 있는 [실습 12.13]의 SPSS 결과에서 보면

$$R^2 = 0.657,\ RMSE = 2106.065,\ BIC = 15.714$$

로 얻어지는데 $AR(1)$에서의 그 값들과 큰 차이가 없다. 그러므로 모형을 간결(parsimony)하게 해야 하는 측면에서 교통사고 시계열자료는 $AR(1)$ 모형으로 처리하는 것이 타당하다고 할 것이다. 이제 최종 모형을 $AR(1)$로 결정하면 추정된 $AR(1)$식은 식 (4–8)에 따라 다음과 같이 표현된다.

$$Y_t = 0.83997\,Y_{t-1} + 24814.03 + \epsilon_t$$

실습 12.13 AR(2) 모형의 결과물_Output

적합 통계량	평균
정상 R-제곱	.657
R-제곱	.657
제곱근 평균제곱오차 (RMSE)	2106.065
평균 절대 퍼센트 오차 (MAPE)	6.513
최대 절대 퍼센트 오차 (MaxAPE)	20.403
평균 절대 오차(MAE)	1498.977
최대 절대 오차(MaxAE)	5328.670
정규화된 BIC	15.714

모형 통계량

모형	예측자 수	모형 적합 통계량		Ljung-Box Q(18)			이상값 수
		정상 R-제곱	정규화된 BIC	통계량	자유도	유의확률	
Y-모형_1	0	.657	15.714	14.699	16	.547	0

ARIMA 모형 모수

					추정값	SE	t	유의확률
Y-모형_1	Y	변환 안 함	상수항		24044.330	1486.819	16.172	.000
			AR	시차 1	1.195	.201	5.957	.000
				시차 2	-.440	.199	-2.212	.039

- 참고로 AR(2) 모형에 대한 추정식은 $Y_t = 1.195\,Y_{t-1} - 0.44\,Y_{t-2} + 24044.330 + \epsilon_t$ 이다.

4.7 비정상적 시계열

앞에서도 언급한 바와 같이 대부분의 시계열자료는 비정상적 시계열이다. **비정상적 시계열**이라 함은 일정 기간 동안 시계열자료들의 평균이 같지 않거나, 분산이 같지 않은 경우로서, 대부분의 시계열자료들은 비정상적 시계열에 해당된다고 보아야 할 것이다. 문제는 분석하고자 하는 시계열자료가 비정상적 시계열일 경우, 그 자료를 우선 정상적 시계열로 전환시켜 놓아야 한다는 것이다. 왜냐하면 앞에서 설명한 대로 모형의 식별은 정상적 시계열에 대해서만 가능하기 때문이다.

그렇다면 비정상적 시계열을 어떻게 정상적 시계열로 전환시킬 수 있는가? 비정상적 시계열자료를 정상적 시계열자료로 바꾸는 방법으로는 주어진 비정상적 시계열을 **차분**(differencing)하는 방법이 주로 사용된다.

시계열자료, $\{Y_t\}$가 있을 때 1차 차분(first difference)은

$$\Delta Y_t = Y_t - Y_{t-1} = Y_t - BY_t = (1-B)Y_t$$

으로 표현되는데, 1차 차분의 결과인 ΔY_t가 정상적 시계열이 아니라면 ΔY_t를 다시 한 번 차분하는 2차 차분을 수행할 수 있다. 즉, 2차 차분은

$$\begin{aligned}
\Delta^2 Y_t &= \Delta Y_t - \Delta Y_{t-1} \\
&= (Y_t - Y_{t-1}) - (Y_{t-1} - Y_{t-2}) \\
&= Y_t - 2Y_{t-1} + Y_{t-2} \\
&= (1 - 2B + B^2)Y_t \\
&= (1-B)^2 Y_t
\end{aligned}$$

가 될 것이다.

대개의 많은 비정상적 시계열자료들은 1차 차분 또는 2차 차분으로 정상적 시계열이 되는데, 2차 차분으로도 정상적 시계열이 되지 않는 경우라면 Y_t를 변환시켜 다른 함수로 바꾼 후에 차분을 하는 것이 필요하다. 시계열자료를 다른 함수로 변환시킨다는 것에 대한 이해를 위하여 성장곡선의 시계열자료를 예로 들어 보자. 성장곡선이란 시간이 지남에 따라 시계열자료가 증가하는 모습을 보이는데, 처음에는 천천히 증가하다가 어느 시점 이후에는 빠르게 증가하는 모습을 갖는 것으로서 이러한 패턴은 경제 및 경영 분야 자료에서 많이 볼 수 있다.

◆ 성장곡선의 시계열자료 예

t	1	2	3	4	5	6
Y_t	400	440	480	520	590	670
ΔY_t	–	40	40	40	70	80
$\Delta^2 Y_t$	–	–	0	0	30	10
$\log Y_t$	6.0	6.1	6.2	6.3	6.4	6.5
$\Delta \log Y_t$	–	0.1	0.1	0.1	0.1	0.1

이 시계열자료 예에서 $\Delta^2 Y_t$의 값들도 계속 증가하는 것으로 나타나기 때문에 $\Delta^2 Y_t$도 정상적이지 못하다. 이 경우, 시계열자료에 log를 취한 후 차분을 한 $\Delta \log Y_t$는 정상적 시계열이 된다. 대수(logarithm)를 취하는 이유는 대개의 시계열 자료들이 시점이 변함에 따라 증가를 하다가 일정한 시점 이후부터는 급격하게 증가하는 형태를 갖기 때문이다. 여기서 대수는 자연대수를 말한다.

시계열자료를 분석하는데 당면하는 많은 자료들은 비정상적 시계열자료이다. 앞에서도 누차 설명하였지만, 비정상적 시계열자료를 일단 차분 등을 통하여 정상적 시계열로 전환시켜야 하기 때문에 비정상적 시계열을 $ARIMA(p,d,q)$ 모형으로 표현한다. 여기서 p는 자기회귀모형 부분의 차수, d는 차분한 차수, q는 이동평균모형 부분의 차수를 나타낸다. 예를 들면, $AR(1)$ 모형은 $ARIMA(1,\ 0,\ 0)$ 모형으로 표현되는 것이다. 또, $ARMA(1,1)$ 모형은 $ARIMA(1,\ 0,\ 1)$ 모형이라고 할 수 있는 것이다. 그러므로 Box–Jenkins 모형을 일반적으로 $ARIMA$ 모형이라고 부를 수 있는 것이다. $ARIMA$ 모형에 대한 자세한 설명은 다음 장에서 다룬다. 또한 가장 실제적이고 복잡한 계절성이 포함된 $ARIMA$ 모형에 대해서도 자세히 설명한다.

4.8 비정상적 시계열자료의 SPSS 실습

SPSS 실습 4–3 출고량 자료 – 비정상적 시계열

대규모 기업의 출고량은 생산량을 조절하는 데 있어 매우 중요한 지표이므로 출고량을 예측하는 업무를 위하여 일(daily)별 출고량을 조사한 결과, [표 실습 4–3–1]과 같다고 하자(자료명: ch4ex3).

표 실습 4-3-1 대기업의 daily 출고량

t	출고량	t	출고량	t	출고량
1	682	28	911	55	1359
2	657	29	1090	56	1264
3	720	30	1053	57	1347
4	768	31	1093	58	1314
5	685	32	972	59	1405
6	682	33	1070	60	1292
7	817	34	919	61	1514
8	903	35	930	62	1594
9	774	36	774	63	1399
10	774	37	989	64	1660
11	711	38	794	65	1719
12	721	39	981	66	1790
13	596	40	884	67	1706
14	746	41	930	68	1695
15	716	42	1142	69	1822
16	639	43	931	70	1742
17	824	44	1001	71	1818
18	831	45	1070	72	1976
19	840	46	1044	73	1931
20	820	47	1078	74	1946
21	799	48	1138	75	1878
22	890	49	1153	76	2093
23	854	50	1151	77	2030
24	902	51	1197	78	2108
25	963	52	1143	79	2090
26	825	53	1232	80	2229
27	821	54	1339	81	2057

이 자료에 대한 순차도표는 다음의 [그림 실습 4-3-1]과 같고 선형의 추세가 있음을 알 수 있다. 따라서 이 자료는 비정상적 시계열자료이기 때문에 우선 1차 차분한 자료를 얻어 볼 필요가 있다.

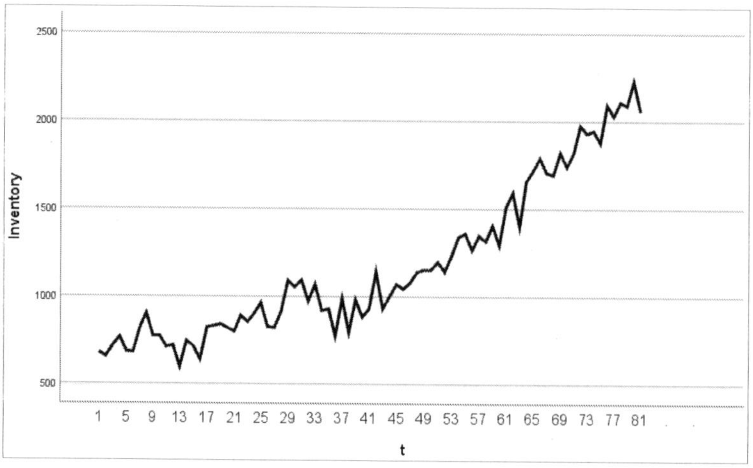

그림 실습 4-3-1 출고량 시계열자료의 순차도표

[그림 실습 4-3-2]는 1차 차분한 자료, $\Delta Y_t = Y_t - Y_{t-1}$ 에 대한 순차도표인데 1차 차분 시계열은 정상적 시계열의 모습을 보여 주고 있다.

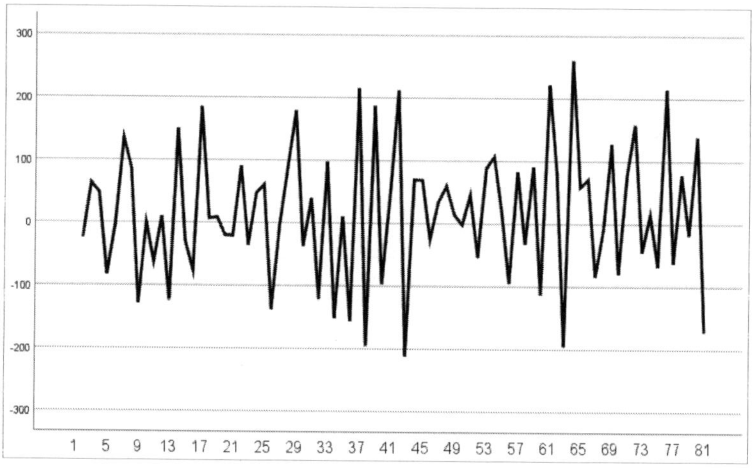

그림 실습 4-3-2 1차 차분된 출고량 자료의 순차도표

이제 정상적 시계열로 전환된 1차 차분 시계열자료(ΔY_t)에 대해 SPSS를 활용하여 자기상관계수(AC)와 부분자기상관계수(PAC)의 그래프를 얻은 결과는 [그림 실습 4-3-3]과 같다.

우선 AC 그래프에서 시차 1에서만 유의적인 AC를 볼 수 있으며, PAC에서도 시차 1에서 유의적이고 급격하게 작아지는 패턴을 볼 수 있다. 따라서 출고량 시계열자료를 $ARIMA(0,\ 1,\ 1)$ 모형(즉, ΔY_t에 대한 $MA(1)$ 모형)으로 식별할 수 있는 것이다.

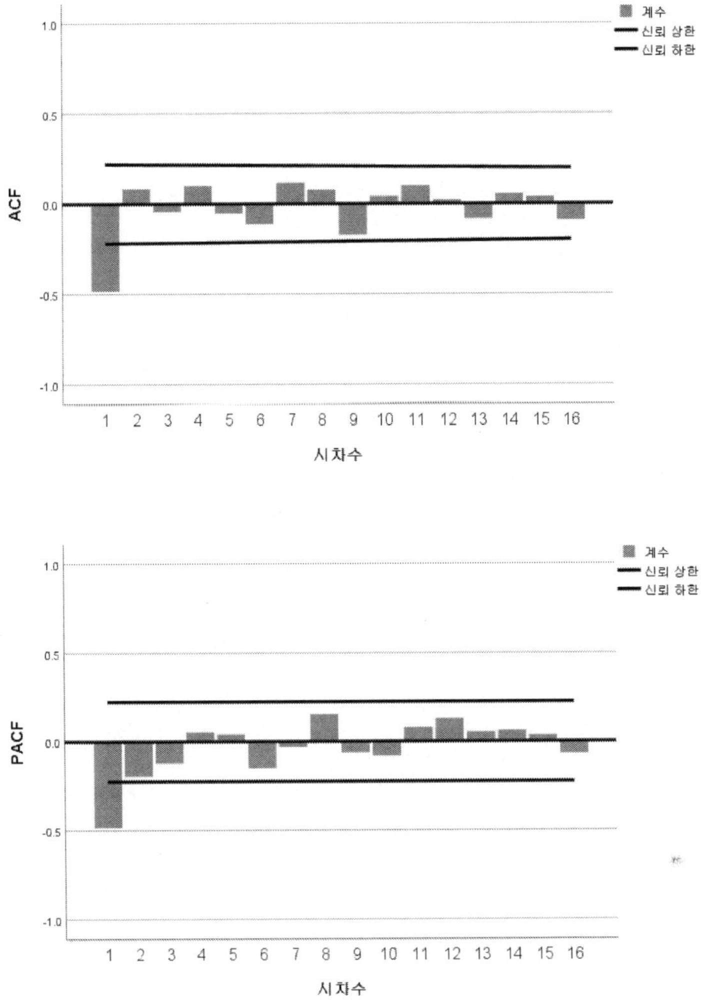

그림 실습 4-3-3 1차 차분 시계열의 AC와 PAC

상단 메뉴에서 [파일(F)]→[열기(O)]→[데이터(D)]로 SPSS 자료 파일 폴더에서 ch4ex3.sav를 불러온다.

실습 13.1 날짜 정의

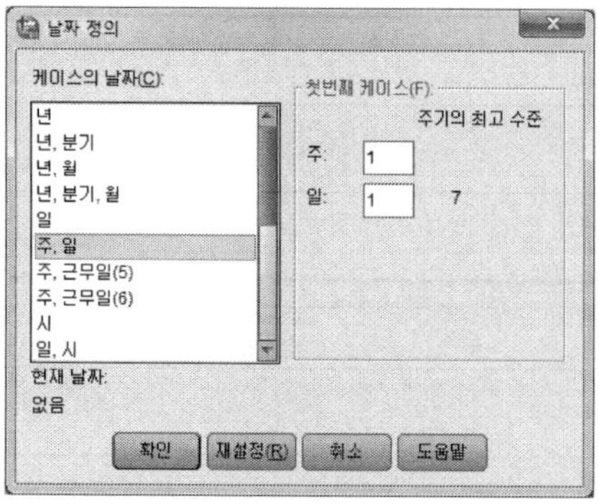

- 상단 메뉴에서 **[데이터(D)]**→**[날짜 및 시간 정의(E)]**를 누른다.
- 날짜 정의 대화상자가 나타나면 왼쪽 **[케이스의 날짜(C)]**에서 주, 일을 선택한 후 **[첫 번째 케이스(F)]**에 1주, 1일을 입력하고, [확인]을 누른다.

실습 13.2 ARIMA(0, 1, 1) 모형(1)

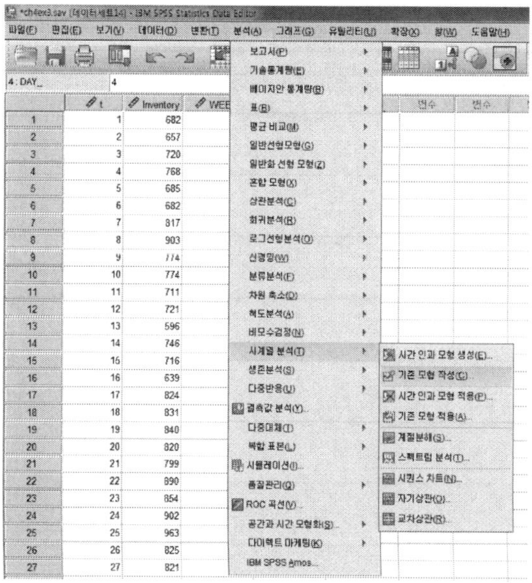

- 상단 메뉴에서 **[분석(A)]**→**[시계열 분석(T)]**→**[기존 모형 작성(C)]**을 실행한다.

실습 13.3 ARIMA(0, 1, 1) 모형(2)

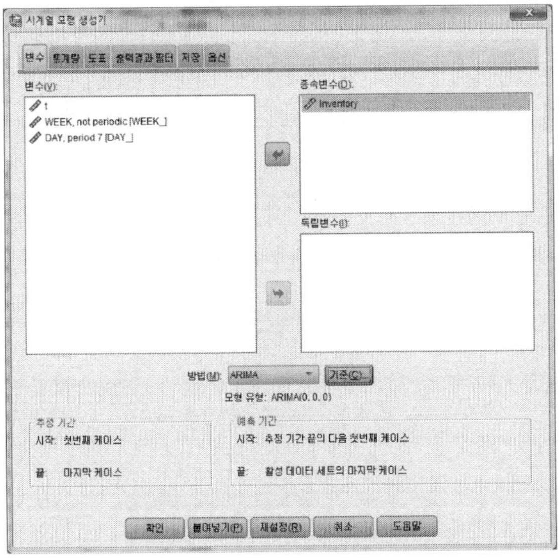

• 시계열 모형 생성기 대화상자가 나타나면 **[종속변수(D)]**에 Inventory 변수를 넣고, [방법(M)]에서 [ARIMA]를 선택한 후, [기준(C)]를 누른다.

실습 13.4 ARIMA(0, 1, 1) 모형(3)

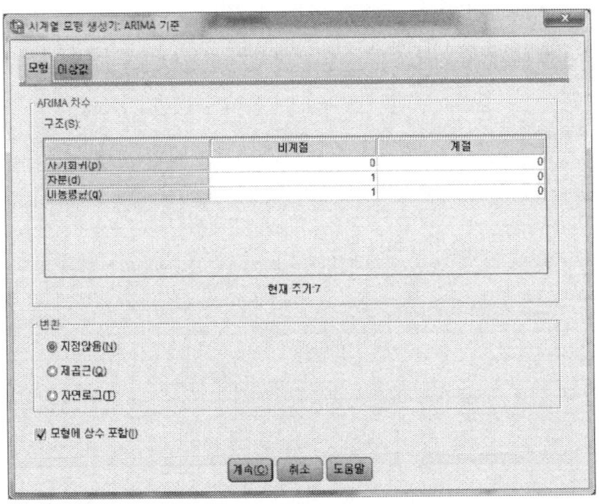

• [ARIMA 차수]의 [구조(S)]에서 [자기회귀(p)]는 0을, [차분(d)]와 [이동평균(q)]에는 1을 입력한 후, 하단의 [계속(C)]을 누른다.

실습 13.5 ARIMA(0, 1, 1) 모형(4)

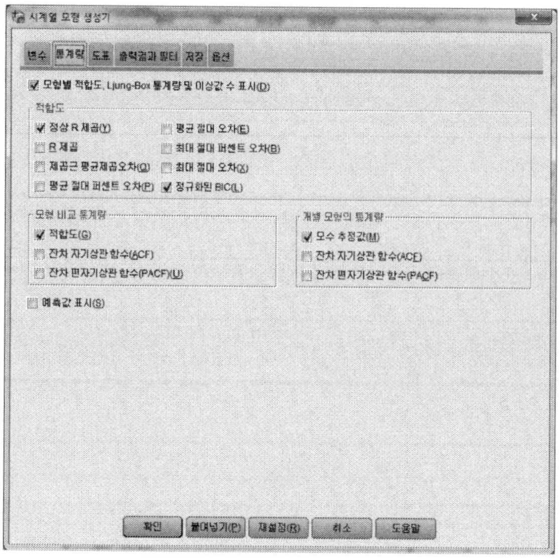

• 상단의 통계량에서 [적합도]의 [정규화된 BIC(L)]과 [개별 모형의 통계량]의 [모수 추정값(M)]을 추가로 선택한다.

실습 13.6 ARIMA(0, 1, 1) 모형(5)

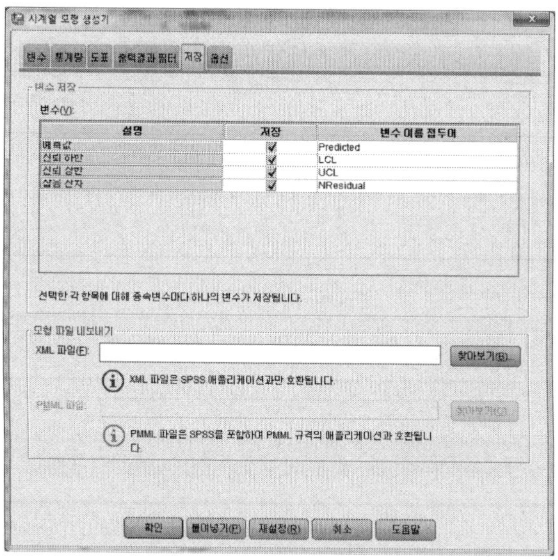

• 상단의 저장에서 [변수(V)]의 모든 변수를 선택한다.

실습 13.7 ARIMA(0, 1, 1) 모형(6)

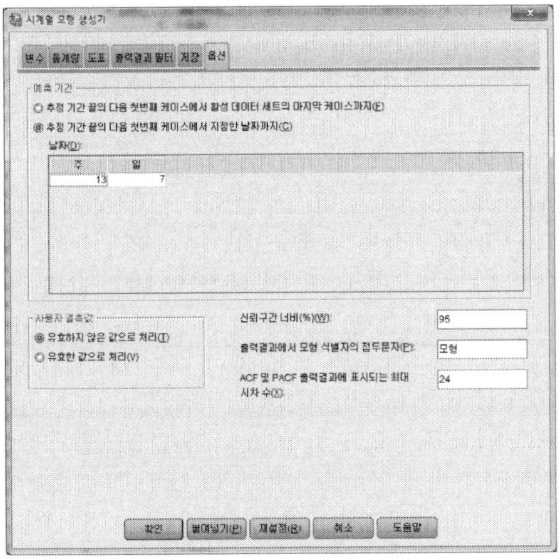

• 상단의 옵션에서 예측하기 위해, 13주, 7일을 입력한 후, 하단의 [확인]을 눌러 실행한다.

실습 13.8 ARIMA(0, 1, 1) 모형 값의 Output

적합 통계량	평균
정상 R-제곱	2.220E-16
R-제곱	2.220E-16
제곱근 평균제곱오차 (RMSE)	447.848
평균 절대 퍼센트 오차 (MAPE)	33.710
최대 절대 퍼센트 오차 (MaxAPE)	98.333
평균 절대 오차(MAE)	372.448
최대 절대 오차(MaxAE)	1046.938
정규화된 BIC	12.263

모형 통계량

		모형 적합 통계량		Ljung-Box Q(18)			
모형	예측자 수	정상 R-제곱	정규화된 BIC	통계량	자유도	유의확률	이상값 수
Inventory-모형_1	0	.269	9.157	11.288	17	.841	0

ARIMA 모형 모수

					추정값	SE	t	유의확률
Inventory-모형_1	Inventory	변환 안 함	상수항		18.201	4.755	3.828	.000
			차분		1			
			MA	시차 1	.546	.096	5.708	.000

• ARIMA 모형 모수 분석 결과 값에 따라 모수가 유의적인가를 판단한다. 대기업의 재고량 자료에서는 MA1과 상수항 모두 유의적임을 알 수 있다.

실습 13.9 ARIMA(0, 1, 1) 모형 값의 예측

t	Yt	WEEK	DATE	FIT_1	ERR_1	LUL_1	UCL_1
1	682	1	1				
2	657	1	2	700	491	909	−43
3	720	1	3	693	504	883	27
4	768	1	4	725	539	910	43
5	685	1	5	763	579	947	−78
6	682	1	6	746	562	929	−64
7	817	1	7	735	551	918	82
8	903	2	1	790	607	974	113
9	774	2	2	860	676	1043	−86
10	774	2	3	839	656	1022	−65
⋮	⋮	⋮	⋮	⋮	⋮	⋮	⋮
71	1818	11	1	1789	1606	1973	29
72	1976	11	2	1820	1637	2004	156
73	1931	11	3	1909	1726	2093	22
74	1946	11	4	1937	1754	2121	9
75	1878	11	5	1960	1776	2143	−82
76	2093	11	6	1941	1757	2124	152
77	2030	11	7	2028	1845	2212	2
78	2108	12	1	2047	1864	2231	61
79	2090	12	2	2093	1910	2276	−3
80	2229	12	3	2110	1926	2293	119
81	2057	12	4	2182	1999	2366	−125
82		12	5	2144	1960	2327	
83		12	6	2162	1960	2363	
84		12	7	2180	1962	2398	
85		13	1	2198	1965	2432	
86		13	2	2216	1968	2464	
87		13	3	2235	1973	2496	
88		13	4	2253	1978	2527	
89		13	5	2271	1984	2558	
90		13	6	2289	1990	2588	
91		13	7	2307	1997	2618	

- 여기서 FIT_1이 예측값이고, LCL_1은 예측값에 대한 95% 신뢰하한, UCL_1은 95% 신뢰상한 그리고 ERR_1은 잡음 잔차이다. [실습 13.4]에 따라 얻어진 값들이다.

[실습 13.8]의 적합통계량 결과를 살펴보면,

$$R^2 = 2.220E{-}16,\ RMSE = 447.848,\ BIC = 12.263$$

이다.

마지막으로 $ARIMA(0,\ 1,\ 1)$ 모형에 적합시켰을 때의 잔차들에 대한 검진을 해야 한다. 앞의 [SPSS 실습 4-2]에서와 같이 $ARIMA(0,\ 1,\ 1)$ 모형에 대한 잔차들을 구하여 이 잔차들에 대한 Box-Ljung 통계량을 보면 [그림 실습 4-3-4]와 같다. 이 결과는 [실습 13.9]의 Output 하단에서 나와 있는 잔차(ERR_1)들이 SPSS의 데이디 보기칭에 ERR_1라는 변수로 자동 저장되므로 이 변수를 백하여 앞 설의 실습 12.10 ~ 12.13과 같이 수행하여 얻은 것이다.

자기상관

계열: Inventory-모형_1의 잡음 잔차

시차	자기상관	표준화 오차[a]	Box-Ljung 통계량 값	자유도	유의확률[b]
1	-.072	.110	.435	1	.510
2	.079	.109	.958	2	.620
3	.026	.108	1.015	3	.798
4	.102	.108	1.907	4	.753
5	-.050	.107	2.126	5	.832
6	-.075	.106	2.630	6	.854
7	.115	.105	3.828	7	.799
8	.078	.105	4.389	8	.820
9	-.122	.104	5.772	9	.763
10	.077	.103	6.322	10	.788
11	.176	.103	9.280	11	.596
12	.080	.102	9.890	12	.626
13	-.022	.101	9.936	13	.699
14	.060	.100	10.290	14	.741
15	.028	.100	10.367	15	.796
16	-.070	.099	10.868	16	.818

a. 가정된 기본 공정은 독립적입니다(백색잡음).

b. 점근 카이제곱 근사값을 기준으로 합니다.

그림 실습 4-3-4 잔차들에 대한 Box-Ljung 통계량

이 표에서 볼 수 있는 바와 같이 Box-Ljung 통계량에 대한 $p-value$들이 모두 상당히 크기 때문에 모든 시차에서 가설

$$H_0 : \rho_1 = \rho_2 = \cdots = \rho_m = 0 \quad , \qquad m = 1,\ 2,\ \cdots$$

을 기각하지 못한다. 즉, 잔차들은 서로 자기상관이 없다는 가설이 검증된다. 결국, 대기업의 daily 출고량자료의 $ARIMA(0,\ 1,\ 1)$ 모형의 추정식은

$$\triangle Y_t = 0.545547 \triangle Y_{t-1} + 18.201577 + \epsilon_t$$

또는

$$(1-B)Y_t = 0.5455(1-B)Y_{t-1} + 18.2016 + \epsilon_t$$

가 될 것이다.

[부록] 부분자기상관계수(partial autocorrelation)

부분자기상관계수의 개념을 설명하기 위하여 회귀분석에서의 **부분결정계수**를 먼저 알아보기로 하자. 즉, 설명변수가 2개인 다중회귀분석모형

$$Y_t = \beta_0 + \beta_1 X_{t1} + \beta_2 X_{t2} + \epsilon_t$$

에 대하여 설명변수 X_1만으로 회귀분석을 하는 모형, 즉

$$Y_t = \beta_0 + \beta_1 X_{t1} + \epsilon_t$$

에서 추가로 X_2를 두입할 경우, X_2가 추가됨으로써 얻어지는 회귀제곱합의 증가분을 고려할 수 있다. 즉, X_1의 Y에 대한 효과(설명력)를 부분적(partially)으로 고려하지 않고, X_2가 추가될 경우 X_2가 Y에 얼마나 설명력이 있는가를 알아보는 것이다. 이는 X_1만으로 회귀시켰을 때 얻어진 잔차들을 X_2가 얼마나 설명하느냐의 문제와 같은 것이다. 그러므로 부분결정계수란 X_1만으로 회귀제곱합(설명변동)을 얻었을 때, 총제곱합 중 남는 부분인 잔차제곱합(불설명변동) 중에서 X_2가 추가될 때 얻어지는 회귀제곱합의 증가분을 말한다.

구체적으로 살펴보면 회귀모형, $Y_t = \beta_0 + \beta_1 X_{t1} + \epsilon_t$를 회귀분석했을 경우,

$$SST(X_1) = SSR(X_1) + SSE(X_1)$$

으로 제곱합의 관계가 얻어진다. 이때 X_1만 있는 회귀모형에 X_2를 추가할 경우 얻어지는 회귀제곱합의 증가분, $SSR(X2|X1)$은 X_1을 부분적으로 고려하지 않고 순수

한 X_2의 Y에 대한 설명력이다. 그러므로 X_1에 X_2가 추가된 경우의 회귀분석모형

$$Y_t = \beta_0 + \beta_1 X_{t1} + \beta_2 X_{t2} + \epsilon_t$$

에서 X_2와 Y의 부분결정계수란 X_1만으로 회귀분석했을 때 X_1이 Y를 설명하지 못하는 부분($SSE(X_1)$) 중에서 X_2가 추가됨으로써 Y가 얼마나 더 설명되는가를 나타내는 것이다. 즉, X_2와 Y의 부분결정계수는 $SSE(X_1)$ 중에서 $SSR(X_2|X_1)$의 비율로서 다음과 같이

$$R^2_{Y2.1} = \frac{SSR(X_2 | X_1)}{SSE(X_1)}$$

으로 정의된다. 그리고 부분결정계수의 제곱근을 **부분상관계수**라고 하는 것이다(일반적으로 6장에서 설명하는 회귀모형에서 설명변수를 소문자로 표현하여 주어진 값으로 간주하지만 시계열자료분석에서는 대문자로 표현하기도 함을 이해하기 바람).

이러한 개념이 시계열자료분석에서는 **부분자기상관계수**로 얻어지는 것이다. 즉, Y_t와 Y_{t-k} 간의 부분자기상관계수란 두 시점 사이(k)에 있는 시차 값들($Y_{t-1}, \cdots, Y_{t-k+1}$)을 부분적으로 고려하지 않았을 때 Y_t와 Y_{t-k} 간의 상관계수를 말하는 것이다.

이제 $AR(1)$부터 $AR(m)$ 모형들은 다음과 같다. 여기서 각 식의 맨 마지막 계수들이 바로 부분자기상관계수가 된다. 즉,

$$Y_t = \phi_1 Y_{t-1} + \epsilon_t \tag{4-27}$$

$$Y_t = \phi_1 Y_{t-1} + \phi_2 Y_{t-2} + \epsilon_t \tag{4-28}$$

$$\vdots$$

$$Y_t = \phi_1 Y_{t-1} + \phi_2 Y_{t-2} + \cdots + \phi_{m-1} Y_{t-m+1} + \epsilon_t \tag{4-29}$$

$$Y_t = \phi_1 Y_{t-1} + \phi_2 Y_{t-2} + \cdots + \phi_{m-1} Y_{t-m+1} + \phi_m Y_{t-m} + \epsilon_t \tag{4-30}$$

에서 $\phi_1, \phi_2, \cdots, \phi_m$ 들이 부분자기상관계수들이다. 이 값들을 계산하는 것은 너무 복잡하지만 다음과 같은 방법을 생각해 보자. 즉, 식 (4-27)의 양변에 Y_{t-1}을 곱한다. 그리고 기댓값을 구한다. 즉,

$$Y_{t-1} Y_t = \phi_1 Y_{t-1} Y_{t-1} + Y_{t-1}\epsilon_t \tag{4-31}$$

$$E(Y_{t-1} Y_t) = \phi_1 E(Y_{t-1} Y_{t-1}) + E(Y_{t-1}\epsilon_t) \tag{4-32}$$

그러면 $E(Y_{t-1}\epsilon_t)=0$ 이므로, 이 결과를

$$\gamma_1 = E(Y_{t-1}Y_t),\ \gamma_0 = E(Y_{t-1}Y_{t-1}) \tag{4-33}$$

으로 표현하면 γ_1 은 공분산이며 γ_0는 분산이다. 식 (4-33)의 $\gamma_1 = \phi_1\gamma_0$ 의 관계에서 양변을 γ_0로 나누어 주면, 시계열 Y_t 의 1차 차수의 자기상관계수는 $\rho_1 = \phi_1$ 으로 얻어진다. 이 식으로부터 1차 차수의 부분 자기상관계수는

$$\hat{\phi}_1 = \hat{\rho}_1 \tag{4-34}$$

으로 추정되는 것이다.

이제 식 (4-27)에서부터 식 (4-30)까지에 Y_{t-k} $k=2,\cdots,m$을 곱하고 식을 전개한 후 γ_0로 나누어 주는 방식으로(이를 Yule-Walker 방정식이라고 함) 연립방정식을 만들어 풀면 부분자기상관계수, $\hat{\phi}_1,\cdots,\hat{\phi}_m$ 을 구할 수 있다.

Yule-Walker 방정식을 소개하기 위해 $AR(p)$ 모형에 대해서 살펴보기로 하자. 즉,

$$Y_t = \phi_1 Y_{t-1} + \phi_2 Y_{t-2} + \cdots + \phi_p Y_{t-p} + \epsilon_t \tag{4-35}$$

에서 양변에 Y_{t-k}, $k=1,2,\cdots,p$ 를 곱하면,

$$Y_{t-k}Y_t = \phi_1 Y_{t-k}Y_{t-1} + \phi_2 Y_{t-k}Y_{t-2} + \cdots + \phi_p Y_{t-k}Y_{t-p} + Y_{t-k}\epsilon_t \tag{4-36}$$

이며 이 식에 기댓값을 취하면

$$\gamma_k = \phi_1\gamma_{k-1} + \phi_2\gamma_{k-2} + \cdots + \phi_p\gamma_{k-p} \tag{4-37}$$

이다. 여기서 γ_k는 Y_t와 Y_{t-k} 간의 공분산이다. 즉, k 시점만큼 떨어져 있는 시계열간의 공분산을 나타낸다. 이제 식 (4-37)의 양변을 γ_0, 즉 Y_t의 분산으로 나누어 주면 상관계수들의 관계식으로 표현되는 것이다. 즉,

$$\rho_k = \phi_1\rho_{k-1} + \phi_2\rho_{k-2} + \cdots + \phi_p\rho_{k-p} \tag{4-38}$$

이다. 여기서 $k=1,2,\cdots,p$ 로 차례대로 대입하면 연립방정식을 얻게 되는데, 이를 일컬어 Yule-Walker 방정식이라고 한다. 즉,

$$\begin{aligned}\rho_1 &= \phi_1 + \phi_2\rho_1 + \phi_3\rho_2 + \cdots + \phi_p\rho_{p-1}\\ \rho_2 &= \phi_1\rho_1 + \phi_2 + \phi_3\rho_1 + \cdots + \phi_p\rho_{p-2}\end{aligned}$$

$$\rho_3 = \phi_1\rho_2 + \phi_2\rho_1 + \phi_3 + \cdots + \phi_p\rho_{p-3} \tag{4-39}$$
$$\vdots$$
$$\rho_p = \phi_1\rho_{p-1} + \phi_2\rho_{p-2} + \phi_3\rho_{p-3} + \cdots + \phi_p$$

이다. 여기서 ρ들은 자기상관계수들로서 시계열자료들로써 추정되는 것이며, 이 연립방정식으로부터 부분자기상관계수들이 얻어진다.

예를 들어 $AR(2)$ 모형이라면 위의 Yule-Walker 방정식은

$$\rho_1 = \phi_1 + \phi_2\rho_1$$
$$\rho_2 = \phi_1\rho_1 + \phi_2$$

가 되어 이 식으로부터 ϕ_1, ϕ_2를 구할 수 있다. 즉,

$$\phi_1 = \frac{\rho_1(1-\rho_2)}{1-\rho_1^2}, \quad \phi_2 = \frac{\rho_2 - \rho_1^2}{1-\rho_1^2}$$

이다. 물론 주어진 시계열자료로부터 계산된 자기상관계수를 대입하면, 부분자기상관계수의 추정치 $\hat{\phi}_1$, $\hat{\phi}_2$가 얻어지는 것이다.

4장 연습문제

1. 다음은 평균 0, 분산 1인 정규분포로부터 얻어진 50개의 자료이다.

.01	1.38	.53	1.58	1.32
1.04	.33	−.20	1.90	.72
−.27	−1.43	−1.15	−.07	1.69
.28	−.01	.94	−2.10	.09
.91	1.76	.84	−1.13	.92
1.67	−1.03	−1.71	1.18	−.59
−.76	−.27	−.97	.59	1.55
−1.07	−1.07	1.27	−.60	.79
1.27	1.25	−.99	−.99	.15
−.94	1.37	−.00	−.57	−1.98

(1) 위의 표에 있는 자료를 가지고 $\alpha_1 = 0.6$ 인 $AR(1)$ 모형의 시계열자료를 생성하라.

(2) $\beta_1 = -0.6$인 $MA(1)$ 모형 시계열자료를 생성하라.

(3) (1)과 (2)에서 얻어진 자료들의 그래프를 비교하라. 어떤 차이가 있는가?

(4) $\alpha_1 = 0.6$, $\beta_1 = -0.6$인 $ARMA(1, 1)$ 모형인 시계열자료를 생성하라.

(5) $\alpha_1 = -0.8$, $\alpha_2 = 0.3$인 $AR(2)$ 모형과 $\beta_1 = -0.8$, $\beta_2 = 0.3$인 $MA(2)$ 모형인 시계열자료를 생성하고, 두 개 시계열자료들의 그래프를 비교하라.

2. 다음 AC와 PAC 그래프를 보고 모형을 식별하라.
(일부는 비정상적 시계열에 대한 그래프임)

(1)

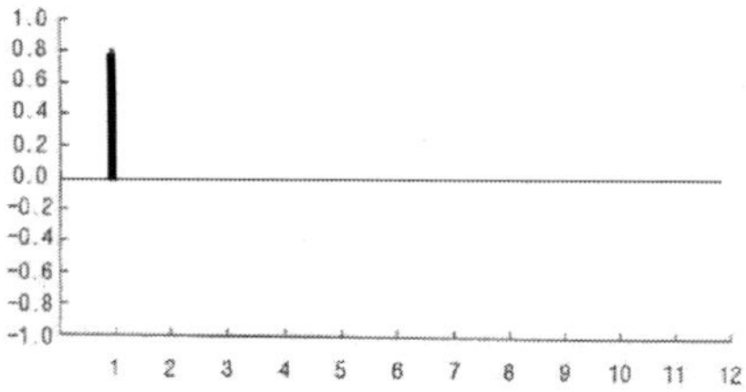

AC

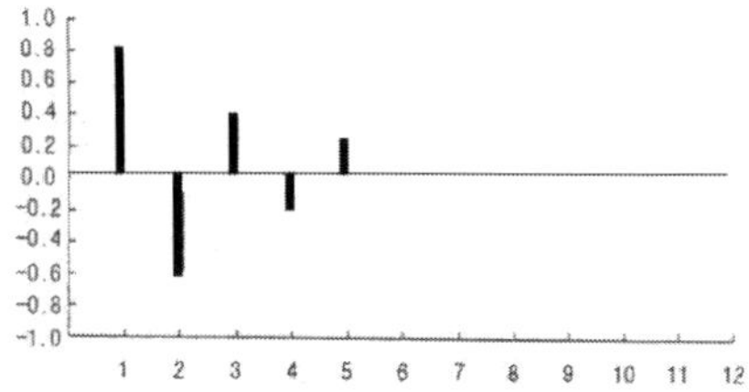

PAC

(2)

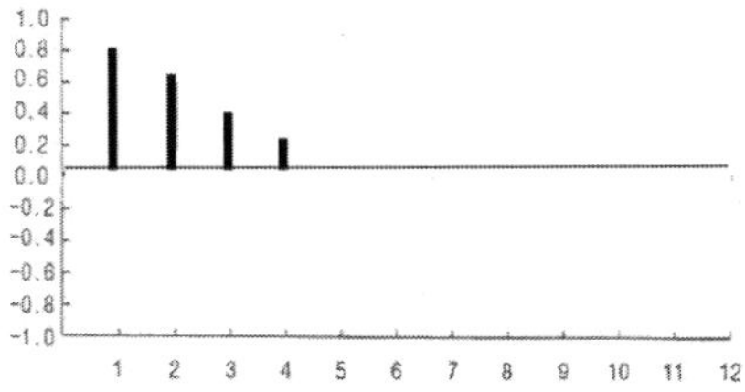

AC

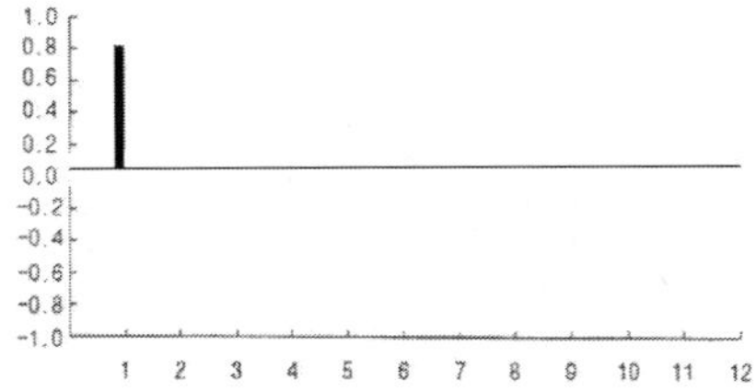

PAC

(3)

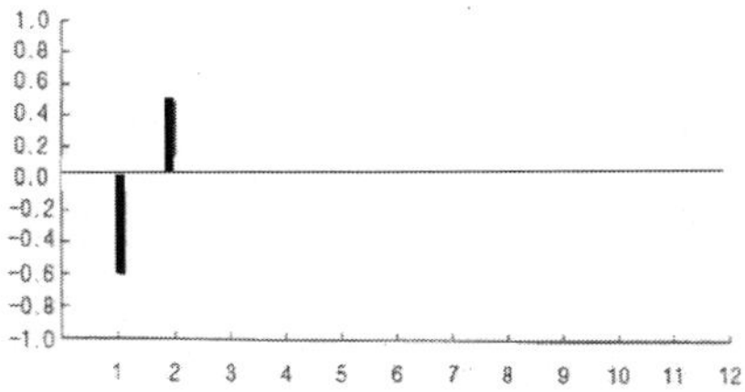

AC

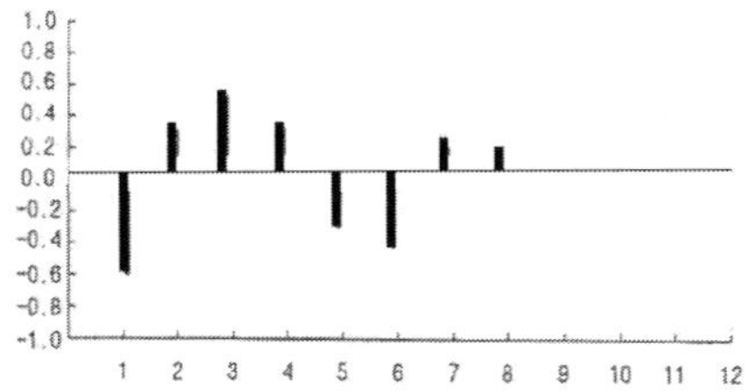

PAC

(4)

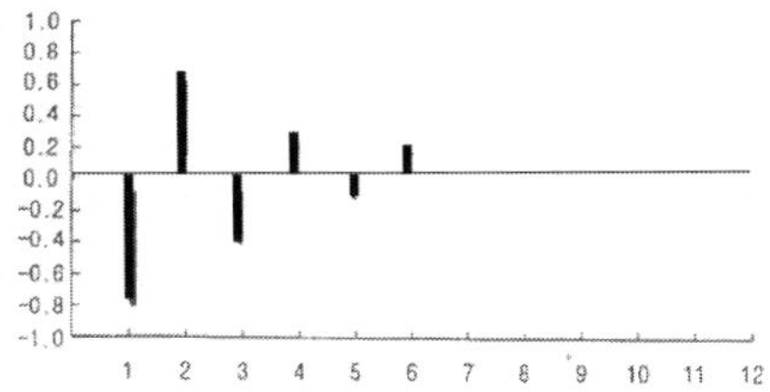

AC

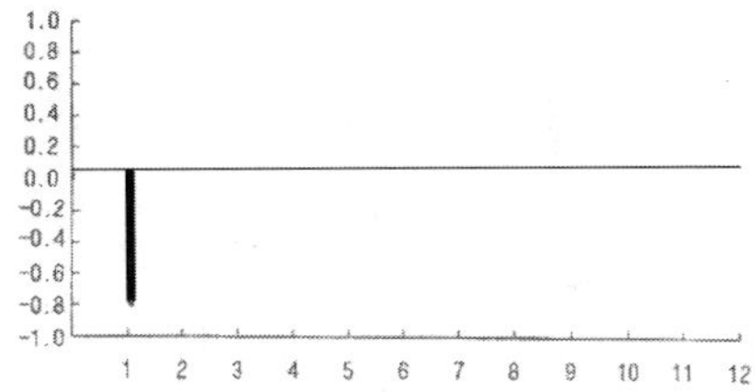

PAC

(5)

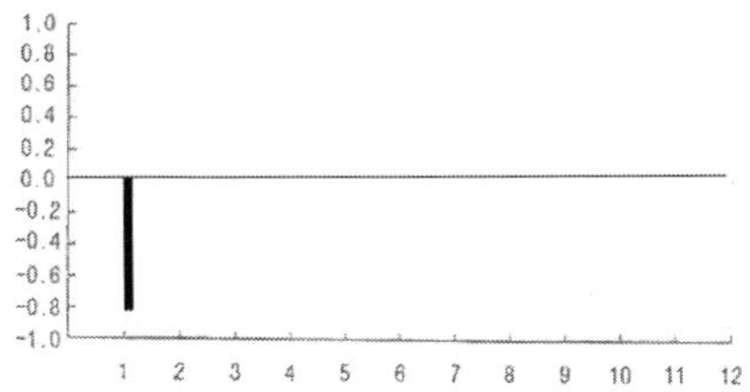

AC

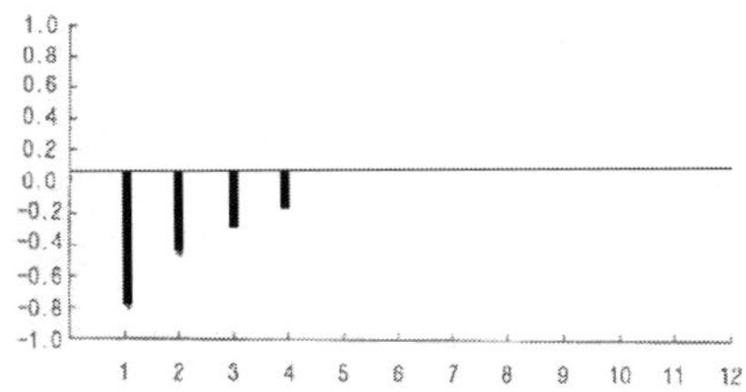

PAC

(6)

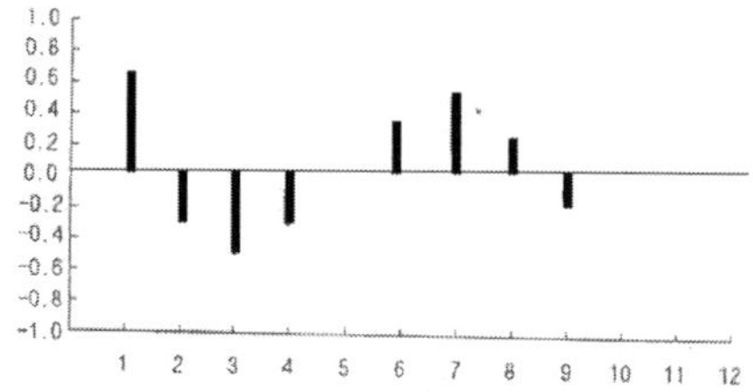

AC

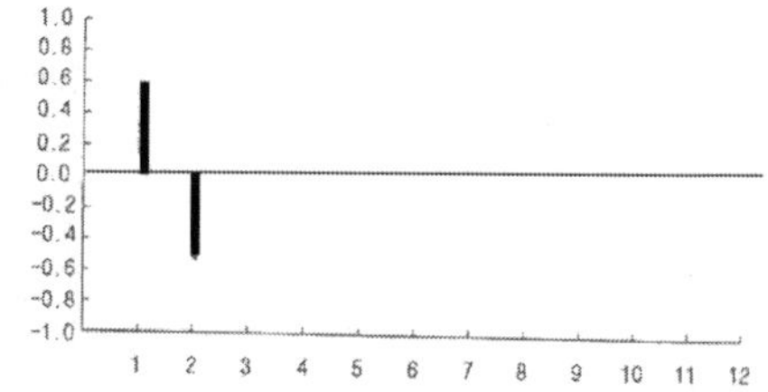

PAC

(7)

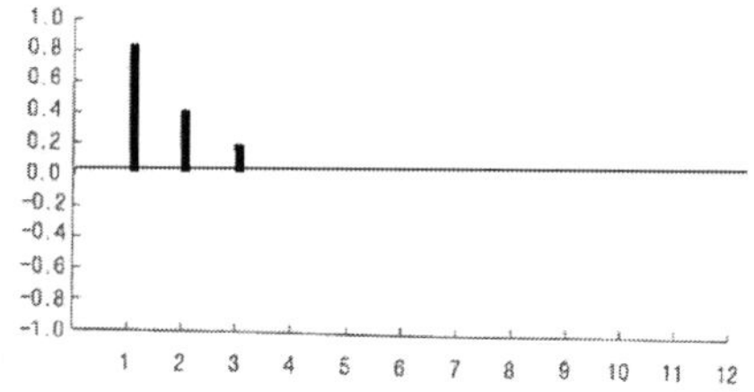

AC

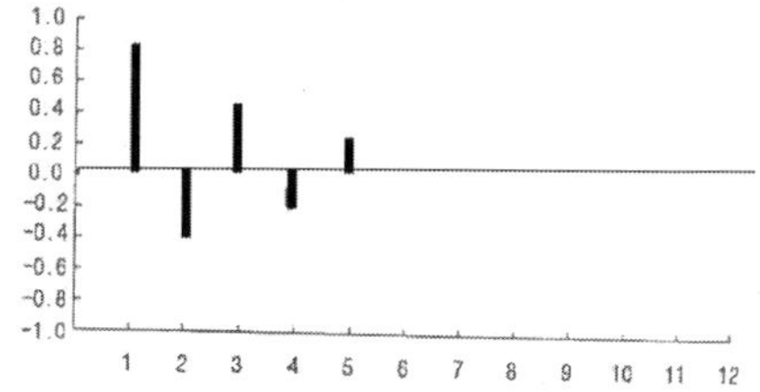

PAC

(8)

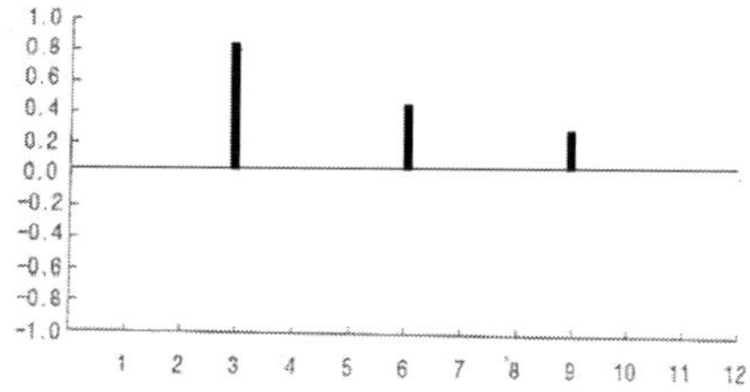

AC

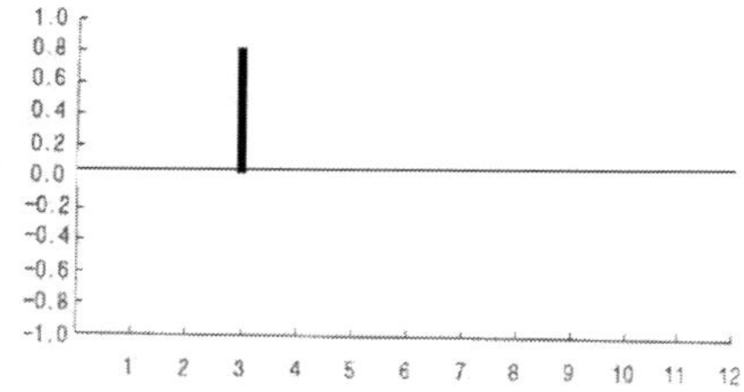

PAC

(9)

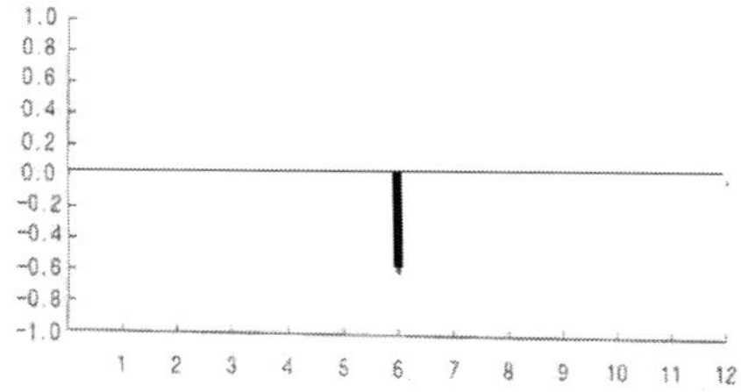

AC

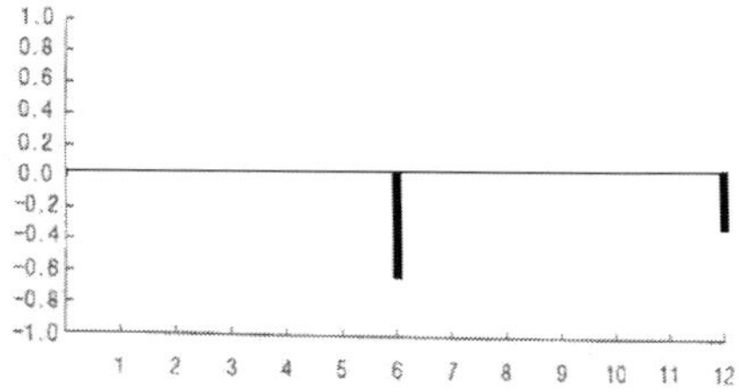

PAC

(10)

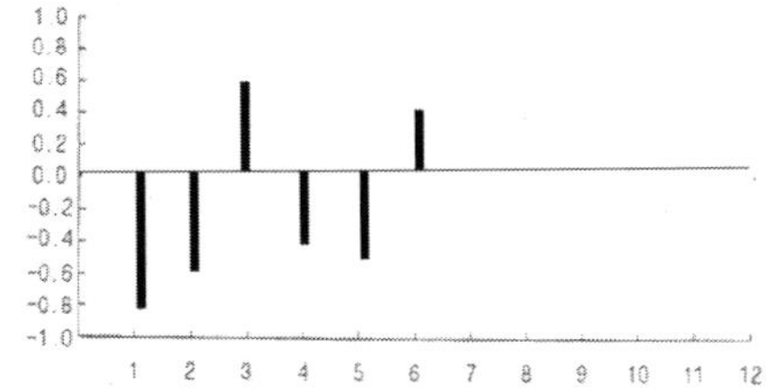

AC

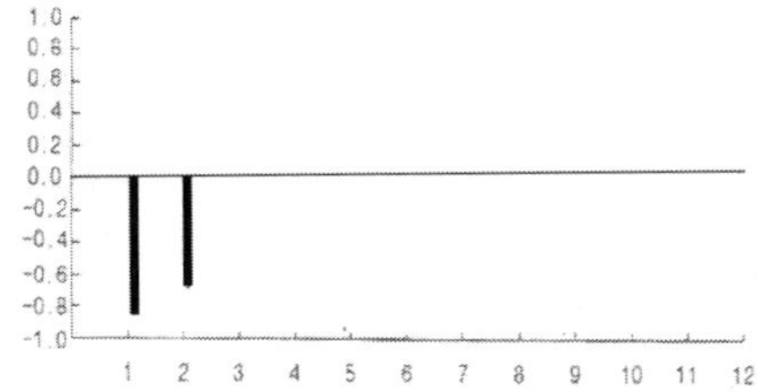

PAC

(11)

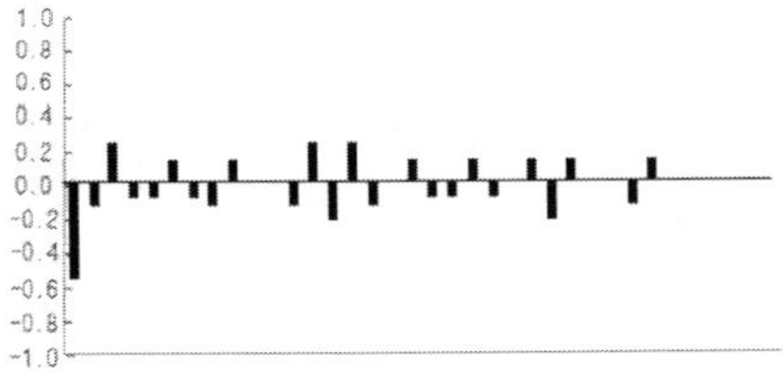

AC

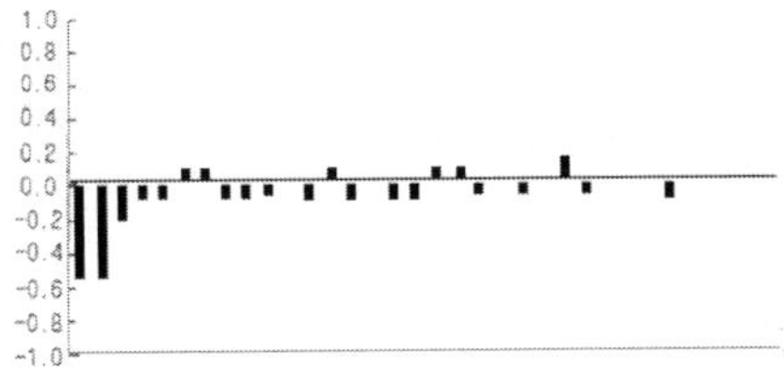

PAC

(12)

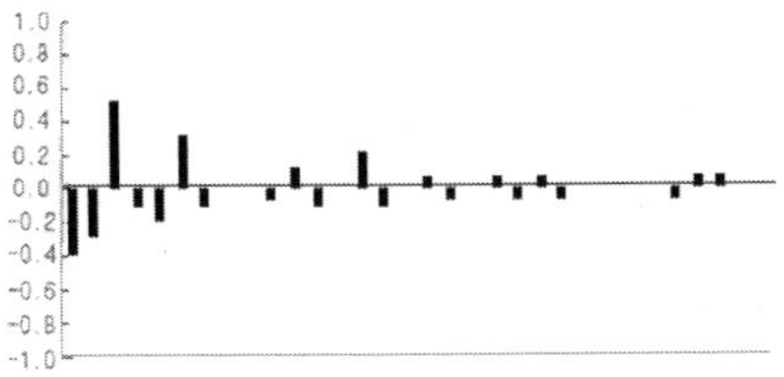

AC

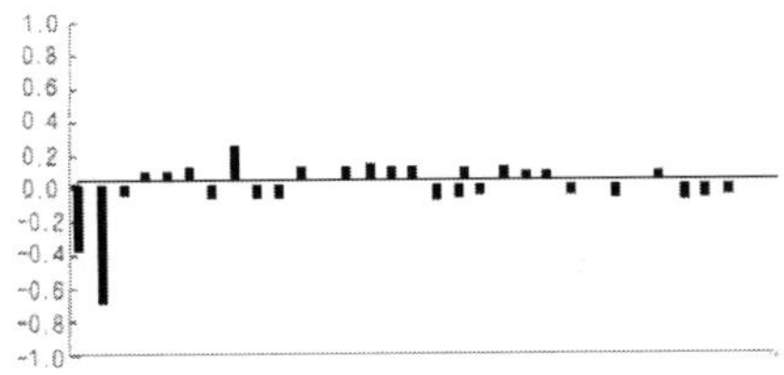

PAC

(13)

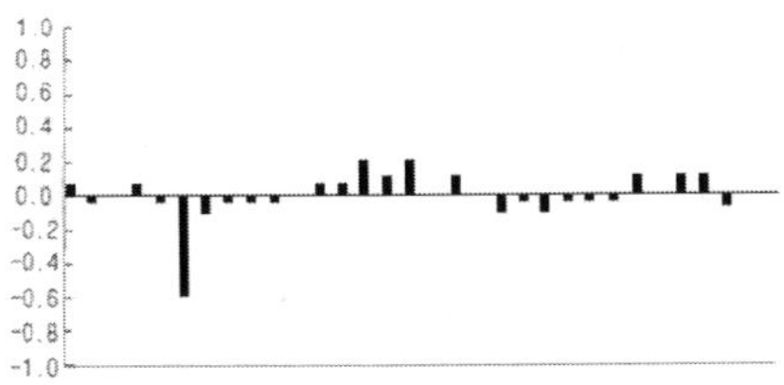

AC

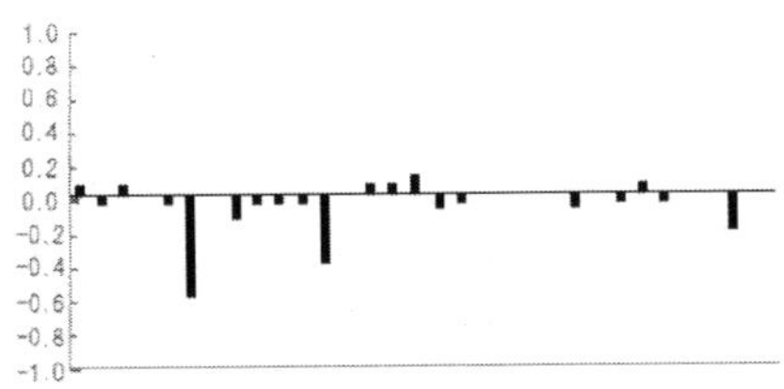

PAC

(14)

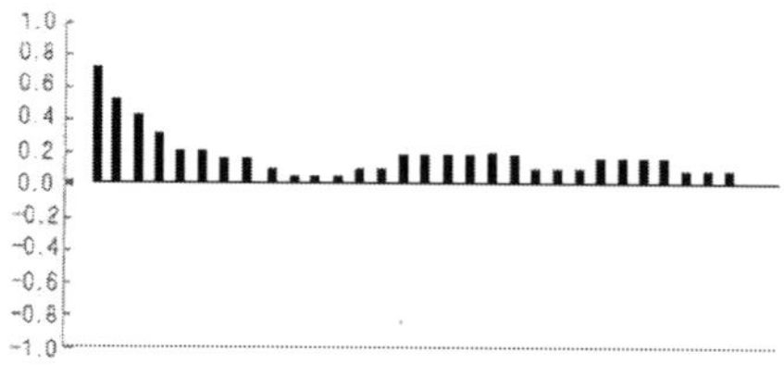

AC

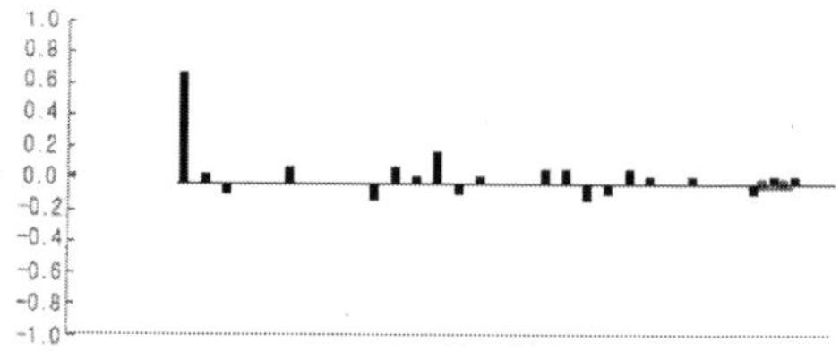

PAC

(15)

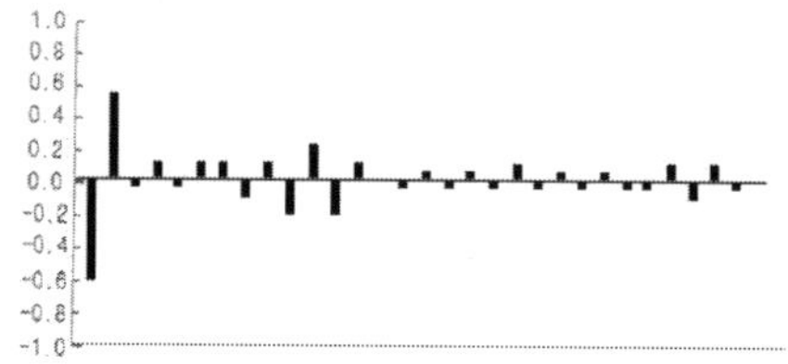

AC

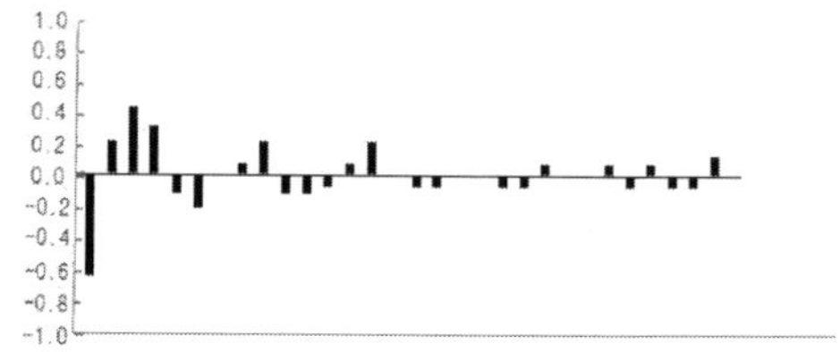

PAC

(16)

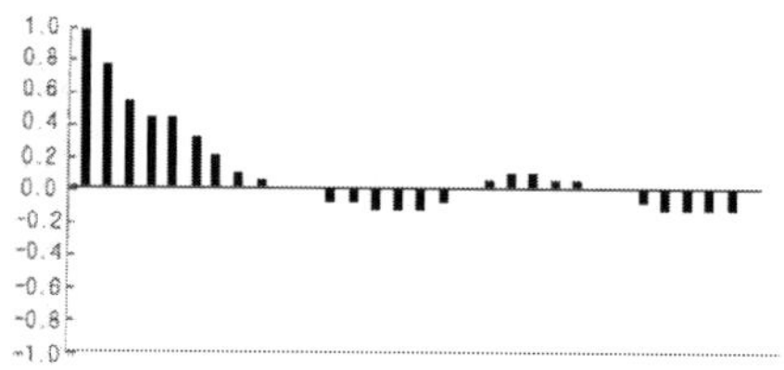

AC

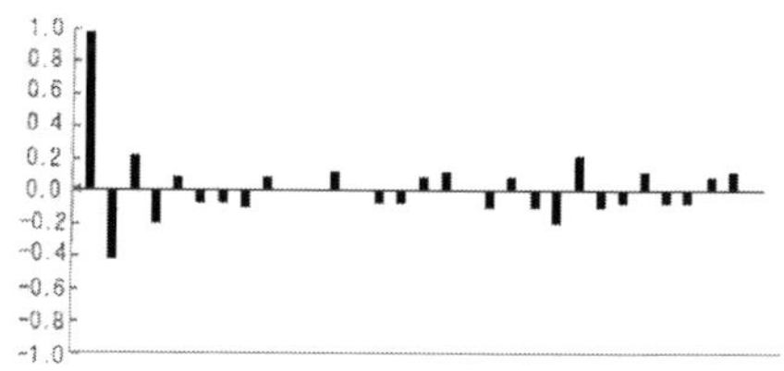

PAC

(17)

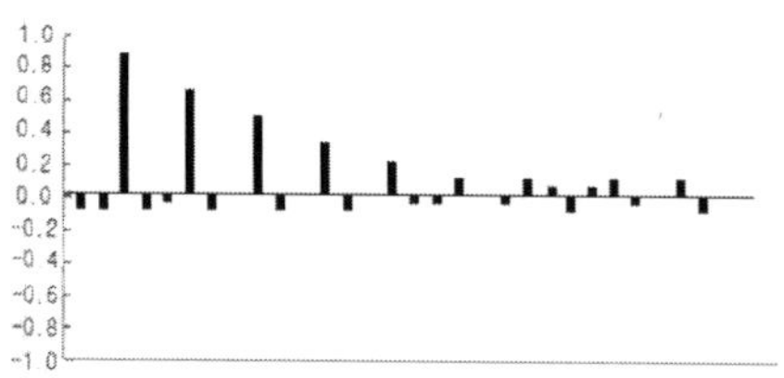

AC

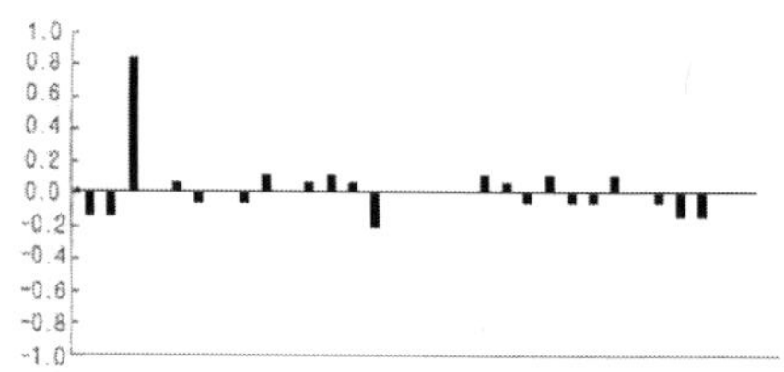

PAC

(18)

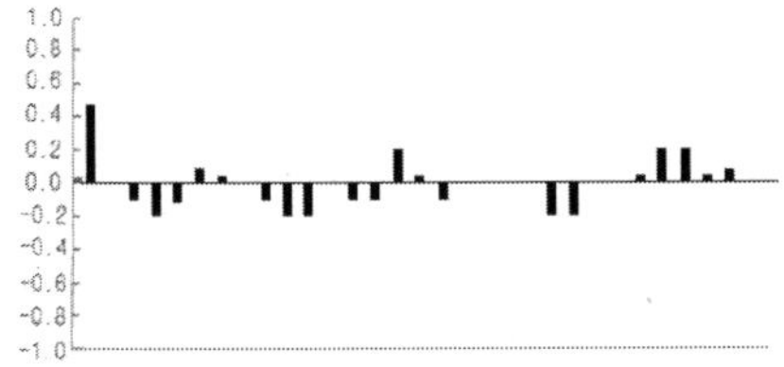

AC

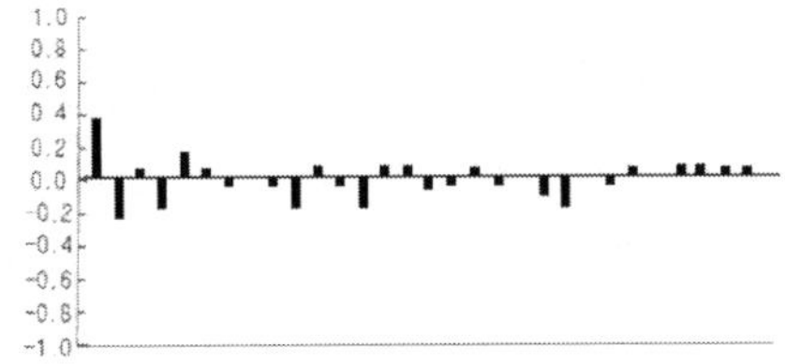

PAC

(19)

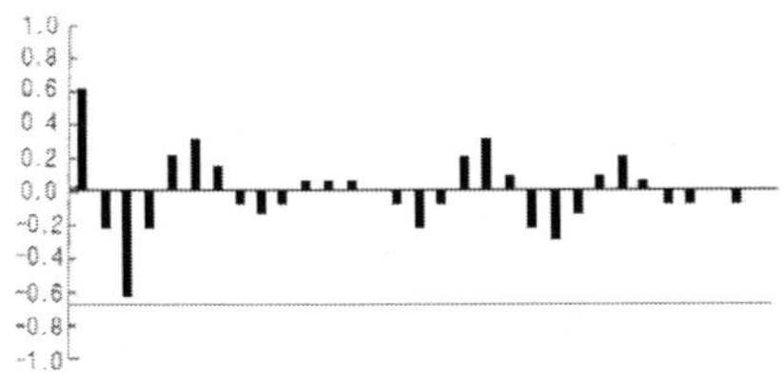

AC

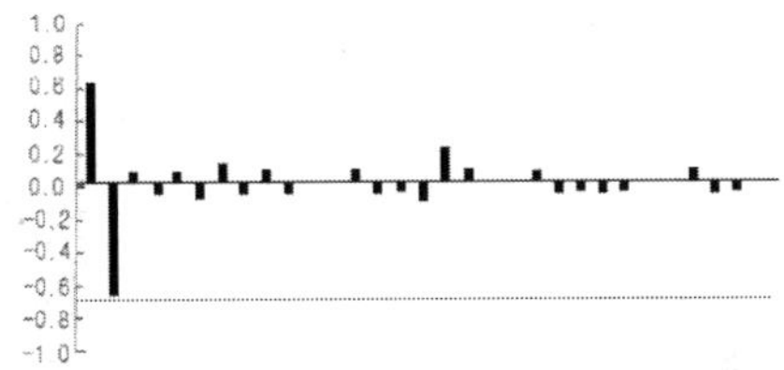

PAC

(20)

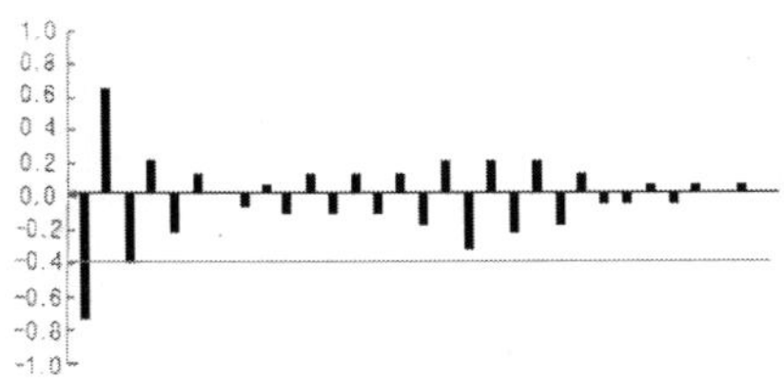

AC

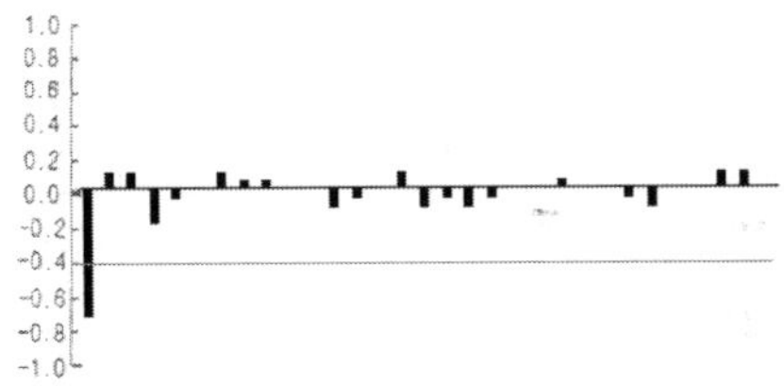

PAC

3. 다음은 2001년부터 2007년까지의 전출자수(단위: 1000명) 시계열자료이다.

	2001	2002	2003	2004	2005	2006	2007
1월	613.84	667.01	606.57	616.13	657.93	657.62	619.14
2월	550.32	631.11	721.59	538.89	604.62	607.53	578.42
3월	636.88	798.66	878.80	670.78	724.98	681.21	741.13
4월	812.32	895.52	822.57	786.08	859.44	876.02	768.35
5월	780.72	841.42	777.19	821.49	824.29	880.14	784.39
6월	754.32	841.54	752.52	805.56	800.60	841.87	900.86
7월	724.20	833.55	832.73	753.31	871.99	815.30	837.71
8월	648.68	766.72	743.62	725.73	744.38	718.84	683.15
9월	565.43	589.53	573.76	550.15	705.32	733.36	612.14
10월	658.45	745.82	766.65	710.07	880.25	955.55	719.03
11월	563.52	793.85	732.11	641.31	757.02	757.54	537.15
12월	756.71	908.71	800.32	737.37	972.98	912.49	606.67

(1) 이 자료에 대해 식별된 모형식을 후진연산자를 사용하여 표현하라.

(2) 모형식을 추정, 진단하고 2008년도의 월별 예측값을 구하라.

(3) 실제 시계열자료와 예측값들을 그래프로 비교하라.

4. 다음은 40개의 시계열자료이다.

t	Y_t	t	Y_t	t	Y_t	t	Y_t
1	10.2	11	32.3	21	29.2	31	36.8
2	5.4	12	28.4	22	30.9	32	38.8
3	4.0	13	22.6	23	30.2	33	40.3
4	2.5	14	20.2	24	26.3	34	45.3
5	5.1	15	21.8	25	21.9	35	48.7
6	12.7	16	25.5	26	19.8	36	48.9
7	22.6	17	29.2	27	21.5	37	46.9
8	29.5	18	30.9	28	26.2	38	43.6
9	32.2	19	30.1	29	31.3	39	44.0
10	33.8	20	28.8	30	35.1	40	46.5

(1) 이 자료의 순차도표, AC와 PAC 그래프를 구하라.

(2) 이 자료를 1차 차분한 후, 어느 모형인가를 식별하고, 식별된 모형식을 추정, 진단하라.

5. 다음은 어느 기업의 27년간 매출액 자료이다.

t	Y_t	t	Y_t	t	Y_t
1	7100	11	22129	21	169669
2	7502	12	31259	22	179310
3	7882	13	38685	23	192497
4	9065	14	46153	24	198929
5	10211	15	56498	25	203039
6	11663	16	60875	26	208272
7	13896	17	74280	27	217841
8	16445	18	100695		
9	19520	19	125734		
10	20791	20	139572		

(1) 이 매출액 자료에 대한 순차도표를 그려라.

(2) 이 자료의 추세는 어느 모형에 적합한가를 판단하라(3장).

(3) 이 자료를 1차 차분한 후, 모형을 식별하고 추정 진단하라.

6. $MA(2)$ 모형에 대한 시차 2의 자기상관계수가 식 (4−17)임을 보여라.

7. $AR(1)$ 모형에서 k차 자기상관계수가 식 (4−21)과 같음을 보여라.

5장

비정상적 계절시계열모형

1장에서부터 설명한 대로 시계열자료는 크게 정상적(stationary) 시계열과 비정상적(nonstationary) 시계열로 나누어진다. 그리고 모형 식별은 정상적 시계열에 대해 적용시키는 것이기 때문에 분석하고자 하는 시계열자료가 비정상적 시계열일 경우, 차분을 한다거나 함수관계로 표현한 후 차분을 하는 방법 등으로 비정상적 시계열을 정상적 시계열로 전환시켜야 한다. 그리고 앞 장에서 설명한 것과 마찬가지로 예측의 절차(추정, 진단, 예측)를 밟아 나가게 된다.

$ARIMA$ (Autoregressive Integrated Moving Average) 모형이란 용어는 비정상적 시계열자료에 대해서 분석을 하는 경우의 모형에 대한 것이다. 다시 말하면, 정상적 시계열에 대한 일반 모형을 $ARMA$ 모형으로 표현하는 것과 같이, 비정상적 시계열자료에 대해서는 $ARIMA$ 모형으로 표현하는 것이다.

우리가 분석하고자 하는 시계열은 대부분이 비정상적 시계열일 뿐만 아니라, 계절성을 갖고 있는 경우이다. 그러므로 여기서는 계절성이 있는 비정상적 시계열자료에 대해서 어떻게 다루어야 하는가 하는 문제를 중점적으로 설명한다.

5.1 Integrated 모형

앞 장에서 주어진 시계열자료가 비정상적일 경우, 차분의 방법을 사용하여 정상적으로 만들 수 있다고 하였다. 이 경우, 원래 시계열자료 $\{Y_t\}$를 차분했을 때에 얻어지는 정상적 시계열을 $\{Z_t\}$로 표현하기로 하자. 여기서 $\{Z_t\}$는 몇 차 차분인가에는 상관없이 정상적인 시계열로 바꾸어진 시계열을 의미한다.

그러면 정상적 시계열인 $\{Z_t\}$에 대해 식별을 해야 하는데, 4장에서 다룬 것과 같이 다음의 3가지 모형으로 식별될 수 있을 것이다. 즉,

(a) ARI 모형 : $Z_t = \alpha_1 Z_{t-1} + \alpha_2 Z_{t-2} + \cdots + \alpha_p Z_{t-p} + \varepsilon_t$

(b) IMA 모형 : $Z_t = \varepsilon_t - \beta_1 \varepsilon_{t-1} - \beta_2 \varepsilon_{t-2} - \cdots - \beta_q \varepsilon_{t-q}$

(c) $ARIMA$ 모형 : $Z_t = \alpha_1 Z_{t-1} + \alpha_2 Z_{t-2} + \cdots + \alpha_p Z_{t-p} + \varepsilon_t - \beta_1 \varepsilon_{t-1} - \beta_2 \varepsilon_{t-2} - \cdots - \beta_q \varepsilon_{t-q}$ (5-1)

이다. 이와 같이 차분된 시계열에 대해 식별을 한다면 AR, MA, $ARMA$ 모형으로 식별하게 될 것이다. 여기서 I는 집적된(Integrated) 모형이라는 것을 표현하는데 차분된 시계열자료를 나타내는 것이라고 생각하면 된다.

그리고 정상적 시계열에서와 같이 (c)의 모형을 $ARIMA(p, d, q)$ 라고 표현하는데 p

는 AR의 차수, d는 차분의 차수, q는 MA의 차수를 나타낸다. 따라서 4장에서 설명한 모형들을 포함하여 소위 Box–Jenkins 모형은 모두 $ARIMA(p, d, q)$ 모형으로 표현될 수 있음을 알 수 있다. 예를 들어 어떤 시계열자료가 정상적 시계열이라면 차분의 차수는 0인 것이다. 몇 가지 예를 들면,

$$
\begin{aligned}
AR(1) &= ARIMA(1,0,0) \\
MA(2) &= ARIMA(0,0,2) \\
ARI(1) &= ARIMA(1,1,0) \\
IMA(3) &= ARIMA(0,1,3)
\end{aligned}
$$

들이다. 다시 말하면, 2차 차분된 시계열자료가 정상적 시계열이 되고, $AR(1)$으로 식별된다면 그 시계열자료를 $ARIMA(1, 2, 0)$으로 표현한다는 것이다.

5.2 계절시계열

시계열, $\{Y_t\}$가 일정한 시간 간격(주기)으로 일정한 형태를 반복하고 있을 때 그 시계열을 **계절시계열**(seasonal time–series)이라고 한다. 시계열자료란 시간의 흐름에 따라 얻어지는 자료이기 때문에 시간의 단위, 예를 들면 일, 주, 월, 분기 또는 계절, 년 등에 따라 계절성을 갖는 경우가 대부분이다. 여기서는 계절시계열을 나타내는 방법을 설명하기로 한다.

5.2.1 정상적 순수계절시계열

시계열자료가 정상적이면서 계절성만을 갖고 있는 경우 **순수계절시계열**(pure seasonal time series)이라고 하는데, 주기를 s라고 하자. 즉, 분기별 시계열자료일 경우 주기는 대개 4가 되며, t시점의 자료는 $(t-4)$ 시점의 자료에 직접적으로 관련이 된다는 것이다. 다시 말하면, 2008년 1/4분기의 시계열자료는 2007년 1/4분기 값의 영향을 받는다는 것이다. 그러므로 계절주기가 s인 경우, 순수계절시계열자료인 AR, MA, $ARMA$ 모형들을 다음과 같이 표현한다. 즉,

$$SAR(1): \quad Y_t = \alpha_1^* Y_{t-s} + \epsilon_t \tag{5-2}$$

$$\Leftrightarrow (1-\alpha_1^* B^s) Y_t = \epsilon_t$$

$$SAR(2): \quad Y_t = \alpha_1^* Y_{t-s} + \alpha_2^* Y_{t-2s} + \epsilon_t \tag{5-3}$$

$$\Leftrightarrow (1-\alpha_1^* B^s - \alpha_2^* B^{2s})\, Y_t = \epsilon_t$$

$$SMA(1):\quad Y_t = \epsilon_t - \beta_1^* \epsilon_{t-s} \tag{5-4}$$

$$\Leftrightarrow Y_t = (1-\beta_1^* B^s)\,\epsilon_t$$

$$SMA(2):\quad Y_t = \epsilon_t - \beta_1^* \epsilon_{t-s} - \beta_2^* \epsilon_{t-2s} \tag{5-5}$$

$$\Leftrightarrow Y_t = (1-\beta_1^* B^s - \beta_2^* B^{2s})\,\epsilon_t$$

$$SARMA(1,1):\quad Y_t = \alpha_1^* Y_{t-s} + \epsilon_t - \beta_1^* \epsilon_{t-s} \tag{5-6}$$

$$\Leftrightarrow (1-\alpha_1^* B^s)\, Y_t = (1-\beta_1^* B^s)\,\epsilon_t$$

이다. 여기서, 파라미터에 * 표시를 한 것은 순수계절시계열에 대한 파라미터를 표현하는 것으로서, 앞에서 다룬 일반 시계열의 파라미터와 구분하기 위한 목적이다. 그리고 후진연산자(Backward operator)를 사용하는데, 계절성의 주기를 나타내는 방법은 후진연산자의 상 첨자에 주기를 (B^s)로 표현한다. 식 (5–3)과 식 (5–5)의 $SAR(2)$, $SMA(2)$ 모형의 차수들이 $(t-s), (t-2s)$인 것임을 유의하여야 한다.

순수계절시계열의 AC와 PAC

먼저, 순수계절시계열인 $SMA(1)$ 모형에 대한 AC 형태를 살펴보면 다음과 같다. 예를 들어 분석하고자 하는 시계열자료가 월별 시계열자료이고, 주기가 $s=12$일 경우, $SMA(1)_{s=12}$ 모형은

$$Y_t = -\beta_1^* \varepsilon_{t-12} + \varepsilon_t \tag{5-7}$$

이다.

이때, Y_t는 12개월 전의 오차(ϵ_{t-12})와 관련이 있으므로 $Y_{t-12} = -\beta_1{}^* \epsilon_{t-24} + \epsilon_{t-12}$와 자기상관 관계가 있어 자기상관계수가 얻어진다는 것을 쉽게 알 수 있다. 그리고 나머지 시차들, $(t-1), (t-2), \cdots$ 등에서의 오차항들은 서로 독립이므로 자기상관계수는 0이 된다.

그러므로 $SMA(1)_{s=12}$ 모형일 경우 AC는 [그림 5–1]과 같이 시차 12에서만 유의적인 값(spike)을 갖게 된다.

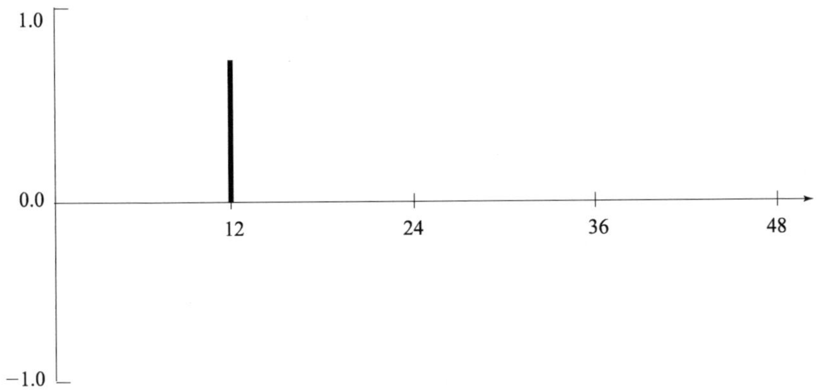

그림 5-1 $SMA(1)_{s=12}$ 모형의 AC

위의 설명과 같은 맥락에서 $SMA(2)_{s=12}$ 모형에 대한 AC 그래프는 [그림 5-2]와 같이 시차(lag) 12와 24에서만 유의적인 AC가 나타나게 된다.

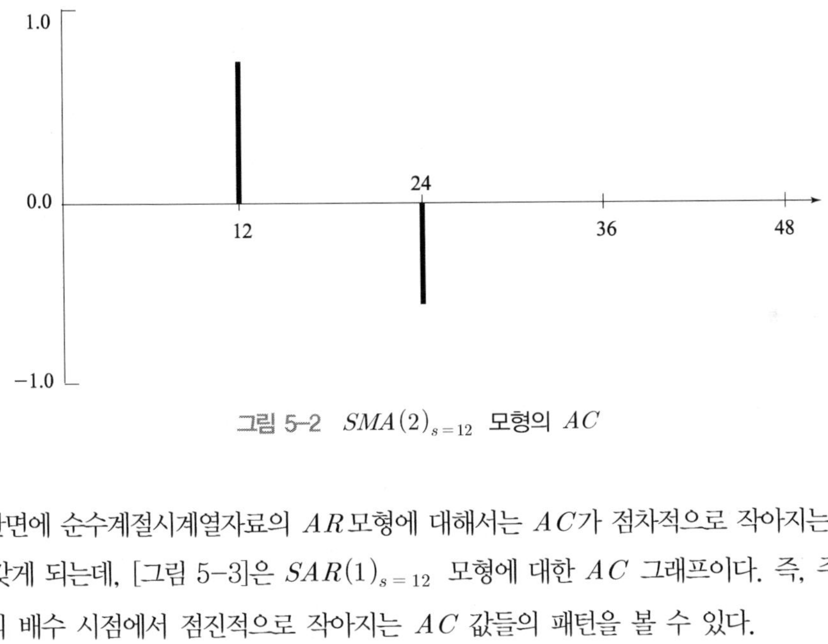

그림 5-2 $SMA(2)_{s=12}$ 모형의 AC

반면에 순수계절시계열자료의 AR모형에 대해서는 AC가 점차적으로 작아지는 형태를 갖게 되는데, [그림 5-3]은 $SAR(1)_{s=12}$ 모형에 대한 AC 그래프이다. 즉, 주기인 12의 배수 시점에서 점진적으로 작아지는 AC 값들의 패턴을 볼 수 있다.

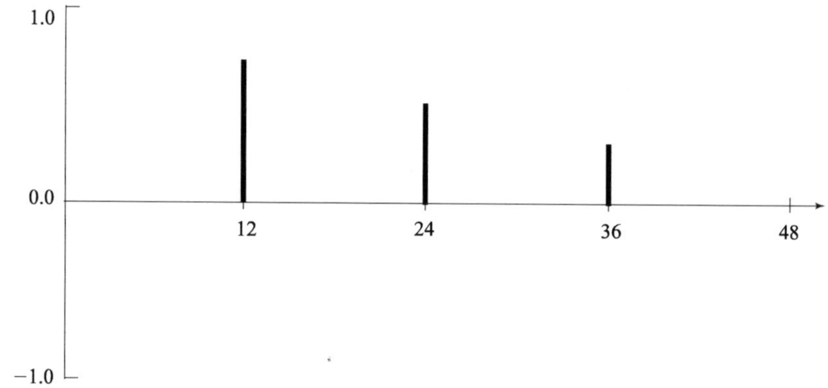

그림 5-3 $SAR(1)_{s=12}$ 모형의 AC

여기서 AR 모형에 대한 PAC의 형태는 소개하지 않지만, 4장에서 설명했던 AR 일반 모형에서와 같이 정상적 순수계절시계열자료의 SAR 모형에 대해서는

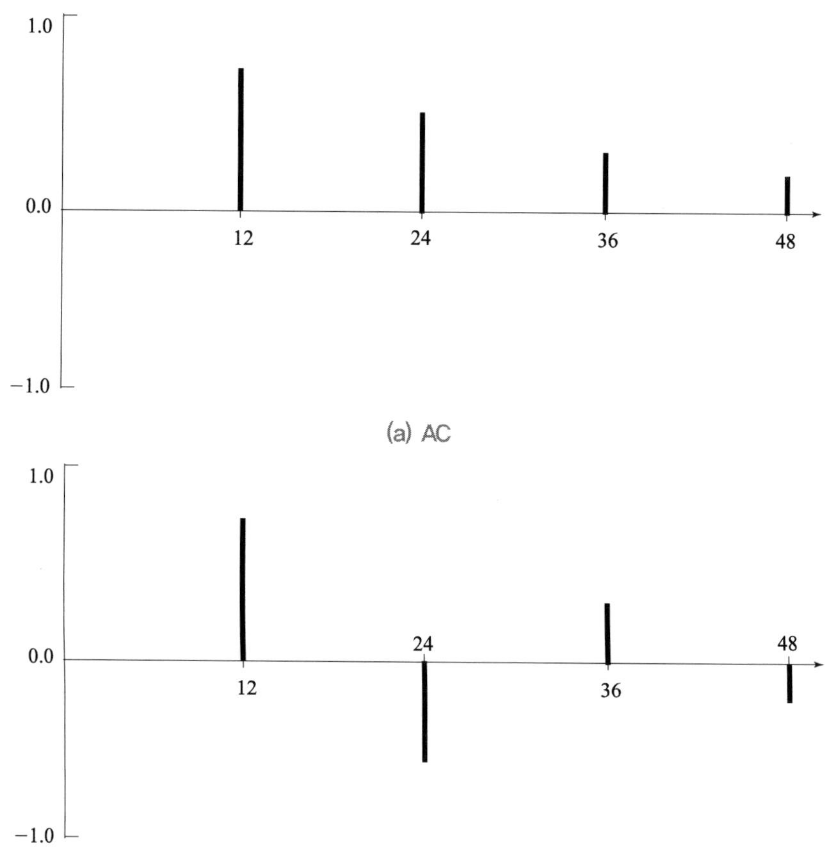

그림 5-4 $SARMA(1,1)$ 모형의 AC와 PAC

PAC 그래프를 보아야 하며, 몇 개의 계절 주기 시차에서 spike가 일어나는 형태의 PAC가 얻어질 것이다.

그리고 앞 장에서 설명한 것과 같이, 순수계절시계열에 대한 $SARMA$ 모형의 전형적인 AC와 PAC 그래프 패턴은 [그림 5-4]에 나타나 있는데, AC와 PAC 모두 주기가 12이면서 점진적으로 감소하는 패턴을 갖는다.

5.2.2 계절시계열의 식별

앞에서 설명한 대로 순수계절시계열모형은 현재 시점과 주기 s 간의 관계만을 나타내고 있으므로, 시점 t와 시점 $(t-s)$ 사이에 있는 시점들에서의 변화는 설명하지 못한다. 그러므로 일반적인 AR 또는 MA 모형의 파라미터도 모형에 포함된 혼합형 모형을 찾아야 할 것이다. 즉, 예를 들어 일반 $AR(1)$과 계절 $SAR(1)$이 혼합된 모형은

$$Y_t = \alpha_1 Y_{t-1} + \alpha_1^* Y_{t-s} + \epsilon_t \tag{5-8}$$

로 표현된다.

위의 식 (5–8)은 현재 시점(t)의 시계열은 $(t-1)$ 시점과 $(t-s)$ 시점의 시계열자료들의 합으로 표현된 **가법계절모형**(additive seasonal model)이다. 그러나 가법계절모형보다는 **승법계절모형**(multiplicative seasonal model)이 보다 현실적인 모형인데, 승법계절모형이란 식 (5–8)의 가법계절모형에 일반모형의 시점 $(t-1)$과 계절 시점 $(t-s)$의 교호(interaction)가 포함된 모형이다.

즉, $AR(1)$과 $SAR(1)$의 승법계절모형을 일반적으로

$$Y_t = \alpha_1 Y_{t-1} + \alpha_1^* Y_{t-s} - \alpha_1 \alpha_1^* Y_{t-1-s} + \epsilon_t \tag{5-9}$$

으로 표현한다. 여기서 $\alpha_1 \alpha_1^*$는 새로운 파라미터가 아니며 부호가 "–"인 이유는, 후진연산자(Backward operator)를 사용할 경우 식 (5–9)의 모형을

$$(1-\alpha_1 B)(1-\alpha_1^* B^s)\, Y_t = \epsilon_t \tag{5-10}$$

로 표현하기 때문이다.

일반모형의 시점과 계절모형의 시점이 혼합된 몇 가지 모형들을 더 소개하면 다음과 같다. 즉,

$MA(1) \times SMA(1)$ 모형

$$Y_t = -\beta_1 \epsilon_{t-1} - \beta_1^* \epsilon_{t-s} + \beta_1 \beta_1^* \epsilon_{t-s-1} + \epsilon_t$$
$$\Leftrightarrow Y_t = (1-\beta_1 B)(1-\beta_1^* B^s)\epsilon_t \tag{5-11}$$

$ARMA(1,1) \times SARMA(1,1)$ 모형

$$\begin{aligned} Y_t = &\ \alpha_1 Y_{t-1} + \alpha_1^* Y_{t-s} - \alpha_1 \alpha_1^* Y_{t-s-1} \\ &+ \epsilon_t - \beta_1 \epsilon_{t-1} - \beta_1^* \epsilon_{t-s} + \beta_1 \beta_1^* \epsilon_{t-s-1} \end{aligned}$$
$$\Leftrightarrow (1-\alpha_1 B)(1-\alpha_1^* B^s) Y_t = (1-\beta_1 B)(1-\beta_1^* B^s)\epsilon_t \tag{5-12}$$

등이 있다. 식 (5−12)의 $ARMA(1,1) \times SARMA(1,1)$ 모형은 $ARMA(1,1)$ 모형에서 Y_{t-1}과 ϵ_{t-1}이 포함되고, $SARMA(1,1)$ 모형에서 Y_{t-s}와 ϵ_{t-s}가 포함되며, 추가로 교호항들이 포함된 형태임을 알아 두어야 할 것이다.

앞에서 설명한 대로 대부분의 계절시계열은 순수계절시계열이 아니라 일반시차와 계절시차가 혼합된 [식 (5−10), 식 (5−11), 식 (5−12) 등] 형태의 혼합모형에 따른다고 보아야 할 것이다. 그러므로 몇 가지의 기본적인 혼합모형에 대한 AC의 패턴을 살펴봄으로써 계절시계열을 정확하게 식별하는 이론적 토대를 만들어 보기로 하자.

(a) $MA(1) \times SMA(1)_{s=12}$

$$Y_t = (1-\beta_1 B)(1-\beta_1^* B^{12})\epsilon_t$$
$$\Leftrightarrow \quad Y_t = -\beta_1 \epsilon_{t-1} - \beta_1^* \epsilon_{t-12} + \beta_1 \beta_1^* \epsilon_{t-13} + \epsilon_t \tag{5-13}$$

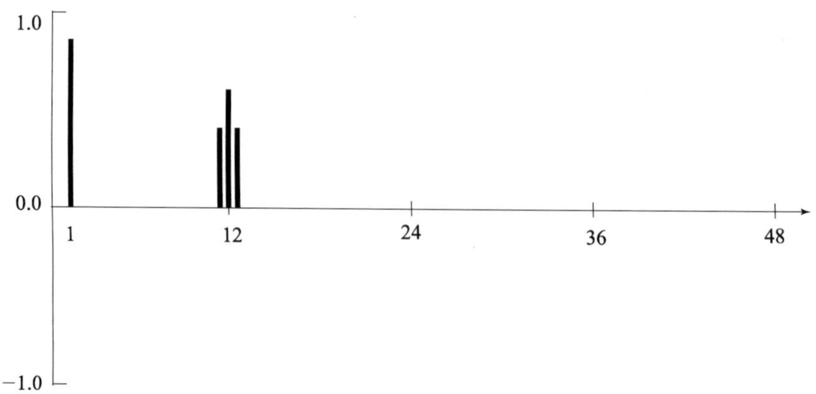

그림 5−5 $MA(1) \times SMA(1)_{s=12}$ 모형의 AC

이 모형의 경우, 일반모형 $MA(1)$과 계절모형 $SMA(1)$의 혼합모형으로 시차 (1)에서 $MA(1)$ 에 따른 AC가 나타나고, 시차 (12)에서 $SMA(1)_{s=12}$ 에 따른 AC가 얻어지게 된다. 또한 시차 (11)과 (13)에서도 작은 AC가 얻어지는데, $AC(11) = AC(13) = AC(1) \times AC(12)$ 이기 때문이다. 여기서 $AC(11)$이란 물론, Y_t와 Y_{t-11}의 상관계수, 즉 $AC(11) = Corr(Y_t,\ Y_{t-11})$ 이다.

(b) $MA(2) \times SMA(1)_{s=12}$

$$Y_t = (1 - \beta_1 B - \beta_2 B^2)(1 - \beta_1^* B^{12})\epsilon_t \qquad (5\text{–}14)$$

$$\Leftrightarrow \quad Y_t = -\beta_1 \epsilon_{t-1} - \beta_2 \epsilon_{t-2} - \beta_1^* \epsilon_{t-12} + \beta_1 \beta_1^* \epsilon_{t-13} + \beta_2 \beta_1^* \epsilon_{t-14} + \epsilon_t$$

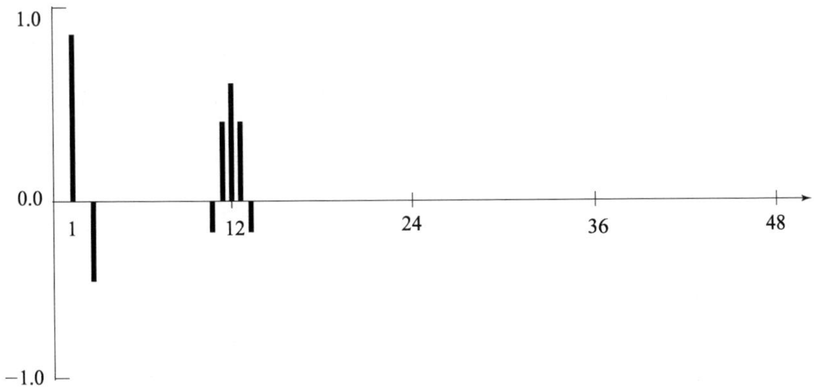

그림 5–6 $MA(2) \times SMA(1)_{s=12}$ 모형의 AC

이 모형은 일반모형이 $MA(2)$이므로 시차 (1)과 (2)는 $MA(2)$ 에 따른 AC, 계절모형이 $SMA(1)$이므로 시차(12)에서 $SMA(1)_{s=12}$ 에 따른 AC가 존재한다. 그리고 그 외의 시차, (10), (11), (13), (14)에서 AC가 얻어진다.

(c) $MA(1) \times SMA(2)_{s=12}$

$$Y_t = (1 - \beta_1 B)(1 - \beta_1^* B^{12} - \beta_2^* B^{24})\epsilon_t \qquad (5\text{–}15)$$

$$\Leftrightarrow \quad Y_t = -\beta_1 \epsilon_{t-1} - \beta_1^* \epsilon_{t-12} - \beta_2^* \epsilon_{t-24} + \beta_1 \beta_1^* \epsilon_{t-13} + \beta_1 \beta_2^* \epsilon_{t-25} + \epsilon_t$$

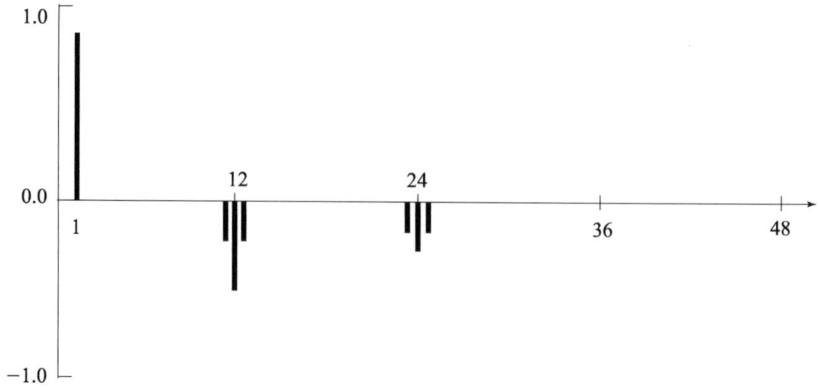

그림 5-7 $MA(1) \times SMA(2)_{s=12}$ 모형의 AC

일반모형 $MA(1)$과 계절모형 $SMA(2)$의 혼합모형으로서, 시차 (1)에서는 $MA(1)$으로부터, 시차 (12)와 (24)에서는 $SMA(2)_{s=12}$로부터 얻어지는 AC가 존재한다. 그리고 시차 (11), (13)과 시차 (23), (25)에서 spike가 있게 된다. 또한 $AC(11) = AC(13)$, $AC(23) = AC(25)$가 된다.

(d) $MA(2) \times SMA(2)_{s=12}$

$$Y_t = (1 - \beta_1 B - \beta_2 B^2)(1 - \beta_1^* B^{12} - \beta_2^* B^{24})\epsilon_t \tag{5-16}$$

$$\Leftrightarrow \quad Y_t = -\beta_1 \epsilon_{t-1} - \beta_2 \epsilon_{t-2} - \beta_1^* \epsilon_{t-12} - \beta_2^* \epsilon_{t-24} + \beta_1 \beta_1^* \epsilon_{t-13} + \beta_2 \beta_1^* \epsilon_{t-14} + \beta_1 \beta_2^* \epsilon_{t-25} + \beta_2 \beta_2^* \epsilon_{t-26} + \epsilon_t$$

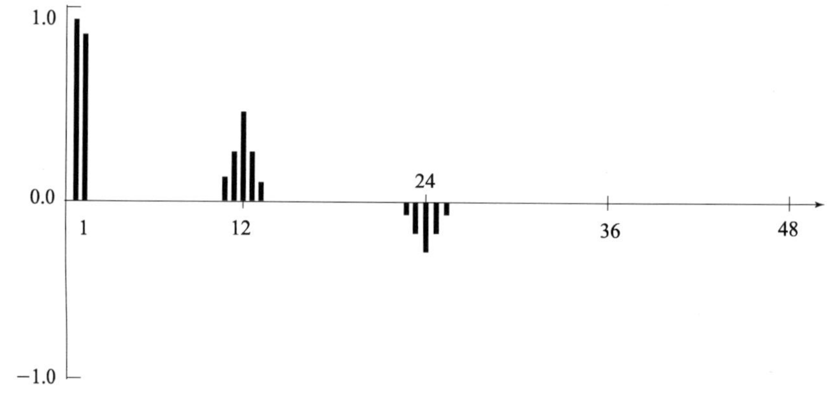

그림 5-8 $MA(2) \times SMA(2)_{s=12}$ 모형의 AC

이 모형에 대해서는 시차 (1)과 (2)에서 $MA(2)$로부터, 시차 (12)와 (24)는 $SMA(2)_{s=12}$로부터 얻어지는 AC들이 있다. 그 밖에 시차 (10), (11), (13), (14)

에 대해서 또 시차 (22), (23), (25), (26)에 대해 AC의 spike를 볼 수 있다.

(e) $MA(1) \times SARMA(1,1)_{s=12}$

$$(1-\alpha_1^* B^{12})\, Y_t = (1-\beta_1 B)(1-\beta_1^* B^{12})\, \epsilon_t \tag{5-17}$$

$$\Leftrightarrow \quad Y_t = \alpha_1^* Y_{t-12} + \epsilon_t - \beta_1 \epsilon_{t-1} - \beta_1^* \epsilon_{t-12} + \beta_1 \beta_1^* \epsilon_{t-13}$$

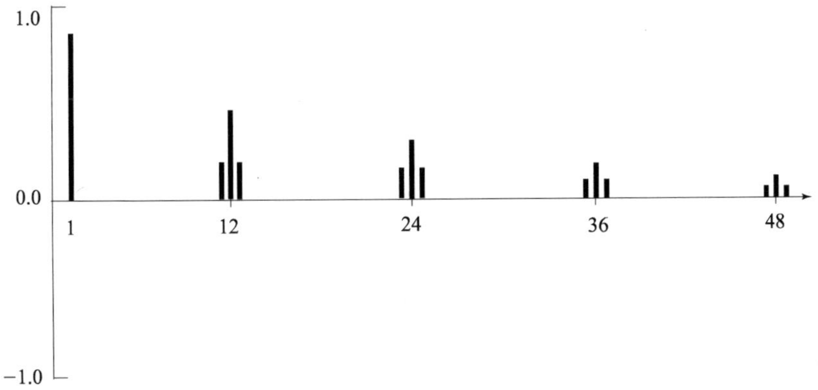

그림 5-9 $MA(1) \times SARMA(1,1)_{s=12}$ 모형의 AC

여기서는 $MA(1)$ 으로부터 시차 (1)의 AC가 나타나고 $SARMA(1,1)_{S=12}$로부터 시차 (12), (24), (36) 등에서 지수적으로(exponentially) 작아지는 AC가 얻어진다. 그리고 시차 (12), (24), (36) 등의 전후 시차에서 비교적 작은 AC가 얻어짐을 알 수 있다.

이제까지 설명한 계절시계열모형들은 일반시차와 계절시차가 함께 존재하는 MA 모형들을 기초로 한 것들로서, 일반시차와 계절시차를 중심으로 양 옆으로 몇 개의 유의적인 spike를 갖게 되는 AC 패턴을 살펴보았다. 여기서 각 모형의 AC들은 이론적으로 계산되는 결과들인데, 실제의 시계열자료에서 계산된 AC 값들이 앞에서 설명한 것과 정확하게 일치하지는 않을 것이다. 예에서 다루겠지만, 주어진 시계열자료(표본)를 통하여 계산된 AC 값들 중에서 유의적인 것들이 위의 한 그래프와 유사하다면 그 시계열자료는 그 그래프의 해당 모형으로 식별할 수 있다는 것이다.

계절시계열의 일반시차와 계절시차가 혼합된 AR 모형들에 대해서는 설명하지 않았지만, 위와 유사한 방법으로 PAC 패턴을 살펴보면 혼합 AR 계절시계열을 식별할 수 있을 것이다.

다시 말하지만, 위에서 설명한 것은 이론적으로 얻어진 AC의 형태이다. 실제 시계열자료들로써 얻어진 표본 AC(또는 PAC)들의 형태는 앞에서 보았던 것보다 훨씬 복잡하거나 명료하지 않을 것이 당연하다.

다음은 몇 개의 실제 주어진 계절시계열자료들로부터 얻은 AC들에 대한 그래프들이다. AC들의 분포를 보고 모형을 식별하는 연습을 해 두는 것이 반드시 필요하다.

(1) MA(1) SMA(1) $_{S=12}$

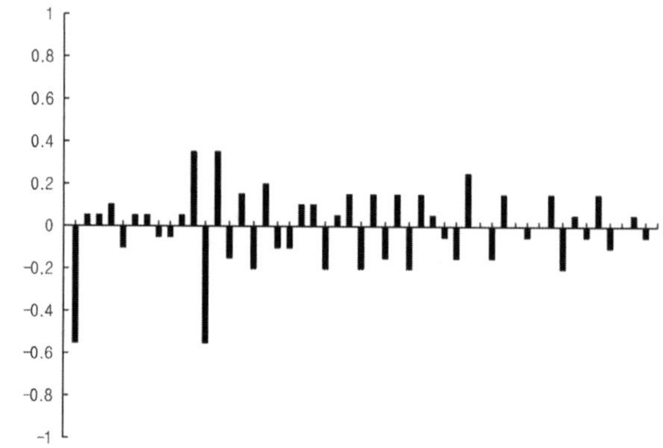

(2) MA(2) SMA(1) $_{S=12}$

(3) MA(1) SMA(1)$_{S=4}$

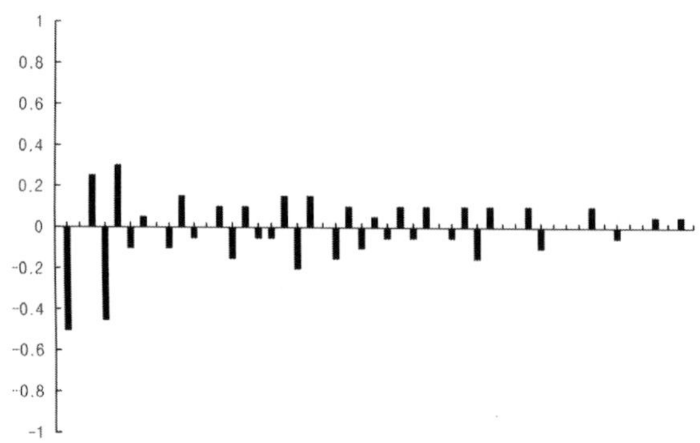

(4) ① MA(1) SAR(1)$_{S=12}$ 또는 ② MA(1) SARMA(1)$_{S=12}$

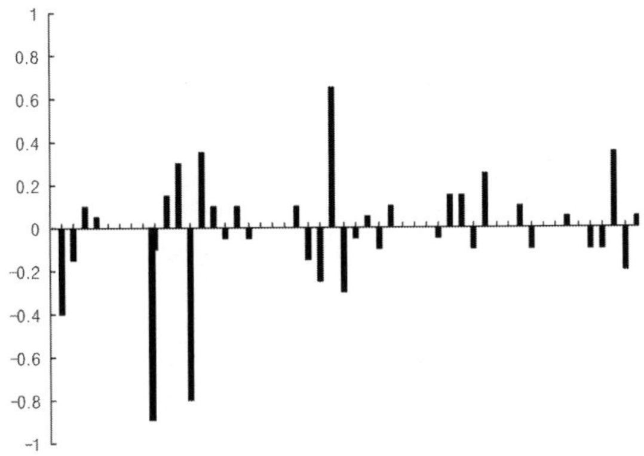

(5) AR(1) SMA(1)$_{S=12}$

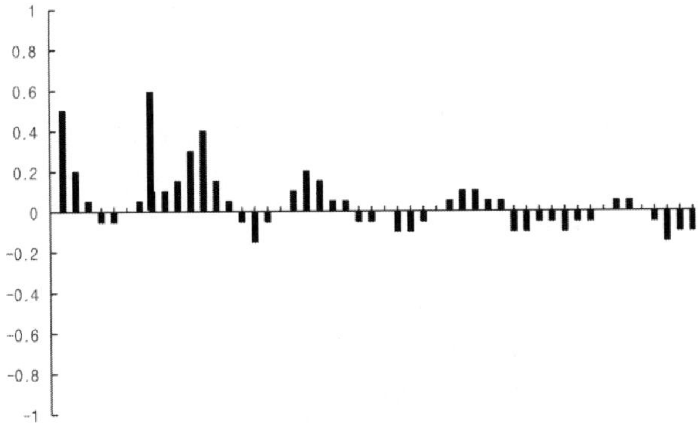

위의 (5)에서는 시차 (12)에서 spike가 있으며, $AR(1)$으로부터 빠르게 작아지는 AC가 반영된 것이다.

5.3 비정상적 계절시계열

일반적으로 **비정상적 계절시계열**은 정상적 계절시계열이나 계절성이 없는 비정상적 시계열과도 매우 다른 복잡한 패턴을 가지고 있는 시계열자료이다. 따라서 비정상성과 계절성을 동시에 고려해야 한다. 예를 들어, 시계열자료에 추세가 있을 경우 차분을 한다고 설명하였는데, 주기가 4인 계절시계열이면서 $\{Y_1, Y_5, Y_9, \cdots\}$ 과 $\{Y_2, Y_6, Y_{10}, \cdots\}$, ⋯ 등이 각각 서로 다른 추세를 보이는 경우 통상적인 차분만으로는 정상적 시계열로 전환되지 않는다.

이제, 비정상적 계절시계열의 주기가 12인 시계열자료 $\{Y_1, \cdots, Y_T\}$ 에 대해

$$Z_t = Y_t - Y_{t-12} = (1-B^{12})\,Y_t,\ \ t = 13, 14, \cdots, T \tag{5-18}$$

라고 하면, Z_t를 **계절차분된 시계열**이라고 하며, 계절차분한 시계열자료에 추세가 존재한다면 Z_t를 다시 1차 차분하여(일반차분)

$$\Delta Z_t = Z_t - Z_{t-1} = (1-B)\,Z_t \tag{5-19}$$

로 할 때 비로소 정상적 시계열이 얻어지게 된다. 다시 말하면 결국,

$$(1-B)(1-B^{12})\,Y_t \tag{5-20}$$

가 정상적 시계열이 되고 이 시계열에 대해 식별의 과정을 거쳐야 한다는 것이다.

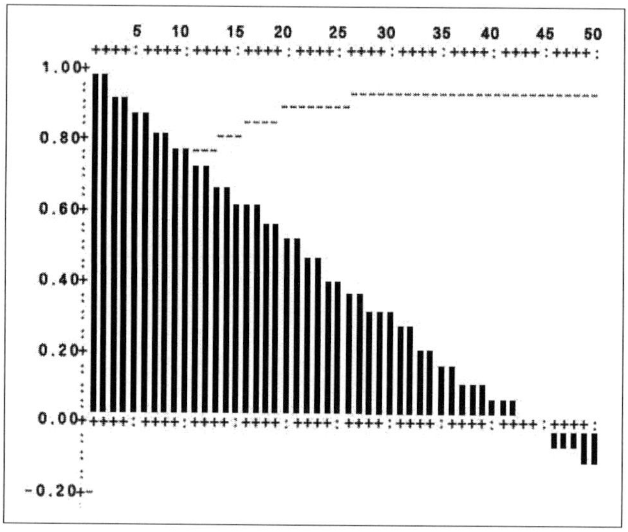

그림 5-10 계절차분이 필요한 시계열자료의 AC

이제 계절차분과 일반차분이 필요한 어느 시계열자료의 표본 AC 그래프를 살펴보기로 하자. [그림 5-10]은 어느 시계열자료에 대해서 실제로 얻어진 AC 그래프이다. [그림 5-10]의 AC 그래프의 형태는 거의 직선에 가깝게 감소하는 모습을 보이고 있다.

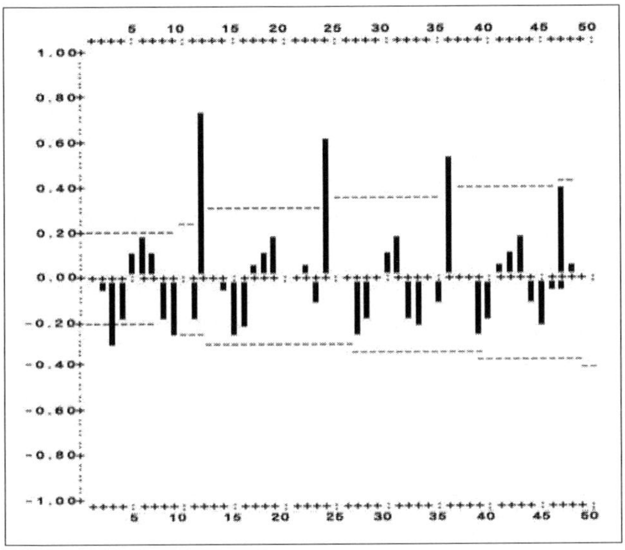

그림 5-11 A 1차 차분된 자료의 AC

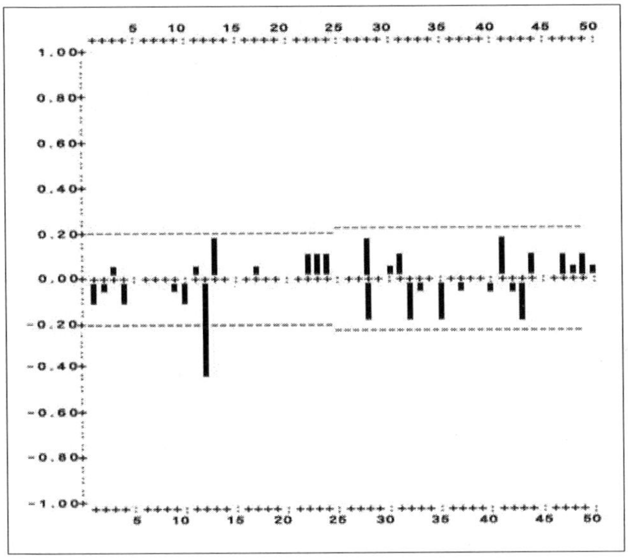

그림 5-11 B 계절차분과 1차 차분 후의 AC

이 자료에 대해 우선 1차의 일반차분을 수행하면 비로소 계절차분이 필요하다는 것을 알 수 있게 된다. [그림 5-11 A]는 1차 차분을 했을 경우의 AC 그래프인데, 이 그래프에서 계절성이 있음을 뚜렷하게 볼 수 있다(자기상관계수가 일정하게 감소하는 형태임). 그러므로 이 시계열자료는 1차의 일반차분과 주기 12의 계절차분이 필요한 비정상적 계절시계열자료임을 알 수 있는 것이다. 이때 앞에서 설명한 바와 같이 계절차분을 한 후 그 결과를 1차 일반차분하면 [그림 5-11 B]와 같은 AC 그래프를 얻게 된다. [그림 5-11 B]에서 시차 12에서만 유의적인 AC가 나타나고, 다른 시차들에서는 비유의적인 AC들이 나타나므로, 계절차분과 일반차분을 거친 시계열자료 $(1-B)(1-B^{12})Y_t$는 정상적 시계열로 판단되고, 이 정상적 시계열을 $SMA(1)_{s=12}$ 모형으로 식별하게 되는 것이다.

비정상적 계절시계열에 대해 다른 예를 들어 보자. [그림 5-12]는 어느 시계열자료의 AC 그래프이다. [그림 5-12]에서 AC 그래프 자체가 계단식으로 감소하고 있기 때문에 계절성(주기 12)이 강하게 있는 비정상적 계절시계열자료임을 시사하고 있다.

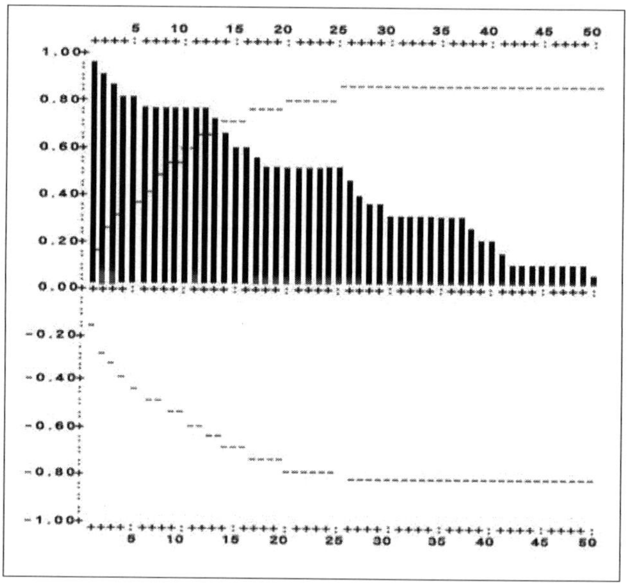

그림 5-12 비정상적 계절시계열의 AC

비정상적 계절시계열에 대해 일반차분과 계절차분 어느 것을 먼저 해도 문제가 없다. [그림 5-13 A]는 계절차분을 먼저 한 경우의 AC 그래프이고, [그림 5-13 B]는 1차 일반차분을 한 경우의 AC 그래프이다. 어느 차분을 먼저 하든 다른 차분도 필요하다는 것을 보여 주고 있음을 알 수 있다. [그림 5-13 A]에서는 AC가 거의 직선으로 감소하는 형태를 보여 주고 있는데 이런 경우 일반차분이 필요하다. 그리고 [그림 5-13 B]는 AC가 주기 12를 가지고 역시 직선(선형)으로 감소하는 형태인데 계절차분이 필요한 전형적인 예이다.

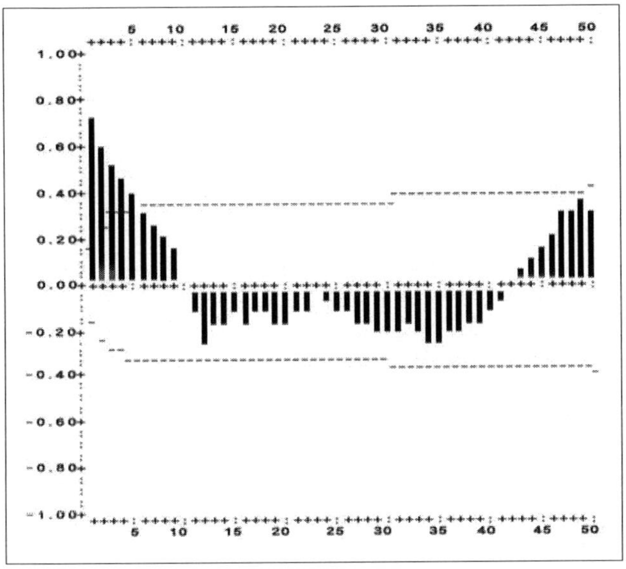

그림 5-13 A 계절차분 후의 AC

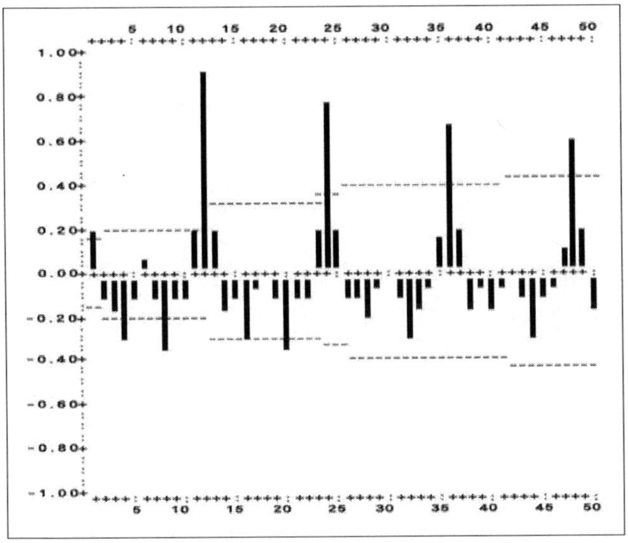

그림 5-13 B 일반 1차 차분 후의 AC

그리고 마지막으로 어느 차분을 먼저 했는지에 상관없이 두 가지 차분을 모두 한 후의 AC 그래프는 [그림 5-14]와 같고, 이 시계열에 대한 모형은 $MA(1) \times SMA(1)_{s=12}$로 식별된다.

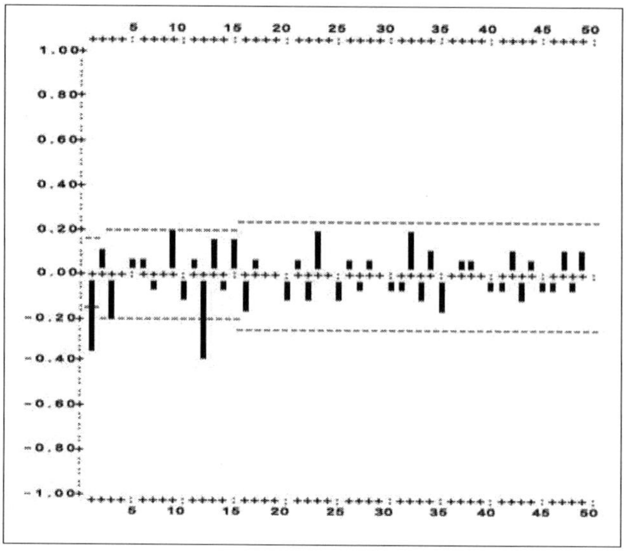

그림 5-14 일반차분과 계절차분 후의 AC

5.4 비정상적 계절시계열의 SPSS 실습 예

SPSS 실습 5-1

다음은 A 카드회사의 지난 10년간(1999년 11월~2009년 10월)에 걸친 월별 순이익 시계열자료이다(자료명: ch5ex1).

표 5-1 A 카드회사의 월 이익금 시계열자료

Period	이익금	Period	이익금	Period	이익금	Period	이익금
1	562.674	31	629.000	61	795.337	91	657.311
2	599.000	32	237.530	62	788.421	92	310.032
3	668.516	33	613.296	63	889.968	93	780.000
4	597.798	34	730.444	64	797.393	94	860.000
5	579.889	35	734.925	65	751.000	95	780.000
6	688.233	36	651.812	66	821.255	96	807.993
7	499.232	37	676.155	67	691.605	97	895.217
8	215.187	38	748.183	68	290.655	98	856.075
9	555.813	39	810.681	69	727.147	99	893.268
10	586.935	40	729.363	70	868.355	100	875.000
11	546.136	41	701.108	71	812.39	101	835.088
12	571.111	42	790.079	72	799.556	102	934.595
13	634.712	43	594.621	73	843.038	103	832.500
14	639.283	44	230.716	74	847.000	104	300.000

Period	이익금	Period	이익금	Period	이익금	Period	이익금
15	712.182	45	617.189	75	941.952	105	791.443
16	621.557	46	691.389	76	804.309	106	900.000
17	621.000	47	701.067	77	840.307	107	781.729
18	675.989	48	705.777	78	871.528	108	880.000
19	501.322	49	747.636	79	656.33	109	875.024
20	220.286	50	773.392	80	370.508	110	992.968
21	560.727	51	813.788	81	742.000	111	976.804
22	602.530	52	766.713	82	847.152	112	968.697
23	626.379	53	728.875	83	731.675	113	871.675
24	605.508	54	749.197	84	898.527	114	1006.852
25	646.783	55	680.234	85	778.139	115	832.037
26	658.442	56	241.424	86	856.075	116	345.587
27	712.906	57	680.954	87	938.833	117	849.528
28	687.714	58	708.326	88	813.023	118	913.871
29	723.916	59	694.238	89	783.417	119	868.746
30	707.183	60	772.071	90	828.110	120	993.733

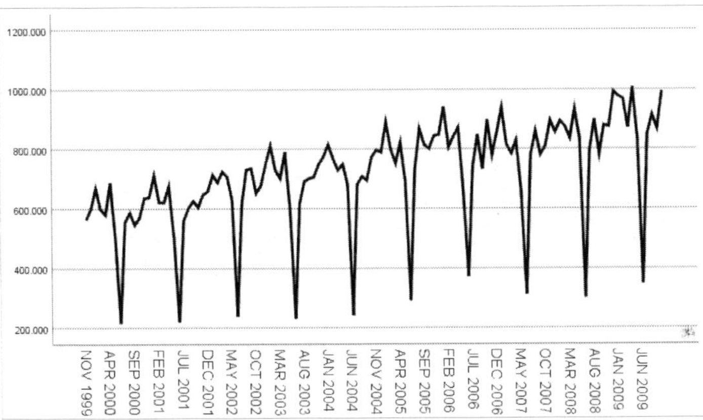

그림 5-15 A카드회사 순이익 시계열자료의 순차도표

우선 [그림 5-15]는 이 시계열이 계절성을 뚜렷하게 보여 주고 있으며, 전체적으로는 증가하는 추세에 있음을 알 수 있어 비정상적 계절시계열로 판단할 수 있다.

[그림 5-16]은 이 시계열자료의 AC와 PAC를 보여 주고 있다. 먼저, $AC(1)$이 유의적으로 크고, $AC(12)$, $AC(24)$, $AC(36)$들이 상당히 큰 값(spike)들로 나타나 있다. 또한 $AC(11)$, $AC(13)$, $AC(23)$, $AC(25)$, $AC(35)$, $AC(37)$들도 어느 정도 유의적인 값들로 나타난다.

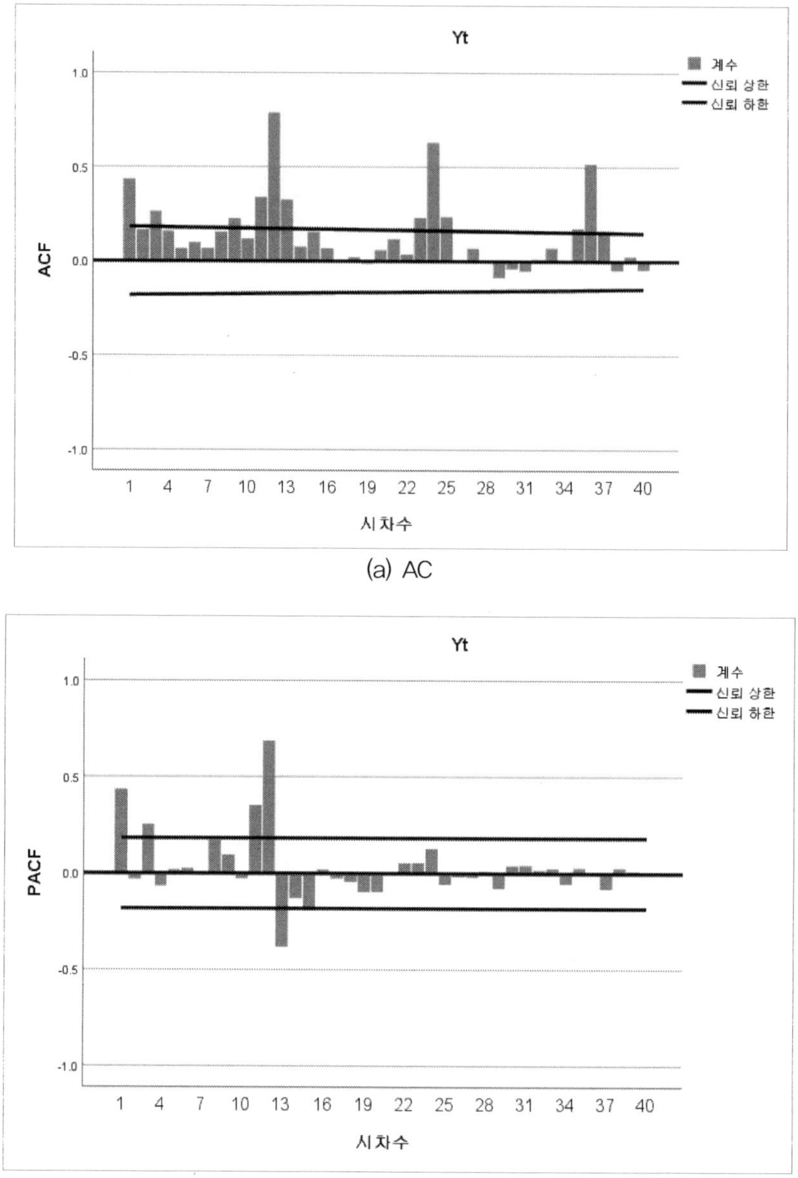

(a) AC

(b) PAC

그림 5-16 순이익 시계열자료의 AC와 PAC 그래프

따라서 1차 차분과 12개월 계절차분을 한 시계열을 얻게 되는데, 차분된 시계열

$$(1-B)(1-B^{12})Y_t \tag{5-21}$$

에 대해 모형을 식별해야 한다.

[그림 5-17]은 $(1-B)(1-B^{12})Y_t$ 시계열에 대한 AC와 PAC의 그래프로서,

순이익 자료에 대한 모형식별이 가능하다. 즉, PAC를 보면 시차 1부터 빠르게 감소하고 있고, AC 그래프에서는 시차 1에서 큰 AC만이 존재하므로, 일반(비계절적) 모형은 $MA(1)$로 식별이 될 수 있다. 그리고 계절모형에 대해서는 시차 12에서 큰 AC가 나타나 있고, AC에서는 시차 12, 24, 36에서 작아지는 패턴을 보이고 있기 때문에 $SMA(1)$으로 식별하여 $MA(1) \times SMA(1)_{s=12}$ 모형이다. 즉,

$$(1-B)(1-B^{12})Y_t = (1-\beta_1 B)(1-\beta_1^* B^{12})\epsilon_t \tag{5-22}$$

모형으로 식별할 수 있는 것이다.

비정상적 계절시계열을 일반적으로 표현하는 방법으로

$$ARIMA(p,d,q)(p^*,d^*,q^*)_s \tag{5-23}$$

를 사용하는데 앞의 (p,d,q)는 일반모형의 차수를 나타내며, 뒤의 $(p^*,d^*,q^*)_s$는 계절 $ARIMA$ 모형의 차수를 나타낸다. 그러므로 이 실습에서의 시계열자료를 위의 모형으로 표현하면 $ARIMA(0,1,1)(0,1,1)_{s=12}$이 된다. 즉, 앞에 있는 (0,1,1)은 일반 모형에 대한 차수를 나타내며, 뒤에 있는 $(0,1,1)_{s=12}$는 계절모형에 대한 차수와 주기를 나타낸다.

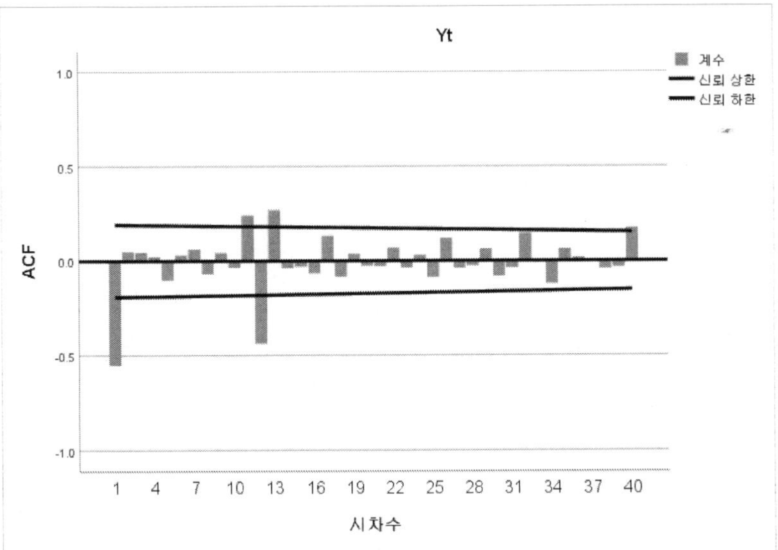

(a) AC

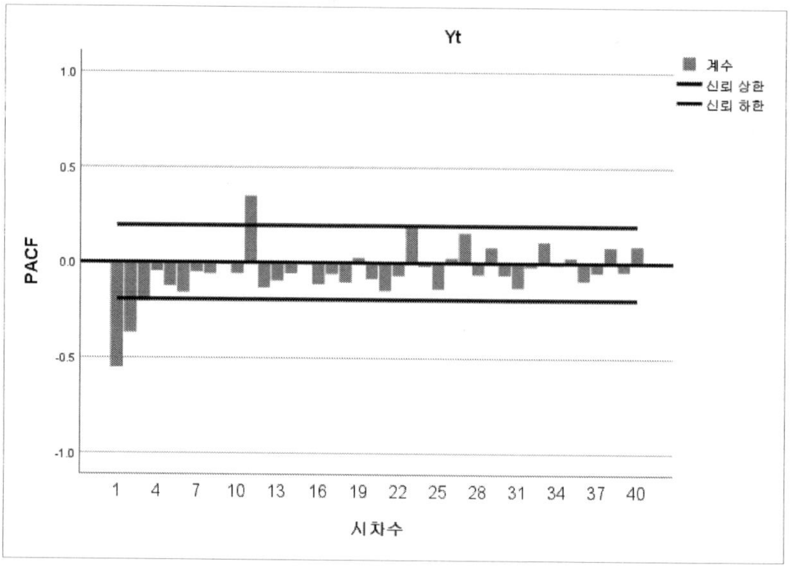

(b) PAC

그림 5-17 일반차분과 계절차분된 자료의 AC와 PAC 그래프

상단 메뉴에서 [파일(F)]→[열기(O)]→[데이터(D)]로 SPSS 자료 파일 폴더에서 ch5ex1. sav를 불러온다.

실습 14.1 날짜 정의

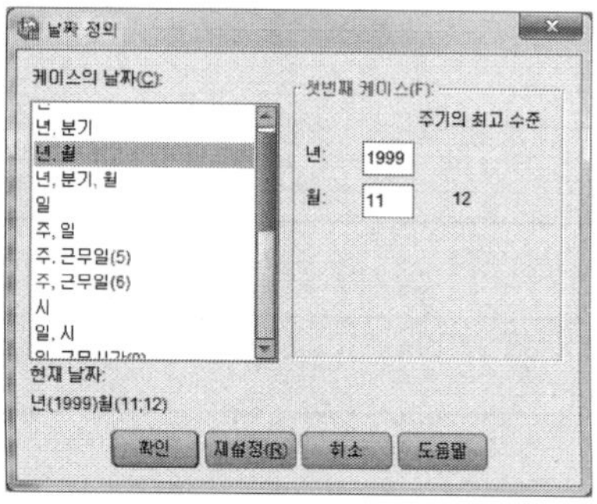

- 상단 메뉴에서 **[데이터(D)]→[날짜 및 시간 정의(E)]**를 누른다.
- 날짜 정의 대화상자가 나타나면 왼쪽 **케이스 날짜(C)**: 년, 월을 선택한 후 **[첫 번째 케이스(F)]**에 1999년, 11월을 입력하고 **[확인]**을 누른다.

실습 14.2 자기상관함수와 부분(편)자기상관함수(1)

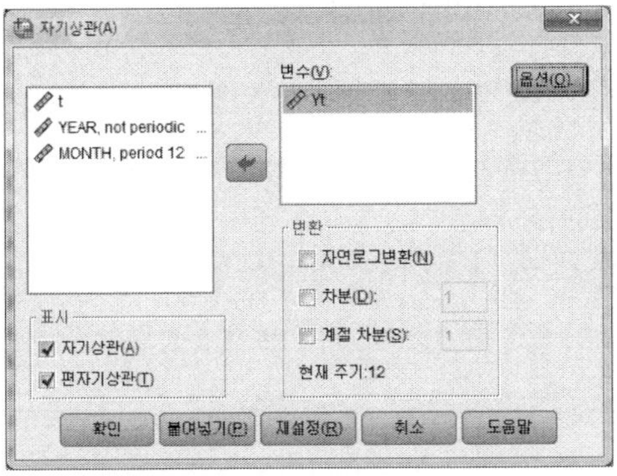

- 위의 상단 메뉴에서 **[분석(A)]**→**[시계열 분석(T)]**→**[자기상관(O)]**을 실행한다.
- 자기상관 대화상자가 나타나면 **[변수(V)]**에 Yt를 넣고, [표시]에 **[자기상관(A)]**, **[편자기상관(T)]**을 선택하고, **[옵션(O)]**을 누른다.

실습 14.3 자기상관함수와 부분(편)자기상관함수(2)

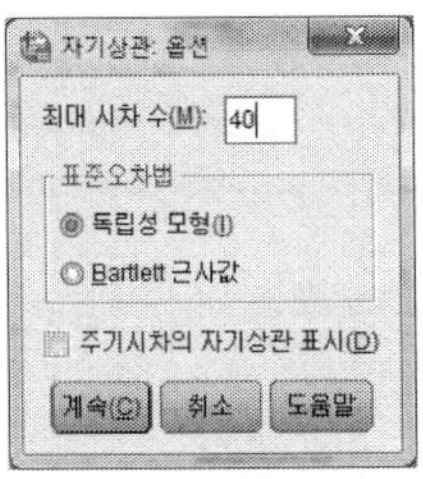

- 자기상관: 옵션에서 **[최대 시차수(M)]**에 40을 위와 같이 입력하고, [계속(C)]을 누른 후, **[확인]**을 누른다.
- [그림 5–16]과 같이 순이익 시계열의 AC와 PAC값을 얻을 수 있다.

실습 14.4 차분과 계절차분(1)

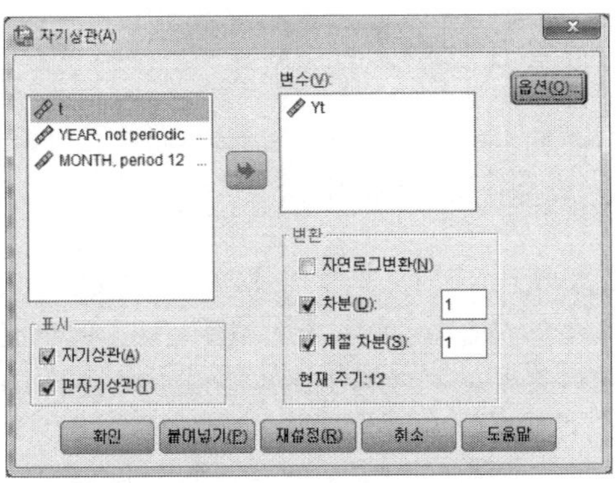

- 위의 상단 메뉴에서 [**분석(A)**] → [**시계열 분석(T)**] → [**자기상관(O)**]을 클릭한다.
- 자기상관 대화상자가 나타나면 [**변수(V)**]에 Yt를 넣고, [표시]에 [**자기상관(A)**], [**편자기상관(T)**]를 선택하고, [**차분(D)**]과 [**계절차분(S)**]에 각각 1을 넣고, [옵션(O)]을 누른다.

실습 14.5 차분과 계절차분(2)

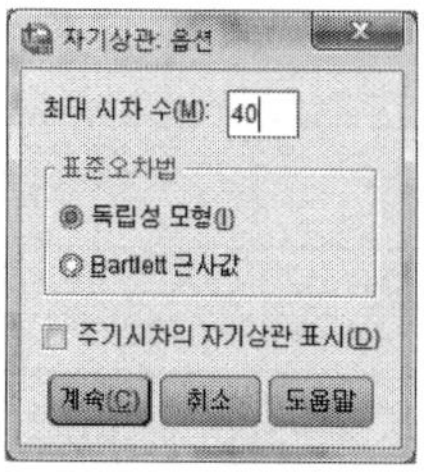

- 자기상관 도표: 옵션에서 [**최대 시차수(M)**]에 40을 위와 같이 입력하고, [계속(C)]을 누른 후, [확인]을 누른다.
- [그림 5-17]과 같이 일반차분과 계절차분된 자료의 AC와 PAC 그래프를 얻을 수 있다.

실습 14.6 ARIMA(0,1,1)(0,1,1) 모형 추정(1)

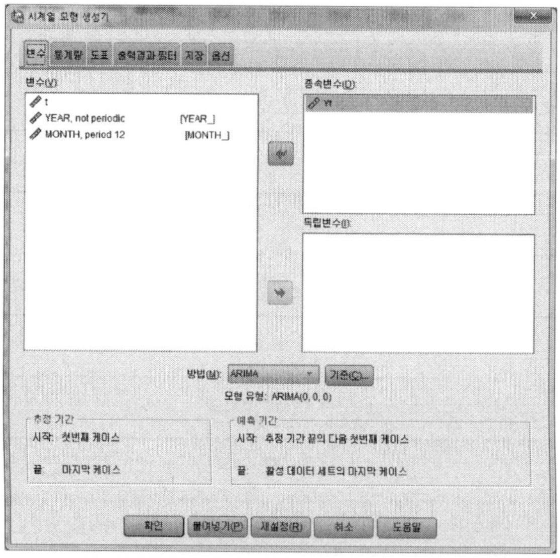

- **[분석(A)] → [시계열 분석(T)] → [기존 모형 작성(C)]을 실행한다.**
- [종속변수(D)]에 Yt를 넣고, [방법(M)]에서 [ARIMA]를 선택한 후, [기준(C)]을 누른다. 모형에 p:0, d:1, q=1을 넣고, 계절모형 sp(S):0, sd(D):1, sq(Q):1을 넣고, **저장(V)...** 버튼을 누른다.

실습 14.7 ARIMA(0,1,1)(0,1,1) 모형 추정(2)

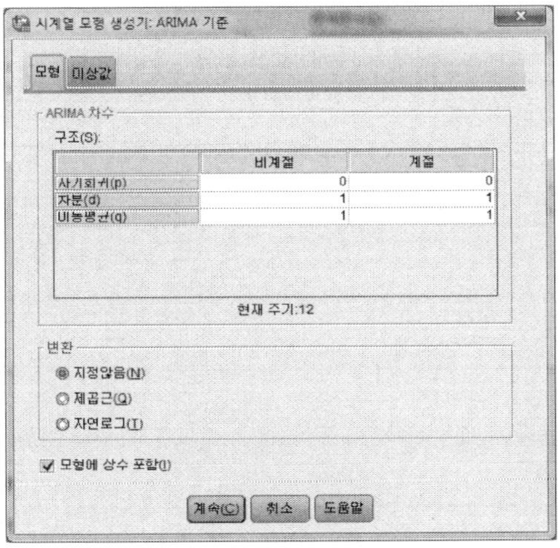

• [구조(S)]에 그림과 같이 비계절, 계절별 [차분(d)]과 [이동평균(q)]에 각 차수1을 입력한 후, 하단의 [계속(C)]을 누른다.

실습 14.8 ARIMA(0,1,1)(0,1,1) 모형 추정(3)

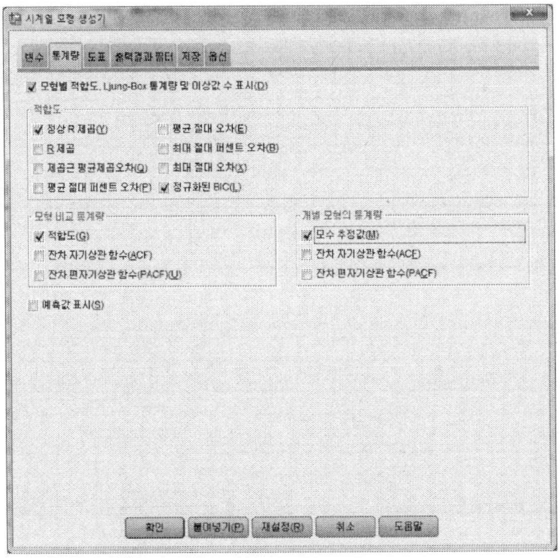

• 상단의 통계량에서 [적합도]의 [정규화된 BIC(L)]과 [개별 모형의 통계량]의 [모수 추정값(M)]을 추가로 선택한다.

실습 14.9 ARIMA(0,1,1)(0,1,1) 모형 추정(4)

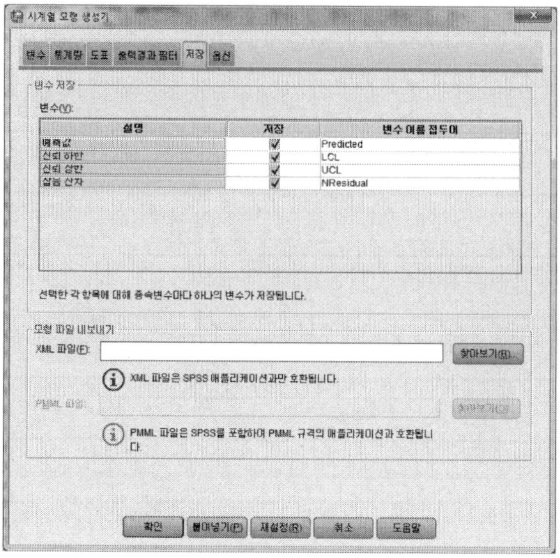

• 상단의 저장에서 [변수(V)]의 모든 변수를 선택한다.

실습 14.10 ARIMA(0,1,1)(0,1,1) 모형 추정(5)

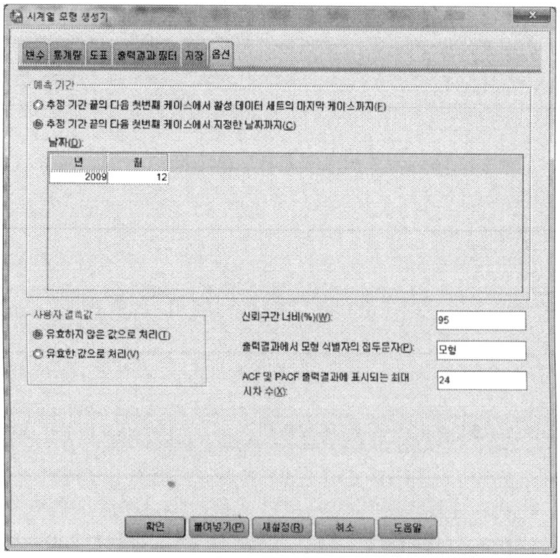

•상단의 옵션에서 [날짜(D)]에 예측하고자 하는 2009년 12월을 입력한 후 하단의 [확인]을 눌러 실행한다.

실습 14.11 ARIMA(0,1,1)(0,1,1)$_{s=12}$에 대한 Output값

적합 통계량	평균
정상 R-제곱	.597
R-제곱	.934
제곱근 평균제곱오차 (RMSE)	44.232
평균 절대 퍼센트 오차 (MAPE)	5.432
최대 절대 퍼센트 오차 (MaxAPE)	32.590
평균 절대 오차(MAE)	34.155
최대 절대 오차(MaxAE)	112.634
정규화된 BIC	7.710

모형 통계량

		모형 적합 통계량		Ljung-Box Q(18)			
모형	예측자 수	정상 R-제곱	정규화된 BIC	통계량	자유도	유의확률	이상값 수
Yt-모형_1	0	.597	7.710	9.724	16	.881	0

ARIMA 모형 모수

					추정값	SE	t	유의확률
Yt-모형_1	Yt	변환 안 함	상수항		.033	.341	.097	.923
			차분		1			
			MA	시차 1	.840	.058	14.527	.000
			계절 차분		1			
			MA, 계절	시차 1	.634	.107	5.934	.000

• 이 창에 추정된 모수 값들이 나와 있다. 즉, 일반차분과 계절차분한 시계열자료에 대해 식별된 식 (5–22)의 추정식은

$$(1-B)(1-B^{12})Y_t = (1-0.840B)(1-0.634B^{12})\epsilon_t + 0.033$$

이다.

실습 14.12 ARIMA(0,1,1)(0,1,1)$_{s=12}$에 대한 예측값

Yt	Date	FIT_1	LCL_1	UCL_1	RES_1
562.674	Nov-99				
599	Dec-99				
668.516	Jan-00				
597.798	Feb-00				
579.889	Mar-00				
688.233	Apr-00				
499.232	May-00				
215.187	Jun-00				
555.813	Jul-00				
586.935	Aug-00				
546.136	Sep-00				
571.111	Oct-00				
634.712	Nov-00				
639.283	Dec-00	671.071	538.164	803.978	-31.788
712.182	Jan-01	724.487	608.817	840.158	-12.305
621.557	Feb-01	649.498	539.918	759.078	-27.941
621	Mar-01	623.924	517.334	730.514	-2.924
675.989	Apr-01	731.616	626.722	836.51	-55.627
501.322	May-01	531.003	427.149	634.858	-29.681
220.286	Jun-01	241.25	138.064	344.436	-20.964
560.727	Jul-01	578.074	475.331	680.817	-17.347
602.53	Aug-01	606.178	503.735	708.622	-3.648
626.379	Sep-01	564.788	462.55	667.027	61.591
605.508	Oct-01	600.126	498.029	702.223	5.382
646.783	Nov-01	647.557	551.308	743.805	-0.774
658.442	Dec-01	666.343	572.102	760.585	-7.901
⋮	⋮	⋮	⋮	⋮	⋮
976.804	Jan-09	976.262	890.317	1062.206	0.542
968.697	Feb-09	902.011	816.067	987.955	66.686
871.675	Mar-09	889.518	803.574	975.461	-17.843
1006.852	Apr-09	951.758	865.816	1037.701	55.094
832.037	May-09	819.559	733.617	905.502	12.478
345.587	Jun-09	405.54	319.598	491.483	-59.953
849.528	Jul-09	844.123	758.181	930.065	5.405
913.871	Aug-09	941.079	855.137	1027.021	-27.208
868.746	Sep-09	852.116	766.173	938.058	16.63
993.733	Oct-09	923.423	837.481	1009.365	70.31
	Nov-09	944.754	858.814	1030.694	
	Dec-09	993.718	906.685	1080.751	

• 여기서 FIT_1은 예측값이고, LCL_1은 예측값에 대한 95% 신뢰하한, UCL_1은 95% 신뢰상한, 그리고 RES_1은 잡음 잔차이다.

이제, 추정된 $ARIMA$ 모형으로써 예측된 예측값 자료들을 [그림 5-15] 위에 표시하면 [그림 5-18]과 같으며, 잔차인 RES_1 변수를 가지고 Box-Ljung 검증을 해야 할 것이다(4.8절 참조).

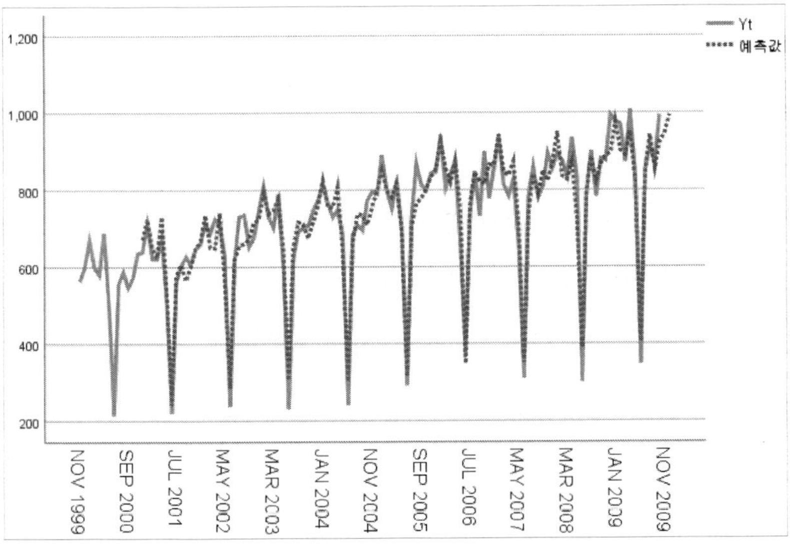

그림 5-18 실제값과 예측값의 시계열도표(순차도표)

5장 연습문제

1. 다음은 어느 운송회사의 70일 운송량 시계열자료이다.

t	Y_t	t	Y_t	t	Y_t
1	15.99	26	6.95	51	7.79
2	14.28	27	7.45	52	6.55
3	12.98	28	7.52	53	5.93
4	12.18	29	9.44	54	5.39
5	12.08	30	10.44	55	5.16
6	10.50	31	12.60	56	6.21
7	9.46	32	12.65	57	5.55
8	8.46	33	14.60	58	5.80
9	6.41	34	15.05	59	5.17
10	3.96	35	14.69	60	6.08
11	3.71	36	14.11	61	5.87
12	4.20	37	13.98	62	6.11
13	3.33	38	11.69	63	6.16
14	3.98	39	10.94	64	7.01
15	4.18	40	11.04	65	8.56
16	5.17	41	9.54	66	8.96
17	6.02	42	8.75	67	10.78
18	6.87	43	8.20	68	11.59
19	7.74	44	8.05	69	11.87
20	9.49	45	7.45	70	12.93
21	9.64	46	6.95		
22	8.49	47	7.34		
23	6.03	48	7.27		
24	5.66	49	8.17		
25	6.46	50	8.54		

(1) 이 자료에 대한 산포도(순차도표)를 구하라.

(2) 이 시계열자료에 대해 식별, 추정, 진단을 수행하라.

(3) 71일째부터 80일째까지의 운송량을 예측하라.

2. $MA(1) \times SMA(1)_{S=12}$ 모형의 자기상관계수를 구하라(식 (5-13)).

3. 다음은 한국관광공사에서 집계한 1981년 1월부터 1989년 12월까지의 월별 항공기 입국자의 수이다.

	1981년	1982년	1983년	1984년	1985년	1986년	1987년	1988년	1989년
1월	112696	133390	137638	132362	156240	163846	195346	199252	309654
2월	103070	117378	132128	131123	144008	158125	183669	193565	279943
3월	122800	136309	141178	146756	177073	193446	215524	230360	324963
4월	142496	149476	154545	160249	186693	193743	224547	242953	319020
5월	150064	157107	169127	175131	187296	205408	238201	274802	352602
6월	136128	147160	156056	169655	190206	210435	238304	271599	356546
7월	143033	153156	167749	178023	196132	219326	249401	293280	376214
8월	158223	164352	200228	193169	218560	249612	274307	328824	398079
9월	138626	139584	154371	171479	183651	205442	224528	236158	355931
10월	148761	165633	169199	186443	189003	234143	229684	305662	363955
11월	140539	147054	144594	172378	177325	216913	217576	312164	339887
12월	117693	129396	126590	150952	159672	185724	182898	267947	308085

(1) 이 자료에 대한 순차도표, AC와 PAC를 구하라.
(2) 이 자료를 일반 1차 차분하고 12개월 계절차분하라.
(3) (2)의 결과에 대한 AC와 PAC 그래프를 구하라.
(4) 이 시계열자료에 대해 식별하고, 추정, 진단하라.
(5) (4)의 결과로써 1990년 12개월 간의 입국자수를 예측하라. 1990년의 실제 입국자수를 얻은 후 예측값들과 비교하라. 정확도 값들을 구하라.

4. 다음은 130개월간의 시계열자료이다.
(1) 이 시계열자료에 대한 순차도표를 작성하라.
(2) 이 시계열자료에 대해 AC와 PAC 그래프를 구하라.
(3) 이 자료에 대해 대수를 취하여 AC와 PAC를 구하라.
(4) 이 자료에 대해 모형을 식별하고, 추정, 진단하라.
(5) 시점 131부터 140까지의 값들을 예측하고 실제 시계열자료와 예측값들을 그래프로 나타내어라.

t	Y_t	t	Y_t	t	Y_t
1	122.640	44	459.024	87	2411.628
2	120.888	45	543.120	88	1510.224
3	164.688	46	567.648	89	1876.392
4	147.168	47	613.200	90	1792.296
5	171.696	48	791.904	91	1307.868
6	228.636	49	305.724	92	1705.572
7	124.392	50	713.064	93	1945.596
8	155.928	51	1156.320	94	2219.784
9	217.248	52	829.572	95	2528.136
10	176.076	53	865.488	96	3534.660
11	142.788	54	1318.380	97	1546.140
12	196.224	55	971.484	98	2246.064
13	228.636	56	817.308	99	2930.220
14	234.768	57	1079.232	100	2462.436
15	319.740	58	1013.532	101	2551.788
16	241.776	59	986.376	102	3140.460
17	151.548	60	1264.068	103	2437.032
18	352.152	61	997.764	104	2109.408
19	239.148	62	1415.616	105	3853.523
20	233.892	63	1709.952	106	2840.868
21	471.288	64	1443.648	107	3164.112
22	290.832	65	1619.724	108	3946.380
23	284.700	66	2120.796	109	3044.976
24	291.708	67	923.304	110	3957.768
25	287.328	68	860.232	111	4552.571
26	315.360	69	1639.872	112	3651.167
27	417.852	70	1106.388	113	3861.408
28	288.204	71	1161.576	114	5048.388
29	225.132	72	1034.556	115	2990.664
30	430.992	73	960.972	116	2677.056
31	229.512	74	1214.136	117	5566.103
32	296.964	75	1492.704	118	3661.680
33	355.656	76	991.632	119	2435.280
34	367.920	77	1025.796	120	3550.428
35	317.112	78	1399.848	121	2215.404
36	359.160	79	818.184	122	3312.156
37	249.660	80	865.488	123	4289.771
38	455.520	81	1547.892	124	3218.424
39	607.068	82	1003.020	125	3193.020
40	425.736	83	960.972	126	3542.544
41	494.064	84	1568.040	127	2169.852
42	486.180	85	1065.216	128	1536.504
43	494.064	86	1107.264	129	3454.944
				130	2351.184

5. 다음은 어느 나라의 2001년 1월부터 2008년 12월까지의 월별 전력소비량 자료이다.

t	Y_t	t	Y_t	t	Y_t
2001.1	14458	9	15522	5	17524
2	13730	10	15494	6	18831
3	14006	11	15279	7	20268
4	13214	12	16935	8	20641
5	13775	2004.1	17831	9	18557
6	14552	2	15667	10	17580
7	14785	3	16416	11	17617
8	16282	4	15315	12	19187
9	14736	5	15735	2007.1	20969
10	14374	6	17336	2	18635
11	14387	7	18641	3	18285
12	15435	8	18638	4	16996
2002.1	15724	9	16497	5	17807
2	14246	10	16363	6	18668
3	15002	11	16899	7	20225
4	14202	12	18309	8	20485
5	15349	2005.1	19637	9	18075
6	15613	2	16273	10	17971
7	17791	3	16916	11	17750
8	17381	4	15685	12	18871
9	15216	5	16933	2008.1	20000
10	15187	6	18079	2	18872
11	14973	7	19892	3	18747
12	15960	8	19609	4	16872
2003.1	16433	9	17626	5	17573
2	14708	10	16639	6	18943
3	15548	11	16707	7	21678
4	14622	12	18421	8	21539
5	15323	2006.1	19783	9	19148
6	16244	2	17350	10	17856
7	17682	3	17319	11	17855
8	17972	4	15974	12	19559

(1) 이 시계열자료에 대해 12개월 이동평균을 구하고 이동평균값들에 어떤 추세가 있는지를 알아보아라.

(2) 1차 일반차분과 계절차분을 한 후의 시계열에 대한 AC와 PAC 그래프를 얻으라.

(3) 대수를 취한 후 (2)를 수행하라.

(4) 위의 (2)와 (3)을 수행한 결과 이 시계열에 대해 2개 이상의 $ARIMA$ 모형을 식별하라.

(5) (4)에서 식별한 모형들에 대해 추정하고 진단을 통하여 적합한 모형을 결정하라.

6장

회귀분석모형

앞의 2장에서 추세변동에 대해 설명한 바 있다. 어느 시계열자료에 추세가 있을 경우, 시간이라는 변수(t)를 시계열자료 Y_t에 회귀시키는 것을 말한다. 그러나 시계열자료 Y_t가 다른 시계열자료 X_t로 설명될 수 있을 경우(X_t를 설명변수라고 한다), 회귀모형을 사용하여 시계열자료 Y_t에 대한 예측을 할 수 있다. 여기서 주목할 것은 일반적인 회귀분석모형은 주어진 시점에서 여러 개체들을 대상으로 인과관계(cause-and-effect)에 있는 변수들에 대한 자료들에 대해서 분석하는 기법인데, 여기서는 여러 시점에 걸쳐 인과관계에 있는 두 개 이상의 시계열 변수들에 대한 시계열자료들을 얻는다는 것이다. 이러한 차이점 때문에 시계열자료에 대한 회귀모형분석에는 특별히 고려해야만 하는 것들이 있다. 이 장에서는 우선 일반적인 회귀모형에 대한 예측을 설명하고, 시계열자료이기 때문에 발생할 수 있는 중요한 문제점들에 대해서는 7장에서 다루기로 한다.

6.1 시계열자료의 회귀모형 적용 전제 조건

앞에서 언급한 대로 시계열자료의 특성 때문에, 설명변수에 해당하는 X_t를 시계열 선형모형에 포함시킬 수 있는가를 먼저 판단해야 하는데, 다음과 같은 기준들이 있다.

첫째, 이론적인 배경이 있는가를 고려해야만 한다. 즉, 시계열자료인 설명변수 X_t가 시계열자료 Y_t와 인과관계가 있다는 확실한 이론적 근거 없이 X_t를 설명변수로 선택한다면 예측의 결과를 믿을 수 없을 것이다.

둘째, 설명변수가 여러 개일 경우, 모든 변수들에 대한 시계열자료를 충분히 얻을 수 있는가를 확인해야 한다. 일반적으로 설명변수 하나에 5개의 자료는 존재해야 한다. 물론 분기별 시계열자료 Y_t를 분석하는데 설명변수에 대한 자료가 연도별 자료라면 적합하지 않다. 이런 경우 연도별 자료를 분기별 자료로 조정할 수 없다면 그 설명변수는 사용할 수 없다.

셋째, X_t(설명변수)에 대해서 장래 시점의 예측이 가능한가를 확인해야 한다. 시계열자료 Y_t를 예측하는데 설명변수의 예측값이 있어야만 하기 때문이다.

넷째, 과거 자료들로써 얻어진 변수들 간의 인과관계가 향후에도 변하지 않을 것이라고 판단되어야 한다. 예를 들면, 과거에는 강판의 수요(Y_t)가 과거 자동차 생산대수에 따라 변하였다는 확실한 근거가 있다. 그러나 최근 들어 자동차 생산에 강판 이외에도 플라스틱, 알루미늄 등이 많이 사용된다면 과거 자료들로써 추정된 회귀모형으로써 강판 수요를 제대로 예측하기 어렵다는 것이다.

예를 들어, 한 해의 컴퓨터 판매대수는 가처분소득과 인과관계가 있는가를 연구한다고 하자. 그리고 1996년부터 2007년까지 12년간의 컴퓨터 판매대수(Y_t)와 가처분소득(X_t) 시계열자료를 얻은 결과 [표 6-1]과 같다고 하자. 이제 X_t와 Y_t의 산포도(scatter plot)을 그려보면 [그림 6-1]과 같다. 그리고 [그림 6-2]는 X_t와 Y_t의 시점(t)에 대한 순차도표이다. 시계열자료에 대해 회귀모형을 적용시킬 경우, 이 그래프들을 먼저 살펴보아야 한다.

표 6-1 컴퓨터 판매대수와 가처분소득의 시계열

년도	컴퓨터판매대수 Y_t(단위: 1,000대)	가처분소득 X_t(단위: 10억)	년도	컴퓨터판매대수 Y_t(단위: 1,000대)	가처분소득 X_t(단위: 10억)
1996	73.1	31.9	2002	135.7	66.3
1997	50.2	29.8	2003	69.8	57.2
1998	128.3	63.7	2004	148.9	68.1
1999	170.4	84.6	2005	132.1	59.0
2000	87.5	79.5	2006	150.2	65.9
2001	108.6	55.4	2007	180.3	72.8

[그림 6-1]에서 가처분소득이 많아지면 컴퓨터 판매대수가 증가하는 모습을 볼 수는 있지만 뚜렷한 관계는 아니다. 컴퓨터 판매대수는 가처분소득의 수준에 따라서만 변화한다고 이야기할 수는 없을 것이다. 예를 들어 2002년과 2006년의 가처분소득 수준이 비슷한데 컴퓨터 판매대수에서 차이가 나는 이유는 컴퓨터의 가격, 광고비용, 대체재의 출현 등 가처분소득 이외의 다른 변수들이 컴퓨터 판매대수에 영향을 주기 때문이라고 할 수 있다.

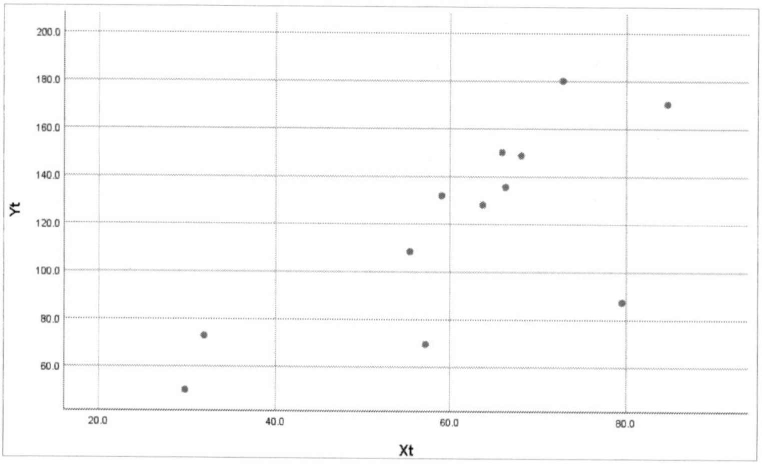

그림 6-1 컴퓨터 판매대수와 가처분소득의 산포도

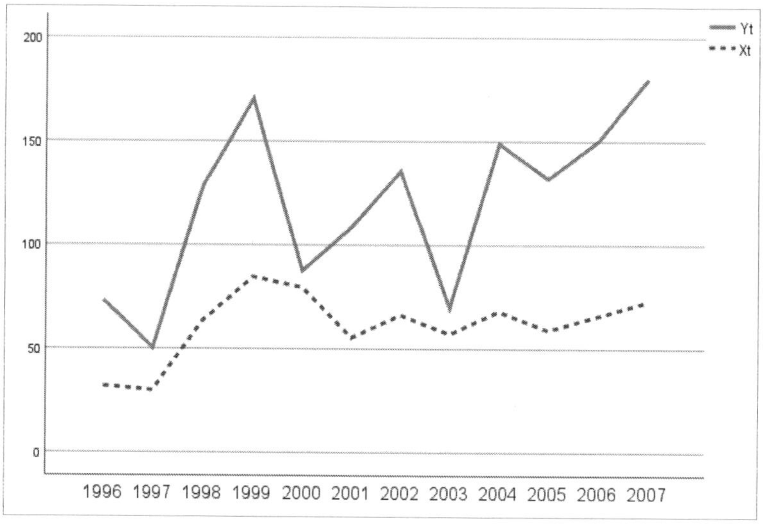

그림 6-2 X_t와 Y_t 각각의 시점(t)에 대한 순차도표

6.2 단순선형회귀모형

이제 **단순선형회귀모형**(simple linear regression model)을 설명하기 위해 간단한 예를 들어보자. 다음 [표 6-2]는 종합주가지수(X_t)와 A 주식의 주가(Y_t)이다. 여기서는 앞 절에서 제기된 조건들에 대한 점검은 생략하기로 하자.

표 6-2 A 주식가격과 종합주가지수

시점(t)	1	2	3	4	5	6	7	8	9	10
A 주식의 주가(Y_t)	800	820	840	890	830	860	800	780	820	840
종합주가지수(X_t)	160	162	165	170	160	165	155	154	165	168

이 자료를 단순선형모형으로 처리하고자 할 때 이 자료는 기본적으로 다음과 같은 관계에 있는 것으로 간주하는 것이다. 즉, A 주식의 주가를 종합지수로써 회귀시키는 단순선형회귀모형은

$$Y_t = \beta_0 + \beta_1 x_t + \epsilon_t , \qquad t = 1, 2, \cdots , 10 \qquad (6\text{–}1)$$

$$(\text{가정}) \quad \epsilon_t \sim i.i.d. N(0, \sigma^2)$$

이다.

식 (6–1)에서 β_0, β_1은 추정되어야 하는 파라미터이며, 종합주가지수(X_t)를 **설명변수**라고 하는데, 측정되어야 하는 변수이지만 주어진 값(fixed value)으로 간주하여 소문자로 표현한다. 그리고 ϵ_t은 **오차항**(error term: 시계열자료분석에서는 **백색잡음**(white noise)이라고도 함)을 나타내는 변수이다. 특히 오차항에 대해서 평균이 0인 정규분포한다고 가정한다. 그리고 ϵ_t은 모든 시점에서 같은 값의 분산을 갖는다고 가정(**등분산 가정**)하며, 서로 다른 시점 간에 독립이라고 가정(상관관계가 없다고 가정)하는 것이다. 여기서 상관관계가 없다는 가정을 **자기상관**(autocorrelation)이 없다는 가정이라고 하며, 시계열자료분석에서는 매우 중요한 가정이다. 이에 대해서는 7장에서 다시 설명할 것이다. 식 (6–1)의 모형에서 파라미터들 β_0, β_1은 물론 실제 자료값들이 얻어지면 추정되는데, 이들을 추정하는 대표적인 방법을 **최소제곱법**(Least Square Method)이라고 한다.

이제, 식 (6–1)과 같이 종합주가지수(X_t)로써 A 주식의 주가(Y_t)를 회귀분석하기 위해 [표 6–2]과 같은 10개의 시계열자료들이 얻어졌다고 할 때, 최소제곱법에 의하여 파라미터 β_0, β_1을 추정하는 방법을 설명하기로 하자.

6.2.1 최소제곱법(Least Squares Method)

일반적으로 시계열자료, Y_t와 X_t에 대해 n개 시점에 걸친 시계열자료들이 다음 [표 6–3]과 같이 정리되어 있다고 하자.

표 6-3 실제로 얻어진 X_t와 Y_t의 n개 시계열자료 짝

X_t	Y_t
x_1	y_1
x_2	y_2
$\vdots$	$\vdots$
x_n	y_n

이제 $(x_1,\ y_1),\cdots,\ (x_n,\ y_n)$의 자료로써 X_t와 Y_t의 관계식을 추정하게 된다. 즉, 식 (6-1)의 파라미터들인 β_0, β_1을 추정해야 하는 것이다. **최소제곱법**에 의하여 추정된 파라미터들을 $\hat{\beta}_0, \hat{\beta}_1$이라고 표현할 경우, 추정된 회귀선은

$$\hat{y} \ = \ \widehat{\beta_0} \ + \ \widehat{\beta_1}x \tag{6-2}$$

가 될 것이다. 여기서 $\hat{\beta}_0$와 $\hat{\beta}_1$은 각각 β_0, β_1의 추정치이다. 더욱이 β_0, β_1의 추정치에 모자(hat)를 씌워 표현하므로 y에도 모자를 씌운 것이며, $\hat{y}$을 **적합값**(fitted value) 또는 **예측값**(predicted value)이라고 한다.

최소제곱법에 의한 β_0와 β_1의 추정치를 얻는 최소제곱법의 원리는 n개의 $(x_t,\ y_t)$들을 가장 잘(고르게) 지나가는 직선의 절편$(\hat{\beta}_0)$과 기울기$(\hat{\beta}_1)$를 구하는 것으로서, 결국 관찰된 값 y_t와 직선상의 값 $\hat{y}_t$ 차이들의 **제곱합**,

$$\sum_{t=1}^{n}(y_t - \widehat{y_t})^2 = \sum_{t=1}^{n}(y_t - \widehat{\beta_0} - \widehat{\beta_1}x_t)^2 \tag{6-3}$$

이 최소가 되는 $\hat{\beta}_0$과 $\hat{\beta}_1$을 구하는 것이다. 여기서 x_t에 대응되는 값 y_t와 예측값 $\hat{y}_t$의 차이를 **예측오차**(forecast error) 또는 **잔차**(residual)라고 하며 e_t로 표현한다. 즉, 잔차는

$$e_t \ = y_t \ - \ \hat{y}_t \tag{6-4}$$

이다. 또한 잔차들을 제곱하여 합한 제곱합을 **잔차제곱합**(SSE : residual sum of squares)이라고 한다.

즉, 최소제곱법은 잔차제곱합

$$SSE \ = \ \sum_{t=1}^{n} e_t^2 = \sum_{t=1}^{n}(y_t - \hat{y}_t)^2 = \sum_{t=1}^{n}(y_t - \hat{\beta}_0 - \hat{\beta}_1 x_t)^2 \tag{6-5}$$

을 최소로 하는 $\hat{\beta}_0$과 $\hat{\beta}_1$을 구하는 방법이라고 할 수 있다. 결국, 위의 SSE를 $\hat{\beta}_0$ 과 $\hat{\beta}_1$로 각각 편미분(partial derivative)한 결과를 0으로 한 식으로부터 얻어지는데, 이 식들을 **정규방정식**(normal equation)이라고 하고, 정규방정식으로부터 $\hat{\beta}_0$과 $\hat{\beta}_1$을 구하면,

$$\hat{\beta}_0 = \bar{y} - \hat{\beta}_1 \bar{x} \tag{6-6}$$

$$\hat{\beta}_1 = \frac{\sum_{t=1}^{n}(x_t - \bar{x})(y_t - \bar{y})}{\sum_{t=1}^{n}(x_t - \bar{x})^2} \tag{6-7}$$

이 된다.

이제 앞의 [표 6-2]에 있는 자료들로 최소제곱법을 설명해 보기로 하자.

[표 6-2]의 자료에 대한 산포도는 [그림 6-3]과 같은데 [표 6-4]는 식 (6-6)과 식 (6-7)의 계산을 위한 과정이다.

그러므로 [표 6-4]의 계산 결과를 가지고 종합주가지수(X_t)과 A 주식가격(Y_t)의 두 시계열자료의 추정된 회귀식을 얻기 위해 식 (6-7)의 $\hat{\beta}_1$과 식 (6-6)의 $\hat{\beta}_0$ 값을 구하면,

$$\hat{\beta}_1 = \frac{\sum_{t=1}^{n}(x_t - \bar{x})(y_t - \bar{y})}{\sum_{t=1}^{n}(x_t - \bar{x})^2} = \frac{1308}{246.4} = 5.30844$$

표 6-4 회귀식을 도출하기 위한 계산과정

t	x_t	y_t	$(x_t - \bar{x})^2$	$(x_t - \bar{x})(y_t - \bar{y})$
1	160	800	5.76	67.2
2	162	820	0.16	3.2
3	165	840	6.76	31.2
4	170	890	57.76	471.2
5	160	830	5.76	−4.8
6	165	860	6.76	83.2
7	155	800	54.76	207.2
8	154	780	70.56	403.2
9	165	820	6.76	−20.8
10	168	840	31.36	67.2
합계	1624 $\bar{x}$=162.4	8280 $\bar{y}$=828	246.4	1308

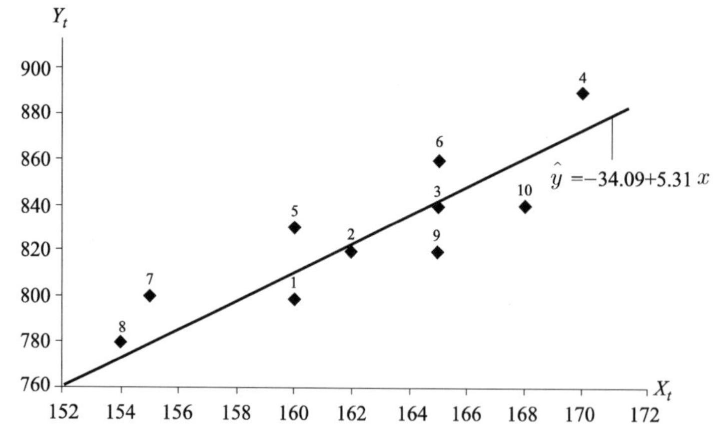

그림 6-3 종합주가지수(X_t)와 A 주식가격(Y_t)의 산포도와 회귀직선

$$\hat{\beta}_0 = \bar{y} - \hat{\beta}_1 \bar{x} = 828 - (5.30844 \times 162.4) = -34.0909$$

이 되며, 추정된 회귀직선은

$$\hat{y} = -34.09 + 5.31x$$

가 된다. 이 회귀직선은 [그림 6-3]에 나타나 있으며, 여기서 잔차값(e_t)은 실제값 y_t와 $\hat{y}_t$(직선상의 값)의 차이가 된다.

[표 6-5]에서는 계산된 잔차들[(2)열]과 잔차제곱값들[(3)열]을 보여 주고 있는데, 잔차(e_t)들의 합은 0이 됨을 알 수 있다. 또한 잔차제곱합(SSE)은 2216.56으로 계산된다.

표 6-5 추정된 예측값과 잔차, 잔차제곱합의 계산과정

t	x_t	y_t	$\hat{y}_t$ (1)	$(y_t - \hat{y}_t)$ (2)	$(y_t - \hat{y}_t)^2$ (3)	$(\hat{y} - \bar{y})^2$ (4)	$(y_t - \bar{y})^2$ (5)
1	160	800	815.26	−15.26	232.86	162.31	784
2	162	820	825.88	−5.88	34.53	4.51	64
3	165	840	841.80	−1.80	3.25	190.49	144
4	170	890	868.34	21.66	468.98	1627.65	3844
5	160	830	815.26	14.74	217.28	162.31	4
6	165	860	841.80	18.20	331.17	190.49	1024
7	155	800	788.72	11.28	127.29	1543.11	784
8	154	780	783.41	−3.41	11.62	1988.35	2304
9	165	820	841.80	−21.80	475.32	190.49	64
10	168	840	857.73	−17.73	314.26	883.71	144
합계	1624	8280	8280.00	0	2216.56	6943.44	9160

6.3 $\hat{\beta}_1$에 대한 통계적 성질

$(x_1,\ y_1),\cdots,\ (x_n,\ y_n)$의 n개 짝으로 이루어진 시계열자료로써 X_t와 Y_t의 관계를 얻었을 때, 기울기$(\hat{\beta}_1)$는 X_t의 1 단위 변화가 Y_t에 얼마나 영향을 미치는가를 설명하는 값이다. 즉, 회귀모형에서 기울기는 X_t와 Y_t의 관계를 나타내주는 매우 중요한 값이다. 따라서 추정된 기울기에 대한 통계적인 성질을 알아야 한다. 우선, 단순선형회귀모형

$$Y_t = \beta_0 + \beta_1 x_t + \epsilon_t, \qquad t = 1, 2, \cdots, n$$

에서 ϵ_t는 서로 독립이며 $N(0,\ \sigma^2)$ 분포하는 것으로 가정할 때, $\hat{\beta}_1$은 정규분포하게 된다.

즉, $\hat{\beta}_1$을

$$\hat{\beta}_1 = \frac{\sum_{t=1}^{n}(x_t - \overline{x})(Y_t - \overline{Y})}{\sum_{t=1}^{n}(x_t - \overline{x})^2} \tag{6-8}$$

로 표현하면, $\hat{\beta}_1$은 확률변수가 되고

$$\hat{\beta}_1 \sim N\left(\beta_1,\ \frac{\sigma^2}{\Sigma(x_t - \overline{x})^2}\right)$$

분포에 따른다. 여기서 σ^2 은 오차 ϵ_t의 분산으로서 모르는 값(파라미터)이고, 이 값이 또한 $\hat{\beta}_1$의 분산에 포함되어 있기 때문에 σ^2를 추정하여야 하는데, σ^2의 가장 바람직한 추정치는

$$\hat{\sigma}^2 = \frac{SSE}{(n-2)} = MSE \tag{6-9}$$

이다. 여기서 $(n-2)$는 자유도(degree of freedom)이며, 자료의 수(n)에서 파라미터(여기서는 β_0, β_1)의 수를 뺀 것이라고 이해하면 될 것이다. 그리고 $\hat{\sigma}^2$을 MSE (Mean Square Error)라고 하며, 잔차제곱들을 평균한 것이다(잔차들의 분산). 앞의 예(A 주식가격과 종합주가지수의 시계열 데이터)에 대해서는 $\hat{\sigma}^2 = MSE = 2216.56/$

8 = 277.07이다. 그리고 $\hat{\sigma}$의 값은 16.64이다.

이제 식 (6–8)의 $\hat{\beta}_1$의 분포와 식 (6–9)를 사용하여 β_1에 대한 가설검증을 할 수 있다. 먼저, 식 (6–9)의 $\hat{\sigma}^2$을 식 (6–8)의 $\hat{\beta}_1$의 분산에 대입하면 t–통계량을 얻을 수 있는데, t–통계량은

$$T = \frac{\hat{\beta}_1 - \beta_1}{\hat{\sigma}\sqrt{\dfrac{1}{\Sigma(x_i - \bar{x})^2}}} \tag{6–10}$$

와 같이 정의되며, T는 자유도 $(n-2)$의 t–분포한다. 여기서 자유도는 $\hat{\sigma}$의 자유도이다.

이렇게 정의된 t–통계량, T를 검증통계량으로 사용하여

$$H_0 : \beta_1 = 0 \quad vs \quad H_1 : \beta_1 \neq 0 \tag{6–11}$$

에 대한 가설검증을 하게 되는데, 이 가설검증 절차는 반드시 필요하다.

왜냐하면 $\beta_1 = 0$ 이라는 영(귀무)가설이 기각되지 않는다면(채택된다면), X_t와 Y_t 간에는 아무런 관계가 성립하지 않는다는 것을 의미하기 때문이다. 다시 말하면, 자료로써 $\hat{\beta}_1$ 값이 계산되었을 때 그 값을 유효한(유의적인) 값으로 사용할 수 없는 것이다. 식 (6–11)에 대한 가설검증에서 $\hat{\beta}_1$ 값이

$$\hat{\beta}_1 > 0 + t_{\alpha/2}\hat{\sigma}/\sqrt{\sum(x_i - \bar{x})^2} \quad \Leftrightarrow \quad t = \frac{\hat{\beta}_1 - 0}{\hat{\sigma}/\sqrt{\Sigma(x_t - \bar{x})^2}} > t_{\alpha/2}$$

또는 (6–12)

$$\hat{\beta}_1 < 0 - t_{\alpha/2}\hat{\sigma}/\sqrt{\sum(x_i - \bar{x})^2} \quad \Leftrightarrow \quad t = \frac{\hat{\beta}_1 - 0}{\hat{\sigma}/\sqrt{\Sigma(x_t - \bar{x})^2}} < -t_{\alpha/2}$$

일 때 $H_0 : \beta_1 = 0$, 즉 귀무가설을 기각한다. 식 (6–12)를 H_0의 **기각역**이라고 한다. 물론 통계패키지는 위의 가설검증에 필요한 기각역을 구해 주지는 않으며, 다만 t 값과 t 값에 대한 $p-value$(유의확률)를 제공해 주는데 $p-value$의 크기를 가지고 가설검증을 하는 것이다($p-value$가 아주 작을 때 H_0 기각).

앞의 A 주식의 주가(Y_t)와 종합주가지수(X_t) 자료에 대한 $H_0 : \beta_1 = 0$에 대한 가설검증의 H_0 기각역은 식 (6–12)를 이용하여(이 경우, 유의수준 5%에서 자유도 8의 t 값은 $t_{.025} = 2.306$이므로)

$$\hat{\beta}_1 > 0 + (2.306)\ (16.64)/15.7 = 2.44$$

가 되고 실제로 얻어진 $\hat{\beta}_1$ 값이 5.31이므로 H_0를 기각한다.

여기서 첨가하고자 하는 것은 절편에 대해서는 그다지 크게 주목할 필요가 없다는 점이다. 왜냐하면 X_t와 Y_t의 관계식에 있어 중요한 부분은 기울기이며, 절편은 X_t가 0일 때 Y_t축을 지나는 값을 의미하는 것으로서 설명을 필요로 하지 않기 때문이다. 절편은 다만 Y_t와 X_t의 관계식을 구하는 데 있어, 자료들을 고르게 지나가는 좋은 적합값을 얻는 데 필요한 부분이라고 생각하면 될 것이다.

6.4 예측($\hat{Y}_t$의 통계적 성질)

앞 절에서 시계열자료에 대한 선형회귀모형이 추정되었을 경우, 이 결과를 가지고 향후 시점에 대한 예측을 해야 한다. 여기서 중요한 것은 시계열자료 Y_t에 대해 예측을 하기 위해서는 설명변수 X_t에 대해서 정확한 예측값이 필요하다는 것이다. 우선, 시점 $(T+1)$에서의 X_t 값이 x_{T+1}로 예측되었다고 한다면 추정된 회귀선에 의하여 시점 $(T+1)$에서의 Y_t의 예측값은

$$\hat{y}_{T+1} = \hat{\beta}_0 + \hat{\beta}_1 x_{T+1}$$

이 될 것이다.

즉, 예측은 이미 추정된 회귀선 $\hat{y} = \hat{\beta}_0 + \hat{\beta}_1 x$ 를 이용하는데, $\hat{\beta}_0$과 $\hat{\beta}_1$을 식 (6-8)과 같이 확률변수라고 하면, 이 식을

$$\widehat{Y} = \widehat{\beta_0} + \widehat{\beta_1}x \tag{6-13}$$

로 표현하게 된다. 즉, $\hat{\beta}_0$과 $\hat{\beta}_1$들을 추정량(확률변수)이라고 할 때 $\widehat{Y}$도 추정량이 되며, x_t에서의 추정량 $\widehat{Y}_t$의 분포는 다음과 같다. 즉,

$$\widehat{Y}_t \sim N\left(\beta_0 + \beta_1 x_t,\quad \sigma^2 (1 + \frac{1}{n} + \frac{(x_t - \overline{x})^2}{\Sigma(x_t - \overline{x})^2}\right) \tag{6-14}$$

이다. 그러므로 시점 $(T+1)$에서의 예측에 대한 신뢰구간은 위의 식 (6-14)를 사용

하여 얻어지며, 이는 SPSS 결과물에서 찾을 수 있다.

예를 들면, [표 6-2]의 A 주식의 주가와 종합지수 시계열자료에서 시점 11의 종합지수가 170으로 예측되었다고 하자. 그러면 시점 11의 A 주식 주가는 예측값은

$$\hat{y}_{11} = -34.09 + 5.31(170) = 868.6$$

이 되며, 이 예측값에 대한 95% 신뢰수준의 신뢰구간은($\hat{\sigma} = 16.64$),

$$868.6 \pm 2.306(16.64)\sqrt{1 + \frac{1}{10} + \frac{(170-162.4)^2}{246.4}}$$
$$\Leftrightarrow \ (817.4,\ 919.8)$$

로 얻어지게 된다.

6.5 분산분석표와 결정계수

단순선형회귀모형 $Y_t = \beta_0 + \beta_1 x_t + \epsilon_t,\ t = 1, 2, \cdots, n$이 주어진 자료에 대해 적당한 모형인가의 여부를 밝히기 위하여 분산분석표를 작성한다. 먼저 **제곱합**(Sum of Square)의 개념을 소개하면

$$(y_t - \bar{y}) = (y_t - \hat{y_t}) + (\hat{y_t} - \bar{y})$$

으로부터

$$\Sigma(y_t - \bar{y})^2 = \Sigma(y_t - \hat{y_t})^2 + \Sigma(\hat{y_t} - \bar{y})^2 \tag{6-15}$$

를 얻게 되고, 식 (6-15)의 각 항을

$\Sigma(y_t - \bar{y})^2 =$ **총제곱합**(SST : Sum of Squares Total)

$\Sigma(y_t - \hat{y}_t)^2 =$ **잔차제곱합**(SSE : Sum of Squares Error)

$\Sigma(\hat{y}_t - \bar{y})^2 =$ **회귀제곱합**(SSR : Sum of Squares Regression)

이라고 한다.

그리고 식 (6-15)의 제곱합들은 총제곱합 = 잔차제곱합 + 회귀제곱합의 관계, 즉

$$SST = SSE + SSR \tag{6-16}$$

의 관계에 있게 된다. 또한 식 (6−15)의 제곱합들은 자유도를 갖는데 각각 $(n-1)$, $(n-2)$, 1로서 **자유도들의 관계**도 제곱합과 같이

$$\begin{array}{ccccc} SST \text{ 자유도} & = & SSE \text{ 자유도} & + & SSR \text{ 자유도} \\ (n-1) & = & (n-2) & + & (1) \end{array} \tag{6-17}$$

의 관계에 있다. 이 제곱합들의 관계를 보다 자세히 살펴보기 위하여 [그림 6−3]과 같이 $(y_t - \bar{y})$를 두 부분으로 나누면,

$$(y_t - \bar{y}) = (y_t - \hat{y}_t) + (\hat{y}_t - \bar{y}) \tag{6-18}$$

이다.

즉, 식 (6−18)은 y_t의 편차 $(y_t - \bar{y})$를 회귀선 $\hat{y} = \hat{\beta}_0 + \hat{\beta}_1 x$ 로써 설명될 수 있는 부분인 $(\hat{y}_t - \bar{y})$와 설명될 수 없는 부분(잔차) $(y_t - \hat{y}_t)$으로 나눈 것이다. 그리고 이 편차들의 제곱합을 각각 식 (6−15)의 SSR, SSE라 하는 것이며, 이것들을 또한 **설명변동**(회귀제곱합, SSR)과 **불설명변동**(잔차제곱합, SSE)이라고도 한다. 여기서 $(\hat{y}_t - \bar{y})$는 직선의 기울기를 나타내는 부분이고, 기울기는 X가 Y에 얼마나 영향을 미치는가를 설명하는 것이므로 이것들의 제곱합을 설명변동이라고 하는 것이다. 따라서 설명변수 X로 설명할 수 있는 변동(SSR)과 X로 설명할 수 없는 변동인 잔차제곱합(SSE) 그리고 식 (6−17)의 자유도들을 사용하여 다음 [표 6−7]과 같이 분산분석표(*ANOVA Table*)를 작성하는 것이다. 분산분석표는 앞에서 설명한 내용들을 표로 만들어 놓은 것일 뿐이다.

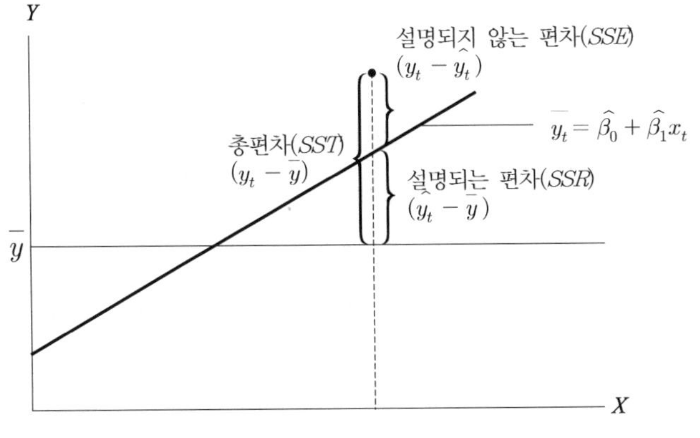

그림 6−4 편차의 설명되는 부분과 설명되지 않는 부분

표 6-6 단순선형회귀모형의 분산분석표

요인	제곱합	자유도	제곱평균	F
모형	SSR	1	$MSR=\dfrac{SSR}{1}$	$\dfrac{MSR}{MSE}$
잔차	SSE	$n-2$	$MSE=\dfrac{SSE}{n-2}$	
합계	SST	$n-1$		

[표 6-6]에서 F 값이 상당히 클 때는 MSR이 MSE보다 상대적으로 큰 경우이고, 모형으로써 설명할 수 있는 부분이 크다는 의미이므로 단순선형회귀모형은 바람직하다는 결론에 이르게 된다. 구체적으로 통계패키지(SPSS)는 [표 6-6]의 F 값에 대한 $p-value$를 구하여 제공하는데

$$H_0 : \text{모형이 유효하지 않다.} \quad \text{vs.} \quad H_1 : \text{모형이 유효하다.} \tag{6-19}$$
$$(H_0 : \beta_1 = 0) \qquad\qquad (H_1 : \beta_1 \neq 0)$$

라는 가설에 대해 F 값의 $p-value$ 값이 작게 나오면 H_0를 기각하는 것이다. 여기서 모형이 유효하지 않다는 의미는 곧 $\beta_1 = 0$이라는 것을 알아야 한다. 다시 말하면, 시계열 Y_t와 설명변수 X_t 간에는 아무런 관계가 없다는 것을 말하는 것이다.

더욱이, 회귀선에 의해 설명변수 X_t가 종속변수 Y_t의 변동을 얼마만큼이나 설명할 수 있는가를 나타내는 **결정계수**(determination coefficient)는

$$R^2 = \frac{SSR}{SST} \tag{6-20}$$

으로 정의된다.

결정계수는 총변동(SST) 중에서 설명변동이 차지하는 비율로서, $0 \le R^2 \le 1$ 사이에서 얻어진다. 그리고 결정계수는 설명변수 X_t가 Y_t를 얼마나(몇 %) 설명하고 있는가를 나타내주는 값이다.

앞의 A 주식의 주가 예에 대한 분산분석표는 [표 6-8]과 같고 $R^2 = 0.7580$ 이다. 그리고 [표 6-5]의 (3)~(5)열의 계산 결과들을 참조하라.

표 6-7 A 주식 주가 예에 대한 분산분석표

요인	제곱합	자유도	제곱평균	F	p-값
모형	6943.4	1	6943.4	25.06	0.0010
잔차	2216.6	8	277.1		
합계	9160.0	9			

[표 6-7]에서 p-값이 0.0010으로 얻어졌기 때문에 A 주식 주가 자료에 대한 단순선형모형은 유효하다고 하는 것이다. 모형이 유효하다는 표현은 추정된 기울기가 유의적이라는 의미이지 최선의 모형이라는 의미는 아니다. 그리고 단순선형회귀모형에서는 파라미터가 하나뿐이기 때문에 위 식 (6-19)는 앞의 3절에서 다룬 것과 같이 $H_0: \ \beta_1 = 0$ 에 대한 가설검증과 같다. 그러나 다음 절에서 다루는 다중회귀모형에서는 각각의 파라미터에 대한 가설검증과 모형이 유효하지 않은지(즉 모든 파라미터가 유효하지 않은지)에 대한 가설검증은 서로 다른 문제라는 것을 설명하게 될 것이다.

6.6 잔차분석

회귀분석모형에서 특별히 점검해야 하는 것은 오차항에 대한 가정의 부합 여부를 알아보는 것이다. 다시 말하면, 식 (6-1)의 단순회귀모형에 오차항에 대한 가정이 있는데, 오차는 독립적(독립적이면 상관관계가 없다는 의미)으로 정규분포한다는 가정과 오차항들은 시점 t에 관계없이 같은 분산 σ^2을 갖는다(등분산 가정)는 것이다. 즉, 이러한 가정들이 성립할 경우에만 선형회귀모형으로 얻어진 결과들이 유효하다는 의미이다. 그러므로 이 가정들이 맞는 것인지를 확인해야 하는데, 오차라는 변수들의 실현된 값들인 **잔차**(residual)값들로써 오차항에 대한 가정을 진단하는 것이다.

우선, 잔차들의 합은 항상 0이므로 이 부분에 대한 점검은 필요하지 않다. 잔차들의 분포가 정규분포에 근사한가에 대해서는 **정규분포확률도표**(normal probability plot)로써 점검하는 방법과 Shapiro-Wilks 검증 방법 등이 있으나, 여기서는 정규분포확률도표에 의한 점검만을 다룬다. [그림 6-5]는 잔차들의 표준정규분포도표의 예인데 얻어진 잔차들이 직선(45^0선)으로 나타날수록 정규분포에 가까운 것으로 간주된다.

이제 잔차들의 분포가 등분산 가정을 만족하는지와 서로 상관이 없는지를 알아보는데, 잔차도표를 사용한다. 시계열자료분석에서의 잔차도표는 시점 t의 순서대로 잔차들의 분포를 표현해야 하기 때문에 **순차도표**라고도 한다. 일반적인 회귀분석에서는 잔차도표를 잔차와 $\hat{y}$ 값들로써 얻지만, 시계열자료분석은 시점 t에 따른 잔차들의 분포로 잔차도표(순차도표)를 나타내야 한다. 그 이유는 시계열자료는 시점의 순서에 따라 얻어진 자료이기 때문이다.

[그림 6-5]는 잔차들의 여러 가지 분포 형태이다. 여기서 볼 수 있는 것과 같이 잔차들 e_t가 아무런 패턴을 보이지 않고 일정한 폭 안에서 분포되어 있는 경우에는 등

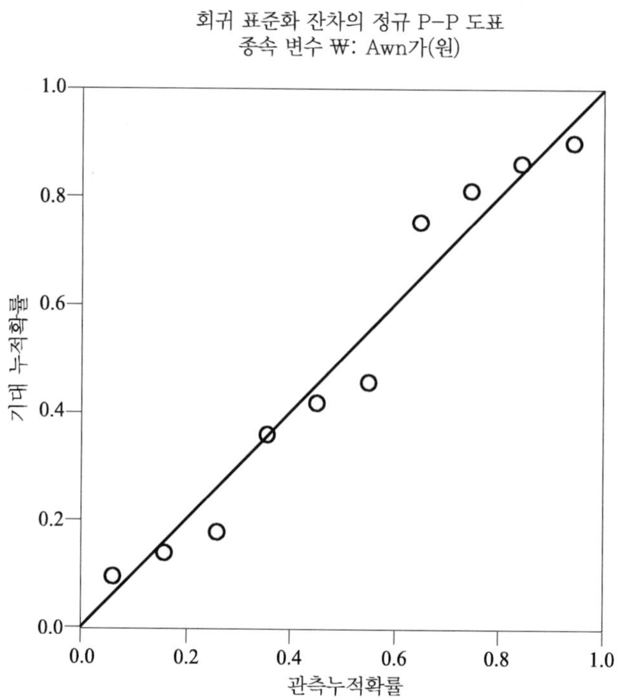

그림 6-5 잔차들의 표준정규분포도

분산의 가정에 이상이 없다는 것을 나타내며([그림 6-6] (a)), 잔차들의 바람직한 분포이다. 그러나 [그림 6-6] (b)와 같이 잔차들의 분포 폭이 변화할 때는 등분산의 가정에 문제가 있다는 것을 나타내는 것이라고 할 수 있다. 잔차들이 이와 같은 분포의 모습을 보일 경우 대체로 시계열자료를 대수(log) 변환하여 분석하는 것이 일반적이다. 또한 [그림 6-6] (c)에서 볼 수 있듯이 잔차들이 일정한 기간 동안 + 값을 갖다가 일정 기간 동안에는 − 값을 갖는 패턴을 갖는 경우에는 잔차들 간에 서로 상관이 있다는 것을 의미하며, 이를 **자기상관**(autocorrelation)이라고 한다. 시계열자료에서는 이와 같이 잔차들 간에 서로 상관이 있는 경우가 흔히 나타나기 때문에 잔차들 간에 자기상관이 있는가를 알아보는 것은 매우 중요한 일이며, 이를 위하여 **Durbin-Watson 통계량**을 사용한다. 잔차들 간의 자기상관 문제는 7.1절에서 자세하게 다루게 될 것이다.

앞에서 설명한 잔차분석은 회귀모형을 다룰 때 매우 중요한 부분이다. 왜냐하면 회귀모형은 오차에 대한 가정이 전제 조건인데, 자료가 그 전제 조건을 만족하는 자료인지를 점검하는 일이기 때문이다. 다시 말하면 오차에 대한 가정이 충족되지 않을 경우, 회귀모형에 의해 분석된 결과는 아무 소용이 없는 것이다.

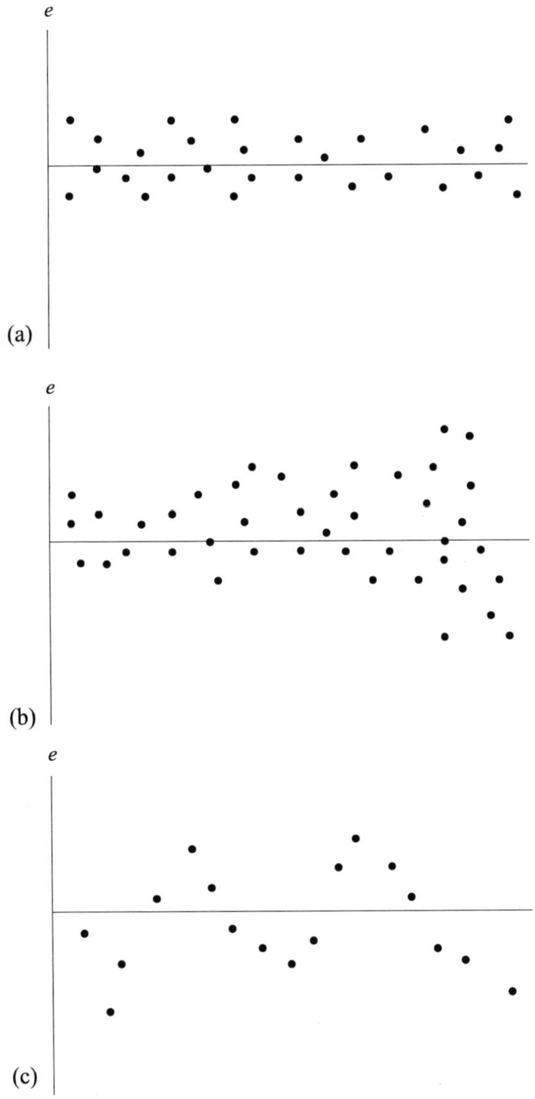

그림 6-6 잔차들의 여러 가지 분포 형태

6.7 단순선형회귀모형에 대한 SPSS 실습

SPSS 실습 6-1

여기서 다루는 SPSS 실습 예는 앞의 본문에서 다룬 시계열자료이다. 즉, 2008년 1월부터(10개월 동안)의 A 주식 가격(Y_t)과 종합주가지수(X_t)이다. 이 자료를 가지고 설명변수인 종합주가지수 X_t가 A 주식의 가격에 어떻게 영향을 미치는가를 단순선형회귀모형으로써 알아보고자 한다(자료명: ch6ex1).

월	1	2	3	4	5	6	7	8	9	10
A 주식의 주가(Y_t)	800	820	840	890	830	860	800	780	820	840
종합주가지수(X_t)	160	162	165	170	160	165	155	154	165	168

상단 메뉴에서 파일(F) → 열기(O) → [데이터(D)]로 SPSS 자료 파일 폴더에서 ch6ex1. sav를 불러온다.

실습 15.1 날짜 정의

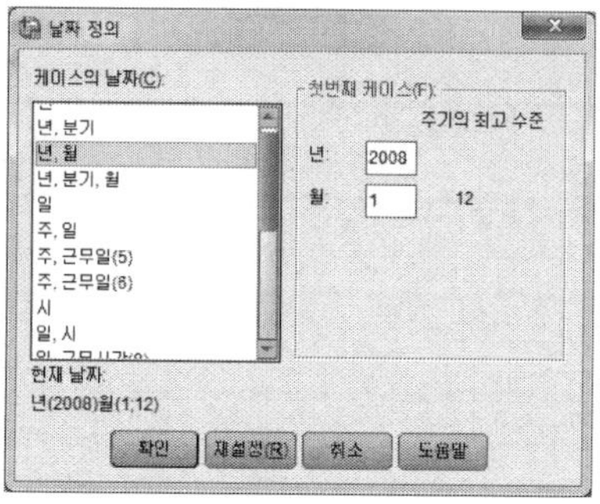

- 상단 메뉴에서 **[데이터(D)]** → **[날짜 및 시간 정의(E)]**를 누른다.
- 날짜 정의 대화상자가 나타나면 왼쪽 **[케이스의 날짜(C)]**에서 년, 월을 선택하고, **[첫 번째 케이스(F)]**에서 2008년 1월을 [실습 15.1]과 같이 입력하고 **[확인]**을 누른다.

실습 15.2 단순회귀분석의 절차(1)

• 상단 메뉴의 **[분석(A)]**에서 **[회귀분석(R)]** → **[선형(L)]**을 선택한다.

실습 15.3 단순회귀분석의 절차(2)

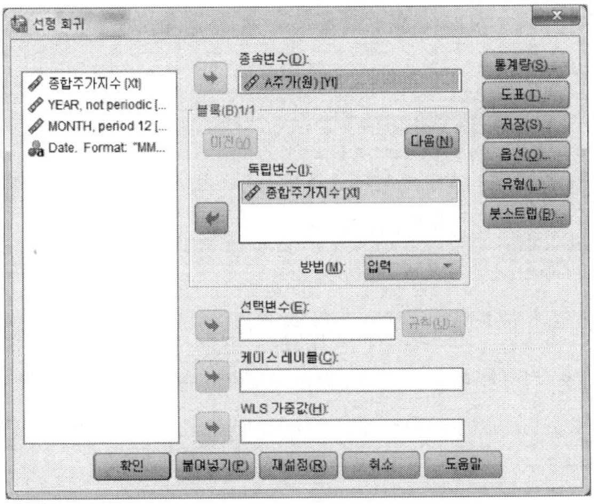

• 선형 회귀 대화상자가 나타나면 **[종속변수(D)]**에 A 주가(원)[Yt]를 넣고, [독립변수(I)]에 종합주가지수[Xt]를 [실습 15.3]과 같이 옮긴 후, 오른쪽 상단의 **[통계량(S)]**를 선택한다.

실습 15.4 단순회귀분석의 절차(3)

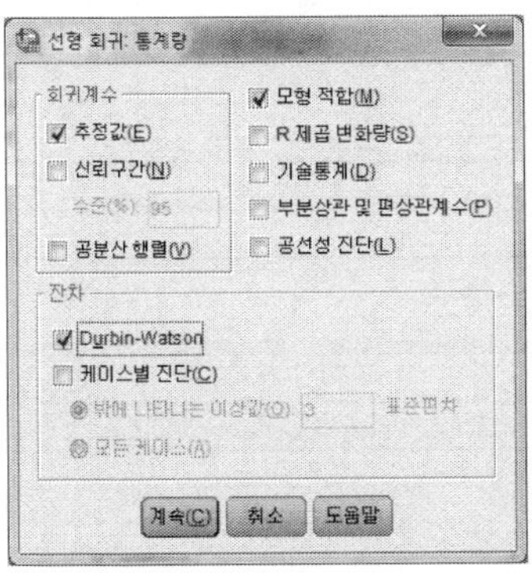

• 선형 회귀: 통계량의 대화상자가 나타나면, [회귀계수]의 [추정값(E)], 오른쪽의 [모형적합(M)], 하단의 [잔차]에서 **[Durbin–Watson]**을 선택한 후, [계속(C)]을 누른다. 다시 선형 회귀 대화상자로 돌아가게 되면 **[도표(T)]**를 선택한다.

실습 15.5 단순회귀분석의 절차(4)

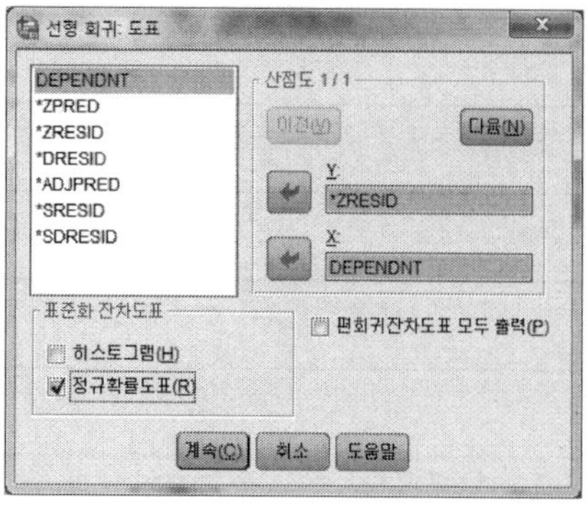

• 선형 회귀: 도표의 대화상자가 나타나면 [Y]에 *ZRESID를 지정하고, [X]에는 DEPENDNT를 지정한 다음 하단의 [표준화 잔차도표]에서 [정규확률도표(R)]를 선택한 후, [계속(C)]을 누른다. 다시 선형 회귀 대화상자로 돌아가게 되면, 오른쪽에 [**저장(S)**]을 선택한다.

실습 15.6 단순회귀분석의 절차(5)

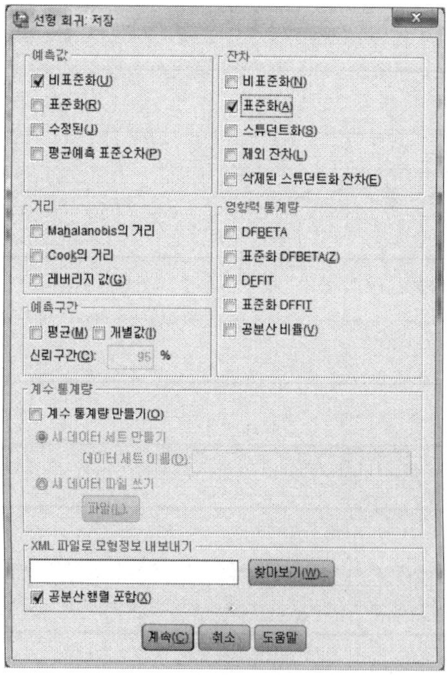

• 선형 회귀: 저장 대화상자가 나타나면, [예측값]에서 [**비표준화(U)**]를 선택하고, [잔차]에서 [**표준화(A)**]를 선택한 후, [계속(C)]을 누른다. 다시 [실습 15.3]의 대화상자가 나타나면, 이번에는 [**옵션(O)**]을 선택한다.

실습 15.7 단순회귀분석의 절차(6)

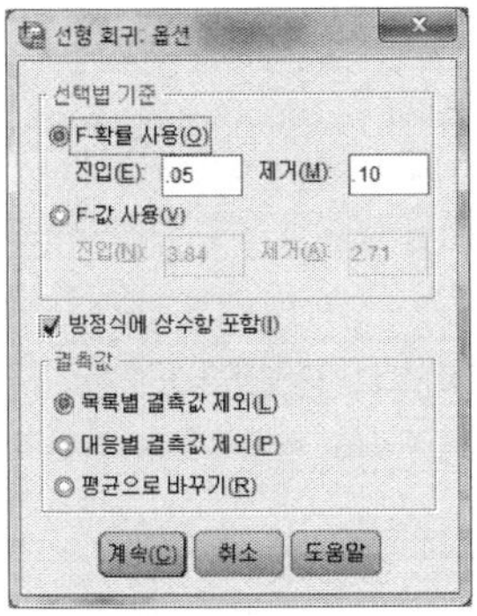

- 선형 회귀: 옵션 대화상자가 나타나면, [실습 15.7]과 같이 각 설정을 default 값으로 놓고, [계속(C)] 버튼을 누른 후, 하단의 **[확인]**을 눌러 실행한다.

실습 15.8 단순회귀분석의 결과(1)

입력/제거된 변수[a]

모형	입력된 변수	제거된 변수	방법
1	종합주가지수[b]	.	입력

a. 종속변수: A주가(원)

b. 요청된 모든 변수가 입력되었습니다.

모형 요약[b]

모형	R	R 제곱	수정된 R 제곱	추정값의 표준오차	Durbin-Watson
1	.871[a]	.758	.728	16.645	.602

a. 예측자: (상수), 종합주가지수

b. 종속변수: A주가(원)

ANOVA[a]

모형		제곱합	자유도	평균제곱	F	유의확률
1	회귀	6943.442	1	6943.442	25.060	.001[b]
	잔차	2216.558	8	277.070		
	전체	9160.000	9			

a. 종속변수: A주가(원)

b. 예측자: (상수), 종합주가지수

계수[a]

모형		비표준화 계수 B	비표준화 계수 표준오차	표준화 계수 베타	t	유의확률
1	(상수)	-34.091	172.291		-.198	.848
	종합주가지수	5.308	1.060	.871	5.006	.001

a. 종속변수: A주가(원)

잔차 통계량[a]

	최소값	최대값	평균	표준편차	N
예측값	783.41	868.34	828.00	27.776	10
잔차	-21.802	21.656	.000	15.693	10
표준화 예측값	-1.605	1.452	.000	1.000	10
표준화 잔차	-1.310	1.301	.000	.943	10

a. 종속변수: A주가(원)

(1) **모형 요약**에서 R^2(결정계수)가 .758이므로 종합주가지수는 A 주식의 주가를 75.8% 설명한다고 한다.

이는 **분산분석** 결과를 통해 구할 수 있는데, $R^2 = \frac{SSR}{SST} = \frac{6943.442}{9160.00} = 0.758$ 이다.

(2) **계수**에서 $y_t = -34.091 + 5.308\,x$ 의 회귀선이 추정된다. 그리고 회귀계수는 매우 유의적으로($t = 5.006,\ p-value = .001$)이므로 $H_0 : \beta_1 = 0$ 을 기각한다. 즉, 5.308는 종합주가지수가 1 단위 오를 때 A주식은 5.31 상승하는 관계에 있다고 할 수 있다.

실습 15.9 단순회귀분석의 결과(2)

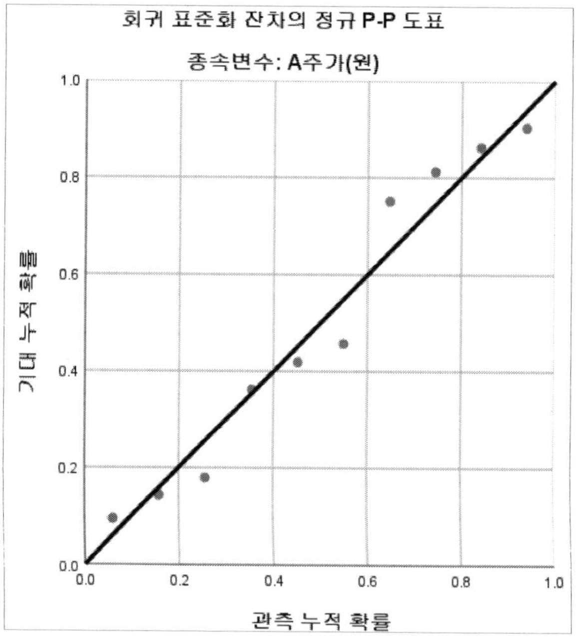

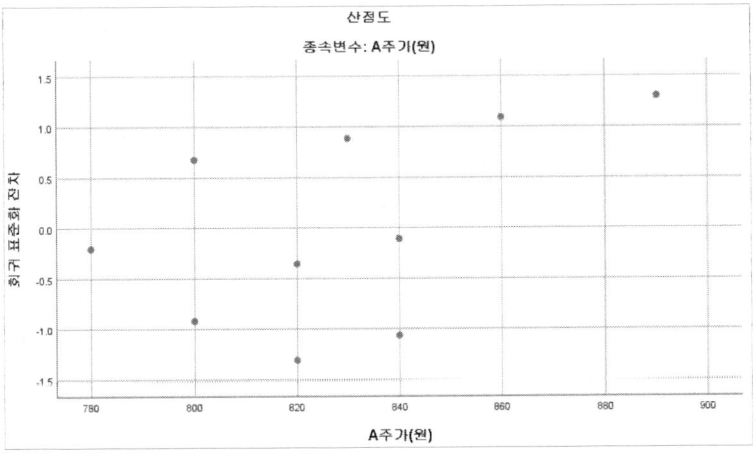

• [실습 15.9]와 같은 잔차의 정규 P-P와 잔차도표의 결과가 Output에 나타난다.

6.8 다중회귀모형

여기서는 앞에서 다룬 설명변수(독립변수, 입력변수)가 하나인 경우가 아니라 설명변수가 여러 개인 경우를 다루기로 한다. 대부분의 경우, 어떤 시계열자료를 하나의 독립변수에 의해 설명하는 것보다는 여러 개의 독립변수들로 설명하는 경우가 더 현실적이기 때문이다. **다중회귀모형**(Multiple Regression Model)이란 설명변수가 두 개 이상인 경우의 회귀모형이다. 즉, p개의 설명변수들이 포함되어 있는 다중선형회귀모형을

$$Y_t = \beta_0 + \beta_1 x_{t1} + \beta_2 x_{t2} + \cdots + \beta_p x_{tp} + \epsilon_t, \quad t = 1, 2, \cdots n \qquad (6-21)$$

으로 표현한다. 즉, 식 (6-21)은 시계열자료 Y_t의 변화를 p개의 설명변수인 시계열자료들, $(X_{t1}, \cdots, X_{tp})$로써 설명해 보고자 하는 것이다. 식 (6-21)에서 X들을 소문자로 표현한 것은 단순회귀모형에서와 마찬가지로 주어진 값들로 간주하기 때문이다.

단순회귀모형에서와 마찬가지로 다중회귀모형에서도 최소제곱법에 의하여 β들의 추정치들을 얻게 되고, 제곱합들로써 분산분석표를 작성하게 된다. 다중회귀분석모형에서 다루는 시계열자료들은 [표 6-8]과 같이 정리된다.

표 6-8 다중회귀모형의 자료

Y	X_1	X_2		X_p
y_1	x_{11}	x_{12}	$\cdots$	x_{1p}
y_2	x_{21}	x_{22}	$\cdots$	x_{2p}
$\vdots$	$\vdots$	$\vdots$	$\vdots$	$\vdots$
y_n	x_{n1}	x_{n2}	$\cdots$	x_{np}

다중회귀모형에 대한 분석이나 결과를 해석하는 방법은 단순회귀모형에서와 같다. 즉, 파라미터들을 추정하는 방법도 통상적으로 최소제곱법을 사용하며, 각각의 추정된 파라미터에 대한 가설검증의 방법도 똑같다. 다만, 분산분석표에 나오는 결과들에 대한 해석에 유의해야 할 것이다.

예를 들어, 어느 유리회사의 연간 매출액(Y_t)은 자동차 생산대수(X_{t1})와 신축건물량(X_{t2})에 영향을 받는다고 하자. 그러면 두 개의 설명변수 (X_{t1}, X_{t2})가 포함되는 다중회귀모형은

$$Y_t = \beta_0 + \beta_1 x_{t1} + \beta_2 x_{t2} + \epsilon_t, \quad t = 1, \cdots, n \tag{6-22}$$

와 같으며, 식 (6-22)의 추정된 회귀식은

$$\hat{y} = \hat{\beta}_0 + \hat{\beta}_1 x_1 + \hat{\beta}_2 x_2 \tag{6-23}$$

로 표현될 것이다. 여기서 $\hat{\beta}_0$, $\hat{\beta}_1$, $\hat{\beta}_2$는 각각 β_0, β_1, β_2의 추정치이며, 다중회귀분석에서도 최소제곱법을 충족시키기 위해서는 단순회귀분석에서와 마찬가지로 잔차들의 제곱합을 최소로 하는 $\hat{\beta}_0$, $\hat{\beta}_1$, $\hat{\beta}_2$의 값을 구해야 한다.

즉, 잔차들의 제곱합은

$$SSE = \sum_{t=1}^{n} e_t^2 = \sum_{t=1}^{n} (y_t - \hat{y}_t)^2 = \sum_{t=1}^{n} (y_t - \hat{\beta}_0 - \hat{\beta}_1 x_{t1} - \hat{\beta}_2 x_{t2})^2 \tag{6-24}$$

이며, 식 (6-24)에서 $\hat{\beta}_0$, $\hat{\beta}_1$, $\hat{\beta}_2$가 미지수이므로 SSE를 $\hat{\beta}_0$, $\hat{\beta}_1$, $\hat{\beta}_2$ 각각에 대해 편미분한 값을 0으로 한 후 정리하면

$$\hat{\beta}_1 = \frac{(\Sigma y_t x_{t1})(\Sigma x_{t2}^2) - (\Sigma y_t x_{t2})(\Sigma x_{t1} x_{t2})}{(\Sigma x_{t1}^2)(\Sigma x_{t2}^2) - (\Sigma x_{t1} x_{t2})^2}$$

표 6-9 유리회사 매출액과 자동차 판매대수 및 신축건물량

t	Y_t(단위: 10억 원)	X_{t1}(단위: 10만 대)	X_{t2}(단위: 10만 평)
1	280.0	3.909	9.43
2	281.5	5.119	10.36
3	337.4	6.666	14.50
4	404.2	5.338	15.75
5	402.1	4.321	16.78
6	452.0	6.117	17.44
7	431.7	5.559	19.77
8	582.3	7.920	23.76
9	596.6	5.816	31.61
10	620.8	6.113	32.17
11	513.6	4.258	35.09
12	606.9	5.591	36.42
13	629.0	6.675	36.58
14	602.7	5.543	37.14
15	656.7	6.933	41.30
16	778.5	7.638	45.62
17	877.6	7.752	47.38
18(est.)		6.400	48.51
19(est.)		7.900	51.23

$$\hat{\beta}_2 = \frac{(\sum y_t x_{t2})(\sum x_{t1}^2) - (\sum y_t x_{t1})(\sum x_{t1} x_{t2})}{(\sum x_{t1}^2)(\sum x_{t2}^2) - (\sum x_{t1} x_{t2})^2} \qquad (6-25)$$

$$\widehat{\beta_0} = \overline{y} - \widehat{\beta_1}\,\overline{x_1} - \widehat{\beta_2}\,\overline{x_2}$$

을 얻게 된다. 그러나 설명변수의 수가 3개 이상이 되면 위와 같은 결과를 얻기가 너무 복잡하므로 벡터와 행렬을 이용해야 하는데, 여기서는 SPSS 실습 결과를 가지고 설명하도록 한다.

다중회귀모형을 이용하여 유리회사의 매출액을 예측하기 위하여 [표 6-9]와 같이 과거 17년간(1990~2006)의 시계열자료를 확보하고, 향후 2개년도(2007, 2008년도)의 자동차 생산대수와 신축건물량의 예측값을 알고 있다고 하자.

[표 6-9]의 자료에 대해 SPSS를 사용하여 얻은 결과는 [표 6-10]과 같다(이 자료에 대한 실습은 다음 절에서 다룬다). [표 6-10]로부터 추정된 회귀식은

$$\hat{y} = \underset{(.718)}{19.123} + \underset{(.003)}{35.670}x_1 + \underset{(.000)}{10.860}x_2 \qquad (6-26)$$

표 6-10 파라미터(계수)의 SPSS 결과

모형	비표준화계수		표준화계수	t	유의확률	공선성 통계량	
	B	표준오차	베타			공차한계	VIF
1(상수)	19.123	51.939		0.368	0.718		
자동차 생산대수(X_{t1})	35.670	10.044	0.258	3.551	0.003	0.719	1.39
신축건물량(X_{t2})	10.860	0.972	0.812	11.171	0.000	0.719	1.39

이며, 괄호 안의 값은 **유의확률**($p-value$)이다. 일반적으로 유의확률을 추정된 파라미터 값 아래 괄호로 표기해 넣는다. 우선, 각 파라미터의 추정된 값이 유의적인가를 가설검증해야 한다. 즉,

$$H_0 : \beta_j = 0 \quad \text{vs.} \quad H_1 : \beta_j \neq 0 \qquad j = 1, 2 \tag{6-27}$$

에 대해 각각 $p-value$들이 0.003, 0.000이므로 β_1, β_2 파라미터들은 모두 유의적인 것으로 판단할 수 있다.

그러므로 이제는 식 (6-26)에 대한 설명을 할 수 있는데, 식 (6-26)에서 얻어진 계수 35.7과 10.9는 각각의 독립변수(설명변수) 한 단위가 증가할 경우 매출액이 각각 35.7, 10.9만큼 증가한다는 것을 의미한다. 다시 말하면, 자동차 생산대수가 1단위(10만 대) 증가할 때 매출액이 357억 원 증가한다는 것이다.

그러나 X_1(자동차 생산대수)의 계수가 35.7이고, X_2(신축건물량)의 계수가 10.9라고 해서 X_1(자동차 생산대수)가 X_2(신축건물량)보다 Y(매출액)에 대해 더 중요한 변수라고 해석해서는 안 된다. 왜냐하면 설명변수들의 단위가 다르기 때문이다. 독립변수(설명변수)들 중에서 어느 독립변수(설명변수)가 Y(매출액)에 대해서 중요한 변수인가를 판단하려면 독립변수(설명변수)들을 표준화시켰을 때 얻어지는 계수들을 비교해 보아야 하는데, 이를 **표준화계수**(standardized coefficient)라고 하며, SPSS에서는 특별히 **베타계수**(beta coefficient)라고 한다. [표 6-10]에서 X_1(자동차 생산대수)에 대한 표준화계수가 0.258, X_2(신축건물량)에 대한 표준화계수가 0.812로 얻어지는데, 즉 자동차 생산대수보다 신축건물량이 3배 이상(0.812/ 0.258) 유리회사의 매출액에 영향을 미치는 중요한 변수라고 설명할 수 있는 것이다.

이제, SPSS가 제공하는 분산분석표를 살펴보기로 하자. [표 6-11]에는 모형요약과 분산분석표가 나타나 있다.

우선, 이 시계열자료들을 두 개의 설명변수(자동차 생산대수와 신축건물량)로써 유리회사의 매출액에 다중회귀모형을 적용시킨 것에 대한 기본적 문제는 없는지를 알아보아야 하는데, SPSS의 출력결과 중 모형요약과 분산분석표를 사용한다. 즉, [표

표 6-11 모형요약과 분산분석표 SPSS 결과

모형 요약					
모형	R	R^2	Adjusted R^2	추정값의 표준오차	Durbin-Watson
1	0.973	0.947	0.939	41.07996	1.421
분산분석					
모형	제곱합	자유도	평균제곱	F	유의확률
선형회귀분석	420855.493	2	210427.747	124.693	0.000
잔차	23625.886	14	1687.563		
합계	444481.379	16			

a 예측값: (상수), 신축건물량(X_{2t}), 자동차 생산대수(X_{1t})

b 종속변수: 연간 매출액(Y_t)

6-11]의 분산분석표에서 두 평균세곱값들의 비율(MSR/MSE)은 $F-value$로서 124.7이며, 이에 대한 $p-vaule$(유의확률)가 0.000으로 얻어지므로

$$H_0 \ : \text{모형이 성립하지 않는다.} \ (\Leftrightarrow \ \beta_1 = \beta_2 = 0 \ ) \quad \text{vs.} \quad H_1 \ : \sim H_0$$

에서 H_0를 기각한다. 즉, 유리회사 매출액(Y)을 자동차 판매대수(X_1)와 신축건물량(X_2)으로써 설명하고자 하는 회귀분석모형은 유의적인 것으로 판단되는 것이다. 다중회귀모형을 사용했을 경우, 분산분석표의 $F-value$는 거의 항상 큰 값으로 나오고, 따라서 $p-value$는 작은 값이 된다. 즉, $H_0(\beta_1 = \beta_2 = 0)$를 기각하게 된다. 왜냐하면 설명변수(독립변수)를 2개 이상 사용하여 회귀분석을 하는데, 모든 설명변수가 불필요한 설명변수들은 아닐 것이기 때문이다.

또한, 식 (6-20)의 결정계수(coefficient of determination)는

$$R^2 = \frac{SSR}{SST} = \frac{420855.493}{444481.379} = 0.947$$

로 얻어지는데 자동차 판매대수(X_1)와 신축건물량(X_2) 2개의 설명변수(독립변수)가 유리회사의 매출액을 94.7% 설명하고 있다는 것을 의미한다. 여기서 자유도를 반영한 결정계수인 **조정된 결정계수**($Adj.R^2$)를 간단히 설명하면, 조정된 결정계수는 새로운 설명변수를 추가하고자 할 때 그 설명변수를 추가해야 하는가를 판단하기 위하여 사용하는 지표이다. 그러므로 조정된 결정계수의 사용 용도는 극히 제한적인 것이다. 결코, 결정계수보다 좋은 것이 조정된 결정계수가 아님을 알아 두어야 한다. 아무튼 조정된 결정계수는,

$$Adj.\ R^2 = 1 - \frac{SSE/(n-p-1)}{SST/(n-1)} \quad (6\text{-}28)$$

로 정의된다(일부 교재의 수정된 결정계수라는 용어는 잘못된 것임).

마지막으로, [표 6-11]의 모형요약에 Durbin-Watson 통계량 값이 나오는데, 이것은 7.1절 자기상관 부분에서 다루기로 한다.

이제는 식 (6-26)의 추정된 회귀식을 가지고 18년째의 유리회사 매출액을 예측할 수 있으며, 그 결과는 다음과 같다. 즉,

$$\begin{aligned} \hat{y}_{18} &= 19.1 + 35.7(6.4) + 10.9(48.51) \\ &= 776.3 \end{aligned}$$

이다. 앞에서도 설명했지만 $t=18$에서의 설명변수 예측값들의 정확도에 대해서는 문제가 없다는 것이 전제되어야 할 것이다. 그리고 유의해야 하는 점은 이 시계열자료에 대한 예측을 식 (6-26)으로써 하는 것이 가장 좋은 예측 방법이라는 것은 아니라는 점이다.

또한 앞에서도 강조했듯이 잔차들에 대한 분석을 해야 한다. 즉, 앞의 6.6절에서 설명한 바와 같다.

6.8.1 다중회귀모형에 대한 SPSS 실습

SPSS 실습 6-2

여기서 다루는 SPSS 실습 예는 앞의 본문에서 다룬 시계열자료이다. 유리회사 매출액과 자동차 생산대수와 신축건물량의 시계열자료를 이용하여 SPSS 사용방법을 알아보도록 하자(자료명: ch6ex2).

t	Y_t(단위:10억 원)	X_{1t}(단위:10만 대)	X_{2t}(단위:10만 평)
1	280.0	3.909	9.43
2	281.5	5.119	10.36
3	337.4	6.666	14.50
4	404.2	5.338	15.75
5	402.1	4.321	16.78
6	452.0	6.117	17.44
7	431.7	5.559	19.77
8	582.3	7.920	23.76

t	Y_t(단위:10억 원)	X_{1t}(단위:10만 대)	X_{2t}(단위:10만 평)
9	596.6	5.816	31.61
10	620.8	6.113	32.17
11	513.6	4.258	35.09
12	606.9	5.591	36.42
13	629.0	6.675	36.58
14	602.7	5.543	37.14
15	656.7	6.933	41.30
16	778.5	7.638	45.62
17	877.6	7.752	47.38

상단 메뉴에서 [파일(F)]→[열기(O)]→[데이터(D)]로 SPSS 자료 파일 폴더에서 ch6ex2.sav를 불러온다.

실습 16.1 날짜 정의

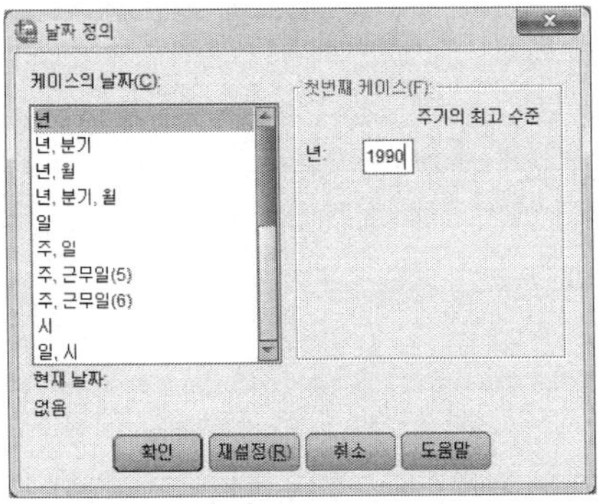

- 상단 메뉴에서 **[데이터(D)] → [날짜 및 시간 정의(E)]**를 누른다.
- 날짜 정의 대화상자가 나타나면 왼쪽 **[케이스의 날짜(C)]**에서 년을 클릭하고, **[첫 번째 케이스(F)]**에서 1990년 입력하고 [확인]을 누른다.

실습 16.2 다중회귀분석의 절차(1)

• [**분석(A)**] → [**회귀분석(R)**] → [**선형(L)**]을 실행한다.

실습 16.3 다중회귀분석의 절차(2)

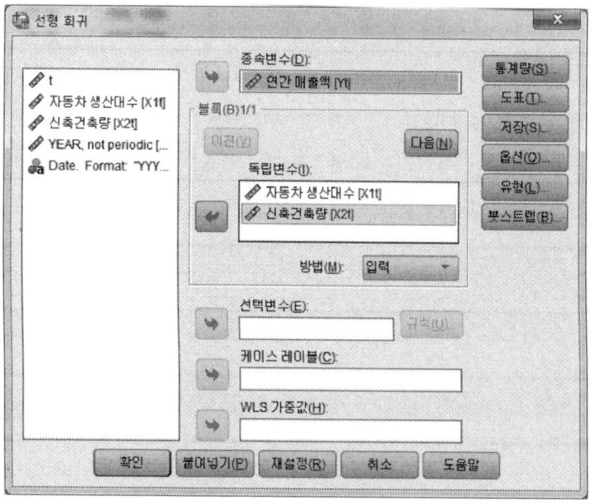

• 선형 회귀 대화상자가 나타나면 [**종속변수(D)**]에 연간 매출액[Yt]을 옮겨놓고, [독립변수(I)]에 자동차 생산대수[X1t], 신축건물량[X2t]을 [실습 16.3]과 같이 옮긴 후, 오른쪽 상단의 [**통계량(S)**]을 선택한다.

실습 16.4 다중회귀분석의 절차(3)

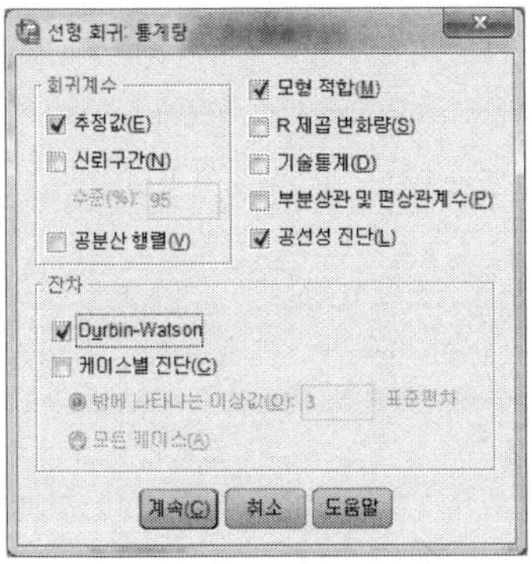

- 선형 회귀: 통계량의 대화창이 나타나면, [회귀계수]의 **[추정값(E)]**을 선택하고, 추가로 **[모형 적합(M)]**과 **[공선성 진단(L)]**을 선택한다.
- [잔차]의 **[Durbin–Waston(U)]**을 선택하고, 하단의 [계속(C)]을 누른다. [실습 16.3]의 창에서 **[도표(T)]**를 선택한다.

실습 16.5 다중회귀분석의 절차(4)

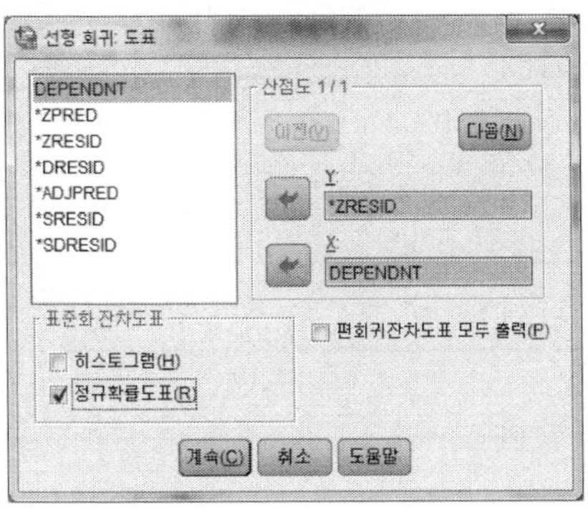

- 선형 회귀: 도표의 대화상자가 나타나면, [Y]에 *ZRESID를 지정하고, [X]에는 DEPENDNT를 지정한 다음, [표준화 잔차도표]에서 [정규확률도표(R)]를 선택한 후, [실습 16.3]의 대화상자가 나타나면 **[저장(S)]**을 선택한다.

실습 16.6 다중회귀분석의 절차(5)

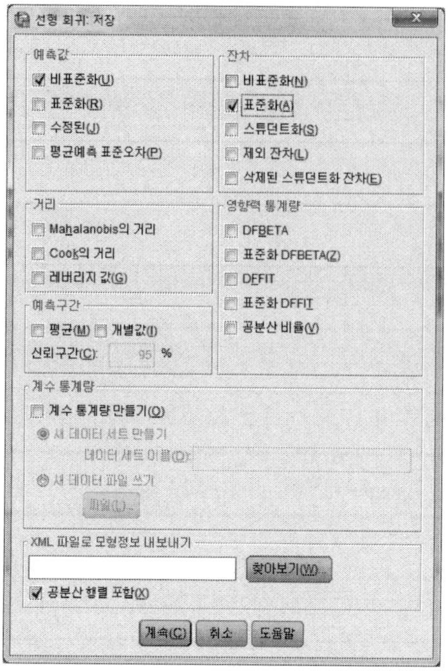

• 선형 회귀: 저장 대화상자가 니디나면, [예측값]에서 **[비표준화(U)]**를 선택하고, [잔차]에서 **[표준화(A)]**를 선택한 후, 하단의 [계속(C)]을 누르고, [실습 16.3]의 대화상자가 나타나면 **[옵션(O)]**을 선택한다.

실습 16.7 다중회귀분석의 절차(6)

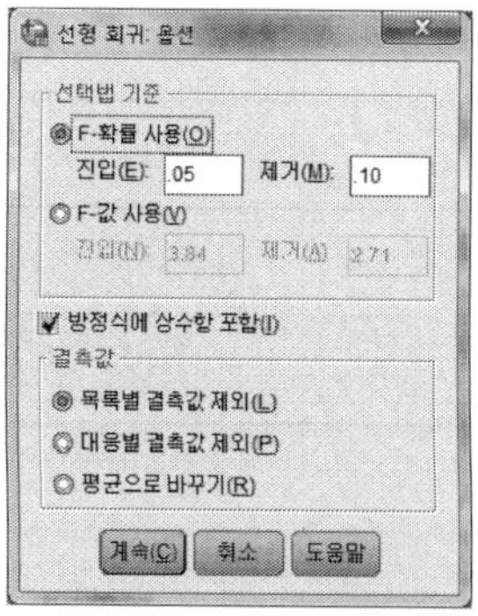

• 선형 회귀: 옵션 대화상자가 나타나면, [실습 16.7]와 같이 각 설정을 default 값으로 놓고, 하단의 [계속(C)]을 누른 후, [실습 16.3]으로 돌아가면, [확인]을 눌러 실행한다.

실습 16.8 다중회귀분석의 결과(1)

입력/제거된 변수[a]

모형	입력된 변수	제거된 변수	방법
1	신축건축량, 자동차 생산대수[b]	.	입력

a. 종속변수: 연간 매출액

b. 요청된 모든 변수가 입력되었습니다.

ANOVA[a]

모형		제곱합	자유도	평균제곱	F	유의확률
1	회귀	420855.493	2	210427.747	124.693	.000[b]
	잔차	23625.886	14	1687.563		
	전체	444481.379	16			

a. 종속변수: 연간 매출액

b. 예측자: (상수), 신축건축량, 자동차 생산대수

계수[a]

모형		비표준화 계수		표준화 계수	t	유의확률	공선성 통계량	
		B	표준오차	베타			공차	VIF
1	(상수)	19.123	51.939		.368	.718		
	자동차 생산대수	35.670	10.044	.258	3.551	.003	.719	1.390
	신축건축량	10.860	.972	.812	11.171	.000	.719	1.390

a. 종속변수: 연간 매출액

공선성 진단[a]

모형	차원	고유값	상태지수	분산비율		
				(상수)	자동차 생산대수	신축건축량
1	1	2.892	1.000	.00	.00	.01
	2	.091	5.622	.11	.02	.82
	3	.016	13.398	.88	.98	.17

a. 종속변수: 연간 매출액

잔차 통계량[a]

	최소값	최대값	평균	표준편차	N
예측값	260.9693	810.1974	532.5647	162.18344	17
잔차	-76.97263	67.40260	.00000	38.42679	17
표준화 예측값	-1.675	1.712	.000	1.000	17
표준화 잔차	-1.874	1.641	.000	.935	17

a. 종속변수: 연간 매출액

- 이 부분에 대해서는 앞 절에서 설명했으므로 더 이상 설명하지 않는다. 다만, 공선성에 대한 설명은 이 교재의 범위를 벗어나므로 하지 않는다.

실습 16.8 다중회귀분석의 결과(2)

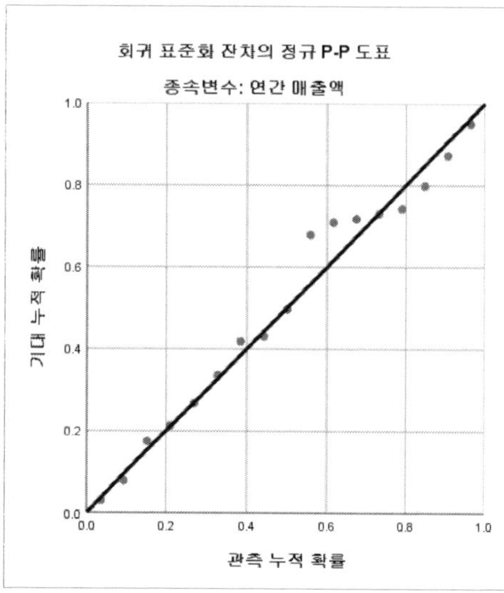

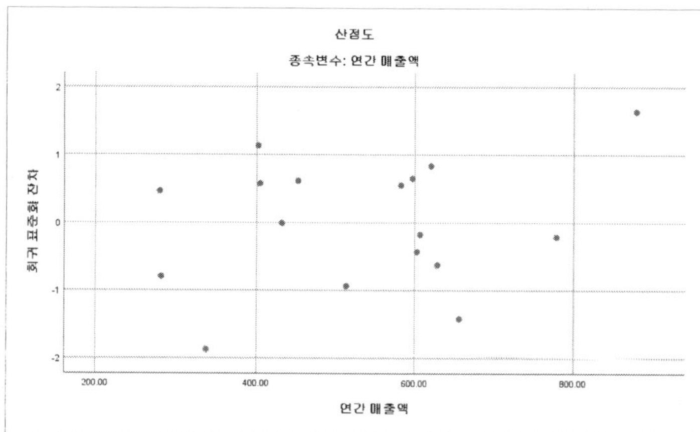

- [실습 16.8]과 같은 잔차의 정규 P–P와 잔차도표의 결과가 Output에 나타난다.
- 정규 P–P 도표는 얻어진 잔차들로서 계산된 값들이 45°선에 거의 근접해 있음을 보여 주고 있다. 이는 오차에 대한 정규분포 가정에 문제가 있음을 시사한다.

6.9 가변수를 이용하는 방법

여기서는 회귀모형에 가변수를 이용하여 예측하는 방법을 소개하기로 한다. 일반적으로 회귀모형에서 사용하는 독립변수들은 연속적인 값들을 갖는 자료들이다. 그러나 시계열자료를 회귀모형으로 분석하고자 할 경우, 독립변수가 **질적변수**(qualitative variable)인 경우도 많이 있다. 즉, 성별, 계절, 규모(대, 중, 소), 지역 등을 독립변수로 할 경우, 이러한 질적변수들을 어떻게 처리하고 설명해야 하는가를 알아야 한다. 예를 들면, 성별(남, 여)을 설명변수로 한다는 것은 남자와 여자의 차이가 Y에 얼마나 다른 영향을 미치는가 하는 것을 알기 위함이다.

질적변수를 설명변수로 사용하려고 할 때, 질적변수를 **가변수**(dummy variable)로 정의한 후, 새로 만들어진 가변수들을 설명변수로 회귀모형에 포함시켜야 한다. 가변수란 0과 1의 값을 부여한 변수이다. 예를 들어, 성별을 나타내는 질적변수를 $GENDER$라고 하자. 이때 $GENDER$라는 변수의 값을 여성일 때 0, 남성일 때 1이라고 하면 $GENDER$라는 성별을 나타내는 질적변수는 그 자체가 가변수인 것이다. 또, 계절을 나타내는 $SEASON$이라는 질적변수는

$$SEASON = \begin{cases} 1, \text{ 봄} \\ 2, \text{ 여름} \\ 3, \text{ 가을} \\ 4, \text{ 겨울} \end{cases}$$

가 될 것이다. 그러나 회귀모형에 이러한 $SEASON$이라는 질적변수를 그대로 설명변수로 사용하면 안 된다. $SEASON$을 설명변수로 사용하려는 것은 봄, 여름, 가을, 겨울에 따라 Y가 어떻게 영향을 받는가를 알고자 하는 것이지, 1단위 증가할 때 Y가 어떻게 변하는가를 알고자 하는 것이 아니기 때문이다. 그러므로 $SEASON$이라는 질적변수를 3개의 가변수로 정의하여 독립변수로 사용하게 되는 것이다.

즉,

$$D_1 = \begin{cases} 1, \text{ 봄일 경우} \\ 0, \text{ 봄이 아닐 경우} \end{cases}$$

$$D_2 = \begin{cases} 1, \text{ 여름일 경우} \\ 0, \text{ 여름이 아닐 경우} \end{cases}$$

$$D_3 = \begin{cases} 1, \text{ 가을일 경우} \\ 0, \text{ 가을이 아닐 경우} \end{cases}$$

위의 3개의 가변수를 정의하면 $SEASON$이라는 질적변수를 3개의 가변수로 나타낼 수 있다. 그리고 가변수는 (질적변수의 항목수 − 1)개 만큼 만들어야 한다.

즉,

$SEASON$	D_1	D_2	D_3
1	1	0	0
2	0	1	0
3	0	0	1
4	0	0	0

으로 $SEASON$의 1(봄), 2(여름), 3(가을), 4(겨울) 값들이 (D_1, D_2, D_3)의 값들로 표현되며, 이 3개의 가변수를 설명변수로 회귀모형에 포함시켜야 한다. 즉, 처음에 $SEASON$이라는 설명변수를 사용하고자 할 경우, 단순회귀모형은

$$Y_t = \beta_0 + \beta_1 SEASON_t + \epsilon_t \tag{6-29}$$

이지만, 질적변수인 $SEASON$ 대신 앞에서 정의한 가변수 D_1, D_2, D_3를 설명변수로 사용하면, 회귀모형은

$$Y_t = \beta_0 + \beta_1 D_{t1} + \beta_2 D_{t2} + \beta_3 D_{t3} + \epsilon_t \tag{6-30}$$

이 된다. 여기서 반드시 알아 두어야 하는 것은 파라미터 β_1, β_2, β_3에 대한 해석이다. 예를 들면, β_1은 겨울에 비해서 봄이 β_1만큼 Y를 증가시킨다는 것이며, β_3는 겨울에 비해 가을에 Y가 β_3만큼 증가한다는 것이다. 그러므로 네 개의 서로 다른 계절들 간에 Y에 미치는 영향이 얼마나 다른지를 알 수 있게 된다. 다시 말하면, (D_1, D_2, D_3)의 값이 (0, 0, 0)인 겨울이 기준이 되어 β_1은 겨울 대비 봄의 Y 증가량, β_2는 겨울 대비 여름의 Y 증가량 등이 된다는 것이며, $\beta_2 - \beta_1$은 봄에 비해 여름의 Y 증가량을 나타내는 것이다.

6.9.1 가변수를 이용하는 SPSS 실습

SPSS 실습 6-3

[표 6-12]와 같이 영업사원 중심으로 판매를 하는 회사의 매출액 시계열자료를 분석하는데 분기에 따라서 매출액이 어떤 영향을 받는가를 회귀모형으로 분석하고자 한다. 설명변수로서 X_1을 영업사원의 수, X_2는 분기를 나타내는 변수라고 하자(자료명: ch6ex3).

이 시계열자료를 회귀모형으로 분석하고자 할 경우, 모형은

$$Y_t = \beta_0 + \beta_1 x_{t1} + \beta_2 x_{t2} + \epsilon_t, \quad t = 1, 2, \cdots, 12 \tag{6-31}$$

이지만, 질적변수인 X_2를 다음과 같은 가변수로 정의하여 사용하여야 한다. 즉,

$$Q_2 = \begin{cases} 1, & 2\text{분기} \\ 0, & \text{기타 분기} \end{cases}, \quad Q_3 = \begin{cases} 1, & 3\text{분기} \\ 0, & \text{기타 분기} \end{cases}, \quad Q_4 = \begin{cases} 1, & 4\text{분기} \\ 0, & \text{기타 분기} \end{cases}$$

표 6-12 분기별 매출액 시계열자료

년도/분기		Y_t(매출액)	X_{t1}(영업사원수)	X_{t2}(분기)	Q_2	Q_3	Q_4
2003	I	112022	23.76	1	0	0	0
	II	123958	24.06	2	1	0	0
	III	132563	24.39	3	0	1	0
	IV	144832	24.70	4	0	0	1
2004	I	126891	25.08	1	0	0	0
	II	138598	25.42	2	1	0	0
	III	140597	25.79	3	0	1	0
	IV	158970	26.11	4	0	0	1
2005	I	137597	26.42	1	0	0	0
	II	148532	26.76	2	1	0	0
	III	153857	27.06	3	0	1	0
	IV	163697	27.30	4	0	0	1

로 정의하고, 모형을 다시 정리하면

$$Y_t = \beta_0 + \beta_1 x_{t1} + \beta_2 Q_2 + \beta_3 Q_3 + \beta_4 Q_4 + \epsilon_t \tag{6-32}$$

가 된다. 여기서, 예를 들어 β_2는 1분기 대비 2분기의 매출액(Y_t) 증가분이다. 그리고 가변수의 하첨자는 편의상 2, 3, 4로 부여한 것이다.

이제 [표 6-12]의 자료를 이용하여 회귀선을 추정하면 그 결과는

$$\hat{y} = -88088.251 + 8514.15x + 8744.7Q_2 + 11216.3Q_3 + 22241.2Q_4$$

이다. 그리고 추정된 파라미터들에 대해서는 다음과 같이 설명해야 한다. 즉, Q_2의 계수 8744.7은 1분기에 비해서 2분기에는 8744.7만큼 매출액이 증가한다는 것이고, Q_3의 계수 11216.3은 3분기는 1분기 대비 11216.3만큼 매출액이 증가한다는 의미이다. Q_4의 계수 22241.2 역시 1분기 대비 22241.2만큼 매출액이 증가한다는 것이다. 다시 설명하면, [표 6-12]에서 가변수의 값들을 살펴보면 1분기에 대해서는 (Q_2, Q_3, Q_4)의 모두 0이고, 2분기의 가변수 값들은 Q_2만 1이고 나머지 가변수 값들은 0임을 알 수 있다. 따라서 Q_2의 계수는 1분기보다 2분기에 8744.7만큼 증가한다는 것이다. 더욱이 이 계수들을 이용하여, 예를 들면 2분기와 3분기 간의 매출액 차이도 알 수 있는데, 3분기에는 2분기에 비해 2471.6(= 11216.3−8744.7)만큼 매출액이 증가한다고 할 수 있다.

[그림 6-7]은 실제 시계열자료의 산포도와 앞에서 추정된 회귀선에 따른 예측값들을 비교해 놓은 것이다. 분기별로 매출액이 분기별로 변하는 시계열자료의 패턴에 따라 예측값들이 얻어지는 값들이 움직이는 모습을 볼 수 있다. 2006년 1분기의 매출

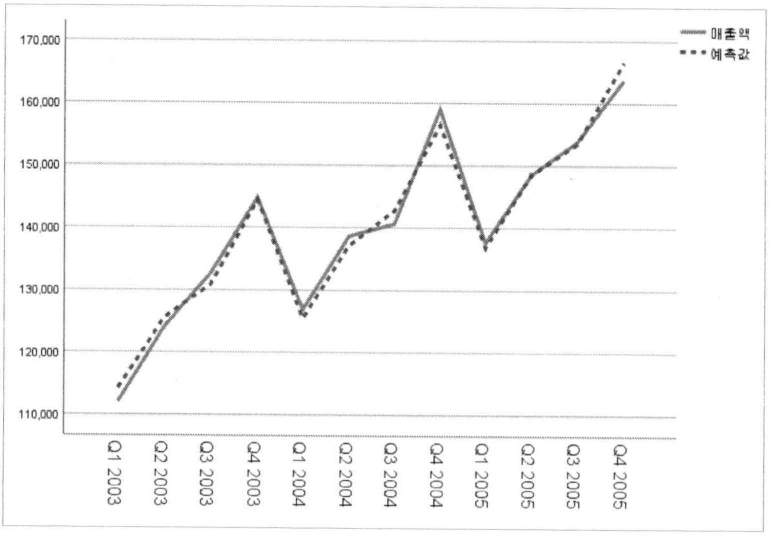

그림 6-7 실제값과 예측값의 순차도표

액을 예측하기 위해서 2006년 1분기의 영업사원수 예측값이 27.70명이라고 할 때,

$$\widehat{y_{13}} = -88088 + 8514.15(27.70) = 147753.9$$

이다. 1분기에 대해서는 Q_2, Q_3, Q_4가 모두 영이다.

상단 메뉴에서 [파일(F)] → [열기(O)] → [데이터(D)]로 SPSS 자료 파일 폴더에서 ch6ex3.sav를 불러온다.

실습 17.1 날짜 정의

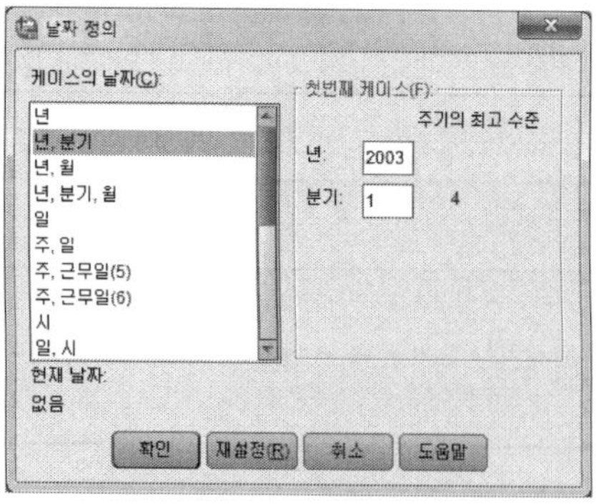

- 상단 메뉴에서 **[데이터(D)] → [날짜 및 시간 정의(E)]**를 누른다.
- 날짜 정의 대화상자가 나타나면 왼쪽 **[케이스의 날짜(C)]**에서 년, 4분기를 선택하고, **[첫 번째 케이스(F)]**에 2003년, 1분기를 입력하고 [확인]을 누른다.

실습 17.2 가변수를 이용한 회귀분석의 절차(1)

• 상단 메뉴에서 **[분석(A)]** → **[회귀분석(R)]** → **[선형(L)]**을 선택한다.

실습 17.3 가변수를 이용한 회귀분석의 절차(2)

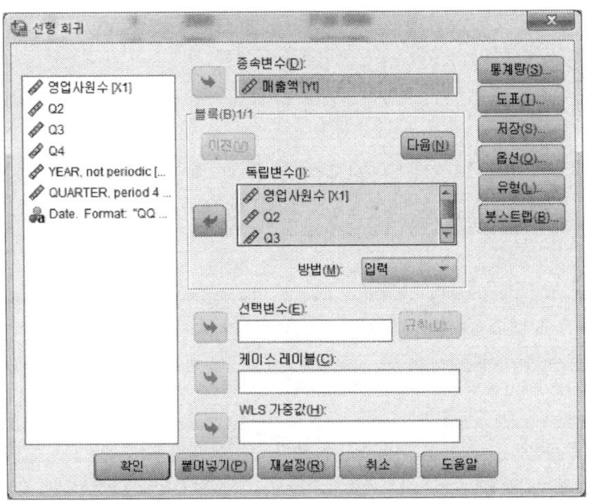

• 선형 회귀 대화상자가 나타나면 **[종속변수(D)]**에 매출액[Yt]을 옮겨놓고, **[독립변수(I)]**에 영업사원수[X1], 더미변수 Q2, Q3, Q4를 [실습 17.3]과 같이 지정한 후, 오른쪽 상단의 **[통계량(S)]**을 선택한다.

실습 17.4 가변수를 이용한 회귀분석의 절차(3)

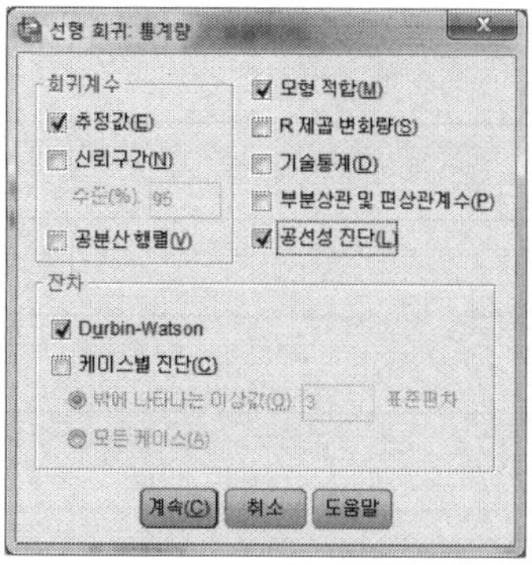

- 선형 회귀: 통계량의 대화창이 나타나면 [회귀계수]의 **[추정값(E)]**을 선택하고, 추가로 **[모형 적합(M)]**, **[공선성 진단(L)]**을 선택한다.
- 하단의 [잔차]에서 **[Durbin–Waston]**을 선택하고, 하단의 [계속(C)]을 누른 후, 선형 회귀 대화상자에서 **[도표(T)]**를 선택한다.

실습 17.5 가변수를 이용한 회귀분석의 절차(4)

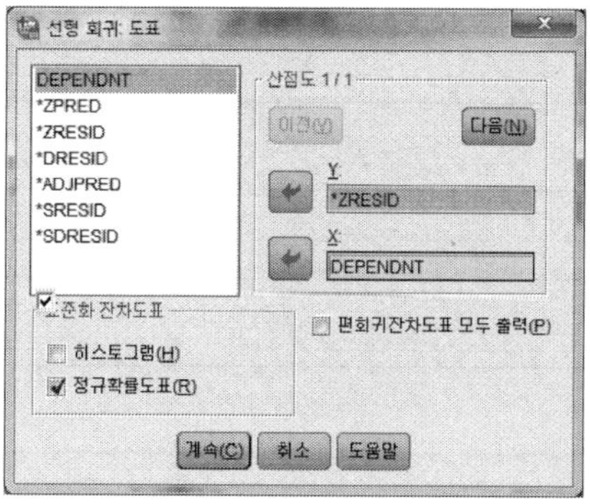

- 선형 회귀: 도표의 대화상자가 나타나면 [Y]에 *ZRESID를 지정하고, [X]에는 DEPENDNT를 지정한 다음, [표준화 잔차도표]에서 [정규확률도표(R)]를 선택한 후, [실습 17.3]의 대화상자가 나타나면 **[저장(S)]**을 선택한다.

실습 17.6 가변수를 이용한 회귀분석의 절차(5)

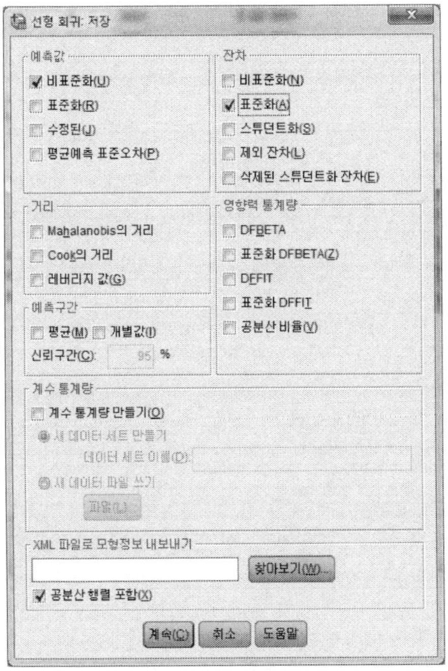

• 선형 회귀: 저장 대화상자가 나타나면, [예측값]에서 **[비표준화(U)]**를 선택하고, [잔차]에서 **[표준화(A)]**를 선택한 후, [계속(C)]을 누르고, [실습 17.3]의 대화상자가 나타나면 **[옵션(O)]**을 누른다.

실습 17.7 가변수를 이용한 회귀분석의 절차(6)

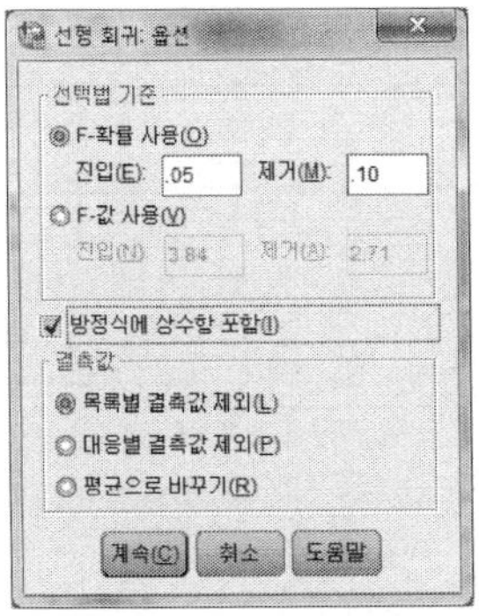

• 선형 회귀: 옵션 대화상자가 나타나면, [실습 17.7]과 같이 default 값으로 놓고 [계속(C)]을 누른 후, [실습 17.3]으로 돌아가면 [확인]을 누른다.

실습 17.8 가변수를 이용한 회귀분석의 결과(1)

입력/제거된 변수[a]

모형	입력된 변수	제거된 변수	방법
1	Q4, 영업사원수, Q2, Q3[b]	.	입력

a. 종속변수: 매출액

b. 요청된 모든 변수가 입력되었습니다.

모형 요약[b]

모형	R	R 제곱	수정된 R 제곱	추정값의 표준오차	Durbin-Watson
1	.993[a]	.986	.978	2224.599	1.824

a. 예측자: (상수), Q4, X1, Q2, Q3

b. 종속변수: Yt

ANOVA[a]

모형		제곱합	자유도	평균제곱	F	유의확률
1	회귀	2449919622	4	612479905.4	123.762	.000[b]
	잔차	34641888.14	7	4948841.163		
	전체	2484561510	11			

a. 종속변수: 매출액

b. 예측자: (상수), Q4, 영업사원수, Q2, Q3

계수[a]

모형		비표준화 계수		표준화 계수	t	유의확률	공선성 통계량	
		B	표준오차	베타			공차	VIF
1	(상수)	-88088.251	14897.612		-5.913	.001		
	영업사원수	8514.148	591.635	.676	14.391	.000	.903	1.108
	Q2	8744.712	1826.631	.263	4.787	.002	.659	1.517
	Q3	11216.329	1857.875	.338	6.037	.001	.637	1.569
	Q4	22241.226	1901.350	.669	11.698	.000	.608	1.644

a. 종속변수: 매출액

공선성 진단[a]

모형	차원	고유값	상태지수	분산비율				
				(상수)	영업사원수	Q2	Q3	Q4
1	1	2.825	1.000	.00	.00	.02	.02	.02
	2	1.000	1.681	.00	.00	.26	.00	.22
	3	1.000	1.681	.00	.00	.07	.32	.09
	4	.174	4.031	.00	.00	.64	.63	.61
	5	.001	55.555	1.00	1.00	.01	.03	.07

a. 종속변수: 매출액

잔차 통계량[a]

	최소값	최대값	평균	표준편차	N
예측값	114207.90	166589.20	140176.17	14923.805	12
잔차	-2892.207	2512.629	.000	1774.616	12
표준화 예측값	-1.740	1.770	.000	1.000	12
표준화 잔차	-1.300	1.129	.000	.798	12

a. 종속변수: 매출액

• 위 표로부터 추정된 회귀식은

$$\hat{y_t} = -88088.251 + 8514.15x + 8744.7Q_2 + 11216.3Q_3 + 22241.2Q_4$$

이다. 결정계수는 0.9860이다. 여기서 유의하여야 하는 것은 Durbin Watson 값인데 1.824로 아무 문제가 없다. 이에 대해서는 7.1절에서 다시 다루게 된다. 물론, 장래 시점에 대한 예측은 분기와 x값이 주어질 경우, 위의 추정된 회귀식에 그 값들을 대입하면 된다.

실습 17.9 가변수를 이용한 회귀분석의 결과(2)

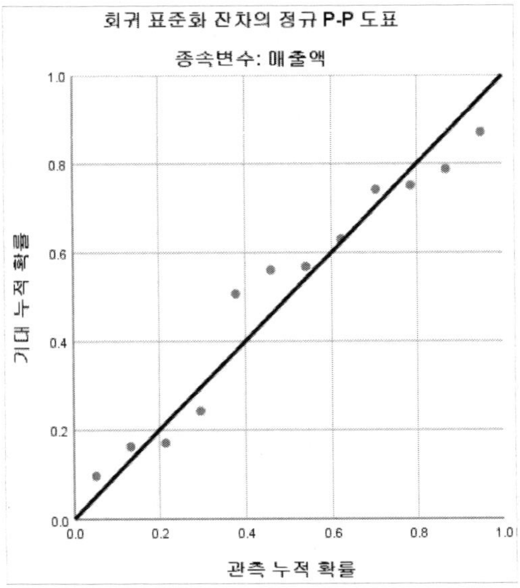

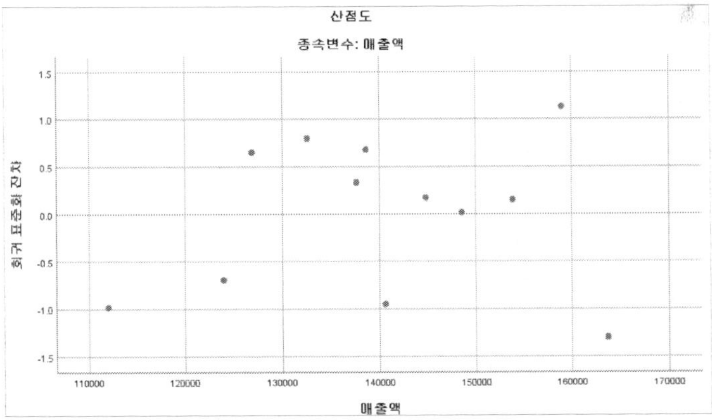

• [실습 17.9]와 같은 잔차의 정규 P–P와 잔차도표의 결과가 Output에 나타난다.

이 장에서 마지막으로 지적하고 넘어가야 하는 중요한 점은 모든 잔차들에 대해서 자기상관이 있는가를 검증해야 한다는 것이다. 일반적으로 회귀분석모형을 사용하여 잔차들이 얻어질 경우, 잔차들에 대해 정규성, 등분산 가정을 확인하는 정도로 만족을 하지만 시계열자료에 대해 회귀모형을 적용할 경우에는 잔차들의 독립성 문제(이는 상관관계가 없다는 것을 의미함)를 확인해야 하는 것이다. 왜냐하면 일반적인 회귀분석(한 시점의 여러 대상들로부터 자료를 얻는 경우)에서는 자료(표본) 자체를 독립적이라고 하는데 아무 문제가 없지만, 시계열자료일 경우 각 시점에서 얻어진 자료간에는 상관이 있다고 판단하는 것이 타당하기 때문이다. 그러나 상관이 있더라도 그 상관관계가 너무 높아서는(유의적) 안 되기 때문에 잔차들의 분석에 잔차들의 자기상관계수들이 유의적인지 여부를 검증하게 되는 것이다. 이에 대한 가설검증을 4장에서 다룬 Box-Ljung 통계량으로 수행할 수도 있다(연습문제 참조). 그러나 7장에서 다루는 Durbin-Watson 통계량으로써 자기상관 여부를 검증하는 것이 일반적인 방법이다.

6장 연습문제

1. 다음 시계열자료는 30개월 동안의 매장 방문자수(X)와 매출액(Y)에 대한 자료이다.

t	X_t	Y_t	t	X_t	Y_t
1	72	33965	16	531	180763
2	76	24240	17	501	195664
3	105	23890	18	527	210728
4	182	65733	19	558	219089
5	168	77943	20	590	206030
6	198	64693	21	606	221245
7	211	98291	22	608	224298
8	254	83491	23	684	238021
9	241	82211	24	706	254272
10	245	105029	25	746	281124
11	285	86153	26	732	256993
12	268	88626	27	943	369987
13	398	162644	28	935	377330
14	406	151125	29	967	392389
15	483	199311	30	963	347976

(1) 이 자료에 대한 산포도(X_t vs. Y_t)와 X_t, Y_t의 t에 대한 순차도표를 얻어라.

(2) 단순선형회귀모형,

$$Y_t = \beta_0 + \beta_1 x_t + \epsilon_t, \qquad t = 1, 2, \cdots, n$$

에 대한 회귀분석을 수행하라.

(3) 결정계수를 구하라.

(4) β_1에 대한 95% 신뢰수준의 신뢰구간을 구하라.

(5) 방문자수가 970명일 때의 예측 매출액에 대한 95% 신뢰구간을 구하라.

(6) Durbin-Watson 통계량의 값은 얼마인가?

(7) 표준화하지 않은 잔차값들을 구하고, 이 잔차들에 대해 Box-Ljung 검증을 수행하라.

2. 다음은 20년 동안의 년도 별 가격과 수요량의 시계열자료이다.

t	X_t	Y_t
1	30	134
2	31	112
3	37	136
4	42	109
5	43	105
6	45	87
7	50	56
8	54	43
9	54	77
10	57	35
11	58	65
12	58	56
13	60	58
14	73	55
15	88	49
16	89	39
17	92	36
18	97	46
19	100	40
20	102	42

(1) 이 자료를 단순선형회귀모형으로 처리할 경우의 문제점을 밝혀라.

(2) 이 자료에 적합한 회귀모형을 구하라.

(3) (2)에서 얻은 모형으로써 21년째의 가격이 106이라면 수요량은 얼마로 예측되는가?

(4) 21년째의 수요량에 대한 95% 신뢰수준의 신뢰구간을 구하라.

3. [SPSS 실습 6-2]에서 다룬 시계열자료에 대해 다음 질문에 답하라.

(1) 표준화하지 않은 잔차값들을 구하라.

(2) 이 잔차들에 대해 Box-Ljung 검증을 수행하라.

(3) Durbin-Watson 통계량의 값은 얼마인가?

(4) X_1과 X_2의 값들이 [표 6-10]과 같이 예측되었을 경우, Y에 대해 예측하라.

(5) $t=18, 19$ 에서의 Y에 대한 95% 신뢰구간을 구하라.

4. 다음은 4년 동안의 제품품질 만족도 분기별 자료이다.

연도	분기	t	Y_t
2005	Ⅰ	1	103.5
	Ⅱ	2	94.7
	Ⅲ	3	118.6
	Ⅳ	4	109.3
2006	Ⅰ	5	126.1
	Ⅱ	6	116.0
	Ⅲ	7	141.2
	Ⅳ	8	131.6
2007	Ⅰ	9	144.5
	Ⅱ	10	137.1
	Ⅲ	11	159.0
	Ⅳ	12	149.5
2008	Ⅰ	13	166.1
	Ⅱ	14	152.5
	Ⅲ	15	178.2
	Ⅳ	16	169.0

(1) 이 시계열자료는 어떤 추세가 있는지를 구하라.

(2) 이 시계열자료는 분기별 계절성이 있는가를 밝혀라.

(3) 이 시계열자료를 회귀모형으로 처리하고, 2009년도 1~4분기의 예측값들을 구하라.

(4) 잔차들에 대한 Box-Ljung 검증을 수행하라.

5. [SPSS 실습 6-3]의 자료에 대해서 다음의 문제들에 답하라.

(1) SPSS 실습을 통하여 얻어진 최종 추정식을 설명하라.

(2) 계절을 고려하지 않은 회귀모형(X_1만의 단순회귀모형)과 고려한 회귀모형의 결과로써 두 모형 간의 차이를 설명하라.

(3) (2)에서 수행한 두 모형 각각에 대한 잔차들을 구하여 Box-Ljung 검증을 수행하라.

(4) 2006년도의 1~4분기에 영업사원수를 각각 28.00, 28.50, 29.00, 29.00으로 하려고 할 경우, (1)의 추정식으로 매출액을 예측하라.

7장

기타 중요 모형

4장과 5장에서 다룬 $ARIMA$ 모형은 하나의 시계열자료(Y_t)에 대해 모형을 식별하고 추정, 진단하는 절차에 따라 시계열자료를 분석하는 기법이었다. 그러나 분석하고자 하는 시계열자료에 다른 정보들이 포함되어 영향을 줄 경우(즉, 다른 시계열자료가 영향을 주는 경우, 정책적 변화가 있을 경우, 특별한 사건이 개입될 경우 등), 다른 정보들이 분석하고자하는 시계열자료에 어떻게 영향을 미치는가를 파악하여야만 보다 정확한 시계열자료 예측이 될 수 있을 것이다.

그러므로 이 장에서는 회귀모형에서 오차항들 간에 서로 상관이 있는 경우를 먼저 다루고, 오차항이 $ARIMA$인 경우를 다루며, 이 모형을 일반화시킨 모형인 전이함수 모형을 설명하게 된다. 그리고 시계열자료에 특별한 영향을 미치는 사건 또는 정책적 변화가 있는 경우의 개입모형을 설명한다.

7.1 자기상관모형

일반적으로 회귀모형을 적용시키는 데는 오차항에 대한 가정, 즉

$$\epsilon_t \sim i.i.d.\ N(0\,,\sigma^2), \qquad t = 0,\,1,\,\cdots,\,n \tag{7-1}$$

을 만족시키는 것이 필요하다. 시계열분석에서는 오차항을 **백색잡음**(white niose)이라고도 한다. 앞에서도 설명했지만 오차항에 대한 가정이 만족되는지를 알아보는 것은 반드시 필요한 과정이다.

시계열자료를 회귀모형으로 분석하고자 할 경우, 가장 큰 문제가 오차항에 대한 가정이 만족되지 않는 것이다. 다시 말하면, 대부분의 시계열자료는 시점 t에서의 값 Y_t가 바로 전 시점 $(t-1)$에서의 값 Y_{t-1}의 영향을 직접적으로 받는 경우가 많은데, 이는 ϵ_{t-1}가 ϵ_t에 영향을 준다는 것이므로 위 식 (7-1)의 가정을 만족시키지 못한다는 의미이다. 즉, 오차항들 간에 독립성(0의 상관관계)의 가정을 만족시키지 못하는 것이다.

이와 같이 오차항의 시점들 간에 자기상관이 있을 경우, 회귀분석모형을 다음과 같이 설정해야만 할 것이다. 즉,

$$\begin{aligned} Y_t &= \beta_0 + \beta_1 x_t + \epsilon_t \\ \epsilon_t &= k\epsilon_{t-1} + U_t, \qquad t = 0, 1, \cdots, n \end{aligned} \tag{7-2}$$

그리고

$$(\text{가정})\ U_t \sim i, i, d.\ N(0, \sigma^2) \qquad (7\text{–}3)$$

이다. 여기서 U_t는 순수한 오차항이고, k를 **자기상관계수**(autocorrelation coefficient)라고 한다. 위의 식 (7–2)는 오차항에 대한 함수관계를 포함하고 있는데, 즉 단순회귀모형의 오차항 ϵ_t는 바로 전 시점의 오차항 ϵ_{t-1}의 영향을 받는 관계를 나타내고 있다. 이러한 모형을 **1차 자기상관**(1st order autocorrelation)모형이라고 한다. 물론 ϵ_t가 과거 여러 시점 $t-1$, $t-2$, ⋯ 등에 걸쳐 영향을 받는 경우도 있겠지만 여기서는 1차 자기상관모형만을 다루기로 한다.

이제, 자기상관이 존재하는가를 찾아보는 방법과 자기상관이 존재할 경우에 어떻게 문제를 해결할 수 있는가를 알아보기로 하자.

7.1.1 Durbin–Watson 검증

대부분의 경제, 경영 시계열자료들은 이전 시점의 값이 현 시점의 값에 영향을 미친다고 할 수 있다. 그러므로 시계열자료를 회귀모형으로 분석하고자 할 경우, 자기상관 문제를 심각하게 고려해야만 한다. 일반적으로 시계열자료에서는 이전 시점의 값이 현 시점의 값에 영향을 미칠 경우, 이전 시점에서의 잔차가 + 값을 가지면 현 시점의 잔차도 + 값을 갖게 되는 경우가 많다. 이를테면 잔차값들은 + 또는 – 부호를 갖는 것이 당연하지만, 잔차값의 부호가 일정한 기간 같은 부호를 갖다가 그 이후 다른 부호를 갖는 형태를 보이는 경우, 이를 양(positive)의 자기상관이라고 한다. 반면에 잔차들의 부호가 이웃 시점에서 서로 다를 경우, 음(negative)의 자기상관이 존재한다고 한다. **양의 자기상관과 음의 자기상관** 관계에 대한 그래프는 [그림 7–1]에 나타나 있다. 일반적으로 시계열자료를 회귀모형으로 분석하고자 할 경우, 잔차들의 자기상관 관계는 대부분 양의 자기상관으로 나타날 때가 많다는 것이 당연할 것이다.

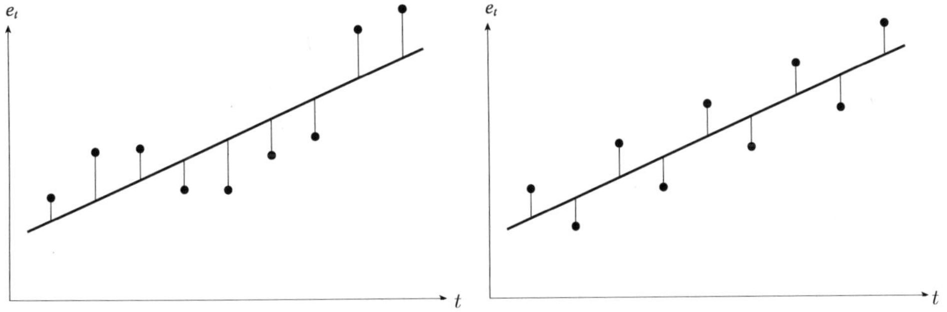

그림 7–1 양의 자기상관과 음의 자기상관

Durbin–Watson 검증이란 자기상관계수 k가 존재하는가를 검증하는 것으로서, 가설

$$H_0 : k = 0 \quad vs. \quad H_1 : k \neq 0 \tag{7–4}$$

을 검증하는 것을 말한다.

이때 Durbin – Watson 검증통계량은 1장에서 보았듯이

$$DW = \frac{\sum_{t=2}^{n} (e_t - e_{t-1})^2}{\sum_{t=1}^{n} e_t^2} \tag{7–5}$$

로 정의된다. DW 통계량은 0과 4 사이의 값을 갖는데 DW 통계량의 값이 2일 때 자기상관은 존재하지 않는다는 것을 의미한다. 그리고 DW 값이 0에 가까울수록 **양의 자기상관**이 있고, 4에 가까울수록 **음의 자기상관**이 존재한다고 판단하면 된다. 다시 말하면, 시계열자료에 자기상관이 있을 경우 대부분 양의 자기상관이 있는 것이기 때문에 DW 값은 0에 가까운 값으로 얻어질 것이다.

정확하게 말하면, 식 (7–5)의 DW 통계량으로써 식 (7–4)의 가설검증을 하기 위하여 [부록 5]를 이용한다. [부록 5]에는 설명변수의 수(p)와 표본크기(n)에 대한 d_L 값과 d_U 값들이 나와 있다. 그리고 [부록 5]의 해당 값과 [그림 7–2]을 이용하여 자기상관이 없는지, 양 또는 음의 자기상관이 있는지, 의사결정을 할 수 없는지를 판단하게 된다. 예를 들면, 설명변수가 하나이고 자료의 수가 40인 경우, DW의 계산된 값이 0.9라면 d_L = 1.44이므로 양의 자기상관이 존재한다는 가설검증의 결과를 얻

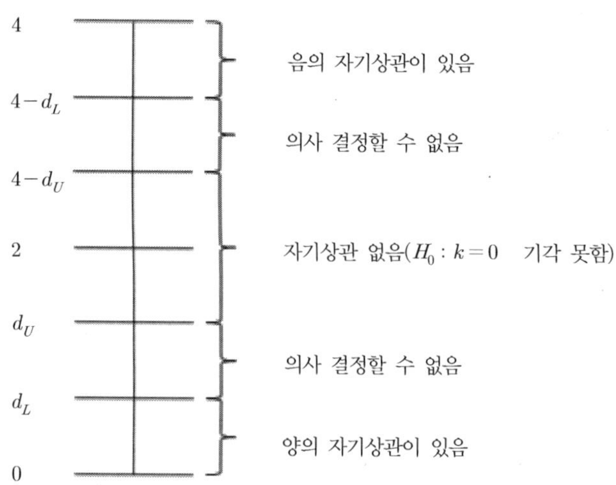

그림 7–2 DW 통계량의 값과 [부록 5]에 따른 의사결정

게 되는 것이다.

7.1.2 Cochrane – Orcutt 방법

이제, 앞에서 설명한 대로 주어진 시계열자료에 Durbin–Watson 통계량에 의하여 검증해 본 결과, 자기상관이 있을 경우 어떤 방법으로 자기상관 문제를 해결해야 하는가에 대해 알아보도록 하자. 다시 말하면 식 (7–2)의 자기상관모형에서 $k \neq 0$일 경우 k를 계산하고, 이 값을 모형에 적용하여 문제를 해결하여야 할 것이다. 여기서 k 값을 구하는 전통적인 방법이 코크란 오컷(Cochrane–Orcutt) 방법이다. 우선, 시계열자료 Y_t를

$$Y_t^* = Y_t - kY_{t-1} \tag{7–6}$$

로 전환시키면,

$$\begin{aligned} Y_t^* &= Y_t - kY_{t-1} \qquad (7\text{–}7) \\ &= (\beta_0 + \beta_1 x_t + \epsilon_t) - k(\beta_0 + \beta_1 x_{t-1} + \epsilon_{t-1}) \\ &= \beta_0(1-k) + \beta_1(x_t - kx_{t-1}) + (\epsilon_t - k\epsilon_{t-1}) \\ &= \beta_0(1-k) + \beta_1(x_t - kx_{t-1}) + U_t \end{aligned}$$

가 된다. 여기서 U_t는

$$U_t \sim i.\,i.\,d.\ N(0,\ \sigma^2) \tag{7–8}$$

인 가정에 따르므로 결국,

$$Y_t^* = \beta_0^* + \beta_1^* x_t^* + U_t \tag{7–9}$$

$$(\beta_0^* = \beta_0(1-k),\ \beta_1^* = \beta_1,\ x_t^* = x_t - kx_{t-1})$$

인 모형에서 통상적인 회귀분석으로 k와 파라미터들을 구하게 된다. 여기서 k는 자기상관계수로서 ϵ_t와 ϵ_{t-1} 간의 상관계수이므로, 통상적인 회귀분석 방법으로 얻어진 잔차들의 상관계수를 얻어 k의 초깃값으로 삼고 식 (7–9)에 대입한 후, 반복적인 (iterative) 방법으로 최종 추정치를 구하게 된다. 즉, k의 초깃값은

$$\hat{k}^{(1)} = \frac{\sum_{2}^{n} e_{t-1}\, e_t}{\sum_{2}^{n} e_{t-1}^2} \tag{7-10}$$

으로 얻어지며 이와 같은 작업을 반복하여 k가 어느 값에 수렴할 경우, 그 값이 k의 최종 추정치가 된다.

7.1.3 자기상관이 있는 경우의 SPSS 실습

SPSS 실습 7-1

여기서 다루는 [표 실습 7-1-1]의 시계열자료는 개발도상국의 가처분소득(X_t)과 가전제품 판매액(Y_t)의 과거 10년(1995년부터 2004년까지) 동안의 분기별 자료이다. 그리고 2005년도의 X_t값들이 예측되어 있다고 하자(자료명: ch7ex1.sav).

표 실습 7-1-1 가처분소득과 가전제품 판매액 자료

t			X_t	Y_t	t			X_t	Y_t
1995	Ⅰ	(1)	2742	273792	2000	Ⅲ	(23)	3156	325782
	Ⅱ	(2)	2692	261643		Ⅳ	(24)	3178	324489
	Ⅲ	(3)	2722	266102	2001	Ⅰ	(25)	3227	329102
	Ⅳ	(4)	2777	268958		Ⅱ	(26)	3281	335974
1996	Ⅰ	(5)	2783	272796		Ⅲ	(27)	3272	346169
	Ⅱ	(6)	2776	268609		Ⅳ	(28)	3266	347554
	Ⅲ	(7)	2814	270843	2002	Ⅰ	(29)	3295	341120
	Ⅳ	(8)	2808	264789		Ⅱ	(30)	3241	347901
1997	Ⅰ	(9)	2795	264398		Ⅲ	(31)	3285	352830
	Ⅱ	(10)	2824	264647		Ⅳ	(32)	3335	350237
	Ⅲ	(11)	2829	265679	2003	Ⅰ	(33)	3380	357405
	Ⅳ	(12)	2832	273447		Ⅱ	(34)	3386	359433
1998	Ⅰ	(13)	2843	275171		Ⅲ	(35)	3407	359432
	Ⅱ	(14)	2867	283598		Ⅳ	(36)	3443	366554
	Ⅲ	(15)	2903	288348	2004	Ⅰ	(37)	3473	365028
	Ⅳ	(16)	2960	295986		Ⅱ	(38)	3450	367374
1999	Ⅰ	(17)	3033	301673		Ⅲ	(39)	3466	372414
	Ⅱ	(18)	3065	307268		Ⅳ	(40)	3493	369017
	Ⅲ	(19)	3102	305127	2005	Ⅰ	(41)	3540	?
	Ⅳ	(20)	3118	311216		Ⅱ	(42)	3535	?
2000	Ⅰ	(21)	3123	314941		Ⅲ	(43)	3560	?
	Ⅱ	(22)	3189	319813		Ⅳ	(44)	3590	?

가전제품의 판매액을 가처분소득으로써 회귀분석하고자 할 경우, 그 모형은

$$Y_t = \beta_0 + \beta_1 x_t + \epsilon_t, \qquad t = 1, 2, \cdots, 40 \qquad \text{(실습 7-1-1)}$$

이다. 물론 ϵ_t에 대해서는 일반적인 가정, 즉 식 (7-1)의 가정이 필요하다.

우선 주어진 시계열자료에 대한 Y_t와 X_t 간의 산포도를 얻으면 [그림 실습 7-1-1]과 같다. 그리고 각각의 시계열자료에 대해서 t와 Y_t, t와 X_t의 순차도표를 얻어 볼 필요가 있는데, 그 이유는 Y_t와 X_t가 시차를 가지고 선형의 관계를 가지고 있는가를 살펴볼 필요가 있기 때문이다. 경우에 따라서 두 가지 순차도표를 하나의 그래프에 나타내면 X_t가 Y_t에 시차를 가지고 영향을 주는 관계에 있는가를 알아보

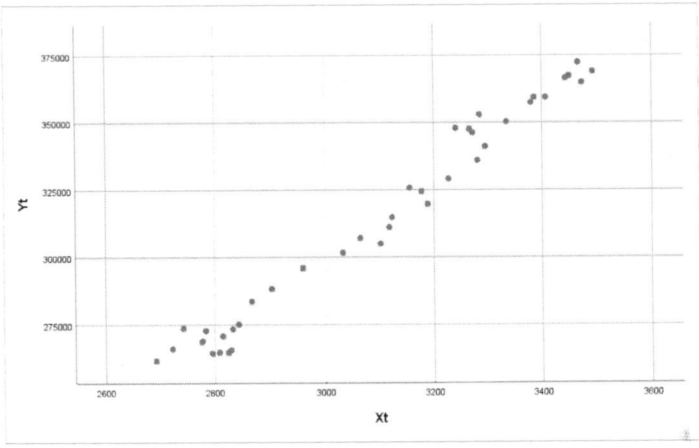

그림 실습 7-1-1 X_t와 Y_t 간의 산포도

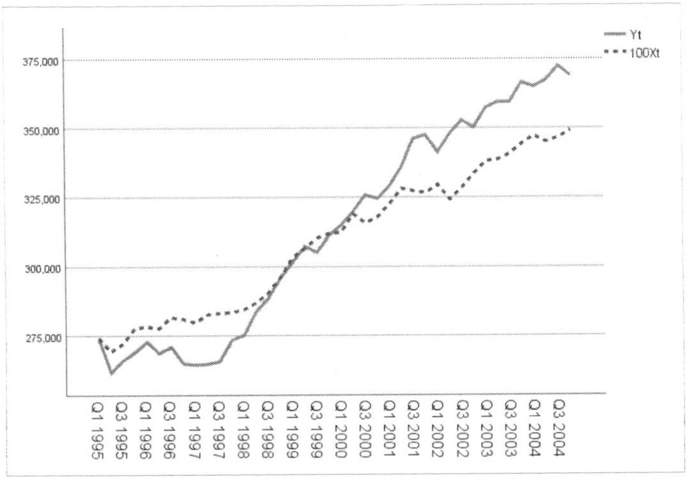

그림 실습 7-1-2 $100X_t$와 Y_t의 t에 대한 순차도표

기 쉽다. [그림 실습 7-1-2]는 두 가지의 순차도표를 한 그래프에 나타내기 위하여 X_t에 100을 곱하여, t와 Y_t 그리고 t와 $100X_t$의 순차도표를 그린 것이다. 여기서는 일단 Y_t와 X_t가 시차를 가지고 있다고 보지 않는다.

이제 통상적인 회귀분석의 방법으로 얻어진 결과는 [표 실습 7-1-2]에 나타나 있고, 그 결과 얻어진 잔차들을 t 축과 함께 순차도표로 나타내면 [그림 실습 7-1-3]과 같이 나타난다.

표 실습 7-1-2 단순회귀분석 결과

모형요약

모형	R	R^2	Adjusted R^2	추정값의 표준오차	Durbin-Watson
1	0.989	0.978	0.977	5795.92	.937

분산분석

모형	제곱합	자유도	평균제곱	F	유의확률
1 선형회귀분석	5.653E+10	1	5.653E+10	1682.912	0.000
잔차	1.277E+09	38	33592742		
합계	5.781E+10	39			

a 예측값: (상수), X_t

b 종속변수: Y_t

계수

모형	비표준화계수		표준화계수	t	유의확률
	B	표준오차	베타		
1 (상수)	−142044	11140.2265		−12.75	0.00
X_t	147.3611	3.59213123	0.989	41.02	0.00

[그림 실습 7-1-3]의 잔차도표는 잔차들이 양의 자기상관에 있다는 것을 보여 주고 있다. 물론 이는 그래프 상으로 나타난 것이고, SPSS 결과 얻어진 Durbin-Watson 통계량은 [표 실습 7-1-2]의 모형 요약에서 0.937이므로 양의 자기상관이 있다는 것을 확인할 수 있다. 앞에서 설명한 내용들에 대한 SPSS 실습은 다음과 같다.

상단 메뉴에서 **파일(F) → 열기(O) → [데이터(D)]**로 SPSS 자료 파일 폴더에서 ch7ex1.sav를 불러온다.

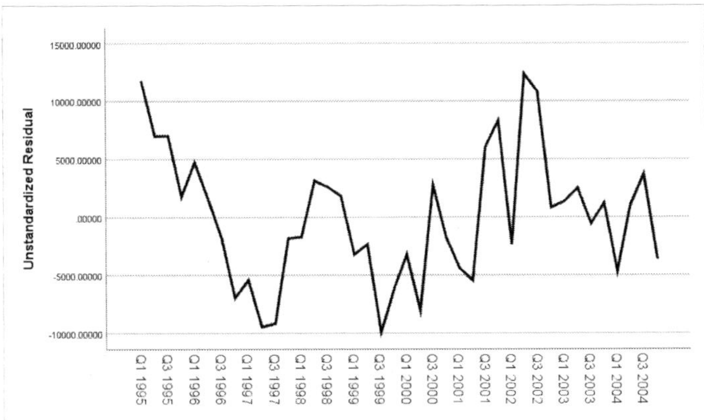

그림 실습 7-1-3 통상적인 회귀분석에 따른 잔차의 순차도표

실습 18.1 날짜 정의

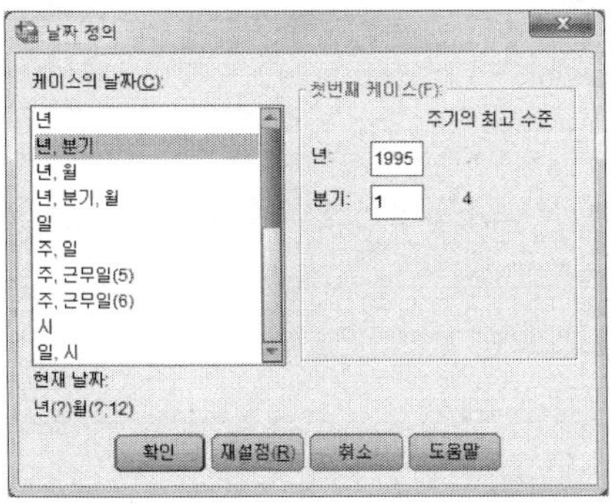

- 상단 메뉴에서 **[데이터(D)]** → **[날짜 및 시간 정의(E)]**를 누른다.
- 날짜 정의 대화상자가 나타나면 왼쪽 **[케이스의 날짜(C)]**에서 년, 4분기를 클릭하고, **[첫 번째 케이스(F)]**에 1995년, 1분기를 입력하고 [확인]을 누른다.

실습 18.2 회귀분석(1)

- 상단 메뉴 [**분석(A)**]에서 [**회귀분석(R)**] → [**선형(L)**]을 선택한다.

실습 18.3 회귀분석(2)

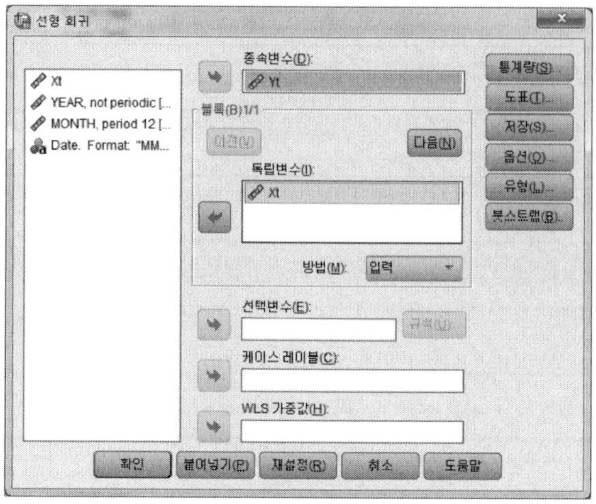

- 선형 회귀 대화상자가 나타나면 [**종속변수(D)**]에 Y_t를 옮겨놓고, [**독립변수(I)**]에 X_t를 이동시킨 후, 오른쪽 상단의 [**통계량(S)**]을 선택한다.

실습 18.4 회귀분석(3)

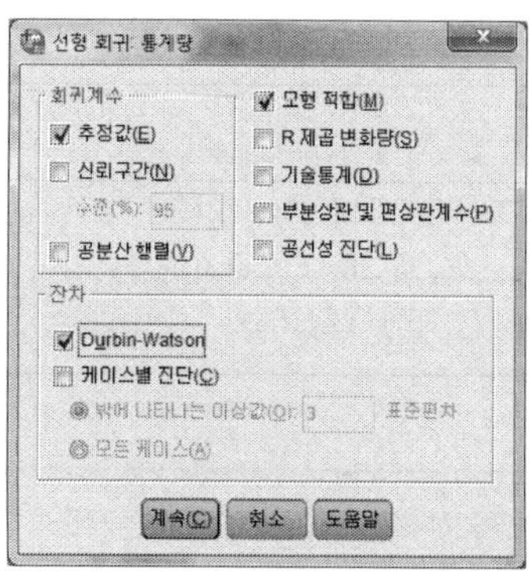

- 선형 회귀: 통계량의 대화창이 나타나면, 회귀계수의 [**추정값(E)**]을 선택하고, 추가로 [**모형 적합(M)**]과 [**잔차**]에서 [Durbin-Watson(U)]을 선택하고, [계속(C)]을 누른 후 [실습 18.3]의 창에서 [**저장(S)**]을 선택한다.

실습 18.5 회귀분석(4)

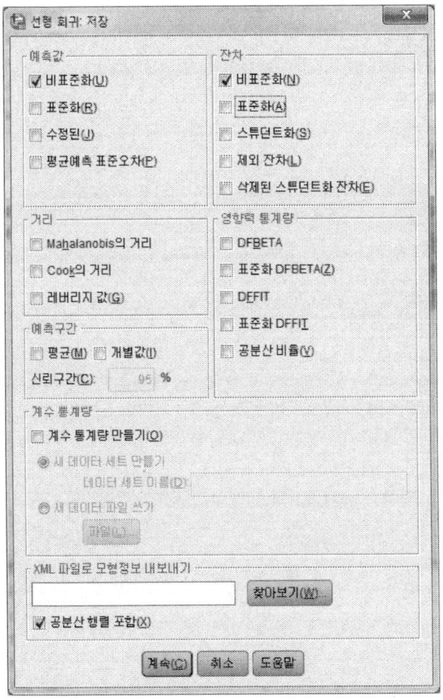

• 선형 회귀: 저장 대화상자가 나타나면 [예측값]에서 **[비표준화(U)]**를 선택하고, [잔차]에서 **[표준화(A)]**를 선택한 후 [계속(C)]을 누르고, [실습 18.3]의 대화상자가 나타나면 **[옵션(O)]**을 선택한다.

실습 18.6 회귀분석(5)

모형 요약[b]

모형	R	R 제곱	수정된 R 제곱	추정값의 표준오차	Durbin-Watson
1	.989[a]	.978	.977	5795.925	.937

a. 예측자: (상수), Xt

b. 종속변수: Yt

• 회귀분석 결과물에 Durbin–Watson 통계량 값이 0.937로 얻어짐을 볼 수 있다. 이 값은 양의 자기상관이 존재한다는 것(자료의 수 40개, 설명변수 1개)을 의미하므로 통상적인 회귀분석으로써 얻어진 예측값들을 사용하면 안 된다.

• 그러므로 자기상관모형을 적용하되 코크란–오컷의 방법에 따라 식 (7–10)의 초깃값을 계산하여야 한다.

실습 18.6 회귀분석(6)

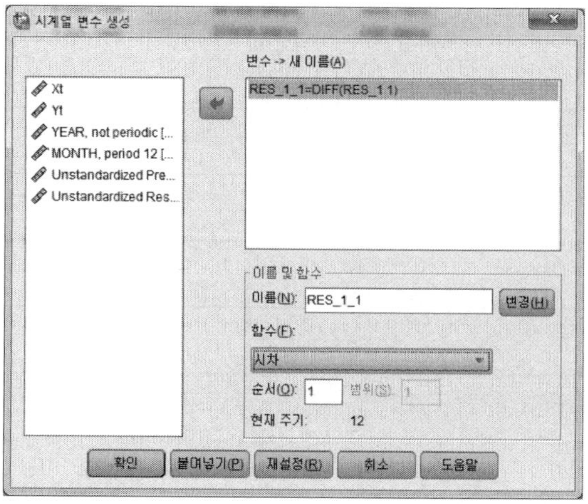

• 데이터 편집기에는 통상적인 회귀분석의 결과로 얻어진 잔차값들이 나타나는데 식 (7-10)의 값을 계산하기 위하여 [변환(T)] → [시계열 변수 생성(M)]을 실행하여 함수에서 시차를 선택하고 표준화하지 않은 잔차를 위 그림과 같이 [변수 → 새 이름(A)]에 넣은 후 확인을 눌러 생성한다.

실습 18.7 회귀분석(7)

.

Xt	Yt	YEAR_	QUARTER_	DATE_	Xt100	PRE_1	RES_1	RES_1_1
2742	273792	1995	1	Q1 1995	274200.00	262020.60683	11771.39317	.
2692	261643	1995	2	Q2 1995	269200.00	254652.55176	6990.44824	11771.39317
2722	266102	1995	3	Q3 1995	272200.00	259073.38480	7028.61520	6990.44824
2777	268958	1995	4	Q4 1995	277700.00	267178.24538	1779.75462	7028.61520
2783	272796	1996	1	Q1 1996	278300.00	268062.41199	4733.58801	1779.75462
2776	268609	1996	2	Q2 1996	277600.00	267030.88428	1578.11572	4733.58801
2814	270843	1996	3	Q3 1996	281400.00	272630.60614	-1787.60614	1578.11572

• 데이터 편집기에 RES_1_1 값들이 생성됨을 알 수 있다. RES_1과 RES_1_1의 값들로써 식 (7-10)의 값을 계산하면, k의 초깃값은 0.48125이다(SPSS 파일을 Excel 파일로 전환하여 계산하는 과정은 생략).

실습 18.8 자기상관모형 Cochrane–Orcutt방법(1)

- [분석(A)] → [시계열 분석(T)] → [자기상관(O)]에서는 Cochrane–Orcutt 방법을 제공하지 않기 때문에, 간단한 명령문을 사용하여 실행하기로 한다.
- [파일(F)] → [새 파일(N)] → [명령문(S)]을 실행한다.

실습 18.9 자기상관모형 Cochrane–Orcutt 방법(2)

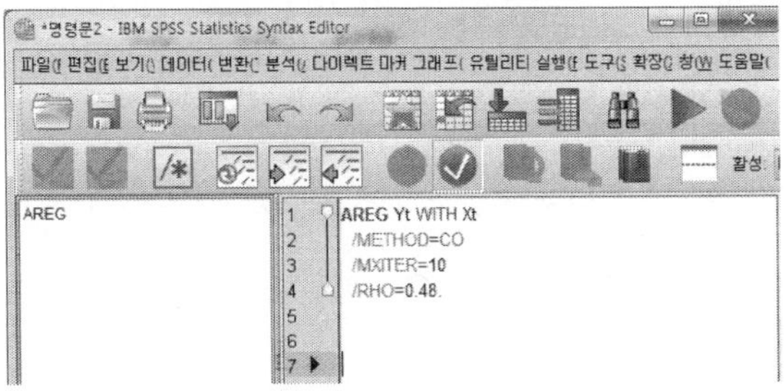

- 오른쪽 명령문 편집기에 명령문을 입력한 후, 블록을 씌워 선택하고, ▶ 버튼을 눌러 실행한다.
- AREG Yt WITH Xt : Yt와 Xt에 대한 자동 선형회귀분석을 실시.
- /METHODS=CO : Cochrane–Orcutt 방법을 사용.
- /MIXTER=10 : 수렴을 위한 최대 반복 계산수를 10번으로 지정.
- /RHO=0.48 : 자기회귀모수의 초깃값 Rho를 0.48로 지정.

실습 18.10 자기상관모형 Cochrane–Orcutt 방법 결과

반복계산 종료 기준

다음 값보다 작은 최대 모수 변화량	.001
다음 값과 같은 반복계산 수	10

반복계산과정

	Rho(AR1)		Durbin-Watson	평균제곱 오차
	값	표준오차		
0	.474	.145	1.937	23501412.53
1	.473	.145	1.936	23501542.48
2	.473	.145	1.935	23501555.08
3	.473	.145	1.935	23501556.21
4	.473	.145	1.935	23501556.31
5	.473	.145	1.935	23501556.32
6[a]	.473	.145	1.935	23501556.32

Cochrane-Orcutt 추정 방법이 사용되었습니다.

a. 모든 모수 추정값이 .001 미만으로 변경되었기 때문에 이 반복계산에서 추정이 종료되었습니다.

모형 적합 요약

R	R 제곱	수정된 R 제곱	추정값의 표준오차	Durbin-Watson
.974	.948	.946	4847.840	1.935

Cochrane Orcutt 추정 방법이 사용되었습니다.

자기상관계수

Rho(AR1)	표준오차
.473	.145

Cochrane-Orcutt 추정 방법이 사용되었습니다.

ANOVA

	제곱합	자유도	평균제곱
회귀	1.555E+10	1	1.555E+10
잔차	846056027.5	36	23501556.32

Cochrane-Orcutt 추정 방법이 사용되었습니다.

회귀계수

	비표준화 계수		표준화 계수		
	B	표준오차	베타	t	유의확률
Xt	147.551	5.737	.974	25.721	.000
(상수)	-143293.558	17941.666		-7.987	.000

Cochrane-Orcutt 추정 방법이 사용되었습니다.

- 자기상관모형의 추정 결과에서 Durbin–Watson 통계량의 값이 1.935로서 2.0에 가까운 값을 얻게 됨으로써 이 추정 결과의 잔차들은 더 이상 자기상관이 없음을 알 수 있다.
- 코크란–오컷의 방법으로 추정된 자기상관모형은

$$Y_t - 0.47\ Y_{t-1} = -143293.6 + 147.5\ x_t^*$$

이다.

실습 18.12 자기상관모형에 의한 예측값

FIT#1	ERR#1	LCL#1	UCL#1	SEP#1
261291.86147	12500.13853	248942.17913	273641.54380	6089.30470
259828.76945	1814.23055	248424.99776	271232.54114	5622.90095
261997.68851	4104.31149	250740.86429	273254.51273	5550.44501
270128.36537	-1170.36537	259117.27801	281139.45272	5429.27860
268525.21521	4270.78479	257539.01317	279511.41726	5417.00831

- 데이터 편집기를 보면 위와 같은 변수이 생성된 것을 알 수 있다. 여기서 FIT_1은 예측값 LCL_1과 UCL_1은 각각 예측값들에 대한 95% 신뢰하한과 신뢰상한이다. 또한 SEP_1은 예측값의 표준오차이다.

7.2 $ARIMA$ 오차항을 갖는 회귀모형

앞의 회귀모형에서의 표현과 달리 여기서는 단순회귀모형을

$$Y_t = \beta_0 + \beta_1 X_t + N_t \tag{7-11}$$

로 표현한다. 여기서 N_t를 잡음(noise)이라고 하며, 단순한 오차항(ϵ_t), 즉 백색잡음이 아닌 경우이다. 즉, 잡음, N_t가 $ARIMA$ 모형으로 표현되는 경우이다. 그리고 여기서는 통상적인 회귀모형에서와 다르게 x_t 대신 X_t로 표현하기로 한다.

예를 들어, N_t가 $ARIMA(1,1,1)$이라면 위의 회귀모형 식 (7−11)을 다음과 같이 다시 표현할 수 있다. 즉,

$$\begin{aligned} &Y_t = \beta_0 + \beta_1 X_t + N_t \\ &(1-\alpha_1 B)(1-B)N_t = (1-\beta_1 B)\epsilon_t \end{aligned} \tag{7-12}$$

이다.

이제 식 (7−11)의 모든 변수들을 차분하여 보자. 그러면, 식 (7−12)은 간단히

$$\Delta Y_t = \beta_1 \Delta X_t + \Delta N_t \tag{7-13}$$

으로 표현되며, $\Delta N_t = (1-B)N_t$ 이므로 식 (7−13)은 $ARMA(1,1)$ 오차항을 갖는 회귀모형이 된다.

일반적으로 비정상적 시계열자료 때와 마찬가지로 $ARIMA$ 오차항을 갖는 모형을 $ARMA$ 오차항을 갖는 모형으로 전환하여야 한다.

잡음 N_t를 식별하는 문제는 일단 식 (7−11)의 모형에 대해 통상적인 회귀분석의 방법으로 잔차(잡음)들을 얻은 후, N_t의 잠정 모형을(예를 들면, $AR(1)$ 또는 $AR(2)$) 찾는 수밖에 없다. 물론 N_t가 비정상적 시계열이라고 판단되면, 식 (7−13)에서와 같이 모든 시계열자료들을(Y_t와 X_t) 차분한 후 회귀모형을 적용하여야 할 것이다.

여기서 오차항이 $ARIMA$ 모형인 회귀모형을 추정하는 절차를 다음과 같이 요약할 수 있다.

단계 1 통상적인 회귀모형에서 얻어진 잡음(잔차)들이 정상적일 경우, 그것들이 $AR(1)$ 또는 $AR(2)$인지를 식별한다. 잡음들이 AR 모형을 갖는 이유는 시계열자료의 잔차들 간에는 자기상관이 있기 마련이기 때문이다.

단계 2 (단계 1)에서 얻어진 잡음(잔차)들이 비정상적일 경우에는 차분이 필요하다. 이때 설명변수들이나 Y_t도 차분을 해야 한다. 그리고 차분된 변수들로써 회귀분석을 다시 수행하여 잡음들을 얻는다.

단계 3 잡음(잔차)들이 정상적 시계열이 되면 잔차들에 대해 $ARMA$ 모형(주로 AR)으로 식별한다.

단계 4 잡음(잔차)들을 적절한 AR 모형으로 식별한 후, AR 모형의 추정식을 구한다. 그리고 추정된 잡음(잔차)에 대한 추정식을 회귀모형에 반영하여 다시 회귀분석을 수행한다. 그 이유는 기본적으로 회귀분석은 백색잡음(ϵ_t)에 대해 적용시키는 것이기 때문이다.

단계 5 이때 얻어진 잔차들이 백색잡음(순수한 오차)에 대한 가정을 만족하는지 진단한다.

다음 [표 7−1]은 일본의 1964년부터 1989년까지의 연도별 자동차 생산대수이다. 이제 오차항이 $ARIMA$ 모형인 구체적인 자료에 대해 설명해 보기로 하자.

표 7-1 일본의 자동차 생산대수

년도	생산대수	년도	생산대수
1964	1702.00	1977	8514.00
1965	1876.00	1978	9269.00
1966	2286.00	1979	9636.00
1967	3146.00	1980	11043.00
1968	4086.00	1981	11180.00
1969	4675.00	1982	10732.00
1970	5289.00	1983	11112.00
1971	5811.00	1984	11465.00
1972	6294.00	1985	12271.00
1973	7083.00	1986	12260.00
1974	6552.00	1987	12249.00
1975	6942.00	1988	12700.00
1976	7842.00	1989	13026.00

이 자료는 [그림 7-3]에서 보는 바와 같이 시간이 변함에 따라 명확한 추세를 갖는 시계열자료로서, 일단 다음과 같은 회귀모형을 설정할 수 있다. 즉,

$$Y_t = \beta_0 + \beta_1 X_t + N_t \tag{7-14}$$

여기서 $X_t = t = 1, 2, \cdots, 26$이다.

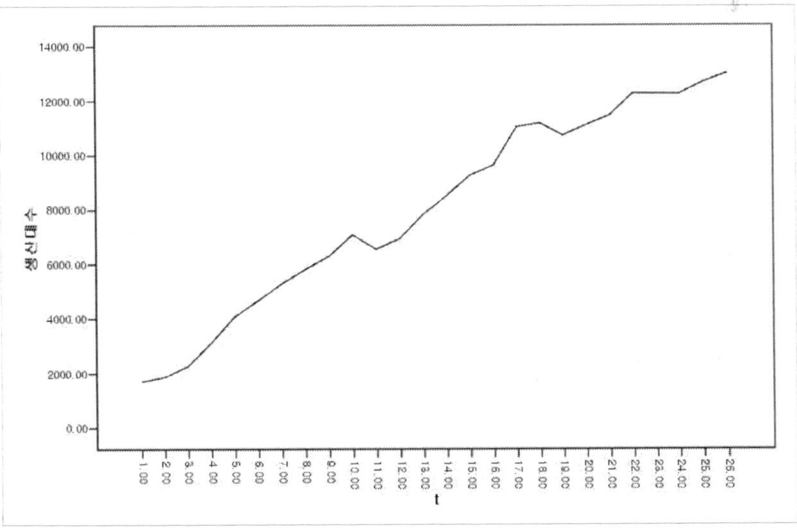

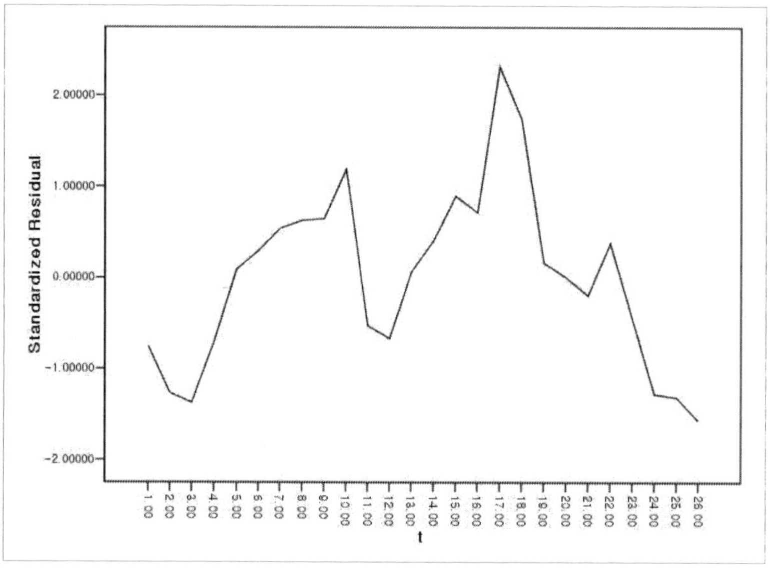

그림 7-3 일본의 자동차 생산대수(1964년~1989년)와 표준화잔차의 순차도표

[표 7-1]의 시계열자료에 대해 통상적인 회귀분석 결과 얻어진 잡음들의 순차도표는 잡음들이 정상적 시계열임을 보여 준다. 그리고 잡음(잔차)들을 $ARIMA$ 모형, $AR(1)$으로 식별한다(SPSS 실습 참조). 그러므로 식 (7-14)의 모형은

$$Y_t = \beta_0 + \beta_1 X_t + N_t , \quad N_t = \psi_0 + \psi_1 N_{t-1} + \epsilon_t \tag{7-15}$$

가 된다(ψ는 psi로 읽는다). 여기서 ϵ_t는 백색잡음(오차항)이다.

7.2.1 $ARIMA$ 오차항을 갖는 회귀모형의 SPSS 실습

SPSS 실습 7-2

일본의 자동차 생산대수 시계열자료에 대해 앞에서 설명한 단계별로 실습하기로 한다(자료명: ch7ex2.sav).

실습 19.1 변수 t 정의

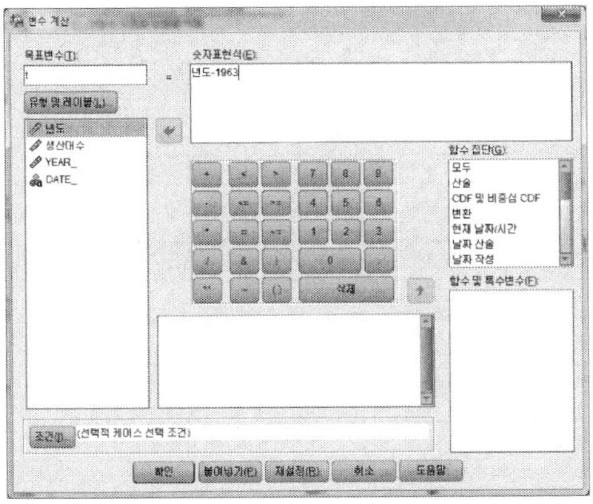

- 상단 메뉴에서 **[데이터(D)]** → **[날짜 및 시간 정의(E)]**를 선택한다. **날짜 정의**창에서 [케이스의 날짜(C)]에 년을 선택한 후, 1964년을 입력하고 확인한다(반드시 필요한 절차는 아니다).
- 그리고 **[변환(T)]** → **[변수 계산(C)]**에서 위 그림과 같이 t = 년도−1963을 입력하여 변수 t를 생성한다.

실습 19.2 회귀분석(1)

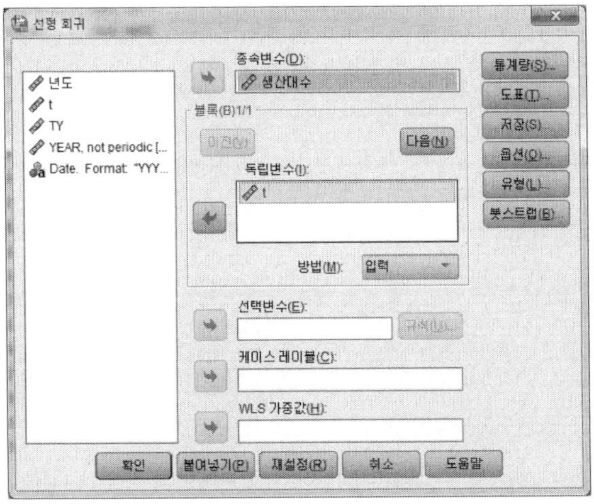

- **[분석(A)]** → **[회귀분석(R)]** → **[선형(L)]**을 실행한다.
- **[종속변수]**에 생산대수, **[독립변수(I)]**에 t를 이동시킨 후, 오른쪽에 있는 [저장(S)]을 선택한다.

실습 19.3 회귀분석(2)

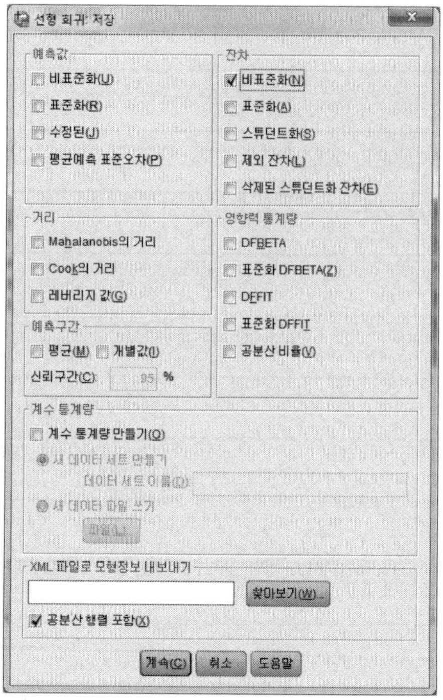

• 선형 회귀: 저장에서 **[잔차]**의 [비표준화(N)]을 선택한 다음, 하단의 [계속(C)]을 누른다.

실습 19.4 실행 결과 : 회귀분석의 진차값

생산대수	t	TY	YEAR_	DATE_	RES_1
1702.00	1.00		1964	1964	-440.46154
1876.00	2.00	2318.54	1965	1965	-738.26769
2286.00	3.00	2947.43	1966	1966	-800.07385
3146.00	4.00	3852.85	1967	1967	-411.88000
4086.00	5.00	4507.53	1968	1968	56.31385
4675.00	6.00	4752.41	1969	1969	173.50769
5289.00	7.00	5280.27	1970	1970	315.70154
5811.00	8.00	5697.76	1971	1971	365.89538
6294.00	9.00	6143.87	1972	1972	377.08923
7083.00	10.00	6924.64	1973	1973	694.28308
6552.00	11.00	6160.50	1974	1974	-308.52308
6942.00	12.00	7287.56	1975	1975	-390.32923
7842.00	13.00	8247.69	1976	1976	37.86462
8514.00	14.00	8604.97	1977	1977	238.05846
9269.00	15.00	9212.83	1978	1978	521.25231
9636.00	16.00	9371.68	1979	1979	416.44615
11043.00	17.00	10855.71	1980	1980	1351.64000
11180.00	18.00	10305.34	1981	1981	1016.83385
10732.00	19.00	10103.43	1982	1982	97.02769
11112.00	20.00	11159.48	1983	1983	5.22154
11465.00	21.00	11579.96	1984	1984	-113.58462
12271.00	22.00	12473.28	1985	1985	220.60923
12260.00	23.00	12216.65	1986	1986	-262.19692
12249.00	24.00	12560.51	1987	1987	-745.00308
12700.00	25.00	13366.38	1988	1988	-765.80923
13026.00	26.00	13707.67	1989	1989	-911.61538

- 이미 [그림 7-3]에서 본 것과 같이 잔차들은 정상적 시계열이다. [그림 7-3]은 편의상 표준화잔차값을 얻은 것일 뿐이다.

실습 19.4 잔차들에 대한 식별

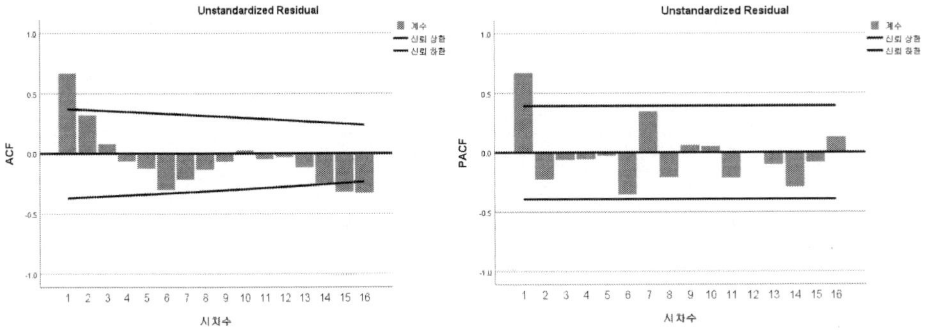

- 잔차들에 대해 먼저 모형 식별을 하기 위해 **그래프 → 시계열도표 → 자기상관**을 클릭한다. 그러면 AC, PAC 그래프를 얻게 되는데 $AR(1)$ 모형으로 식별한다.

실습 19.5 잔차들에 대한 모형 $AR(1)$의 추정(1)

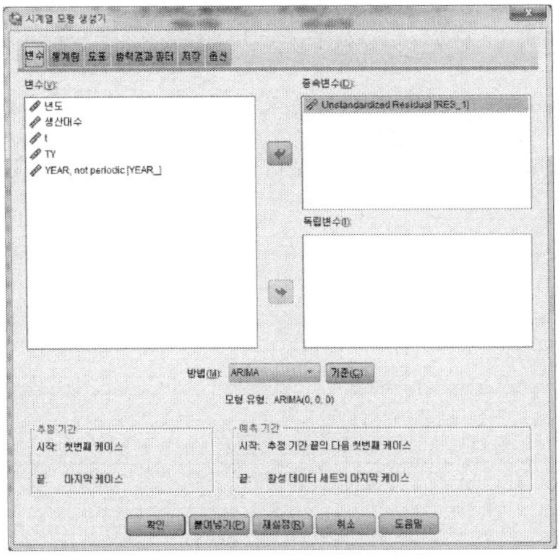

- **[분석(A)]** → **[시계열 분석(T)]** → [기존 모형 작성(C)]을 실행하여, [종속변수(D)]에 변수 RES_1을 지정한다. ARIMA 방법의 [기준(C)]에서 **[자기상관(p)]**에 1을 입력한다.

실습 19.6 잔차들에 대한 모형 $AR(1)$의 추정(2)

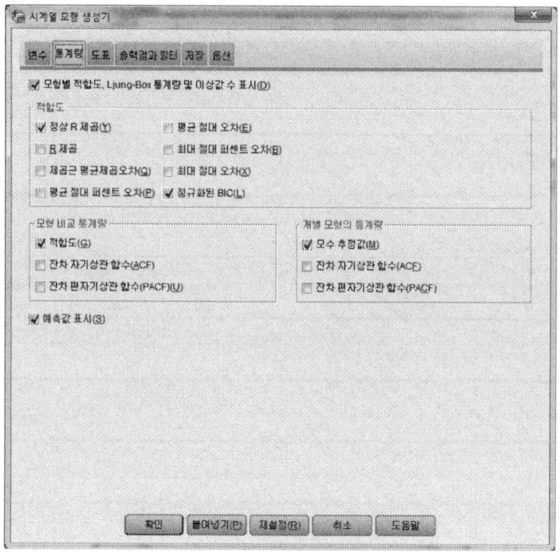

- 통계량에서 [적합도]의 [정규화된 BIC(L)]과 [개별 모형의 통계량]의 [모수 추정값(M)]을 추가로 선택한 후, [확인]을 눌러 실행한다.

실습 19.7 잔차들에 대한 모형 $AR(1)$의 추정 결과

적합 통계량	평균
정상 R-제곱	.508
R-제곱	.508
제곱근 평균제곱오차 (RMSE)	409.163
평균 절대 퍼센트 오차 (MAPE)	173.844
최대 절대 퍼센트 오차 (MaxAPE)	940.669
평균 절대 오차(MAE)	317.325
최대 절대 오차(MaxAE)	1077.025
정규화된 BIC	12.279

모형 통계량

		모형 적합 통계량		Ljung-Box Q(18)			
모형	예측자 수	정상 R-제곱	정규화된 BIC	통계량	자유도	유의확률	이상값 수
Unstandardized Residual-모형_1	0	.508	12.279	14.192	17	.653	0

ARIMA 모형 모수

					추정값	SE	t	유의확률
Unstandardized Residual-모형_1	Unstandardized Residual	변환 안 함	상수항		-118.643	277.869	-.427	.673
			AR	시차 1	.735	.146	5.028	.000

- $N_t = -118.8 + 0.735\, N_{t-1} + \epsilon_t$ 로 잡음이 추정된다.
- 상수가 유의적이지 않아도 식에 포함시키는데, 그 이유는 N_t를 가장 잘 적합시키기 위해 필요한 값이기 때문이다.

실습 19.8 회귀모형의 전환(1)

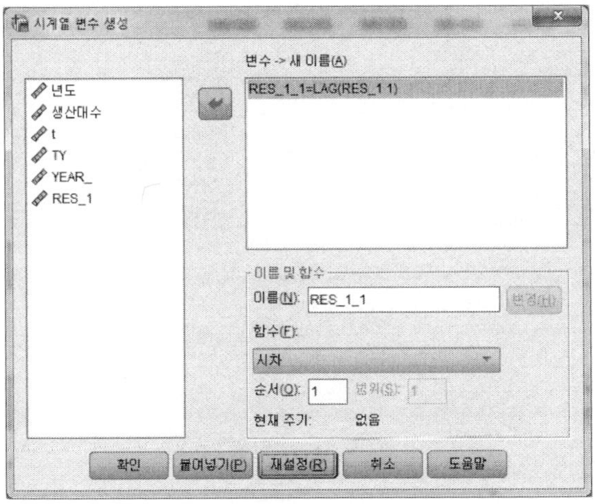

- **[변환(T)]** → **[시계열 변수 생성(M)]**에서 잔차 RES_1_t에 **시차** 1을 적용시켜 RES_1_{t-1}을 얻는다.

실습 19.9 회귀모형의 전환(2)

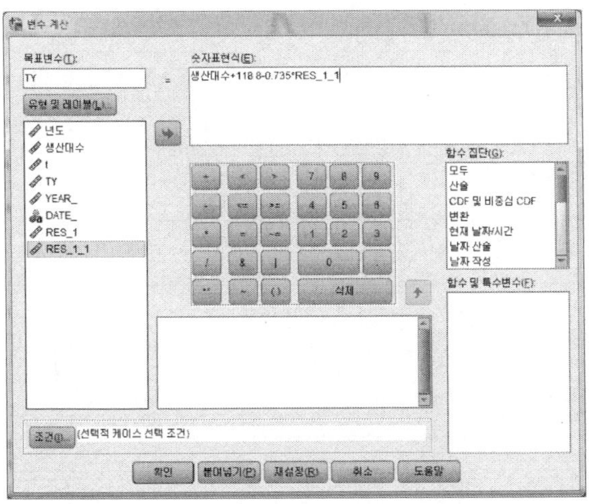

- **[변환(T)]** → **[변수계산(C)]**에서 잡음에 대한 추정 결과를 반영시킨 종속변수, TY 값을 생산대수 − (−118.8+0.735RES_1_{t-1})로 입력하여 생성한다.

실습 19.10 회귀모형의 전환(3)

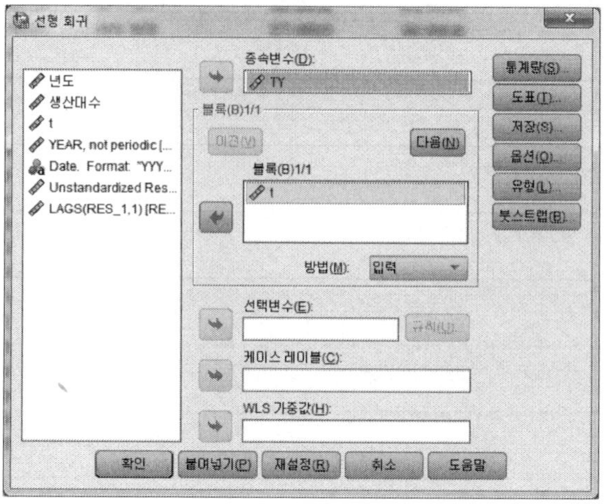

- 다시 TY를 종속변수로 지정하여 회귀분석을 실시해야 한다(단계 4). [분석(A)] → **[회귀분석(R)]** → **[선형(L)]**을 실행하여 위와 같이 입력한다.
- 오른쪽 [저장(S)]에서 [잔차]의 [비표준화(S)]를 선택한 후, 확인을 눌러 실행한다.
- 즉, 식 (7–15)의 모형에 대해 잡음 N_t의 추정된 결과를 반영하여

$$TY_t = Y_t - (-118.8 + 0.735\,RES\_1_{t-1}) = \beta_0 + \beta_1\,t + \epsilon_t$$

으로 회귀분석을 하게 되는 것이다.

실습 19.11 회귀분석(2) 결과

계수[a]

모형		비표준화 계수 B	비표준화 계수 표준오차	표준화 계수 베타	t	유의확률
1	(상수)	1935.742	176.166		10.988	.000
	t	460.701	11.187	.993	41.183	.000

a. 종속변수: TY

- [실습 19.10]을 실행하면 $\widehat{\beta_0} = 1935.7$, $\widehat{\beta_1} = 460.7$이 얻어지게 된다. 추정된 두 개의 모수들 모두 매우 유의적이다.

실습 19.12 잔차들에 대한 진단

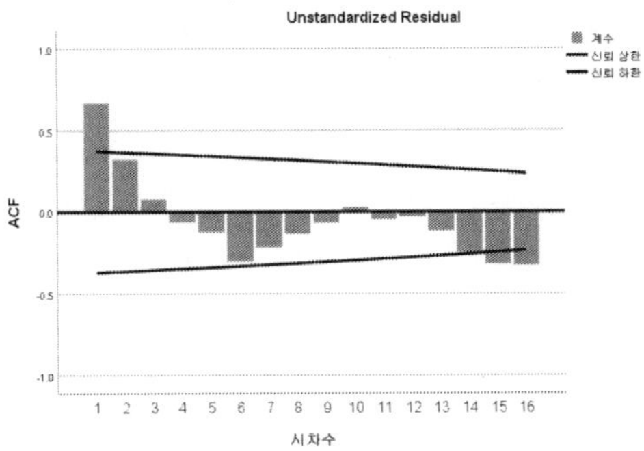

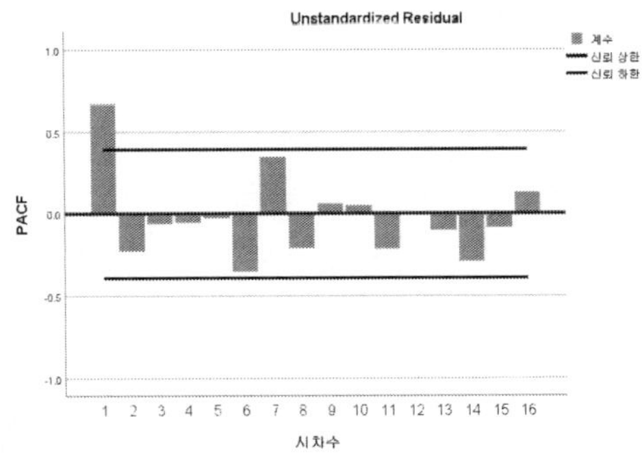

자기상관

계열: Unstandardized Residual

시차	자기상관	표준화 오차[a]	Box-Ljung 통계량		
			값	자유도	유의확률[b]
1	.094	.189	.247	1	.619
2	-.165	.185	1.050	2	.591
3	-.060	.181	1.161	3	.762
4	-.029	.176	1.188	4	.880
5	.120	.172	1.677	5	.892
6	-.427	.168	8.161	6	.227
7	.003	.163	8.161	7	.319
8	.175	.159	9.372	8	.312
9	.044	.154	9.452	9	.397
10	-.024	.149	9.478	10	.487
11	-.192	.144	11.251	11	.422
12	.106	.139	11.838	12	.459
13	.018	.133	11.856	13	.540
14	-.170	.128	13.631	14	.478
15	-.139	.122	14.930	15	.456
16	.009	.115	14.937	16	.529

a. 가정된 기본 공정은 독립적입니다(백색잡음).

b. 점근 카이제곱 근사값을 기준으로 합니다.

• [분석(A)] → **[시계열 분석(T)]** → **[자기상관(O)]**을 실행하여, [실습 19.10]에서 수행한 회귀분석 결과 얻어진 잔차 RES_2를 [변수(V)]로 넣고, 하단의 [표시]에서 [자기상관(A)]와 [편자기상관(T)]를 선택하여 실행한다.

- Box-Ljung 통계량을 살펴보면, 모든 시차들에 대해 자기상관이 비유의적임을 알 수 있다. 이 시계열자료를 오차항이 $ARIMA$ 모형인 회귀모형으로 다루었을 경우에 대한 진단에 이상이 없음을 확인하는 절차이다.
  그러므로 일본 자동차 판매대수에 대한 시계열자료의 최종 모형은

$$Y_t = 1935.7 + 460.7t + N_t$$
$$N_t = -118.8 + 0.735 N_{t-1} + \epsilon_t$$

  으로 추정된다.

좀 더 복잡한 문제는 회귀분석 결과 얻어진 잡음들이 비정상적 (계절)시계열인 경우이다. 예를 들어, 식 (7-12) 모형에서 잡음이 $ARIMA(1,1,0)(1,0,0)_{12}$ 모형으로 식별되었다고 하자. 그러면 잡음을 포함한 모든 변수들을 차분하여 모형을 다시 표현해야 하며, 그 모형은

$$\Delta Y_t = \beta_1 \Delta X_t + \Delta N_t \ ,$$
$$\Delta Y_t = Y_t - Y_{t-1}, \ \Delta X_t = X_t - X_{t-1} \qquad (7\text{-}16)$$

이 된다. 차분된 잡음 ΔN_t은 식 (7-16)에 대한 회귀분석 결과로 얻어지게 되며, 차분된 잡음에 대한 모형 식별은 $ARIMA(1,0,0)(1,0,0)_{12}$이 되므로, 최종모형을

$$\Delta Y_t = \beta_1 \Delta X_t + N_t, \quad (1-\alpha_1^* B^{12})(1-\alpha_1 B)(1-B)N_t = \epsilon_t \qquad (7\text{-}17)$$

로 표현하게 되는 것이다.

7.3 전이함수모형(동적 회귀모형)

앞 절에서 다룬 내용은 오차항(잡음)이 $ARIMA$ 모형인 회귀분석모형으로서 단순히 시간(t)을 독립변수로 한 경우이었다. 이 절에서는 시계열자료에 영향을 미치는 독립변수(설명변수, 입력 시계열)가 존재하는 경우로서, 앞 절에서 다룬 것보다는 일반적인 회귀모형에 대한 것이라고 할 수 있다.

7.3.1 전이함수모형의 개념

전이함수(transfer function)모형이 어떤 것인지를 이해하기 위하여 다음의 예를 들

표 7-2 택배회사의 접수물량(X_t)과 배달물량(Y_t) 간의 시스템

Day	X_t																				Y_t
1	50																				0
2	30	5																			5
3	90	25	3																		28
4	60	10	15	9																	34
5	50	5	6	45	6																62
6	70	5	3	18	30	5															61
7	30		3	9	12	25	7														56
8	40			9	6	10	35	3													63
9	80				6	5	14	15	4												44
10	70					5	7	6	20	8											46
11	80						7	3	8	40	7										65
12	10							3	4	16	35	8									66
13	30								4	8	14	40	1								67
14	30									8	7	16	5	3							39
15	70										7	8	2	15	3						35
16	30											8	1	6	15	7					37
17	60												1	3	6	35	3				48
18	40													3	3	14	15	6			41
19	10														3	7	6	30	4		50
20	30															7	3	12	20	1	43

어 보자. 즉, 어느 택배회사에서는 택배물을 접수하여 배달하는 일을 하는데 나름대로의 시스템을 가지고 일을 하고 있을 것이다. 즉, 매일 접수된 택배물의 수를 X_t라 하고 배달원들에 의해 배달 완료된 택배물의 수를 Y_t라고 하자. 그러면 X_t와 Y_t 간에는 시차가 존재하며 어떤 관계(시스템)가 있을 것이다. 이 택배회사는 접수된 택배물을 크기, 무게, 분류 과정, 운송거리 등 여러 이유 때문에 접수 다음날부터 5일에 걸쳐 배달하는 시스템을 운영하고 있다고 하자. 즉, Day1(오늘)에 접수된 50개의 택배물은 Day2(내일)에 10%(5개), Day3에 50%(25개), Day4에 20%(10개), Day5에 10%(5개), Day6에 10%(5개)가 배달된다고 하자. 물론 택배물은 매일 접수된다고 한다. [표 7-2]는 지난 20일 동안의 이 택배회사의 접수물량(X_t)과 배달물량(Y_t) 간의 시스템에 대한 자료이다.

여기서 접수된 택배물의 처리율을 v_i $(i = 0, 1, \cdots, 5)$라고 하면

$$v_0 = 0,\ v_1 = 0.1,\ v_2 = 0.5,\ v_3 = 0.2,\ v_4 = v_5 = 0.1$$

가 된다.

그리고 접수물량(X_t)과 배달물량(Y_t) 간의 관계를 X_t의 시차(lagged) 변수들을 사용하여 일반적으로 표현하면

$$\begin{aligned} Y_t &= v_0 X_t + v_1 X_{t-1} + \cdots + v_5 X_{t-5} \\ &= (v_0 + v_1 B + v_2 B^2 + \cdots + v_5 B^5) X_t \\ &= v(B) X_t \end{aligned} \tag{7-18}$$

가 된다. 여기서 $v_0, v_1, \cdots, v_5$를 **전이함수 가중치**(transfer function weight) 또는 충격 가중치(impulse weight)라고도 한다. 그리고 $v(B)$를 **전이함수**라고 한다. 유의해야 할 것은 이 예에서와 같이 전이함수 가중치의 합이 반드시 1.0이 되어야 하는 것은 아니다.

7.3.2 전이함수모형

앞 절에서 설명한 대로 전이함수의 기본 모형(또는 **동적**(dynamic) **회귀모형**이라고 함)은

$$Y_t = \beta_0 + v(B) X_t + N_t \tag{7-19}$$

$$v(B) = v_0 + v_1 B + \cdots + v_k B^k$$

이다. 여기서 N_t는 Y_t에 영향을 주는 X_t 이외의 모든 요인들이 복합된 잡음(noise)이며 일반적으로 $ARIMA$ 모형으로 식별된다. 그리고 k를 전이함수 $v(B)$의 차수라고 한다. 특히, 입력 시계열 X_t와 반응 시계열 Y_t 모두 비정상적 시계열이 아닌 정상적 시계열이어야 한다. 다시 말하면 전이함수모형은 정상적 시계열들에 대해 적용되는 것이다.

그러므로 위의 식 (7−19)의 Y_t와 X_t를 원래 시계열자료를 각각 전환(변수변환) 또는 차분하여 얻어진 정상적 시계열이라고 하자. 그리고 식 (7−19)를

$$Y_t = \beta_0 + \frac{w(B)}{\delta(B)} X_t + N_t \tag{7-20}$$

로 다시 표현해 보자. 여기서 $w(B)$와 $\delta(B)$를 각각

$$w(B) = w_0 - w_1 B - w_2 B^2 - \cdots - w_s B^s$$

$$\delta(B) = 1 - \delta_1 B - \delta_2 B^2 - \cdots - \delta_r B^r$$

이라고 하자. 그리고 N_t는 $ARIMA$ 모형의 잡음이다. 식 (7-19)의 $v(B)$를 $w(B)/\delta(B)$로 표현하는 이유는 $v(B)$의 차수인 k보다 $w(B)$와 $\delta(B)$의 차수인 s와 r의 값들이 아주 작은 값들로 얻어질 수 있기 때문이다.

예를 들면, $w(B)=(1.2-0.5B)$, $\delta(B)=(1-0.8B)$라고 할 때(즉, $s=r=1$),

$$\begin{aligned} v(B) &= \frac{w(B)}{\delta(B)} = \frac{(1.2-0.5B)}{(1-0.8B)} = (1.2-0.5B)(1-0.8B)^{-1} \\ &= (1.2-0.5B)(1+0.8B+0.8^2B^2+0.8^3B^3\cdots) \\ &= 1.2+0.46B+0.368B^2+0.294B^3+\cdots \end{aligned}$$

이기 때문에, $v(B)$의 차수보다 훨씬 작은 차수들로 $w(B)/\delta(B)$의 차수들이 얻어진다는 것이다.

이제 코익(Koyck) 모형을 소개하고 넘어가기로 하자. 이 모형은 입력 시계열변수 X_t가 시간이 지남에 따라 지수적으로(exponentially) 감소하면서 영향을 미치는 경우($|\delta|<1$)로서 식 (7-19)는

$$Y_t=\beta_0+w(1+\delta B+\delta^2B^2+\cdots+\delta^kB^k)X_t+N_t \qquad (7\text{-}21)$$

가 된다. 즉, $v(B)=w(1+\delta B+\delta^2B^2+\cdots+\delta^kB^k)$이며, $|\delta|<1$이다.

여기서 $\begin{aligned}(1-\delta B)v(B) &= w(1-\delta B)(1+\delta B+\cdots+\delta B^k) \\ &= w(1-\delta^{k+1}B^{k+1}) \\ &\approx w\end{aligned}$

(k가 아주 클 경우 w)가 되어, $v(B)\approx\dfrac{w}{1-\delta B}$로 단순하게 된다. 그러므로 Koyck 모형은

$$Y_t=\beta_0+\frac{w}{1-\delta B}X_t+N_t \qquad (7\text{-}22)$$

로서 식 (7-20)의 전이함수모형 중 가장 단순한 모형이라고 할 수 있다.

더욱이 전이함수모형 식 (7-20)에서 X_t 대신 X_{t-b}를 고려해 보자. 이는 입력변수 X_t가 b 시점 이후에 Y_t에 영향을 미치기 시작한다는 의미이고, 많은 시계열자료에서 적용될 수 있는 경우가 된다. 그러므로 전이함수모형의 일반적 형태는

$$Y_t=\beta_0+\frac{w(B)}{\delta(B)}X_{t-b}+N_t \qquad (7\text{-}23)$$

로 표현할 수 있게 된다.

이제 식 (7-23)에서 파라미터 r, s, b 등을 추정해야 하는 문제가 남는다. 이에 대해서는 다음과 같은 단계를 거치는 방법을 소개한다.

단계 1 $Y_t = \beta_0 + v_0 X_t + v_1 X_{t-1} + \cdots + v_k X_{t-k} + N_t$에 대해 회귀분석을 한다. 이때 k를 충분히 크게 하고, N_t는 이 단계에서 중요한 것이 아니므로 일단 낮은 차수의 $ARMA$ 모형으로 식별한다.

단계 2 앞의 단계에서 잡음(잔차) 시계열이 비정상적일 경우 차분을 하여야 할 것이다. 그리고 Y_t와 X_t에 대해서도 차분을 하여 차분된 변수들로써 다시 회귀분석을 한다.

단계 3 잡음 시계열이 정상적으로 나타나면, 적절한 전이함수모형을 만들어야 하는데, 결국 r, s, b의 값들을 결정하는 문제이다. 여기서 b를 결정하는 문제는 회귀분석에서 유의적인 시차까지 만의 X_t들을 선택하는 것으로 큰 문제가 되지는 않는다. 그리고 r은 전이함수 가중치 v가 감소하는 패턴을 나타내는 것으로서, 감소하는 경향이 없을 때는 $r=0$이고, 단순히 지수적으로(exponentially) 감소할 경우에는 $r=1$으로 한다. 전이함수 가중치가 진폭을 갖고 감소하는 형태(또는 sign 함수 형태)일 때 $r=2$로 정하면 된다. 마지막으로 s는 가중치가 감소하기 시작하기 전의 가중치의 수로 결정하게 된다.

단계 4 잡음 시계열에 대한 모형을 식별하는 단계이다.

단계 5 위의 단계에서 얻어진 파라미터 값들을 가지고 전이함수모형을 추정하고, 이때 얻어진 잔차들에 대해 백색잡음인가를 진단하는 단계이다. 즉, 잔차들 간에 자기상관이 없을 경우, (단계 3)과 (단계 4)의 결과에 따른 최종모형에 문제가 없는 것이다.

이제, [표 7-3]의 운동기구 판매량(Y_t)과 광고비(X_t)에 대한 시계열자료를 가지고 전이함수모형을 전개해 보기로 하자.

표 7-3 운동기구의 판매량과 광고비에 대한 시계열자료

t	Y_t	X_t	t	Y_t	X_t
1	12.00	15.00	19	30.50	33.00
2	20.50	16.00	20	28.00	62.00
3	21.00	18.00	21	26.00	22.00
4	15.50	27.00	22	21.50	12.00
5	15.30	21.00	23	19.70	24.00
6	23.50	49.00	24	19.00	3.00
7	24.50	21.00	25	16.00	5.00
8	21.30	22.00	26	20.70	14.00
9	23.50	28.00	27	26.50	36.00
10	28.00	36.00	28	30.60	40.00
11	24.00	40.00	29	32.30	49.00
12	15.50	3.00	30	29.50	7.00
13	17.30	21.00	31	28.30	52.00
14	25.30	29.00	32	31.30	65.00
15	25.00	62.00	33	32.20	17.00
16	36.50	65.00	34	26.40	5.00
17	36.50	46.00	35	23.40	17.00
18	29.60	44.00	36	16.40	1.00

[표 7-3]의 운동기구의 판매량(Y_t)과 광고비(X_t)에 대한 36개월의 시계열자료에 대한 순차도표는 [그림 7-4]와 같다.

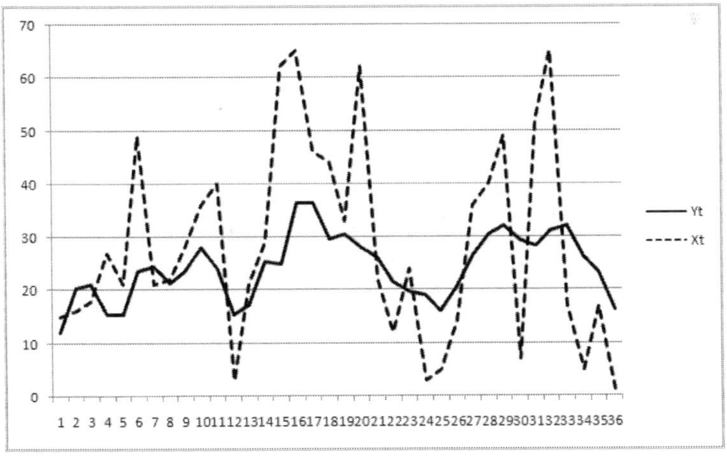

그림 7-4 Y_t와 X_t에 대한 순차도표

그리고 X_t와 4개의 시차변수들을 설명변수로 한 통상적 회귀분석 결과는

$$\widehat{Y}_t = 15.06 + .145X_t + .145X_{t-1} + .043X_{t-2} + .028X_{t-3} - .027X_{t-4} \qquad (7\text{-}24)$$

으로 추정된다. 또한 식 (7-24)로부터 얻어진 잔차들의 순차도표는 [그림 7-5]와 같다(잡음들이 추세가 있는 것으로 보이지만 일단, 정상적 시계열로 간주하자).

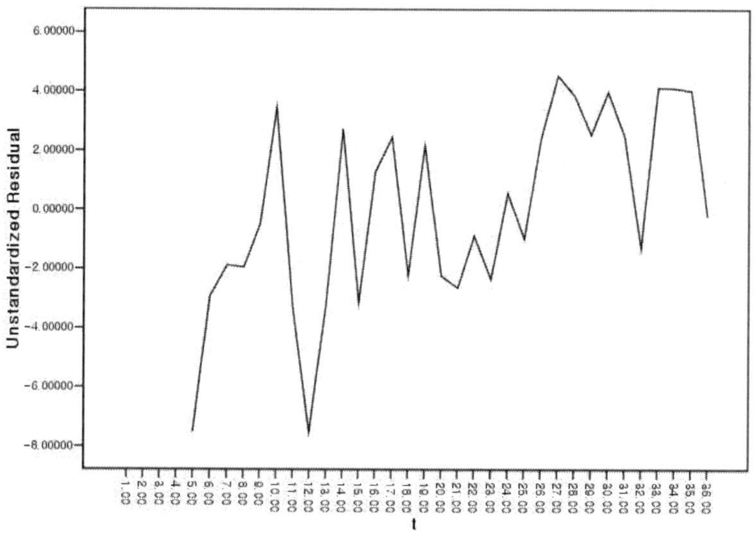

그림 7-5 잡음(잔차)들에 대한 순차도표

식 (7-24)의 결과로써 전이함수모형의 파라미터들을 결정하고 얻어진 잡음들에 대해 식별하게 된다. 그리고 전이함수에 대해 추정한 후 그때 얻어진 잡음(잔차)들에 대해 진단을 하게 된다.

7.3.3 전이함수모형의 SPSS 실습

SPSS 실습 7-3

앞의 본문에서 설명한 내용을 바탕으로 운동기구의 판매량과 광고비 시계열자료에 대해 전이함수모형을 적용시켜 보기로 한다(자료명: ch7ex3.sav).

실습 20.0 설정 변경

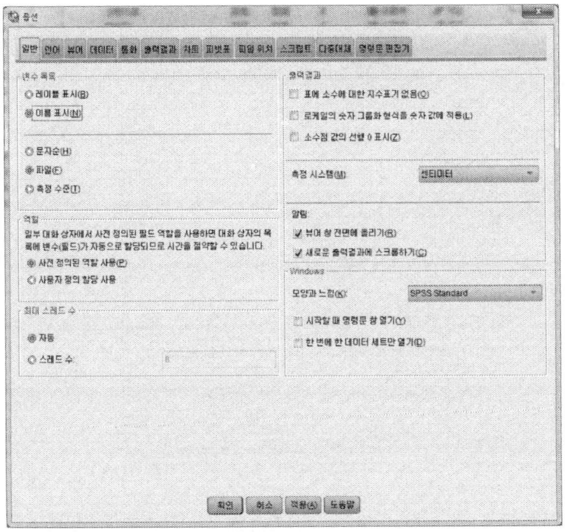

- 시계열 변수를 여러 개 생성하다 보면, 레이블이 길어져 구분이 어려운 경우가 있다. 옵션에서 변수명으로 나타나도록 설정하면, 지정한 변수명으로 결과가 출력이 되어 알아보기 쉽다.
- [편집(E)]→[옵션(N)]을 실행하여, 상단의 일반에서 [변수목록]→[이름 표시(N)]를 선택한다.

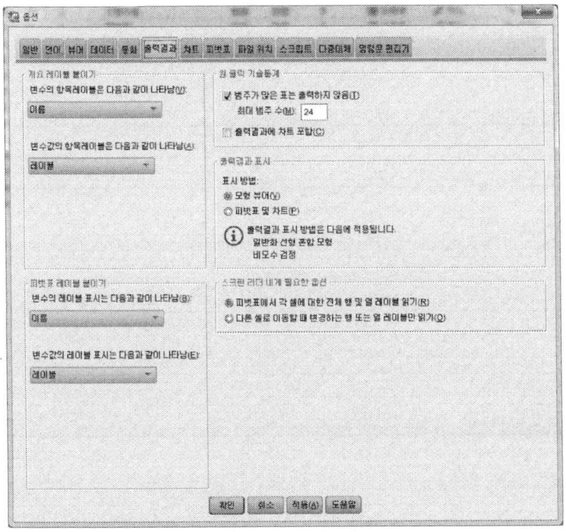

- 상단의 출력결과에서 [개요 레이블 붙이기] 에서 변수의 항목 레이블은 이름으로 지정한 후, 하단의 [피벗표 레이블 붙이기]에서 이름으로 설정한다.

실습 20.1 X_t의 시차변수 정의

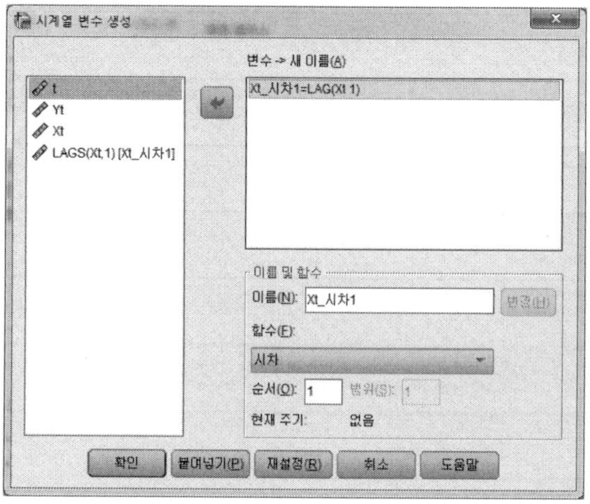

- 먼저 X_t에 대한 시차변수들을 구한다. **[변환(T)]** → **[시계열 변수 생성(M)]**을 선택한다. **[함수(F)]**에서 **시차**를 선택하고 **차수**를 1로 한 다음, **새 변수**에 X_t를 넣고, [이름(N)]을 Xt_시차1로 변경한 후, 확인을 누른다.

(여러 개의 시계열 변수를 생성할 경우, 위와 같이 알아보기 쉽게 이름을 변경한다.)

그러면, Xt_시차1에 다시 차수가 1인 시차를 적용하여 Xt_시차2를 생성한다. 같은 작업을 반복하여 Xt_시차4(X_{t-4})까지 생성한다.

실습 20.2 날짜 정의

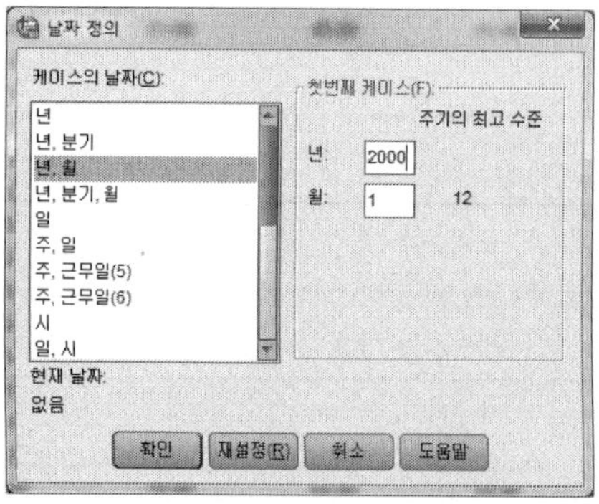

- [데이터(D)] → [날짜 및 시간 정의(E)]를 실행하여 년, 월을 선택하고, 그림과 같이 2000년 1월을 입력한 후, 확인을 누른다.

실습 20.3 회귀분석(1)

이름	유형	너비	소수점이...	레이블	값	결측값
t	숫자	8	2		없음	없음
Yt	숫자	8	2		없음	없음
Xt	숫자	8	2		없음	없음
Xt_시차1	숫자	8	2	LAGS(Xt,1)	없음	없음
Xt_시차2	숫자	8	2	LAGS(Xt_시차1...	없음	없음
Xt_시차3	숫자	8	2	LAGS(Xt_시차2...	없음	없음
Xt_시차4	숫자	8	2	LAGS(Xt_시차3...	없음	없음
YEAR_	제한된 숫자	4	0	YEAR, not peri...	없음	없음
MONTH_	숫자	8	0	MONTH, period...	없음	없음
DATE_	문자	8	0	Date. Format: ...	없음	없음

- 시계열 변수를 생성하였다면, 위와 같은 변수를 얻을 수 있다.

실습 20.4 회귀분석

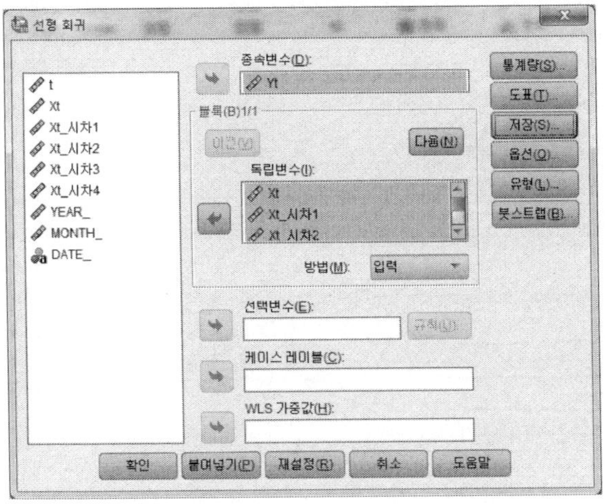

- [분석(A)] → [회귀분석(R)] → [선형(L)]을 실행하여 **종속변수**에 Yt를 넣고, **독립변수**에 X_t부터 X_{t-4}까지(시차1부터 시차4까지)를 넣고, **[저장(S)]**에서 **[잔차]**는 [비표준화(N)]를 선택한다.
- 데이터 편집기에는 잡음(잔차)값들이 저장된다.

실습 20.3 회귀분석 결과

계수[a]

모형		비표준화 계수 B	비표준화 계수 표준화 오류	표준화 계수 베타	t	유의확률
1	(상수)	15.060	2.116		7.118	.000
	Xt	.145	.035	.483	4.115	.000
	Xt_시차1	.145	.038	.467	3.783	.001
	Xt_시차2	.043	.038	.138	1.118	.274
	Xt_시차3	.028	.039	.087	.711	.483
	Xt_시차4	-.027	.037	-.085	-.729	.473

a. 종속변수: Yt

- 회귀분석 결과에서 나타난 추정된 계수들을 살펴보고 전이함수 파라미터들의 값들을 정한다. 즉, X_t가 매우 유의적이므로 시차를 고려할 필요는 없어 $b=0$임이 명백하다. 그리고 지수적으로 감소하는 형태의 가중치(0.145, 0.043, 0.028)를 고려하여 $r=1$ 로 하며. 시차 1에서부터 전이함수 가중치가 감소하는 형태를 갖기 때문에 $s=1$ 이다.

실습 20.4 잡음 시계열에 대한 식별

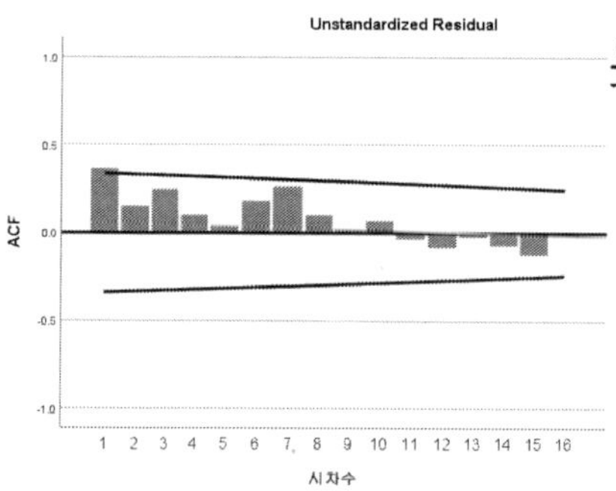

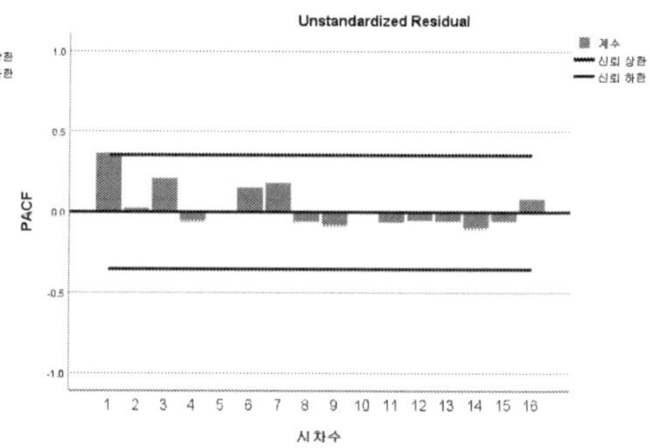

- 이제 얻어진 잡음들에 대해 **그래프 → 시계열도표 → 자기상관**에서 AC, PAC를 얻게 되고, 그 결과 $AR(1)$ 또는 $MA(1)$으로 식별할 수 있는데, 여기서는 $MA(1)$으로 해보자([실습 20.8] 참조).

실습 20.5 전이함수 추정(1)

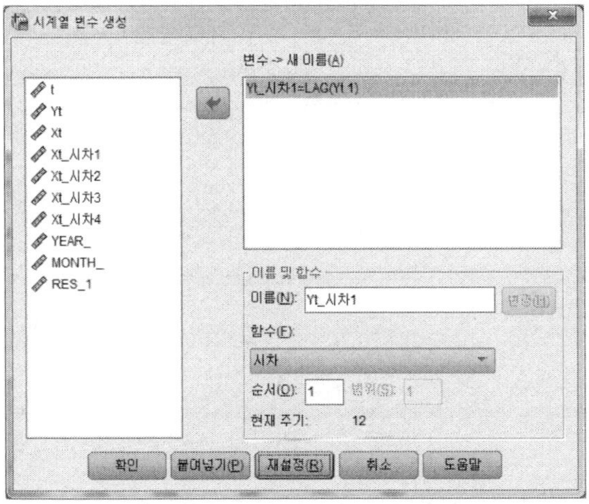

- [실습 20.3]에서 얻은 모수 값들에 따라 전이함수모형을 추정하는 단계이다.
- 먼저 Yt에 차수가 1인 시차를 적용 시켜 Yt_시차1 변수를 생성한다.

실습 20.6 전이함수 추정(2)

	t	Yt	Xt	Xt_시차1	Xt_시차2	Xt_시차3	Xt_시차4	YEAR_	MONTH_	DATE_	RES_1	Yt_시차1
1	1.00	12.00	15.00	.	.	.	.	2000	1	JAN 2000		.
2	2.00	20.50	16.00	15.00				2000	2	FEB 2000		12.00
3	3.00	21.00	18.00	16.00	15.00		.	2000	3	MAR 2000		20.50
4	4.00	15.50	27.00	18.00	16.00	15.00	.	2000	4	APR 2000		21.00
5	5.00	15.30	21.00	27.00	18.00	16.00	15.00	2000	5	MAY 2000	-7.5297	15.50
6	6.00	23.50	49.00	21.00	27.00	18.00	16.00	2000	6	JUN 2000	-2.9252	15.30

- 시계열 변수들을 성공적으로 생성했다면 데이터 편집기의 구조는 위와 같을 것이다.
- 시차를 적용한 시계열 변수들을 이용하여 ARIMA 모형을 추정할 경우, 시차에 의한 결측값 때문에 에러가 발생한다. 케이스 선택을 통해, 결측값 이후의 자료만을 선택하여 ARIMA 모형을 적용하기로 한다.
- **종속변수**에 Yt를, **독립변수**에 Yt_시차1, Xt, Xt_시차1을 넣은 ARIMA 모형을 적용하기 위해, t=2 이후의 데이터를 선택한다.

실습 20.7 전이함수 추정(3)

• [데이터(D)] → [케이스 선택(S)]을 실행한다.

실습 20.8 전이함수 추정(4)

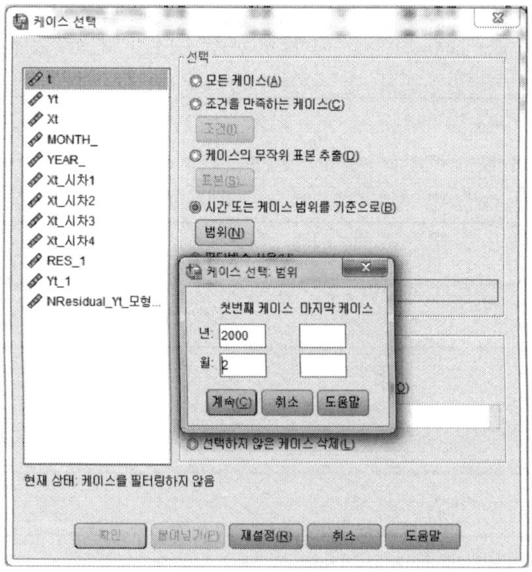

• [시간 또는 케이스 범위를 기준으로(B)]에서 t=2에 해당하는 2000년 2월을 입력한다.

실습 20.7 전이함수 추정(5)

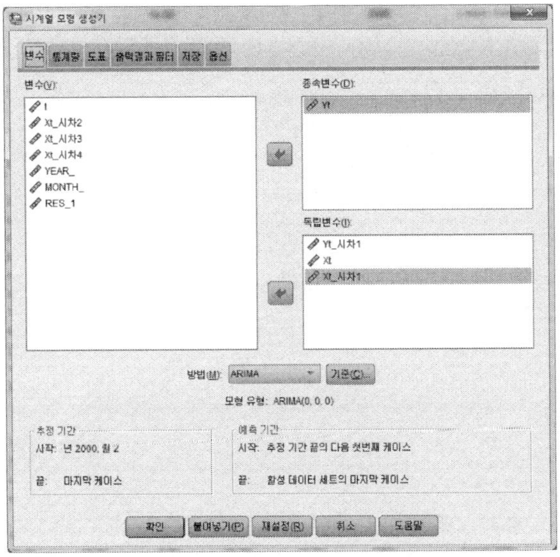

- **[분석(A)] → [시계열 분석(T)] → [기준 모형 작성(C)]**에서 ARIMA **방법**을 선택한다. **종속변수**에 Yt를, **독립변수**에 Yt_시차1, Xt, Xt_시차1을 넣고, [기준(C)]에서 모수를 설정해준다. 즉, MA(1)(이동평균 $q=1$)으로 한다. 여기서 Yt_1은 $r=1$이기 때문에 독립변수로 하는 것이며, $s=1$이므로 Xt, Xt_1를 독립변수로 모형에 포함시키는 것이다.
- 따라서 잡음(잔차)들을 모형 $MA(1)$로 식별할 경우, 추정되어야 하는 전이함수모형은

$$Y_t = \beta_0 + \frac{w_0 - w_1 B}{1-\delta_1 B} X_t + N_t \qquad \text{(실습 7-1)}$$

가 된다. 여기서 $N_t = \epsilon_t - \theta \epsilon_t$ 이다.

실습 20.8 전이함수 추정(6)

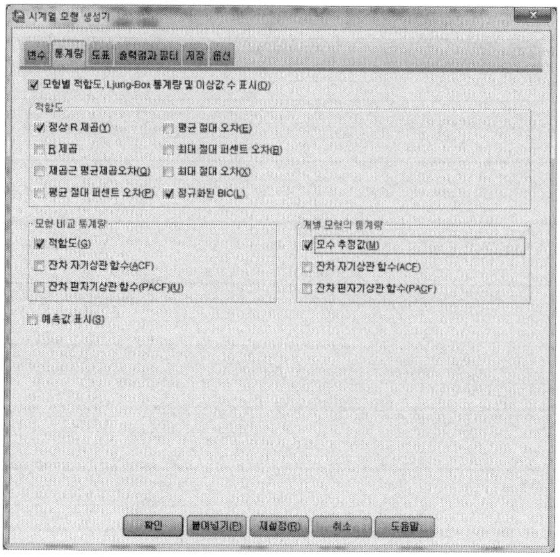

• 상단의 통계량에서 [적합도]의 [정규화된 BIC(L)]와 [개별 모형의 통계량]의 [모수 추정값(M)]을 추가로 선택한다.

실습 20.9 전이함수 추정(10)

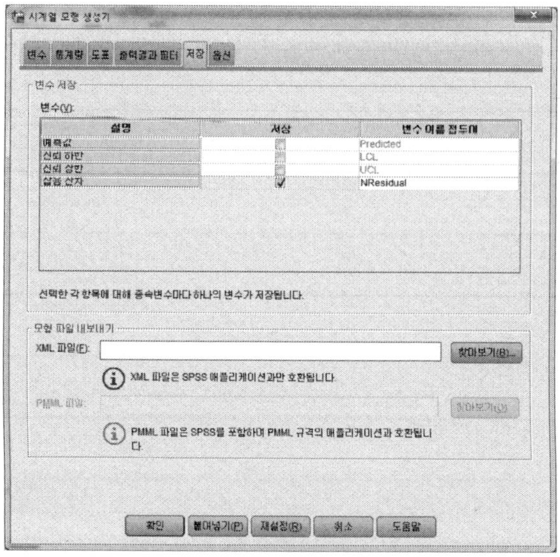

• 상단의 저장에서 [변수(V)]의 [잡음 잔차]를 선택한 후, 하단의 [확인]을 눌러 실행한다.

실습 20.10 전이함수 추정 결과

모형 통계량

		모형 적합 통계량		Ljung-Box Q(18)			
모형	예측자 수	정상 R-제곱	정규화된 BIC	통계량	자유도	유의확률	이상값 수
Yt-모형_1	3	.759	2.759	6.418	17	.990	0

적합 통계량	평균
정상 R-제곱	.759
R-제곱	.759
제곱근 평균제곱오차 (RMSE)	3.082
평균 절대 퍼센트 오차 (MAPE)	10.115
최대 절대 퍼센트 오차 (MaxAPE)	41.243
평균 절대 오차(MAE)	2.320
최대 절대 오차(MaxAE)	6.393
정규화된 BIC	2.759

ARIMA 모형 모수

					추정값	SE	t	유의확률
Yt-모형_1	Yt	변환 안 함	상수항		12.879	3.311	3.889	.001
			MA	시차 1	-.612	.190	-3.215	.003
	Yt_시차1	변환 안 함	분자	시차 0	.176	.149	1.177	.248
	Xt	변환 안 함	분자	시차 0	.115	.031	3.760	.001
	Xt_시차1	변환 안 함	분자	시차 0	.137	.036	3.859	.001

- 추정된 파라미터들은 각각 $\beta_0 = 12.879$, $w_0 = 0.115$, $w_1 = 0.137$, $\delta_1 = 0.176$, $\theta = -0.612$ 이다. 그러므로 최종적으로 추정된 전이함수모형은

$$Y_t = 12.879 + \frac{0.115 - 0.137B}{1 - 0.176B} X_t + (1 + 0.612B)\epsilon_t$$

이다.
- 전이함수 추정에서 얻어진 잔차들에 대해 **그래프 → 시계열도표 → 자기상관**을 선택하여 얻은 AC와 PAC 그리고 Box-Ljung 통계량 모두 잔차들이 백색잡음이라는 데에 아무 문제가 없다.

실습 20.7 잔차들에 대한 진단

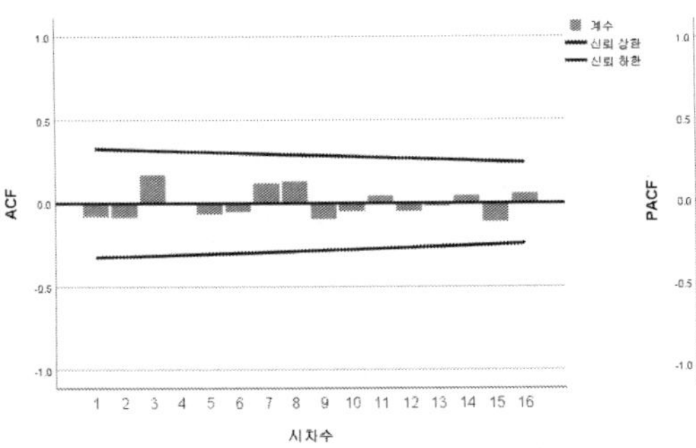

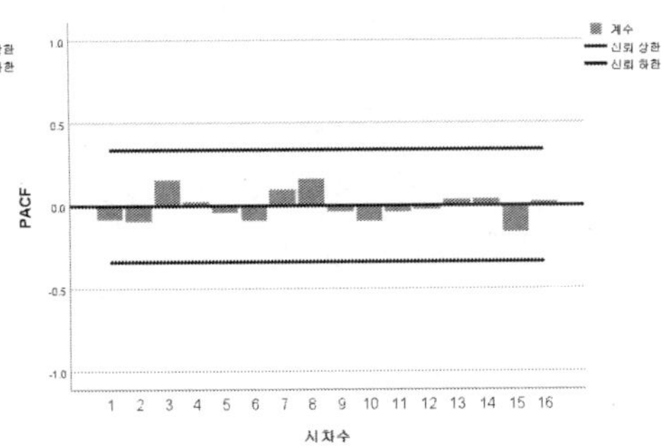

시차	자기상관	표준화 오차[a]	Box-Ljung 통계량 값	자유도	유의확률[b]
1	-.079	.162	.236	1	.627
2	-.084	.160	.514	2	.773
3	.170	.157	1.686	3	.640
4	.008	.155	1.688	4	.793
5	-.066	.152	1.878	5	.866
6	-.051	.150	1.995	6	.920
7	.119	.147	2.652	7	.915
8	.132	.144	3.484	8	.900
9	-.093	.142	3.917	9	.917
10	-.049	.139	4.042	10	.945
11	.042	.136	4.139	11	.966
12	-.049	.133	4.273	12	.978
13	-.018	.130	4.292	13	.988
14	.046	.127	4.424	14	.992
15	-.111	.124	5.217	15	.990
16	.057	.121	5.442	16	.993

a. 가정된 기본 공정은 독립적입니다(백색잡음).

b. 점근 카이제곱 근사값을 기준으로 합니다.

• 전이함수 추정에서 얻어진 잔차들에 대해 **그래프 → 시계열도표 → 자기상관**을 선택하여 얻은 AC와 PAC 그리고 Box-Ljung 통계량 모두 잔차들이 백색잡음이라는 데에 아무 문제가 없다.

실습 20.8 [실습 20.4]에서 $AR(1)$으로 식별했을 경우의 전이함수 추정 결과

적합 통계량	평균
정상 R-제곱	.739
R-제곱	.739
제곱근 평균제곱오차(RMSE)	3.208
평균 절대 퍼센트 오차(MAPE)	11.117
최대 절대 퍼센트 오차(MaxAPE)	43.412
평균 절대 오차(MAE)	2.517
최대 절대 오차(MaxAE)	6.729
정규화된 BIC	2.839

모형 통계량

모형	예측자 수	모형 적합 통계량 정상 R-제곱	모형 적합 통계량 정규화된 BIC	Ljung-Box Q(18) 통계량	Ljung-Box Q(18) 자유도	Ljung-Box Q(18) 유의확률	이상값 수
Yt-모형_1	3	.739	2.839	10.803	17	.867	0

ARIMA 모형 모수

					추정값	SE	t	유의확률
Yt-모형_1	Yt	변환 안 함	상수항		11.238	3.621	3.104	.004
			AR	시차 1	.267	.246	1.083	.287
	Yt_시차1	변환 안 함	분자	시차 0	.262	.168	1.558	.130
	Xt	변환 안 함	분자	시차 0	.123	.032	3.888	.001
	Xt_시차1	변환 안 함	분자	시차 0	.116	.040	2.895	.007

• 잡음을 $AR(1)$으로 식별하는 경우 얻어진 결과는 크게 다르지 않다. 물론 [실습

20.7]의 결과와도 다르지 않다. 두 가지 경우에 대한 평가는 BIC 등의 값으로 최종 모형을 판단하여야 할 것이다.

이제는 추정된 전이함수식을 사용하여 예측을 해야 한다. 즉, 식 (실습 7-1)은

$$(1-\delta_1 B)\, Y_t = \beta_0(1-\delta_1)+(w_0-w_1 B)\, X_t+(1-\delta_1 B)(1-\theta B)\epsilon_t$$

이므로,

$$Y_t = \beta_0(1-\delta_1)+\delta_1 Y_{t-1}+w_0 X_t - w_1 X_{t-1}+\epsilon_t-(\delta_1+\theta)\,\epsilon_{t-1}+\delta_1\theta\epsilon_{t-2}$$

에 의하여 향후 시점에 대한 예측을 하게 되며 예측에 필요한 다른 변수들(X_t와 ϵ_t) 값들을 각각의 적절한 모형에 의하여 먼저 예측하여야 할 것이다.

7.3.4 전이함수모형의 SPSS 실습: 비정상적 시계열의 경우

SPSS 실습 7-4

다음 [표 실습 7-4]는 150개월 동안의 선행지표와 판매량 자료이다(예측 방법의 이해, 이덕기 저, 자료명: ch7ex4.sav).

이 자료에 대해 전이함수모형을 적용시켜 보기로 하자. 먼저, [그림 실습 7-4]는 Y_t, X_t 모두 비정상적 시계열임을 보여 주고 있다.

표 실습 7-4 선행지표와 판매량에 대한 시계열자료

t	X_t	Y_t	t	X_t	Y_t	t	X_t	Y_t
1	10.01	200.10	51	10.77	220.00	101	12.90	249.40
2	10.07	199.50	52	10.88	218.70	102	13.12	249.00
3	10.32	199.40	53	10.49	217.00	103	12.47	249.90
4	9.75	198.90	54	10.50	215.90	104	12.47	250.50
5	10.33	199.00	55	11.00	215.80	105	12.94	251.50
6	10.13	200.20	56	10.98	214.10	106	13.10	249.00
7	10.36	198.60	57	10.61	212.30	107	12.91	247.60
8	10.32	200.00	58	10.48	213.90	108	13.39	248.80
9	10.13	200.30	59	10.53	214.60	109	13.13	250.40
10	10.16	201.20	60	11.07	213.60	110	13.34	250.70
11	10.58	201.60	61	10.61	212.10	111	13.34	253.00
12	10.62	201.50	62	10.86	211.40	112	13.14	253.70
13	10.86	201.50	63	10.34	213.10	113	13.49	255.00
14	11.20	203.50	64	10.78	212.90	114	13.87	256.20
15	10.74	204.90	65	10.80	213.30	115	13.39	256.00
16	10.56	207.10	66	10.33	211.50	116	13.59	257.40
17	10.48	210.50	67	10.44	212.30	117	13.27	260.40
18	10.77	210.50	68	10.50	213.00	118	13.70	260.00

표 실습 7-4 선행지표와 판매량에 대한 시계열자료

t	X_t	Y_t	t	X_t	Y_t	t	X_t	Y_t
19	11.33	209.80	69	10.75	211.00	119	13.20	261.30
20	10.96	208.80	70	10.40	210.70	120	13.32	260.40
21	11.16	209.50	71	10.40	210.10	121	13.15	261.60
22	11.70	213.20	72	10.34	211.40	122	13.30	260.80
23	11.39	213.70	73	10.55	210.00	123	12.94	259.80
24	11.42	215.10	74	10.46	209.70	124	13.29	259.00
25	11.94	218.70	75	10.82	208.80	125	13.26	258.90
26	11.24	219.80	76	10.91	208.80	126	13.08	257.40
27	11.59	220.50	77	10.87	208.80	127	13.24	257.70
28	10.96	223.80	78	10.67	210.60	128	13.31	257.90
29	11.40	222.80	79	11.11	211.90	129	13.52	257.40
30	11.02	223.80	80	10.88	212.80	130	13.02	257.30
31	11.01	221.70	81	11.28	212.50	131	13.25	257.60
32	11.23	222.30	82	11.27	214.80	132	13.12	258.90
33	11.33	220.80	83	11.44	215.30	133	13.26	257.80
34	10.83	219.40	84	11.52	217.50	134	13.11	257.70
35	10.84	220.10	85	12.10	218.80	135	13.30	257.20
36	11.14	220.60	86	11.83	220.70	136	13.06	257.50
37	10.38	218.90	87	12.62	222.20	137	13.32	256.80
38	10.90	217.80	88	12.41	226.70	138	13.10	257.50
39	11.05	217.70	89	12.43	228.40	139	13.27	257.00
40	11.11	215.00	90	21.73	233.20	140	13.64	257.60
41	11.01	215.30	91	13.01	235.70	141	13.58	257.30
42	11.22	215.90	92	12.74	237.10	142	13.87	257.50
43	11.21	216.70	93	12.73	240.60	143	13.53	259.60
44	11.91	216.70	94	12.76	243.80	144	13.41	261.10
45	11.69	217.70	95	12.92	245.30	145	13.25	262.90
46	10.93	218.70	96	12.64	246.00	146	13.50	263.30
47	10.99	222.90	97	12.79	246.30	147	13.58	262.80
48	11.01	224.90	98	13.05	247.70	148	13.51	261.80
49	10.84	222.20	99	12.69	247.60	149	13.77	262.20
50	10.76	222.70	100	13.01	247.80	150	13.40	262.70

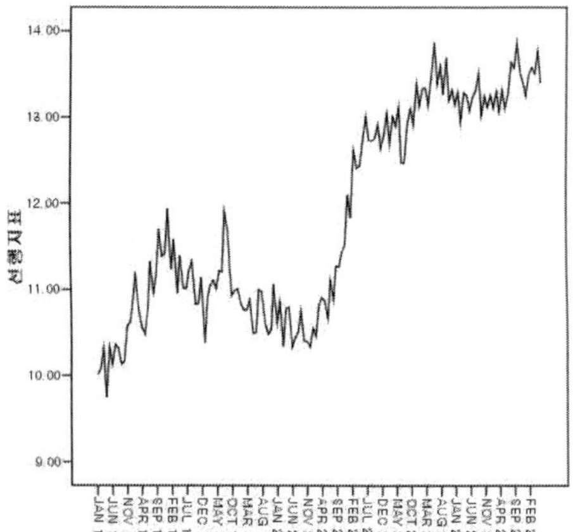

그림 실습 7-4 판매량(Y_t)과 선행지표(X_t)의 순차도표

이 두 변수 모두를 1차 차분하면 정상적 시계열이 된다. 다음의 SPSS 실습에서 다루겠지만 차분하는 방법은 **변환 → 시계열변수 생성**을 선택하여 **함수**에서 **차분**을 선택하고 차수를 1로 하면 된다.

이제 차분된 변수들로써 회귀모형을 구축하면,

$$\begin{aligned}\Delta Y_t = \ & \beta_0 + \beta_1 \Delta X_t + \beta_2 \Delta X_{t-1} \\ & + \beta_3 \Delta X_{t-2} + \beta_4 \Delta X_{t-3} + N_t\end{aligned} \quad \text{(실습 7-4-1)}$$

이 되는데, 이에 대해 회귀분석한 결과는 $\beta_1, \beta_2, \beta_3$가 모두 비유의적이므로 ΔX_{t-3} 이후의 시차변수들을 사용하여

$$\begin{aligned}\Delta Y_t = \ & \beta_0 + \beta_4 \Delta X_{t-3} + \beta_5 \Delta X_{t-4} \\ & + \beta_6 \Delta X_{t-5} + \beta_7 \Delta X_{t-6} + N_t\end{aligned} \quad \text{(실습 7-4-2)}$$

으로 다시 회귀모형을 실행한다. 이때 얻어진 모든 파라미터들은 매우 유의적이며, N_t는 $ARMA(1,1)$으로 식별된다. 이제 구체적인 실습 절차를 소개한다.

실습 21.1 차분 및 시차변수 만들기

이름	유형	너비	소수점이...	레이블	값	결측값
xt	숫자	8	2	선행지표	없음	없음
yt	숫자	8	2	판매량	없음	없음
DAY_	숫자	8	0	DAY, not periodic	없음	없음
DATE_	문자	4	0	Date. Format: "DDDD"	없음	없음
yt_차분1	숫자	9	2	DIFF(yt,1)	없음	없음
xt_차분1	숫자	9	2	DIFF(xt,1)	없음	없음
xt_차분1_시차1	숫자	9	2	LAGS(xt_차분1,1)	없음	없음
xt_차분1_시차2	숫자	9	2	LAGS(xt_차분1_시차1,1)	없음	없음
xt_차분1_시차3	숫자	9	2	LAGS(xt_차분1_시차2,1)	없음	없음
xt_차분1_시차4	숫자	9	2	LAGS(xt_차분1_시차3,1)	없음	없음
xt_차분1_시차5	숫자	9	2	LAGS(xt_차분1_시차4,1)	없음	없음
xt_차분1_시차6	숫자	9	2	LAGS(xt_차분1_시차5,1)	없음	없음
yt_차분1_시차1	숫자	9	2	LAGS(yt_차분1,1)	없음	없음

- [데이터(D)]→[날짜 및 시간 정의(E)]를 실행하여, [년, 월]을 선택하고, 1995년 1월을 입력한다.
- 먼저 [변환(T)]→[시계열 변수 생성(E)]을 실행하여 Y_t, X_t들을 각각 차분하고, 차분된 변수 ΔX_t에 대한 시차변수(ΔX_{t-6}까지 생성)를 위와 같이 생성한다.

실습 21.2 회귀분석 실행

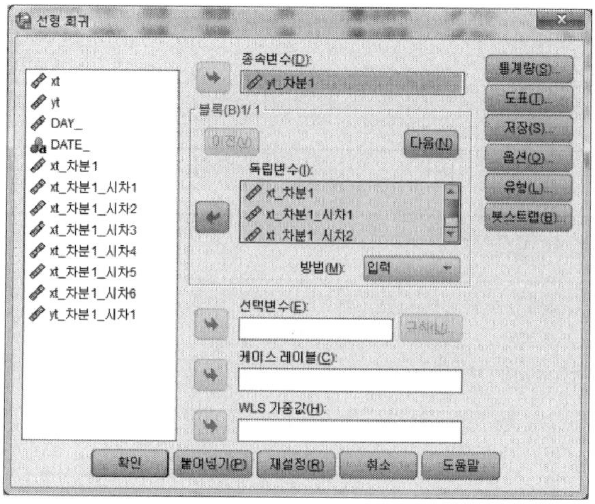

- 먼저 [분석(A)] → [회귀분석(R)] → [선형(L)]을 실행하여 [종속변수(D)]에는 ΔY_t(차분1)을 넣고, [독립변수(I)]에는 X_t, ΔX_{t-1}(차분1, 시차1), ΔY_{t-1}(차분1, 시차1)들을 넣는다.
- [저장(S)] → [잔차] → [비표준화(N)]을 선택하고, [확인]을 눌러 실행한다.

실습 21.3 회귀분석 실행 결과(1)

계수[a]

모형		비표준화 계수 B	비표준화 계수 표준화 오류	표준화 계수 베타	t	유의확률
1	(상수)	.361	.086		4.204	.000
	xt_차분1	.230	.301	.050	.765	.446
	xt_차분1_시차1	.023	.336	.005	.069	.945
	xt_차분1_시차2	-.344	.336	-.075	-1.025	.307
	xt_차분1_시차3	3.198	.299	.698	10.708	.000

a. 종속변수: yt_차분1

- $\Delta Y_t = \beta_0 + \beta_1 \Delta X_t + \beta_2 \Delta X_{t-1} + \beta_3 \Delta X_{t-2} + \beta_4 \Delta X_{t-3} + N_t$ 에 대한 회귀분석 실행 결과이다. 이 결과는 ΔX_{t-3}부터 유의적임을 보여 주고 있다.

실습 21.4 회귀분석 실행 결과(2)

계수[a]

모형		비표준화 계수 B	비표준화 계수 표준화 오류	표준화 계수 베타	t	유의확률
1	(상수)	.161	.038		4.221	.000
	xt_차분1_시차3	4.817	.134	1.044	36.053	.000
	xt_차분1_시차4	3.523	.149	.773	23.718	.000
	xt_차분1_시차5	2.234	.149	.490	15.024	.000
	xt_차분1_시차6	1.259	.132	.276	9.514	.000

a. 종속변수: yt_차분1

- 그러므로 $\Delta Y_t = \beta_0 + \beta_4 \Delta X_{t-3} + \beta_5 \Delta X_{t-4} + \beta_6 \Delta X_{t-5} + \beta_7 \Delta X_{t-6} + N_t$ 모형에 대해 회귀분석을 해야 하며, 그 회귀분석 결과는 모든 차분된 시차변수들이 유의적이다. 이때 얻어진 (표준화하지 않은) 잔차들에 대해 다음 실습에서 식별을 하게 된다.
- [실습 21.2]와 같은 방법으로 진행하되, [종속변수(D)]에는 ΔY_t(차분1)을 넣고, [독립변수(I)]에는 X_t, $\triangle X_{t-3}$(차분1, 시차3), $\triangle X_{t-4}$(차분1, 시차4), $\triangle X_{t-5}$(차분1, 시차5), $\triangle X_{t-6}$(차분1, 시차6)들을 넣는다.

실습 21.5 잡음에 대한 식별

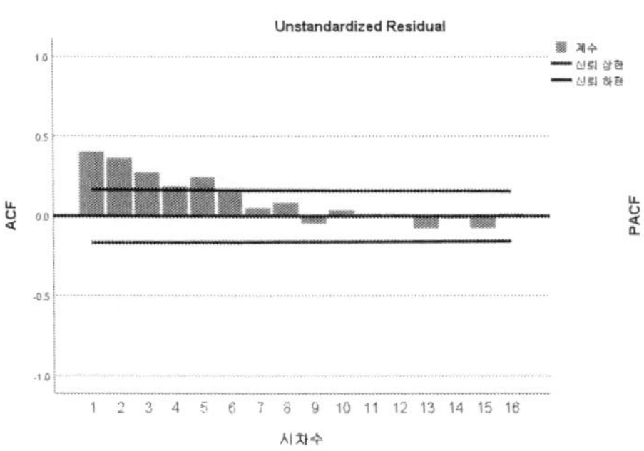

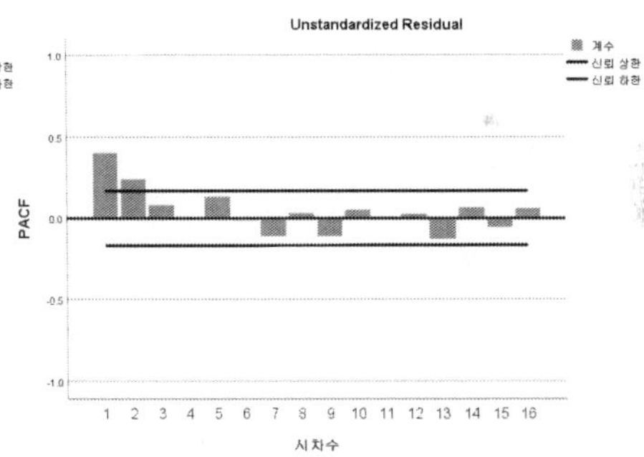

- [실습 21.4]와 [실습 21.5]의 결과를 가지고 전이함수모형을 결정하여야 한다. 일단 잡음에 대해서는 $ARMA(1,1)$으로 식별하자. 전이함수의 모형을 결정하는 단계에서, 식 (7-23)의 전이함수모형에 대하여 [실습 21.3]의 결과를 참고하여 $b=3$ 이며, 가중치들이 (지수적으로) 감소하는 형태이므로 $r=1$이다. 그리고 처음 가중치에서부터 감소하기 시작하므로 $s=0$이다.

실습 21.6 전이함수 추정(1)

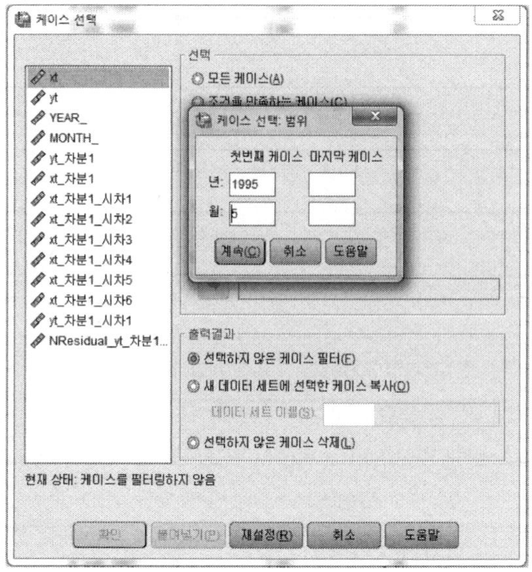

- 종속변수는 ΔY_t, 독립변수는 ΔY_{t-1}, ΔX_{t-3}을 적용한 ARIMA 모델을 만들기 위하여 t=5 이후의 데이터를 선택하여 추정하기로 한다(결측치를 제외한 데이터 선택).
- [데이터(D)] → [케이스 선택(S)]을 실행하여 [시간 또는 케이스 범위를 기준으로(B)]에서 t=5에 해당하는 1995년 5월을 입력한다.

실습 21.6 전이함수 추정(1)

	xt	yt	YEAR_	MONTH_	DATE_	yt_차분1	xt_차분1	xt_차분1_시차1	xt_차분1_시차2	xt_차분1_시차3
1	10.01	200.10	1995	1	JAN 1995	.	.	.	.	.
2	10.07	199.50	1995	2	FEB 1995	-.60	.06	.	.	.
3	10.32	199.40	1995	3	MAR 1995	-.10	.25	.06	.	.
4	9.75	198.90	1995	4	APR 1995	-.50	-.57	.25	.06	
5	10.33	199.00	1995	5	MAY 1995	.10	.58	-.57	.25	.06
6	10.13	200.20	1995	6	JUN 1995	1.20	-.20	.58	-.57	.25
7	10.36	198.60	1995	7	JUL 1995	-1.60	.23	-.20	.58	-.57
8	10.32	200.00	1995	8	AUG 1995	1.40	-.04	.23	-.20	.58

- 케이스를 선택하면, 위와 같이 케이스가 선택이 된다.
- / : 분석 대상에서 제외하겠다는 의미

실습 21.5 전이함수 추정

모형 통계량

모형	예측자 수	모형 적합 통계량	Ljung-Box Q(18)			이상값 수
		정상 R-제곱	통계량	자유도	유의확률	
yt_차분1-모형_1	2	.978	18.595	16	.290	0

ARIMA 모형 모수

					추정값	SE	t	유의확률
yt_차분1-모형_1	yt_차분1	변환 안 함	상수항		.010	.002	5.798	.000
			AR	시차 1	-.361	.083	-4.352	.000
			MA	시차 1	.906	.043	21.297	.000
	yt_차분1_시차1	변환 안 함	분자	시차 0	.725	.004	193.526	.000
	xt_차분1_시차3	변환 안 함	분자	시차 0	4.704	.057	82.644	.000

- 전이함수를 추정하는 과정은 **[분석(A)] → [시계열 분석(T)] → [기준 모형 작성(C)]** 를 실행해서, **종속변수**에 ΔY_t(차분1)를 넣고, **독립변수**에 ΔY_{t-1}(차분1, 시차1), ΔX_{t-3}(차분1, 시차3)을 넣는다.
- ARIMA 방법을 선택하고, [기준(C)]에서 모수 $p=1, q=1$을 입력한다. [실습 21.5]에서 얻어진 잡음 시계열이 $ARMA(1,1)$으로 식별되었기 때문이다.
- 상단의 저장에서 [변수(V)]의 [잡음 잔차]를 선택한 후, 하단의 [확인]을 눌러 실행한다.
- 최종적으로 추정된 전이함수모형은

$$\Delta Y_t = 0.0098 + \frac{4.703}{(1-0.725B)} \Delta X_{t-3} + \frac{(1-0.905B)}{(1+0.361B)} \epsilon_t$$

이다.

실습 21.6 잡음에 대한 진단

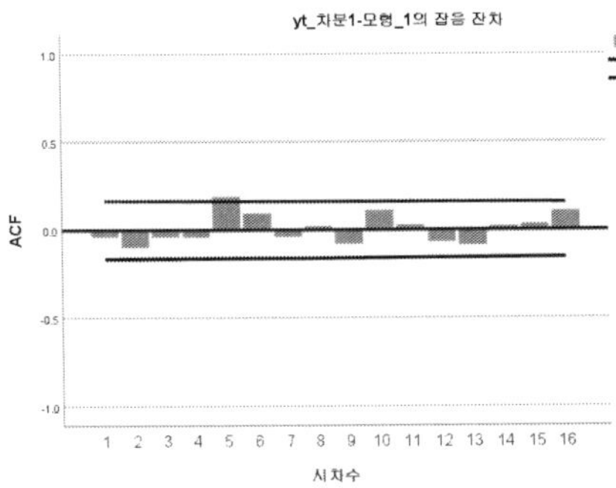

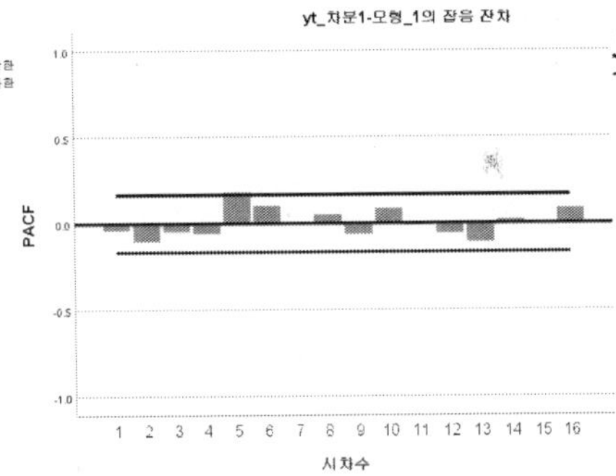

- 전이함수 추정으로부터 얻어진 잔차들에 대한 AC 및 PAC 그리고 Box-Ljung 통계량 모두 오차(백색잡음)에 대한 진단에 아무 문제가 없음을 알 수 있다.

7.4 개입모형

이 절에서 다루고자 하는 개입모형은 앞 절에서 설명한 전이함수모형의 특수한 형태라고 할 수 있다. 일반적으로 **개입모형**은 주어진 시계열자료가 어느 특정 시점에서 갑

자기 크게 변하는 경우, 그 시점을 기준으로 이전과 이후의 값들을 연결시켜 하나의 모형으로 취급하기 위한 모형이다. 다시 말하면, 주어진 시계열자료가 특정 시점에서 외부 충격에 따라 크게 변화하는 형태를 가질 때, 그 시점 이전과 이후를 나누어 분석해야 하는 것이 보다 현실적이다. 즉, 정부의 정책 발표로 시계열자료가 크게 증가하거나 감소하는 경우, 전쟁 또는 뉴욕에서 발생한 9.11 같은 사건, 금융위기 등으로 시계열자료가 크게 변하는 경우에는 사건이 발생한 시점의 충격을 모형에 반영하여야 하는 것이 타당하다고 할 것이다. 이러한 외적 요인을 **개입**(intervention)이라고 하며, 개입의 형태를 반영한 **개입변수**를 정의하여 모형에 포함시키는 방법으로 시계열자료를 분석한다.

우선 개입변수에 대해 알아보기로 하자. 개입의 시점을 T라고 할 때 개입변수는,

$$P_t(T) = \begin{cases} 0, & t \neq T \\ 1, & t = T \end{cases} \tag{7-25}$$

또는

$$S_t(T) = \begin{cases} 0, & t < T \\ 1, & t \geq T \end{cases} \tag{7-26}$$

와 같이 두 가지 기본적인 형태가 정의된다. 식 (7-25)와 식 (7-26)의 개입변수를 그래프로 표현하면 [그림 7-6]과 같이 나타난다.

[그림 7-6]에서 $P_t(T)$는 시점 T에서만 충격이 반영되는 경우이고, $S_t(T)$는 시점 T 이후에도 개입의 충격이 일정하게 지속되는 경우이다.

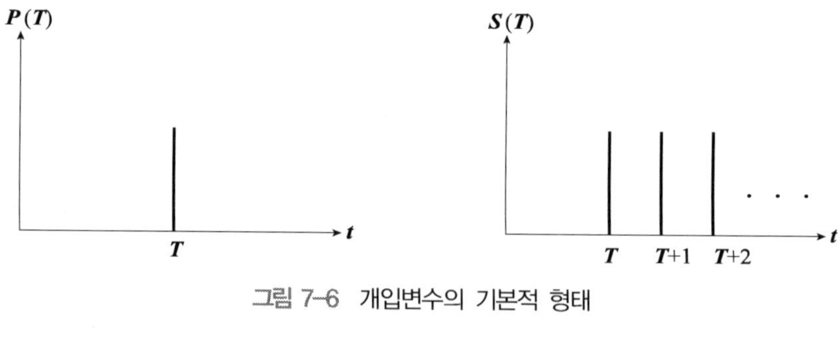

그림 7-6 개입변수의 기본적 형태

예를 들어 신기술 도입 이후 월 생산량이 기본적으로 일정한 양만큼 증가했을 경우에는 $S_t(T)$ 개입변수를 사용하고, 특정한 날 폭우로 인한 그 날의 정체 차량대수 시계열자료에는 $P_t(T)$를 개입변수로 사용하면 될 것이다. 그리고 두 가지 개입변수는

$$(1-B)S_t(T) = P_t(T) \quad \Leftrightarrow S_t(T) = P_t(T)/(1-B) \qquad (7\text{–}27)$$

의 관계에 있음을 알 수 있다. 이러한 개입변수들은 6.6절에서 설명한 가변수의 개념과 유사하다.

그러므로 분석하고자 하는 어느 정상적 시계열자료의 순차도표를 통하여 개입변수의 도입이 필요하다고 판단될 경우, 그 정상적 시계열자료 $\{Y_t\}$에 대한 개입모형은

$$Y_t = w_0 + w_1 X_t + \epsilon_t \qquad (7\text{–}28)$$

가 된다. 여기서 X_t는 개입변수이다.

그리고 X_t를

$$X_t = g(B) P_t(T) \qquad (7\text{–}29)$$

로 정의하면, 식 (7–25)는 $g(B) = 1$ 이고, 식 (7–26)은 $g(B) = 1/(1-B)$ 가 된다.

여기서 또한 식 (7–28)의 Y_t는 정상적 시계열이기 때문에 개입시점 T를 전후하여 Y_t의 평균이 다르게 됨을 알 수 있다. 예를 들어, 개입모형에 S_t가 포함된다면 시점 T 이전에는 시계열자료 Y_t의 평균이 w_0이고, 시점 T부터 그 이후에는 Y_t의 평균이 $w_0 + w_1$ 이 되는 것이다. 다시 말하면 시계열자료가 개입이라는 외부 요인으로 인하여 크게 감소하거나 증가했을 경우, 정상적 시계열의 평균이 달라지는 것이므로 개입변수를 모형에 포함시켜야 한다는 것이다.

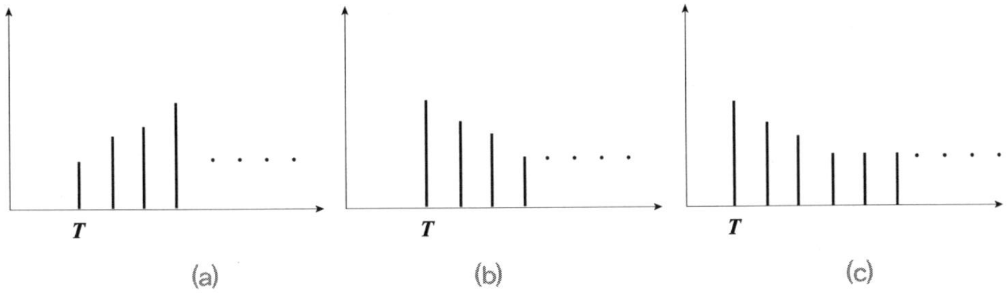

그림 7–7 개입변수의 여러 가지 형태

식 (7–25)과 식 (7–26)의 기본적 개입변수 이외에도 개입요인의 형태는 여러 가지가 있다. [그림 7–7]은 여러 가지 형태의 개입요인 형태를 보여 주고 있다. 즉, [그림 7–7 (a)]는 시점 T부터 점차 영향이 커지는 경우이고, [그림 7–7 (b)]는 영향이 작아지는 경우의 개입변수이다. 그리고 [그림 7–7 (c)]는 시점 T부터 영향이 점차

감소하지만 어느 시점 이후에는 일정한 규모의 영향이 지속되는 경우이다.

[그림 7-7]의 (a), (b), (c) 각각에 대한 개입변수는

$$\text{(a)} \quad \frac{w}{(1-vB)} S_t(T), \tag{7-30}$$

$$\text{(b)} \quad \frac{w}{(1-vB)} P_t(T) \tag{7-31}$$

$$\text{(c)} \quad \frac{w}{(1-vB)} P_t(T) + w_1 S_t(T) \tag{7-32}$$

가 된다.

물론, 식 (7-30)부터 식 (7-32)의 개입변수들을 식 (7-29)의 형태로 표현할 수 있다. 예를 들면, 식 (7-30)의 개입변수는 $g(B) = w/(1-vB)(1-B)$ 로 표현되는 것이다.

이제는 개입변수를 사용해야 하는 시계열자료라고 판단될 경우, 개입변수를 모형에 어떻게 포함시킬 것인가를 알아보기로 하자. 물론 주어진 시계열자료가 비정상적일 경우에는 정상적 시계열자료로 변환시켜 놓아야 한다.

우선 개입효과가 발생하기 이전까지의 시계열자료로 모형을 식별한다. 왜냐하면 개입시점 이전의 시계열자료 변화 패턴과 개입시점 이후의 패턴을 연결하여 모형을 식별하는 것은 무리이고, 더욱이 하나의 모형으로 식별하더라도 그 모형의 정확도가 떨어지기 때문이다. 그리고 어떤 개입변수를 모형에 포함시키는 것이 좋은지를 판단한다. 즉, 앞에서 설명한 식 (7-25)부터 식 (7-32)까지의 개입변수를 고려하여 가장 적합한 개입변수를 선택한다. 개입변수를 선택한 후에는 식별된 모형에 개입변수를 추가하여 새로운 모형을 만들고, 4장과 5장에서와 같이 파라미터 추정, 모형 진단, 예측 등의 과정을 거치게 된다.

7.4.1 개입모형에 대한 SPSS 실습

SPSS 실습 7-5

다음 [표 실습 7-5-1]은 통계청 발표 전국의 건축허가면적 시계열자료이다(1980년 1월부터 1994년 12월까지). 그 당시의 정부는 주택 공급정책의 일환으로 수도권에 신도시를 건설하며 주택 200만호 사업을 시작하였다. 이에 따라 건축허가면적이 갑자기 증가하기 시작하였는데, 그 시점은 [표 실습 7-5-1]과 [그림 실습 7-5-1]에서 보는 바와 같이 1988년 1월부터이다.

[그림 실습 7-5-1]은 이 시계열자료의 그래프인데 비정상적 시계열로서 건축허가 면적이 1988년부터 갑자기 증가하는 형태를 보여 주고 있다. 더욱이 이때부터 1년 중 증감의 폭이 상당히 커지는 것(분산이 커지는 것)을 볼 수 있다. 많은 실제 시계열 자료에 이러한 형태의 변화가 있기 마련인데, 이런 경우 시계열자료(Y_t)에 대수를 취하는 것이 일반적이다. [그림 실습 7-5-2]는 시계열자료에 대수를 취한($\log Y_t$) 자료에 대한 그래프이다. [표 실습 7-5-1]과 [그림 실습 7-5-2]를 통하여 1988년 1월부터 1991년 7월까지 200만호 건설이라는 정책의 개입효과가 건축허가면적 시계열자료에 나타나 있다고 할 수 있다.

이제 앞에서 설명한 바와 같이 $\log Y_t$의 처음 96개 자료(1980년 1월부터 1987년 12월까지)의 자료에 대한 AC와 PAC를 얻어 보면 [그림 실습 7-5-3]과 같기 때문에 $\log Y_t$는 비정상적 시계열자료로서 차분이 필요하다는 것을 알 수 있다. 그러므로 $\log Y_t$를 1차 일반차분하고 주기 12의 계절차분을 한 $(1-B)(1-B^{12})\log Y_t$에 대한 AC와 PAC를 다시 얻게 된다[그림 실습 7-5-4]. 그리고 [그림 실습 7-5-4]의 AC와 PAC의 형태로 보아 시차 1의 일반모형과 시차 12의 계절모형이 혼합된 $MA(1)\times SMA(1)_{s=12}$로 모형을 식별한다. 즉, 이 시계열자료는

$$\log Y_t = [(1-B)(1-B^{12})]^{-1}(1-\beta_1 B)(1-\beta_1^* B^{12})\epsilon_t \qquad \text{(실습 7-5-1)}$$

의 모형으로 식별된다.

이제는 개입변수 X_t를 정의해 보자. 이 경우 개입변수 X_t를

$$X_t = \begin{cases} 0, & t = 1980.1 \sim 1987.12,\ 1991.8 \sim 1994.12 \\ 1, & t = 1988.1 \sim 1991.7 \end{cases} \qquad \text{(실습 7-5-2)}$$

로 정의한다. 즉, 이 시계열자료에는 1988년 1월부터 1991년 7월까지에만 개입효과가 나타나고, 그 이후에는 개입효과가 소멸되었다는 것을 반영한 개입변수이다. 다시 말하면 이 기간에만 w만큼의 개입효과가 나타난 것으로 보아, 식별된 모형, (실습 7-5-1)에 개입변수를 추가하면 최종적으로 식별하여 추정되어야 하는 모형은

$$\log Y_t = w_0 + w_1 X_t + \frac{(1-\beta_1 B)(1-\beta_1{}^* B^{12})}{(1-B)(1-B^{12})}\epsilon_t \qquad \text{(실습 7-5-3)}$$

표 실습 7-5-1 건축허가면적 시계열자료

t	Y_t	date	t	Y_t	date	t	Y_t	data	t	Y_t	date
1	1847	Jan–80	46	3370	Oct–83	91	4828	Jul–87	136	12469	Apr–91
2	1852	Feb–80	47	3145	Nov–83	92	4947	Aug–87	137	10806	May–91
3	2883	Mar–80	48	3177	Dec–83	93	3342	Sep–87	138	9944	Jun–91
4	2906	Apr–80	49	1462	Jan–84	94	3909	Oct–87	139	13251	Jul–91
5	2803	May–80	50	1681	Feb–84	95	3764	Nov–87	140	7569	Aug–91
6	2094	Jun–80	51	3683	Mar–84	96	2097	Dec–87	141	8918	Sep–91
7	2056	Jul–80	52	4177	Apr–84	97	3606	Jan–88	142	6002	Oct–91
8	2067	Aug–80	53	4625	May–84	98	6522	Feb–88	143	4693	Nov–91
9	2178	Sep–80	54	4385	Jun–84	99	6561	Mar–88	144	5473	Dec–91
10	1888	Oct–80	55	3595	Jul–84	100	6553	Apr–88	145	9695	Jan–92
11	1766	Nov–80	56	2886	Aug–84	101	6149	May–88	146	6642	Feb–92
12	1388	Dec–80	57	3112	Sep–84	102	4920	Jun–88	147	5678	Mar–92
13	843	Jan–81	58	2383	Oct–84	103	6314	Jul–88	148	7966	Apr–92
14	1041	Feb–81	59	2541	Nov–84	104	5335	Aug–88	149	7425	May–92
15	1932	Mar–81	60	5078	Dec–84	105	4089	Sep–88	150	5665	Jun–92
16	2481	Apr–81	61	1138	Jan–85	106	3292	Oct–88	151	9370	Jul–92
17	2370	May–81	62	1898	Feb–85	107	4330	Nov–88	152	6130	Aug–92
18	1923	Jun–81	63	3006	Mar–85	108	2550	Dec–88	153	6683	Sep–92
19	1634	Jul–81	64	4491	Apr–85	109	3923	Jan–89	154	8751	Oct–92
20	1700	Aug–81	65	4553	May–85	110	9169	Feb–89	155	7493	Nov–92
21	2048	Sep–81	66	3285	Jun–85	111	8095	Mar–89	156	13150	Dec–92
22	1837	Oct–81	67	3355	Jul–85	112	8986	Apr–89	157	8211	Jan–93
23	1491	Nov–81	68	3068	Aug–85	113	9699	May–89	158	8820	Feb–93
24	1544	Dec–81	69	3618	Sep–85	114	8554	Jun–89	159	11885	Mar–93
25	984	Jan–82	70	4449	Oct–85	115	8108	Jul–89	160	10012	Apr–93
26	1070	Feb–82	71	2778	Nov–85	116	6344	Aug–89	161	10619	May–93
27	2256	Mar–82	72	2578	Dec–85	117	6987	Sep–89	162	10274	Jun–93
28	2423	Apr–82	73	939	Jan–86	118	8177	Oct–89	163	9808	Jul–93
29	3620	May–82	74	1996	Feb–86	119	8023	Nov–89	164	7194	Aug–93
30	2356	Jun–82	75	4642	Mar–86	120	5903	Dec–89	165	9921	Sep–93
31	2462	Jul–82	76	4878	Apr–86	121	6865	Jan–90	166	7680	Oct–93
32	2585	Aug–82	77	3997	May–86	122	10442	Feb–90	167	10839	Nov–93
33	3799	Sep–82	78	4170	Jun–86	123	11189	Mar–90	168	12527	Dec–93
34	2811	Oct–82	79	3561	Jul–86	124	12574	Apr–90	169	5361	Jan–94
35	2393	Nov–82	80	4015	Aug–86	125	9857	May–90	170	6362	Feb–94
36	3034	Dec–82	81	5202	Sep–86	126	10934	Jun–90	171	10251	Mar–94
37	1419	Jan–83	82	3503	Oct–86	127	11671	Jul–90	172	7846	Apr–94
38	1690	Feb–83	83	2995	Nov–86	128	9958	Aug–90	173	8347	May–94
39	3470	Mar–83	84	3645	Dec–86	129	9629	Sep–90	174	10997	Jun–94
40	4460	Apr–83	85	1765	Jan–87	130	8318	Oct–90	175	11238	Jul–94
41	3994	May–83	86	3101	Feb–87	131	9079	Nov–90	176	9868	Aug–94
42	4049	Jun–83	87	4582	Mar–87	132	7607	Dec–90	177	9618	Sep–94
43	3878	Jul–83	88	4505	Apr–87	133	8125	Jan–91	178	8882	Oct–94
44	3422	Aug–83	89	4447	May–87	134	10327	Feb–91	179	11420	Nov–94
45	3618	Sep–83	90	4591	Jun–87	135	12469	Mar–91	180	16032	Dec–94

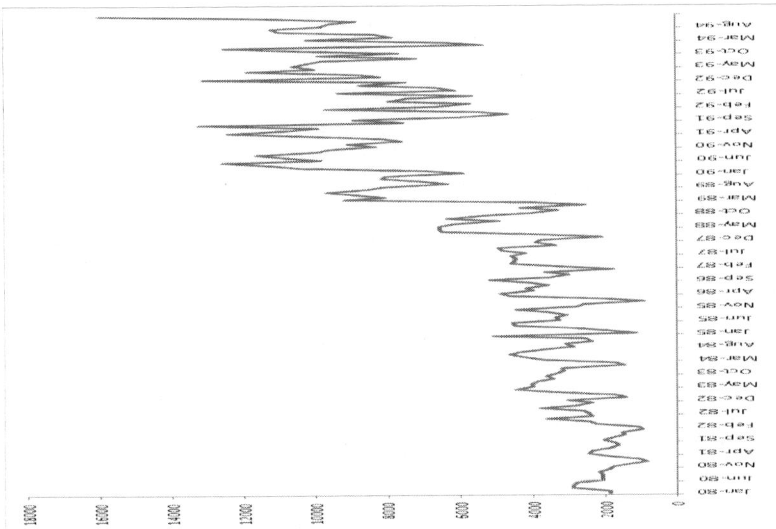

그림 실습 7-5-1 Y_t(건축허가면적)의 순차도표

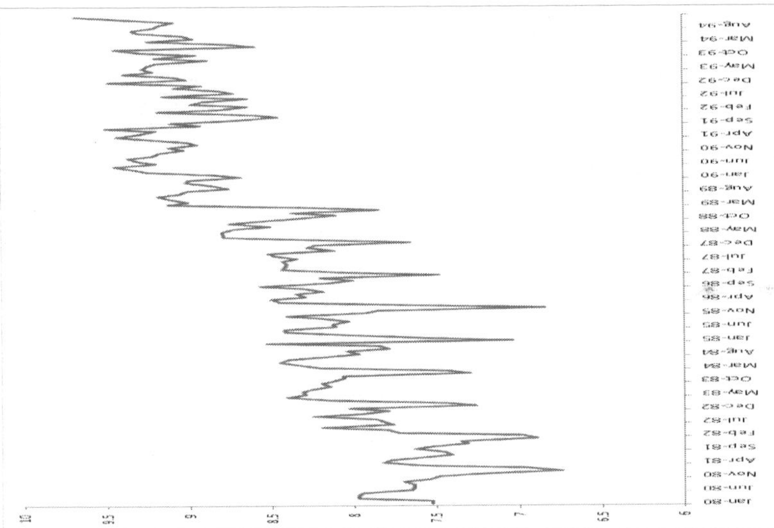

그림 실습 7-5-2 $\log Y_t$의 순차도표

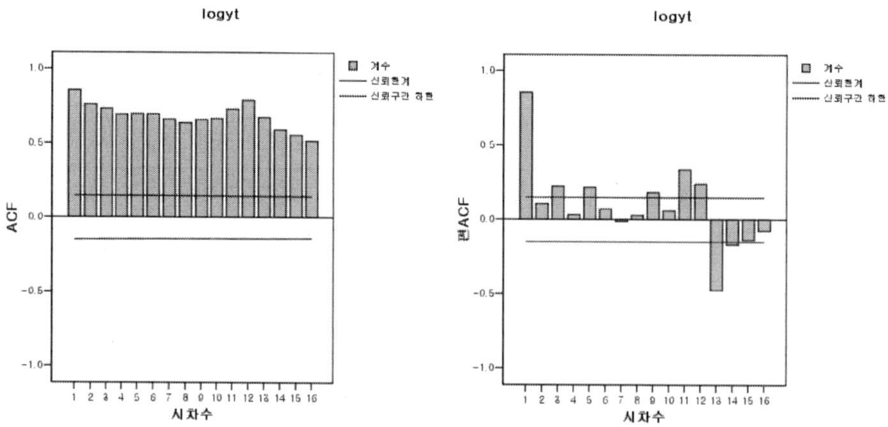

그림 실습 7-5-3 $\log Y_t$의 AC와 PAC

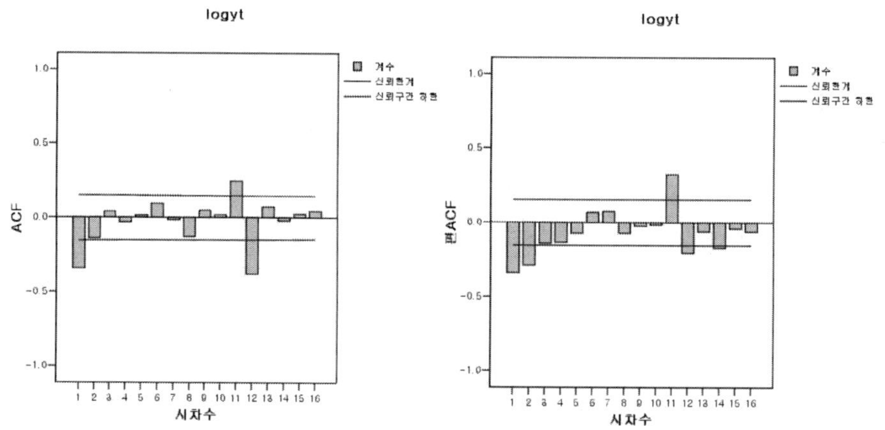

그림 실습 7-5-4 $(1-B)(1-B^{12})\log Y_t$ 의 AC와 PAC

이다. 그리고 식 (실습 7-5-3)에 대한 예측값이 얻어지면 Y_t에 대한 예측값을

$$Y_t = \exp[\, w_0 + w_1 X_t + \frac{(1-\beta_1 B)(1-{\beta_1}^* B^{12})}{(1-B)(1-B^{12})}\epsilon_t\,] \qquad \text{(실습 7-5-4)}$$

의 식으로 계산하면 될 것이다. 여기서 $\exp[d] = e^d$ 이다.

상단 메뉴에서 [파일(F)]→[열기(O)]→[데이터(D)]로 SPSS 자료 파일 폴더에서 ch7ex2.sav를 불러온다.

실습 22.1 날짜 정의

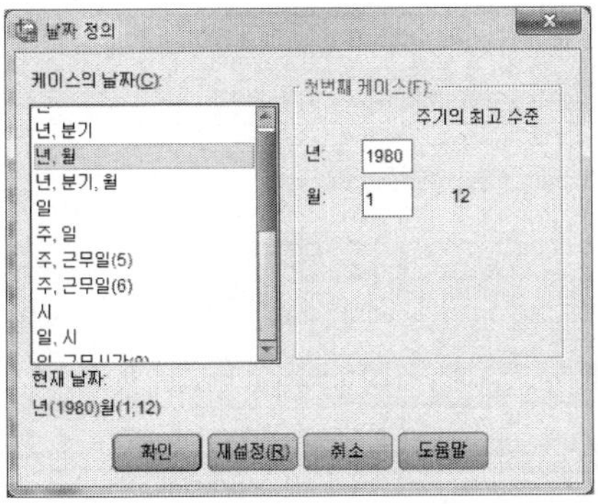

• 상단 메뉴에서 **[데이터(D)]→[날짜 및 시간 정의(E)]**를 누른다.

• 날짜 정의 대화상자가 나타나면 왼쪽 **[케이스의 날짜(C)]**에서 년, 월을 클릭하고, **[첫 번째 케이스(F)]**에 1980년 1월을 입력하고 [확인]을 눌러 실행한다.

실습 22.2 가변수 생성(1)

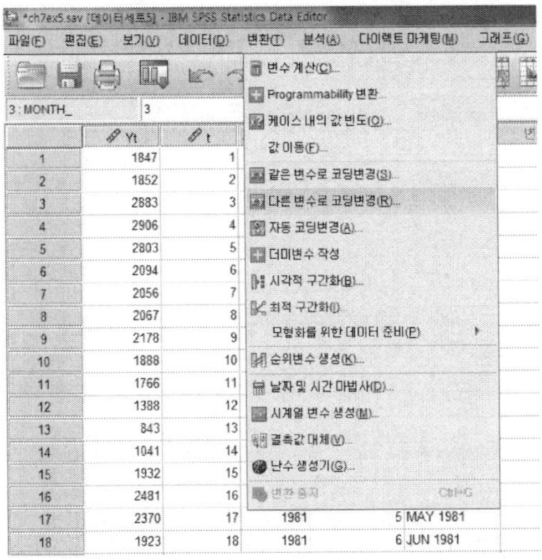

• 상단 메뉴 **[변환(T)]**에서 **[다른 변수로 코딩변경(R)]**를 실행한다.

실습 22.3 가변수 생성(2)

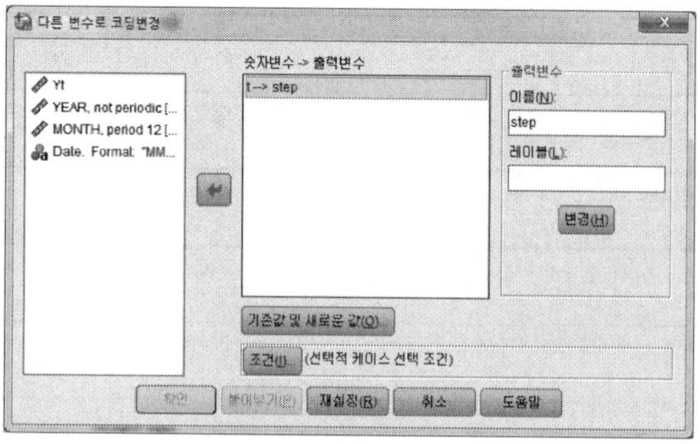

• **[숫자변수→출력변수]**에 t를 넣고, 오른쪽 **[출력변수]**의 **[이름(N)]**에 step을 넣고, **[변경(H)]**을 누른 후, 하단의 **[기존값 및 새로운 값(O)]**을 누른다.

실습 22.4 가변수 생성(3)

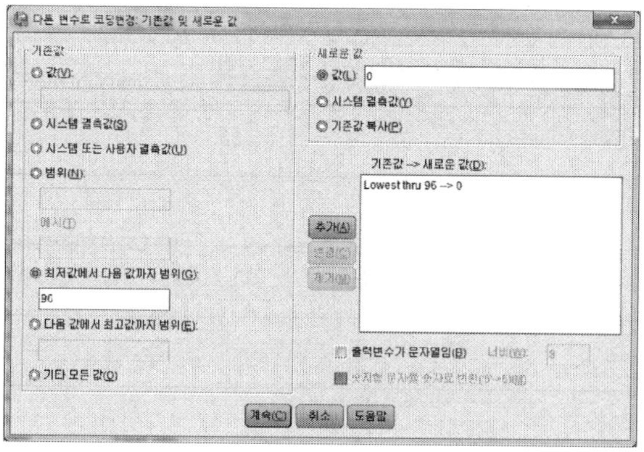

• 개입변수인 $X_t = \begin{cases} 0, & t = 1980.1 \sim 1987.12,\ 1991.8 \sim 1994.12 \\ 1, & t = 1988.1 \sim 1991.7 \end{cases}$ 로 값을 정하기 위해서, **다른 변수로 코딩변경: 기존값 및 새로운 값** 대화상자가 나타나면, 왼쪽 **[최저값에서 다음 값까지 범위(G)]**에 **96**을 넣고, 오른쪽 [**새로운 값**]에서 [**값(L)**]에 0을 넣고 [추가(A)]를 누른다.

실습 22.5 가변수 생성(4)

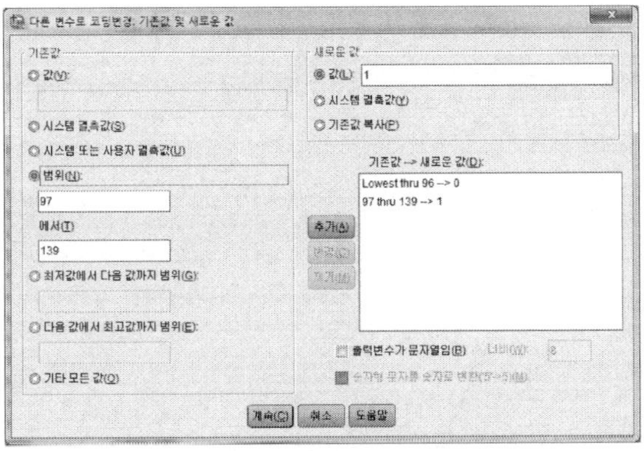

• 계속해서 **[기존값]**에서 **[범위(N)]**에 **[97에서(T) 139]**를 넣고 **[새로운 값]**에서 **[값(L)]** 에 1을 넣은 후, [추가(A)]를 누른다.

실습 22.6 가변수 생성(5)

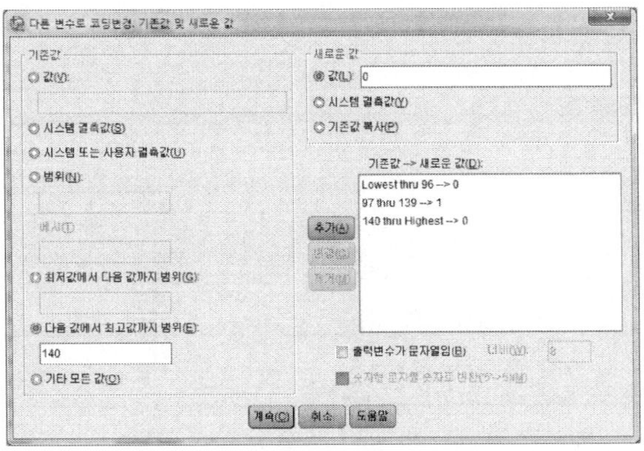

• 그리고 **[다음 값에서 최고값까지 범위(E)]**에는 140을 넣고 **[새로운 값]**에서 **[값(L)] 에** 0을 넣고 [추가(A)]를 누르고, [계속(C)]을 누른 후, [실습 22.3]의 대화상자가 나타나면 [확인]을 누른다. SPSS 데이터 편집 창에 step 변수가 생성된 것을 확인할 수 있다.

실습 22.7 log값 (1)

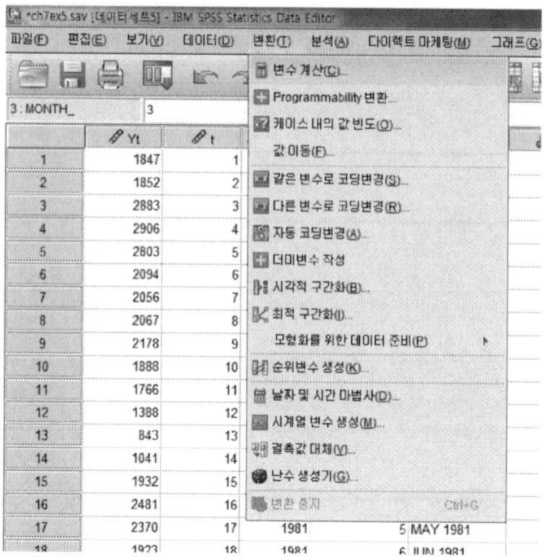

• 상단 메뉴에서 **[변환(T)]** → **[변수 계산(C)]**을 실행한다.

실습 22.8 log값 (2)

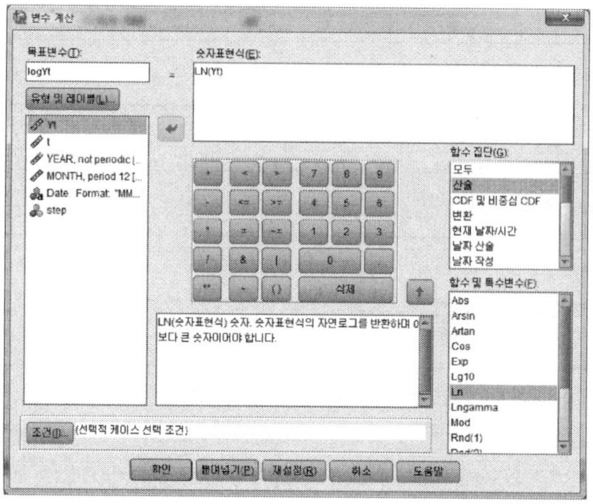

• 변수 계산 대화상자가 나타나면 **[목표변수(T)]**에 logYt를 입력하고, [함수 집단(G)]의 산술을 선택한다. 그 다음으로 **[함수 및 특수변수(F)]**에서 [Ln]을 선택하고, 변수 Yt를 선택하면 **[숫자표현식(E)]**에 LN(Yt)가 나타난다. [확인]을 누르면, SPSS 데이터 보기 창에 logyt 변수가 생성된 것을 확인할 수 있다.

실습 22.9 시계열변수 차분(1)

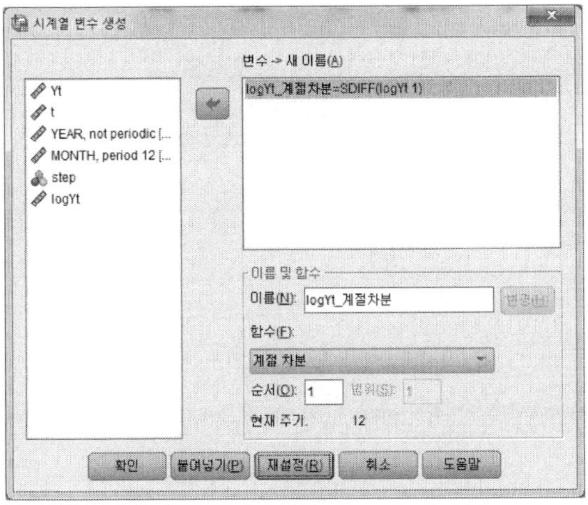

- 상단 메뉴 **[변환(T)]**에서 **[시계열 변수 생성(M)]**을 선택한다. **[함수(F)]**에서 [계절차분]을 선택하고 차수를 1로 한다. 그리고 **[변수→새 이름(A)]**에 logYt를 선택하여 넣는다.
- [이름(N)]을 logYt_계절차분으로 [변경(H)]한 후, [확인]을 눌러 실행한다.

실습 22.10 시계열변수 차분(2)

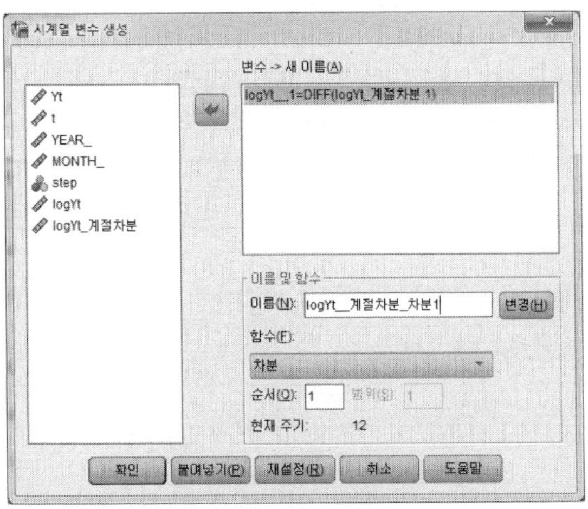

- 다시 **[변환(T)]**에서 **[시계열 변수 생성(M)]**을 선택한 후, **[함수(F)]**에서 [차분]을 선택하고 차수를 1로 한다. 그리고 **[변수→새 이름(A)]**에 계절차분한 logYt(DIFF)를 선택하여 넣는다.
- [이름(N)]을 logYt_계절차분_차분1로 [변경(H)]한 후, [확인]을 눌러 실행한다. SPSS 데이터 편집기 창에 (1−B)(1−B12)logYt가 생성되는 것이다.

실습 22.11 시계열 개입모형 추정(1)

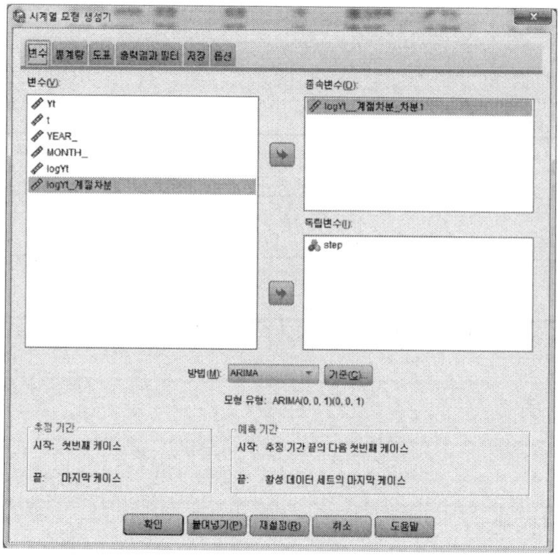

- **[분석(A)]** → **[시계열 분석(T)]** → [기존 모형 작성(C)]을 실행한다. **[종속변수(D)]**에 logYt_계절차분_차분1 변수를 넣고, **[독립변수(I)]**에 step을 넣는다.
- 하단에서 ARIMA 방법을 선택하고, [기준(C)]을 누른다.

실습 22.12 시계열 개입모형 추정식에 대한 예측(2)

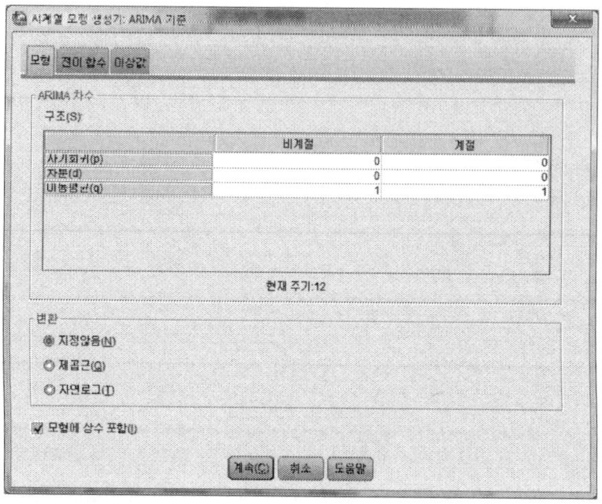

- [구조(S)]에서 그림과 같이 모수 q=1, sq(Q)=1로 입력한 후, [계속(C)]을 누른다.

실습 22.13 시계열 개입모형 추정식에 대한 예측(3)

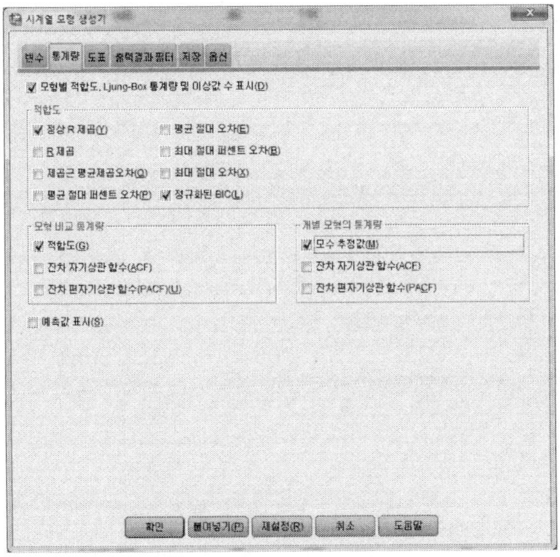

- 상단의 통계량에서 [적합도]의 [정규화된 BIC(L)]와 [개별 모형의 통계량]에서 [모수 추정값(M)]을 추가로 선택한다.

실습 22.14 시계열 개입모형 추정식에 대한 예측(4)

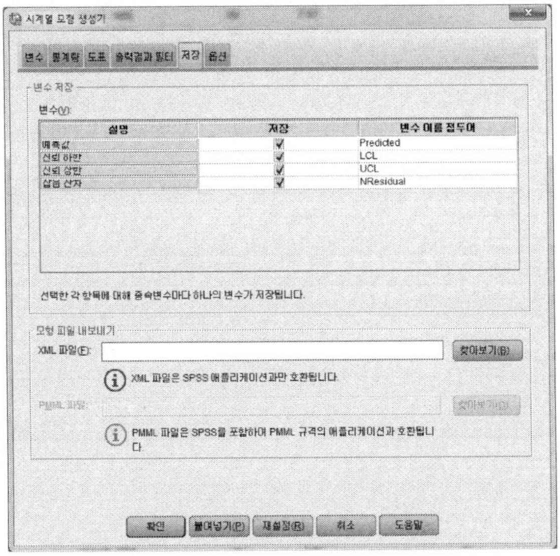

- 상단의 저장에서 [변수(V)]의 모든 변수를 선택한다.

실습 22.15 시계열 개입모형 추정식에 대한 예측(5)

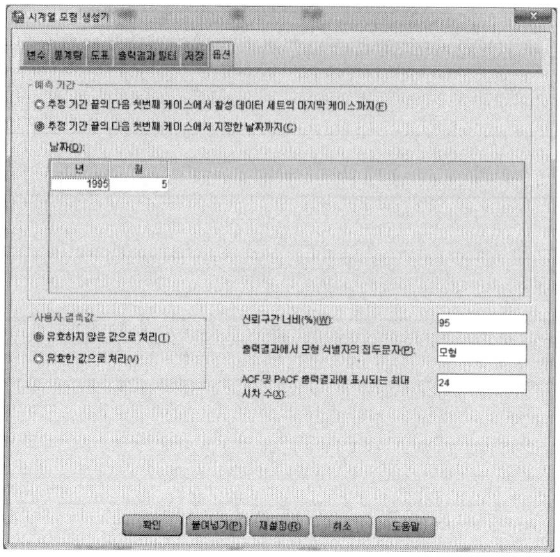

• 상단의 옵션에서 1995년 5월을 그림과 같이 입력하고, 하단의 [확인]을 눌러 실행한다.

실습 22.16 예측값

Yt	t	YEAR_	MONTH_	DATE_	step	logYt	logYt_계절차분	logYt_계절차분_차분1	FIT	LCL	UCL	ERR
1080	10	1980	10	OCT 1980	.00	7.54	.	.	.	.	.	.
1766	11	1980	11	NOV 1980	.00	7.48	.	.	.	.	.	.
1388	12	1980	12	DEC 1980	.00	7.24	.	.	.	.	.	.
843	13	1981	1	JAN 1981	.00	6.74	-.78	.	.	.	.	.
1041	14	1981	2	FEB 1981	.00	6.95	-.58	.21	.01	-.60	.61	.20
1932	15	1981	3	MAR 1981	.00	7.57	-.40	.18	-.08	-.63	.46	.26
2481	16	1981	4	APR 1981	.00	7.82	-.16	.24	-.13	-.66	.40	.38
2370	17	1981	5	MAY 1981	.00	7.77	-.17	-.01	-.21	-.73	.32	.20
1923	18	1981	6	JUN 1981	.00	7.56	-.09	.08	-.11	-.63	.41	.19

• SPSS 데이터 편집 창에 FIT, LCL, UCL, ERR의 변수값이 [실습 22.16]과 같이 생성된다. 여기서 FIT는 예측값들이다.

실습 22.17 개입모형의 결과

적합 통계량	평균
정상 R-제곱	.355
R-제곱	.355
제곱근 평균제곱오차 (RMSE)	.234
평균 절대 퍼센트 오차 (MAPE)	208.602
최대 절대 퍼센트 오차 (MaxAPE)	8716.452
평균 절대 오차(MAE)	.178
최대 절대 오차(MaxAE)	.839
정규화된 BIC	-2.783

ARIMA 모형 모수

					추정값	SE	t	유의확률
DIFF(logYt_계절차분,1)-모형_1	DIFF(logYt_계절차분,1)	변환 안 함	상수항		.006	.005	1.247	.214
			MA	시차 1	.592	.066	8.995	.000
			MA, 계절	시차 1	.549	.074	7.397	.000
	step	변환 안 함	분자	시차 0	-.014	.012	-1.172	.243

모형 통계량

	모형 적합 통계량			Ljung-Box Q(18)			
모형	예측자 수	정상 R-제곱	정규화된 BIC	통계량	자유도	유의확률	이상값 수
DIFF(logYt_계절차분,1)-모형_1	1	.355	-2.783	20.705	16	.190	0

7

자기상관

계열: logYt__계절차분_차분1-모형_1의 잡음 잔차

			Box-Ljung 통계량		
시차	자기상관	표준화 오차[a]	값	자유도	유의확률[b]
1	.084	.077	1.205	1	.272
2	-.113	.076	3.401	2	.183
3	.009	.076	3.414	3	.332
4	-.058	.076	3.996	4	.407
5	.056	.076	4.536	5	.475
6	.174	.076	9.852	6	.131
7	-.048	.075	10.264	7	.174
8	-.106	.075	12.250	8	.140
9	.040	.075	12.535	9	.185
10	.030	.075	12.692	10	.241
11	.150	.074	16.752	11	.115
12	.048	.074	17.165	12	.143
13	-.112	.074	19.456	13	.110
14	-.058	.074	20.067	14	.128
15	.001	.073	20.068	15	.169
16	.008	.073	20.081	16	.217

a. 가정된 기본 공정은 독립적입니다(백색잡음).

b. 점근 카이제곱 근사값을 기준으로 합니다.

- 추정된 모형식은

$\log Y_t = 0.0064 - 0.0137\,Step + \dfrac{(1-0.5920B)(1-0.5495B^{12})}{(1-B)(1-B^{12})}\epsilon_t$이다. 개입변수 Step에 대한 p-value가 0.24로서 유의적이지 않다.

실습 22.13 모형진단(1)

자기상관

계열: logYt__계절차분_차분1-모형_1의 잡음 잔차

시차	자기상관	표준화 오차[a]	Box-Ljung 통계량		
			값	자유도	유의확률[b]
1	.084	.077	1.205	1	.272
2	-.113	.076	3.401	2	.183
3	.009	.076	3.414	3	.332
4	-.058	.076	3.996	4	.407
5	.056	.076	4.536	5	.475
6	.174	.076	9.852	6	.131
7	-.048	.075	10.264	7	.174
8	-.106	.075	12.250	8	.140
9	.040	.075	12.535	9	.185
10	.030	.075	12.692	10	.241
11	.150	.074	16.752	11	.115
12	.048	.074	17.165	12	.143
13	-.112	.074	19.456	13	.110
14	-.058	.074	20.067	14	.128
15	.001	.073	20.068	15	.169
16	.008	.073	20.081	16	.217

a. 가정된 기본 공정은 독립적입니다(백색잡음).

b. 점근 카이제곱 근사값을 기준으로 합니다.

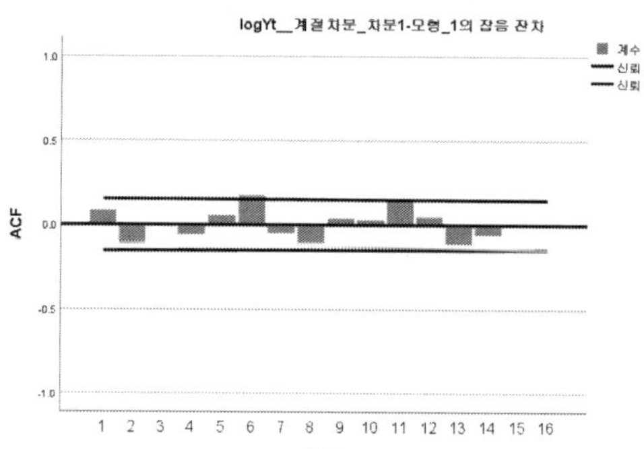

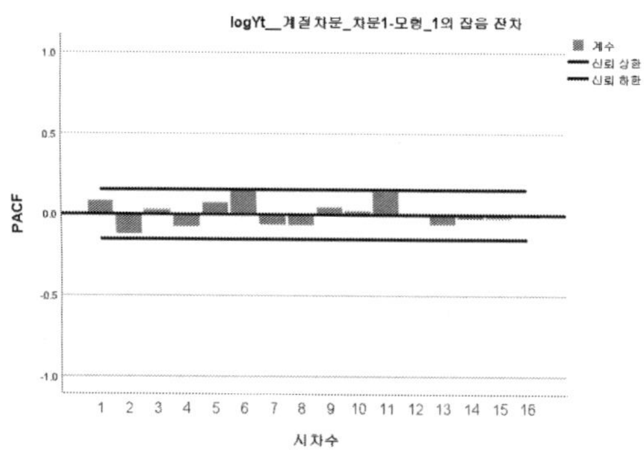

- [실습 22.13]은 추정된 개입모형이 잘 추정되었는지를 진단하기 위해서, 잔차에 대해 Box-Ljung 검증을 한 결과이다.

실습 22.14 모형진단(2)

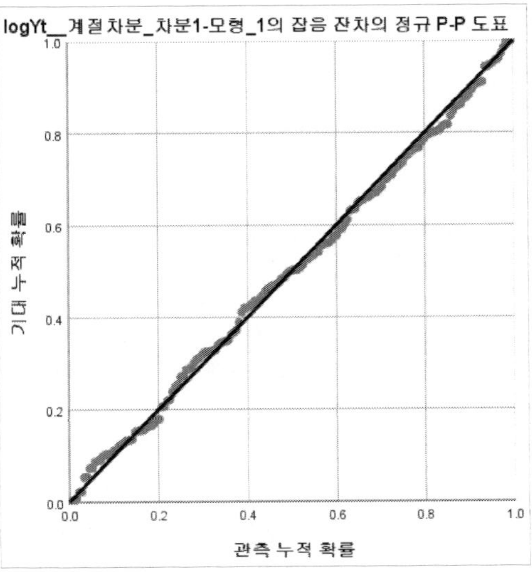

- 잔차들의 정규확률도표를 그려서 정규성을 확인한 결과이다.
- [분석(A)]→[기술통계량(E)]→[P-P 도표]를 실행하여, [변수(V)]에 잔차를 넣고, [검정분포(T)]를 정규분포로 선택한 후, [확인]을 눌러 실행하면 얻을 수 있다.

이 실습에서 나온 예측값들(FIT_1)에 대해 식 (실습 7-5-4)에 따라 건축허가면적(Y)을 구할 수 있다. 그리고 비록 개입변수 Step이 유의적이지는 않지만 이 개입모형이 모형진단에서 아무 문제를 보이지 않기 때문에 추정된 모형식을 그대로 사용해도 무방하다. 또는 식 (실습 7-5-2)에서 개입변수의 범위를 재조정하여 시도해보는 것도 하나의 방법일 수 있다.

7장 연습문제

1. 다음 시계열자료는 2002년 기준 1990년부터 2008년까지의 원화 가치이다.

t	Y_t	t	Y_t
1990	2.55	2000	1.14
1991	2.47	2001	1.04
1992	2.39	2002	0.00
1993	2.19	2003	0.98
1994	1.90	2004	0.96
1995	1.72	2005	0.95
1996	1.65	2006	0.97
1997	1.55	2007	0.95
1998	1.43	2008	0.93
1999	1.29		

(1) 이 자료를 t로 단순회귀분석했을 때, t에 대한 잔차 그래프(순차도표)를 그려라.

(2) 이 시계열자료는 어떤 자기상관의 관계가 있는가?

(3) 유의수준 5%에서 Durbin-Watson 검증하라.

(4) 자기상관 문제를 해결한 회귀분석 결과를 얻어라.

2. 6장의 연습문제 [2]의 자료에 대해

(1) 잔차를 얻고, 자기상관의 문제가 없는지를 판단하라.

(2) 최종 회귀분석 결과에 따라 예측하라.

3. 6장의 연습문제 [2]의 자료에 대해

(1) 잔차가 $ARMA$ 모형인가를 식별하라.

(2) 이 경우, 예측값들을 구하고 위의 2번에서 구한 결과와 비교하라.

4. 본문의 [실습 7.3]에서 잡음(잔차)들의 순차도표에서 잡음들이 선형의 관계(비정상적 시계열)를 보인다고 판단하고, Y_t와 X_t를 차분하여 전이함수모형을 구하라.

5. 다음 표는 지난 26년에 걸친 1인당 전력소비량과 1인당 GNP 시계열자료이다.

t	Y_t (1인당 전력소비량)	X_t (1인당 GNP)	t	Y_t (1인당 전력소비량)	X_t (1인당 GNP)
1	103	73	14	1012	627
2	105	86	15	1396	739
3	125	102	16	1644	830
4	142	130	17	1592	859
5	169	157	18	1734	915
6	210	202	19	1824	963
7	252	240	20	2002	1067
8	289	270	21	2158	1161
9	319	298	22	2194	1236
10	396	363	23	2505	1355
11	542	406	24	3110	1525
12	594	471	25	4127	1771
13	803	547	26	4968	1939

(1) 이 시계열자료 Y_t, X_t에 대한 순차도표를 구하라.

(2) Y_t, X_t를 차분한 시계열자료들에 대한 순차도표를 구하라.

(3) 차분한 시계열자료들에 대해 오차항이 $ARMA$ 모형인 회귀모형으로 추정하라.

(4) 전이함수모형으로 추정하라.

6. 다음의 자료는 1979년 1월부터 1991년 12월까지의 해외여행 외환지급액 시계열자료이다. 정부는 1987년 12월 해외여행 자유화 조치를 공포하여 1988년 1월부터 개입효과가 나타나고 있다.

(1) 이 시계열자료에 대한 순차도표를 얻고 적절한 함수 변환이 필요한지를 알아보라.

(2) 처음 108개의 자료에 대한 모형을 식별하고 (1)에서 함수 변환시킨 108개의 자료에 대해 모형을 식별하라. 두 가지 모형 중 어느 모형이 이 자료에 적절한지를 판단하라.

(3) 이제 개입변수를 정의하고 이 자료에 대해 분석하라.

	1	2	3	4	5	6	7	8	9	10	11	12
1979	28.9	31.1	33.9	35.8	35.2	33.1	31.0	35.7	40.3	32.0	35.0	33.2
1980	30.9	25.6	26.1	27.2	32.1	29.5	30.1	30.7	29.9	32.3	30.2	25.7
1981	30.4	26.5	29.1	33.4	34.8	37.9	44.6	44.3	42.5	45.8	40.5	40.4
1982	43.1	39.2	44.9	44.9	48.9	49.1	53.0	57.7	56.7	55.2	56.0	51.4
1983	53.4	42.1	43.2	40.1	43.5	44.1	52.9	53.5	44.6	43.3	45.5	46.1
1984	44.8	42.6	42.1	42.9	46.4	45.9	56.8	60.4	47.9	50.8	52.5	46.0
1985	55.2	54.0	52.3	47.3	49.7	47.0	58.3	63.7	51.7	48.3	46.1	42.3
1986	51.0	43.9	47.2	47.7	54.2	46.6	53.6	62.8	51.5	54.5	49.6	50.3
1987	46.5	43.6	44.0	40.7	46.2	48.5	58.2	59.0	62.8	54.1	53.7	60.3
1988	87.0	73.9	75.2	85.0	96.6	99.1	116.9	127.6	88.5	113.1	123.0	118.6
1989	176.5	144.4	180.2	169.7	187.7	199.7	221.1	230.1	231.1	208.2	199.7	207.6
1990	226.9	225.6	233.6	230.3	221.2	218.2	275.7	257.6	233.8	190.9	216.7	237.5
1991	254.7	172.7	234.7	257.7	298.9	302.5	358.6	348.8	245.6	245.0	230.1	246.3

부록

1. 표준정규분포표
2. t-분포표
3. χ^2-분포표
4. F-분포표
5. Durbin-Watson 검증의 상한과 하한
6. 그리스어 표

1. 표준정규분포표

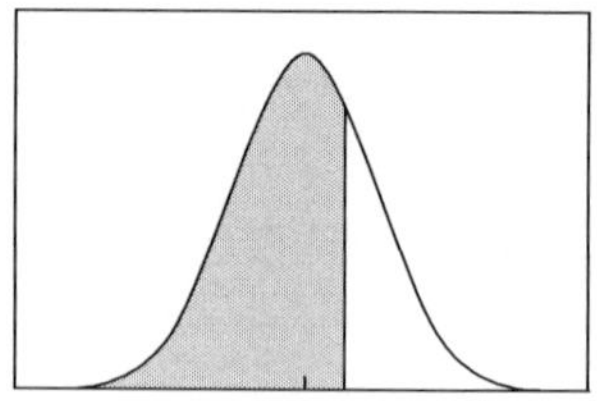

표의 숫자는 z와 같거나 작은 확률을 나타낸다.

z	.00	.01	.02	.03	.04	.05	.06	.07	.08	.09
0.0	.5000	.5040	.5080	.5120	.5160	.5199	.5239	.5279	.5319	.5359
0.1	.5398	.5438	.5478	.5517	.5557	.5596	.5636	.5675	.5714	.5753
0.2	.5793	.5832	.5871	.5910	.5948	.5987	.6026	.6064	.6103	.6141
0.3	.6179	.6217	.6255	.6293	.6331	.6368	.6406	.6443	.6480	.6517
0.4	.6554	.6591	.6628	.6664	.6700	.6736	.6772	.6808	.6844	.6879
0.5	.6915	.6950	.6985	.7019	.7054	.7088	.7123	.7157	.7190	.7224
0.6	.7257	.7291	.7324	.7357	.7389	.7422	.7454	.7486	.7517	.7549
0.7	.7580	.7611	.7642	.7673	.7704	.7734	.7764	.7794	.7823	.7852
0.8	.7881	.7910	.7939	.7967	.7995	.8023	.8051	.8078	.8106	.8133
0.9	.8159	.8186	.8212	.8238	.8264	.8289	.8315	.8340	.8365	.8389
1.0	.8413	.8438	.8461	.8485	.8508	.8531	.8554	.8577	.8599	.8621
1.1	.8643	.8665	.8686	.8708	.8729	.8749	.8770	.8790	.8810	.8830
1.2	.8849	.8869	.8888	.8907	.8925	.8944	.8962	.8980	.8997	.9015
1.3	.9032	.9049	.9066	.9082	.9099	.9115	.9131	.9147	.9162	.9177
1.4	.9192	.9207	.9222	.9236	.9251	.9265	.9279	.9292	.9306	.9319
1.5	.9332	.9345	.9357	.9370	.9382	.9394	.9406	.9418	.9429	.9441
1.6	.9452	.9463	.9474	.9484	.9495	.9505	.9515	.9525	.9535	.9545
1.7	.9554	.9564	.9573	.9582	.9591	.9599	.9608	.9616	.9625	.9633
1.8	.9641	.9649	.9656	.9664	.9671	.9678	.9686	.9693	.9699	.9706
1.9	.9713	.9719	.9726	.9732	.9738	.9744	.9750	.9756	.9761	.9767
2.0	.9772	.9778	.9783	.9788	.9793	.9798	.9803	.9808	.9812	.9817
2.1	.9821	.9826	.9830	.9834	.9838	.9842	.9846	.9850	.9854	.9857
2.2	.9861	.9864	.9868	.9871	.9875	.9878	.9881	.9884	.9887	.9890
2.3	.9893	.9896	.9898	.9901	.9904	.9906	.9909	.9911	.9913	.9916
2.4	.9918	.9920	.9922	.9925	.9927	.9929	.9931	.9932	.9934	.9936
2.5	.9938	.9940	.9941	.9943	.9945	.9946	.9948	.9949	.9951	.9952
2.6	.9953	.9955	.9956	.9957	.9959	.9960	.9961	.9962	.9963	.9964
2.7	.9965	.9966	.9967	.9968	.9969	.9970	.9971	.9972	.9973	.9974
2.8	.9974	.9975	.9976	.9977	.9977	.9978	.9979	.9979	.9980	.9981
2.9	.9981	.9982	.9982	.9983	.9984	.9984	.9985	.9985	.9986	.9986
3.0	.9987	.9987	.9987	.9988	.9988	.9989	.9989	.9989	.9990	.9990
3.1	.9990	.9991	.9991	.9991	.9992	.9992	.9992	.9992	.9993	.9993
3.2	.9993	.9993	.9994	.9994	.9994	.9994	.9994	.9995	.9995	.9995
3.3	.9995	.9995	.9995	.9996	.9996	.9996	.9996	.9996	.9996	.9997
3.4	.9997	.9997	.9997	.9997	.9997	.9997	.9997	.9997	.9997	.9998

2. t-분포표

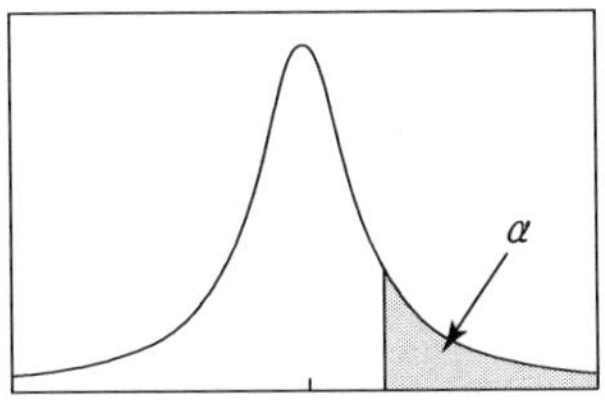

표의 숫자는 주어진 α값에 대한 $t_\alpha(n)$의 값을 나타낸다.

n	α											
	.25	.20	.15	.10	.05	.025	.02	.01	.005	.0025	.001	.0005
1	1.000	1.376	1.963	3.078	6.314	12.71	15.89	31.82	63.66	127.3	318.3	636.6
2	0.816	1.061	1.386	1.886	2.920	4.303	4.849	6.965	9.925	14.09	22.33	31.60
3	0.765	0.978	1.250	1.638	2.353	3.182	3.482	4.541	5.841	7.453	10.21	12.92
4	0.741	0.941	1.190	1.533	2.132	2.776	2.999	3.747	4.604	5.598	7.173	8.610
5	0.727	0.920	1.156	1.476	2.015	2.571	2.757	3.365	4.032	4.773	5.894	6.869
6	0.718	0.906	1.134	1.440	1.943	2.447	2.612	3.143	3.707	4.317	5.208	5.959
7	0.711	0.896	1.119	1.415	1.895	2.365	2.517	2.998	3.499	4.029	4.785	5.408
8	0.706	0.889	1.108	1.397	1.860	2.306	2.449	2.896	3.355	3.833	4.501	5.041
9	0.703	0.883	1.100	1.383	1.833	2.262	2.398	2.821	3.250	3.690	4.297	4.781
10	0.700	0.879	1.093	1.372	1.812	2.228	2.359	2.764	3.169	3.581	4.144	4.587
11	0.697	0.876	1.088	1.363	1.796	2.201	2.328	2.718	3.106	3.497	4.025	4.437
12	0.695	0.873	1.083	1.356	1.782	2.179	2.303	2.681	3.055	3.428	3.930	4.318
13	0.694	0.870	1.079	1.350	1.771	2.160	2.282	2.650	3.012	3.372	3.852	4.221
14	0.692	0.868	1.076	1.345	1.761	2.145	2.264	2.624	2.977	3.326	3.787	4.140
15	0.691	0.866	1.074	1.341	1.753	2.131	2.249	2.602	2.947	3.286	3.733	4.073
16	0.690	0.865	1.071	1.337	1.746	2.120	2.235	2.583	2.921	3.252	3.686	4.015
17	0.689	0.863	1.069	1.333	1.740	2.110	2.224	2.567	2.898	3.222	3.646	3.965
18	0.688	0.862	1.067	1.330	1.734	2.101	2.214	2.552	2.878	3.197	3.610	3.922
19	0.688	0.861	1.066	1.328	1.729	2.093	2.205	2.539	2.861	3.174	3.579	3.883
20	0.687	0.860	1.064	1.325	1.725	2.086	2.197	2.528	2.845	3.153	3.552	3.850
21	0.686	0.859	1.063	1.323	1.721	2.080	2.189	2.518	2.831	3.135	3.527	3.819
22	0.686	0.858	1.061	1.321	1.717	2.074	2.183	2.508	2.819	3.119	3.505	3.792
23	0.685	0.858	1.060	1.319	1.714	2.069	2.177	2.500	2.807	3.104	3.485	3.768
24	0.685	0.857	1.059	1.318	1.711	2.064	2.172	2.492	2.797	3.091	3.467	3.745
25	0.684	0.856	1.058	1.316	1.708	2.060	2.167	2.485	2.787	3.078	3.450	3.725
26	0.684	0.856	1.058	1.315	1.706	2.056	2.162	2.479	2.779	3.067	3.435	3.707
27	0.684	0.855	1.057	1.314	1.703	2.052	2.158	2.473	2.771	3.057	3.421	3.689
28	0.683	0.855	1.056	1.313	1.701	2.048	2.154	2.467	2.763	3.047	3.408	3.674
29	0.683	0.854	1.055	1.311	1.699	2.045	2.150	2.462	2.756	3.038	3.396	3.660
30	0.683	0.854	1.055	1.310	1.697	2.042	2.147	2.457	2.750	3.030	3.385	3.646
40	0.681	0.851	1.050	1.303	1.684	2.021	2.123	2.423	2.704	2.971	3.307	3.551
50	0.679	0.849	1.047	1.299	1.676	2.009	2.109	2.403	2.678	2.937	3.261	3.496
60	0.679	0.848	1.045	1.296	1.671	2.000	2.099	2.390	2.660	2.915	3.232	3.460
70	0.678	0.847	1.044	1.294	1.667	1.994	2.093	2.381	2.648	2.899	3.211	3.435
80	0.678	0.846	1.043	1.292	1.664	1.990	2.088	2.374	2.639	2.887	3.195	3.416
90	0.677	0.846	1.042	1.291	1.662	1.987	2.084	2.368	2.632	2.878	3.183	3.402
100	0.677	0.845	1.042	1.290	1.660	1.984	2.081	2.364	2.626	2.871	3.174	3.390
1000	0.675	0.842	1.037	1.282	1.646	1.962	2.056	2.330	2.581	2.813	3.098	3.300
∞	0.674	0.842	1.036	1.282	1.645	1.960	2.054	2.326	2.576	2.807	3.090	3.290

3. χ^2-분포표

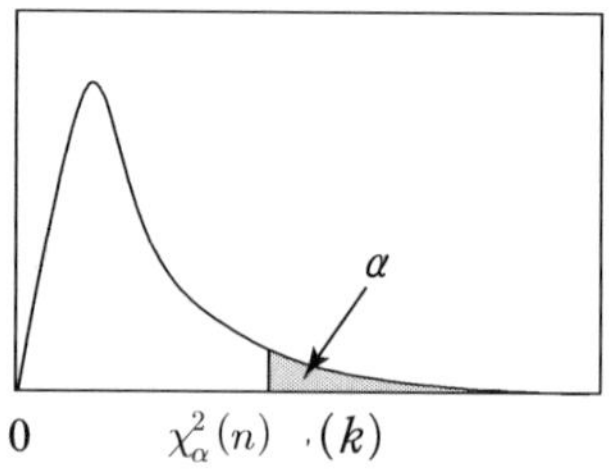

표의 숫자는 주어진 α값에 대한 $\chi^2{}_\alpha(n)$의 값을 나타낸다.

n	α							
	.995	.99	.975	.95	.05	.025	.01	.005
1	.000039	.000157	.000982	.003932	3.84146	5.02390	6.63489	7.87944
2	.010025	.020100	.050636	.102586	5.99148	7.37778	9.21035	10.59653
3	.071724	.114832	.215795	.351846	7.81473	9.34840	11.34488	12.83807
4	.206990	.297110	.484419	.710721	9.48773	11.14326	13.27670	14.86017
5	.411740	.554300	.831211	1.14548	11.07048	12.83249	15.08632	16.74965
6	.675727	.872085	1.23734	1.63538	12.59158	14.44935	16.81187	18.54751
7	.989265	1.23903	1.68986	2.16735	14.06713	16.01277	18.47532	20.27774
8	1.34440	1.64651	2.17972	2.73263	15.50731	17.53454	20.09016	21.95486
9	1.73491	2.08789	2.70039	3.32512	16.91896	19.02278	21.66605	23.58927
10	2.15585	2.55820	3.24696	3.94030	18.30703	20.48320	23.20929	25.18805
11	2.60320	3.05350	3.81574	4.57481	19.67515	21.92002	24.72502	26.75686
12	3.07379	3.57055	4.40378	5.22603	21.02606	23.33666	26.21696	28.29966
13	3.56504	4.10690	5.00874	5.89186	22.36203	24.73558	27.68818	29.81932
14	4.07466	4.66042	5.62872	6.57063	23.68478	26.11893	29.14116	31.31943
15	4.60087	5.22936	6.26212	7.26093	24.99580	27.48836	30.57795	32.80149
16	5.14216	5.81220	6.90766	7.96164	26.29622	28.84532	31.99986	34.26705
17	5.69727	6.40774	7.56418	8.67175	27.58710	30.19098	33.40872	35.71838
18	6.26477	7.01490	8.23074	9.39045	28.86932	31.52641	34.80524	37.15639
19	6.84392	7.63270	8.90651	10.11701	30.14351	32.85234	36.19077	38.58212
20	7.43381	8.26037	9.59077	10.85080	31.41042	34.16958	37.56627	39.99686
21	8.03360	8.89717	10.28291	11.59132	32.67056	35.47886	38.93223	41.40094
22	8.64268	9.54249	10.98233	12.33801	33.92446	36.78068	40.28945	42.79566
23	9.26038	10.19569	11.68853	13.09051	35.17246	38.07561	41.63833	44.18139
24	9.88620	10.85635	12.40115	13.84842	36.41503	39.36406	42.97978	45.55836
25	10.51965	11.52395	13.11971	14.61140	37.65249	40.64650	44.31401	46.92797
26	11.16022	12.19818	13.84388	15.37916	38.88513	41.92314	45.64164	48.28978
27	11.80765	12.87847	14.57337	16.15139	40.11327	43.19452	46.96284	49.64504
28	12.46128	13.56467	15.30785	16.92788	41.33715	44.46079	48.27817	50.99356
29	13.12107	14.25641	16.04705	17.70838	42.55695	45.72228	49.58783	52.33550
30	13.78668	14.95346	16.79076	18.49267	43.77295	46.97922	50.89218	53.67187
40	20.70658	22.16420	24.43306	26.50930	55.75849	59.34168	63.69077	66.76605
50	27.99082	29.70673	32.35738	34.76424	67.50481	71.42019	76.15380	79.48984
60	35.53440	37.48480	40.48171	43.18797	79.08195	83.29771	88.37943	91.95181
70	43.27531	45.44170	48.75754	51.73926	90.53126	95.02315	100.42505	104.21477
80	51.17193	53.53998	57.15315	60.39146	101.87947	106.62854	112.32879	116.32093
90	59.19633	61.75402	65.64659	69.12602	113.14523	118.13591	124.11620	128.29868
100	67.32753	70.06500	74.22188	77.92944	124.34210	129.56125	135.80689	140.16971

4. F-분포표

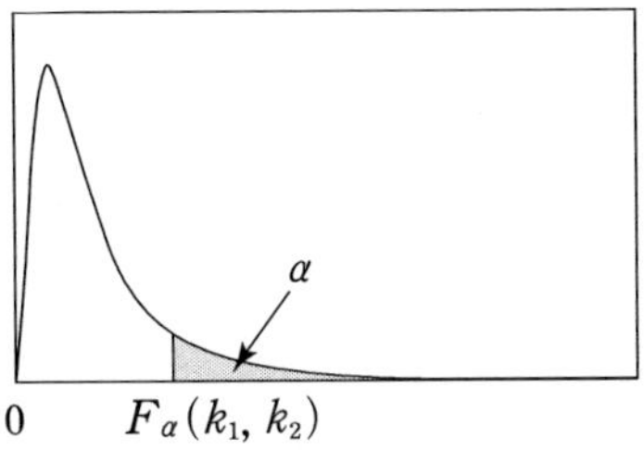

표의 숫자는 주어진 α값에 대한 $F_{\alpha}(k_1, k_2)$의 값을 나타낸다.

k_2	α	k_1								
		1	2	3	4	5	6	7	8	9
1	0.100	39.86	49.50	53.59	55.83	57.24	58.20	58.91	59.44	59.86
	0.050	161.45	199.50	215.71	224.58	230.16	233.99	236.77	238.88	240.54
	0.025	647.79	799.48	864.15	899.60	921.83	937.11	948.20	956.64	963.28
	0.010	4052	4999	5404	5624	5764	5859	5928	5981	6022
2	0.100	8.53	9.00	9.16	9.24	9.29	9.33	9.35	9.37	9.38
	0.050	18.51	19.00	19.16	19.25	19.30	19.33	19.35	19.37	19.38
	0.025	38.51	39.00	39.17	39.25	39.30	39.33	39.36	39.37	39.39
	0.010	98.50	99.00	99.16	99.25	99.30	99.33	99.36	99.38	99.39
3	0.100	5.54	5.46	5.39	5.34	5.31	5.28	5.27	5.25	5.24
	0.050	10.13	9.55	9.28	9.12	9.01	8.94	8.89	8.85	8.81
	0.025	17.44	16.04	15.44	15.10	14.88	14.73	14.62	14.54	14.47
	0.010	34.12	30.82	29.46	28.71	28.24	27.91	27.67	27.49	27.34
4	0.100	4.54	4.32	4.19	4.11	4.05	4.01	3.98	3.95	3.94
	0.050	7.71	6.94	6.59	6.39	6.26	6.16	6.09	6.04	6.00
	0.025	12.22	10.65	9.98	9.60	9.36	9.20	9.07	8.98	8.90
	0.010	21.20	18.00	16.69	15.98	15.52	15.21	14.98	14.80	14.66
5	0.100	4.06	3.78	3.62	3.52	3.45	3.40	3.37	3.34	3.32
	0.050	6.61	5.79	5.41	5.19	5.05	4.95	4.88	4.82	4.77
	0.025	10.01	8.43	7.76	7.39	7.15	6.98	6.85	6.76	6.68
	0.010	16.26	13.27	12.06	11.39	10.97	10.67	10.46	10.29	10.16

k_2	α	k_1								
		1	2	3	4	5	6	7	8	9
6	0.100	3.78	3.46	3.29	3.18	3.11	3.05	3.01	2.98	2.96
	0.050	5.99	5.14	4.76	4.53	4.39	4.28	4.21	4.15	4.10
	0.025	8.81	7.26	6.60	6.23	5.99	5.82	5.70	5.60	5.52
	0.010	13.75	10.92	9.78	9.15	8.75	8.47	8.26	8.10	7.98
7	0.100	3.59	3.26	3.07	2.96	2.88	2.83	2.78	2.75	2.72
	0.050	5.59	4.74	4.35	4.12	3.97	3.87	3.79	3.73	3.68
	0.025	8.07	6.54	5.89	5.52	5.29	5.12	4.99	4.90	4.82
	0.010	12.25	9.55	8.45	7.85	7.46	7.19	6.99	6.84	6.72
8	0.100	3.46	3.11	2.92	2.81	2.73	2.67	2.62	2.59	2.56
	0.050	5.32	4.46	4.07	3.84	3.69	3.58	3.50	3.44	3.39
	0.025	7.57	6.06	5.42	5.05	4.82	4.65	4.53	4.43	4.36
	0.010	11.26	8.65	7.59	7.01	6.63	6.37	6.18	6.03	5.91
9	0.100	3.36	3.01	2.81	2.69	2.61	2.55	2.51	2.47	2.44
	0.050	5.12	4.26	3.86	3.63	3.48	3.37	3.29	3.23	3.18
	0.025	7.21	5.71	5.08	4.72	4.48	4.32	4.20	4.10	4.03
	0.010	10.56	8.02	6.99	6.42	6.06	5.80	5.61	5.47	5.35
10	0.100	3.29	2.92	2.73	2.61	2.52	2.46	2.41	2.38	2.35
	0.050	4.96	4.10	3.71	3.48	3.33	3.22	3.14	3.07	3.02
	0.025	6.94	5.46	4.83	4.47	4.24	4.07	3.95	3.85	3.78
	0.010	10.04	7.56	6.55	5.99	5.64	5.39	5.20	5.06	4.94
11	0.100	3.23	2.86	2.66	2.54	2.45	2.39	2.34	2.30	2.27
	0.050	4.84	3.98	3.59	3.36	3.20	3.09	3.01	2.95	2.90
	0.025	6.72	5.26	4.63	4.28	4.04	3.88	3.76	3.66	3.59
	0.010	9.65	7.21	6.22	5.67	5.32	5.07	4.89	4.74	4.63
12	0.100	3.18	2.81	2.61	2.48	2.39	2.33	2.28	2.24	2.21
	0.050	4.75	3.89	3.49	3.26	3.11	3.00	2.91	2.85	2.80
	0.025	6.55	5.10	4.47	4.12	3.89	3.73	3.61	3.51	3.44
	0.010	9.33	6.93	5.95	5.41	5.06	4.82	4.64	4.50	4.39

k_2	α	k_1										
		10	12	15	20	25	30	40	50	60	120	1000
1	0.100	60.19	60.71	61.22	61.74	62.05	62.26	62.53	62.69	62.79	63.06	63.30
	0.050	241.88	243.90	245.95	248.02	249.26	250.10	251.14	251.77	252.20	253.25	254.19
	0.025	968.63	976.72	984.87	993.08	998.09	1001.4	1005.6	1008.1	1009.8	1014.0	1017.8
	0.010	6055.9	6106.7	6157.0	6208.7	6239.9	6260.4	6286.4	6302.3	6313.0	6339.5	6362.8
2	0.100	9.39	9.41	9.42	9.44	9.45	9.46	9.47	9.47	9.47	9.48	9.49
	0.050	19.40	19.41	19.43	19.45	19.46	19.46	19.47	19.48	19.48	19.49	19.49
	0.025	39.40	39.41	39.43	39.45	39.46	39.46	39.47	39.48	39.48	39.49	39.50
	0.010	99.40	99.42	99.43	99.45	99.46	99.47	99.48	99.48	99.48	99.49	99.50
3	0.100	5.23	5.22	5.20	5.18	5.17	5.17	5.16	5.15	5.15	5.14	5.13
	0.050	8.79	8.74	8.70	8.66	8.63	8.62	8.59	8.58	8.57	8.55	8.53
	0.025	14.42	14.34	14.25	14.17	14.12	14.08	14.04	14.01	13.99	13.95	13.91
	0.010	27.23	27.05	26.87	26.69	26.58	26.50	26.41	26.35	26.32	26.22	26.14
4	0.100	3.92	3.90	3.87	3.84	3.83	3.82	3.80	3.80	3.79	3.78	3.76
	0.050	5.96	5.91	5.86	5.80	5.77	5.75	5.72	5.70	5.69	5.66	5.63
	0.025	8.84	8.75	8.66	8.56	8.50	8.46	8.41	8.38	8.36	8.31	8.26
	0.010	14.55	14.37	14.20	14.02	13.91	13.84	13.75	13.69	13.65	13.56	13.47
5	0.100	3.30	3.27	3.24	3.21	3.19	3.17	3.16	3.15	3.14	3.12	3.11
	0.050	4.74	4.68	4.62	4.56	4.52	4.50	4.46	4.44	4.43	4.40	4.37
	0.025	6.62	6.52	6.43	6.33	6.27	6.23	6.18	6.14	6.12	6.07	6.02
	0.010	10.05	9.89	9.72	9.55	9.45	9.38	9.29	9.24	9.20	9.11	9.03
6	0.100	2.94	2.90	2.87	2.84	2.81	2.80	2.78	2.77	2.76	2.74	2.72
	0.050	4.06	4.00	3.94	3.87	3.83	3.81	3.77	3.75	3.74	3.70	3.67
	0.025	5.46	5.37	5.27	5.17	5.11	5.07	5.01	4.98	4.96	4.90	4.86
	0.010	7.87	7.72	7.56	7.40	7.30	7.23	7.14	7.09	7.06	6.97	6.89
7	0.100	2.70	2.67	2.63	2.59	2.57	2.56	2.54	2.52	2.51	2.49	2.47
	0.050	3.64	3.57	3.51	3.44	3.40	3.38	3.34	3.32	3.30	3.27	3.23
	0.025	4.76	4.67	4.57	4.47	4.40	4.36	4.31	4.28	4.25	4.20	4.15
	0.010	6.62	6.47	6.31	6.16	6.06	5.99	5.91	5.86	5.82	5.74	5.66
8	0.100	2.54	2.50	2.46	2.42	2.40	2.38	2.36	2.35	2.34	2.32	2.30
	0.050	3.35	3.28	3.22	3.15	3.11	3.08	3.04	3.02	3.01	2.97	2.93
	0.025	4.30	4.20	4.10	4.00	3.94	3.89	3.84	3.81	3.78	3.73	3.68
	0.010	5.81	5.67	5.52	5.36	5.26	5.20	5.12	5.07	5.03	4.95	4.87
9	0.100	2.42	2.38	2.34	2.30	2.27	2.25	2.23	2.22	2.21	2.18	2.16
	0.050	3.14	3.07	3.01	2.94	2.89	2.86	2.83	2.80	2.79	2.75	2.71
	0.025	3.96	3.87	3.77	3.67	3.60	3.56	3.51	3.47	3.45	3.39	3.34
	0.010	5.26	5.11	4.96	4.81	4.71	4.65	4.57	4.52	4.48	4.40	4.32
10	0.100	2.32	2.28	2.24	2.20	2.17	2.16	2.13	2.12	2.11	2.08	2.06
	0.050	2.98	2.91	2.85	2.77	2.73	2.70	2.66	2.64	2.62	2.58	2.54
	0.025	3.72	3.62	3.52	3.42	3.35	3.31	3.26	3.22	3.20	3.14	3.09
	0.010	4.85	4.71	4.56	4.41	4.31	4.25	4.17	4.12	4.08	4.00	3.92
11	0.100	2.25	2.21	2.17	2.12	2.10	2.08	2.05	2.04	2.03	2.00	1.98
	0.050	2.85	2.79	2.72	2.65	2.60	2.57	2.53	2.51	2.49	2.45	2.41
	0.025	3.53	3.43	3.33	3.23	3.16	3.12	3.06	3.03	3.00	2.94	2.89
	0.010	4.54	4.40	4.25	4.10	4.01	3.94	3.86	3.81	3.78	3.69	3.61
12	0.100	2.19	2.15	2.10	2.06	2.03	2.01	1.99	1.97	1.96	1.93	1.91
	0.050	2.75	2.69	2.62	2.54	2.50	2.47	2.43	2.40	2.38	2.34	2.30
	0.025	3.37	3.28	3.18	3.07	3.01	2.96	2.91	2.87	2.85	2.79	2.73
	0.010	4.30	4.16	4.01	3.86	3.76	3.70	3.62	3.57	3.54	3.45	3.37

k_2	α	k_1								
		1	2	3	4	5	6	7	8	9
13	0.100	3.14	2.76	2.56	2.43	2.35	2.28	2.23	2.20	2.16
	0.050	4.67	3.81	3.41	3.18	3.03	2.92	2.83	2.77	2.71
	0.025	6.41	4.97	4.35	4.00	3.77	3.60	3.48	3.39	3.31
	0.010	9.07	6.70	5.74	5.21	4.86	4.62	4.44	4.30	4.19
14	0.100	3.10	2.73	2.52	2.39	2.31	2.24	2.19	2.15	2.12
	0.050	4.60	3.74	3.34	3.11	2.96	2.85	2.76	2.70	2.65
	0.025	6.30	4.86	4.24	3.89	3.66	3.50	3.38	3.29	3.21
	0.010	8.86	6.51	5.56	5.04	4.69	4.46	4.28	4.14	4.03
15	0.100	3.07	2.70	2.49	2.36	2.27	2.21	2.16	2.12	2.09
	0.050	4.54	3.68	3.29	3.06	2.90	2.79	2.71	2.64	2.59
	0.025	6.20	4.77	4.15	3.80	3.58	3.41	3.29	3.20	3.12
	0.010	8.68	6.36	5.42	4.89	4.56	4.32	4.14	4.00	3.89
16	0.100	3.05	2.67	2.46	2.33	2.24	2.18	2.13	2.09	2.06
	0.050	4.49	3.63	3.24	3.01	2.85	2.74	2.66	2.59	2.54
	0.025	6.12	4.69	4.08	3.73	3.50	3.34	3.22	3.12	3.05
	0.010	8.53	6.23	5.29	4.77	4.44	4.20	4.03	3.89	3.78
17	0.100	3.03	2.64	2.44	2.31	2.22	2.15	2.10	2.06	2.03
	0.050	4.45	3.59	3.20	2.96	2.81	2.70	2.61	2.55	2.49
	0.025	6.04	4.62	4.01	3.66	3.44	3.28	3.16	3.06	2.98
	0.010	8.40	6.11	5.19	4.67	4.34	4.10	3.93	3.79	3.68
18	0.100	3.01	2.62	2.42	2.29	2.20	2.13	2.08	2.04	2.00
	0.050	4.41	3.55	3.16	2.93	2.77	2.66	2.58	2.51	2.46
	0.025	5.98	4.56	3.95	3.61	3.38	3.22	3.10	3.01	2.93
	0.010	8.29	6.01	5.09	4.58	4.25	4.01	3.84	3.71	3.60
19	0.100	2.99	2.61	2.40	2.27	2.18	2.11	2.06	2.02	1.98
	0.050	4.38	3.52	3.13	2.90	2.74	2.63	2.54	2.48	2.42
	0.025	5.92	4.51	3.90	3.56	3.33	3.17	3.05	2.96	2.88
	0.010	8.18	5.93	5.01	4.50	4.17	3.94	3.77	3.63	3.52
20	0.100	2.97	2.59	2.38	2.25	2.16	2.09	2.04	2.00	1.96
	0.050	4.35	3.49	3.10	2.87	2.71	2.60	2.51	2.45	2.39
	0.025	5.87	4.46	3.86	3.51	3.29	3.13	3.01	2.91	2.84
	0.010	8.10	5.85	4.94	4.43	4.10	3.87	3.70	3.56	3.46
21	0.100	2.96	2.57	2.36	2.23	2.14	2.08	2.02	1.98	1.95
	0.050	4.32	3.47	3.07	2.84	2.68	2.57	2.49	2.42	2.37
	0.025	5.83	4.42	3.82	3.48	3.25	3.09	2.97	2.87	2.80
	0.010	8.02	5.78	4.87	4.37	4.04	3.81	3.64	3.51	3.40
22	0.100	2.95	2.56	2.35	2.22	2.13	2.06	2.01	1.97	1.93
	0.050	4.30	3.44	3.05	2.82	2.66	2.55	2.46	2.40	2.34
	0.025	5.79	4.38	3.78	3.44	3.22	3.05	2.93	2.84	2.76
	0.010	7.95	5.72	4.82	4.31	3.99	3.76	3.59	3.45	3.35
23	0.100	2.94	2.55	2.34	2.21	2.11	2.05	1.99	1.95	1.92
	0.050	4.28	3.42	3.03	2.80	2.64	2.53	2.44	2.37	2.32
	0.025	5.75	4.35	3.75	3.41	3.18	3.02	2.90	2.81	2.73
	0.010	7.88	5.66	4.76	4.26	3.94	3.71	3.54	3.41	3.30
24	0.100	2.93	2.54	2.33	2.19	2.10	2.04	1.98	1.94	1.91
	0.050	4.26	3.40	3.01	2.78	2.62	2.51	2.42	2.36	2.30
	0.025	5.72	4.32	3.72	3.38	3.15	2.99	2.87	2.78	2.70
	0.010	7.82	5.61	4.72	4.22	3.90	3.67	3.50	3.36	3.26

k_2	α	k_1										
		10	12	15	20	25	30	40	50	60	120	1000
13	0.100	2.14	2.10	2.05	2.01	1.98	1.96	1.93	1.92	1.90	1.88	1.85
	0.050	2.67	2.60	2.53	2.46	2.41	2.38	2.34	2.31	2.30	2.25	2.21
	0.025	3.25	3.15	3.05	2.95	2.88	2.84	2.78	2.74	2.72	2.66	2.60
	0.010	4.10	3.96	3.82	3.66	3.57	3.51	3.43	3.38	3.34	3.25	3.18
14	0.100	2.10	2.05	2.01	1.96	1.93	1.91	1.89	1.87	1.86	1.83	1.80
	0.050	2.60	2.53	2.46	2.39	2.34	2.31	2.27	2.24	2.22	2.18	2.14
	0.025	3.15	3.05	2.95	2.84	2.78	2.73	2.67	2.64	2.61	2.55	2.50
	0.010	3.94	3.80	3.66	3.51	3.41	3.35	3.27	3.22	3.18	3.09	3.02
15	0.100	2.06	2.02	1.97	1.92	1.89	1.87	1.85	1.83	1.82	1.79	1.76
	0.050	2.54	2.48	2.40	2.33	2.28	2.25	2.20	2.18	2.16	2.11	2.07
	0.025	3.06	2.96	2.86	2.76	2.69	2.64	2.59	2.55	2.52	2.46	2.40
	0.010	3.80	3.67	3.52	3.37	3.28	3.21	3.13	3.08	3.05	2.96	2.88
16	0.100	2.03	1.99	1.94	1.89	1.86	1.84	1.81	1.79	1.78	1.75	1.72
	0.050	2.49	2.42	2.35	2.28	2.23	2.19	2.15	2.12	2.11	2.06	2.02
	0.025	2.99	2.89	2.79	2.68	2.61	2.57	2.51	2.47	2.45	2.38	2.32
	0.010	3.69	3.55	3.41	3.26	3.16	3.10	3.02	2.97	2.93	2.84	2.76
17	0.100	2.00	1.96	1.91	1.86	1.83	1.81	1.78	1.76	1.75	1.72	1.69
	0.050	2.45	2.38	2.31	2.23	2.18	2.15	2.10	2.08	2.06	2.01	1.97
	0.025	2.92	2.82	2.72	2.62	2.55	2.50	2.44	2.41	2.38	2.32	2.26
	0.010	3.59	3.46	3.31	3.16	3.07	3.00	2.92	2.87	2.83	2.75	2.66
18	0.100	1.98	1.93	1.89	1.84	1.80	1.78	1.75	1.74	1.72	1.69	1.66
	0.050	2.41	2.34	2.27	2.19	2.14	2.11	2.06	2.04	2.02	1.97	1.92
	0.025	2.87	2.77	2.67	2.56	2.49	2.44	2.38	2.35	2.32	2.26	2.20
	0.010	3.51	3.37	3.23	3.08	2.98	2.92	2.84	2.78	2.75	2.66	2.58
19	0.100	1.96	1.91	1.86	1.81	1.78	1.76	1.73	1.71	1.70	1.67	1.64
	0.050	2.38	2.31	2.23	2.16	2.11	2.07	2.03	2.00	1.98	1.93	1.88
	0.025	2.82	2.72	2.62	2.51	2.44	2.39	2.33	2.30	2.27	2.20	2.14
	0.010	3.43	3.30	3.15	3.00	2.91	2.84	2.76	2.71	2.67	2.58	2.50
20	0.100	1.94	1.89	1.84	1.79	1.76	1.74	1.71	1.69	1.68	1.64	1.61
	0.050	2.35	2.28	2.20	2.12	2.07	2.04	1.99	1.97	1.95	1.90	1.85
	0.025	2.77	2.68	2.57	2.46	2.40	2.35	2.29	2.25	2.22	2.16	2.09
	0.010	3.37	3.23	3.09	2.94	2.84	2.78	2.69	2.64	2.61	2.52	2.43
21	0.100	1.92	1.87	1.83	1.78	1.74	1.72	1.69	1.67	1.66	1.62	1.59
	0.050	2.32	2.25	2.18	2.10	2.05	2.01	1.96	1.94	1.92	1.87	1.82
	0.025	2.73	2.64	2.53	2.42	2.36	2.31	2.25	2.21	2.18	2.11	2.05
	0.010	3.31	3.17	3.03	2.88	2.79	2.72	2.64	2.58	2.55	2.46	2.37
22	0.100	1.90	1.86	1.81	1.76	1.73	1.70	1.67	1.65	1.64	1.60	1.57
	0.050	2.30	2.23	2.15	2.07	2.02	1.98	1.94	1.91	1.89	1.84	1.79
	0.025	2.70	2.60	2.50	2.39	2.32	2.27	2.21	2.17	2.14	2.08	2.01
	0.010	3.26	3.12	2.98	2.83	2.73	2.67	2.58	2.53	2.50	2.40	2.32
23	0.100	1.89	1.84	1.80	1.74	1.71	1.69	1.66	1.64	1.62	1.59	1.55
	0.050	2.27	2.20	2.13	2.05	2.00	1.96	1.91	1.88	1.86	1.81	1.76
	0.025	2.67	2.57	2.47	2.36	2.29	2.24	2.18	2.14	2.11	2.04	1.98
	0.010	3.21	3.07	2.93	2.78	2.69	2.62	2.54	2.48	2.45	2.35	2.27
24	0.100	1.88	1.83	1.78	1.73	1.70	1.67	1.64	1.62	1.61	1.57	1.54
	0.050	2.25	2.18	2.11	2.03	1.97	1.94	1.89	1.86	1.84	1.79	1.74
	0.025	2.64	2.54	2.44	2.33	2.26	2.21	2.15	2.11	2.08	2.01	1.94
	0.010	3.17	3.03	2.89	2.74	2.64	2.58	2.49	2.44	2.40	2.31	2.22

k_2	α	k_1								
		1	2	3	4	5	6	7	8	9
25	0.100	2.92	2.53	2.32	2.18	2.09	2.02	1.97	1.93	1.89
	0.050	4.24	3.39	2.99	2.76	2.60	2.49	2.40	2.34	2.28
	0.025	5.69	4.29	3.69	3.35	3.13	2.97	2.85	2.75	2.68
	0.010	7.77	5.57	4.68	4.18	3.85	3.63	3.46	3.32	3.22
26	0.100	2.91	2.52	2.31	2.17	2.08	2.01	1.96	1.92	1.88
	0.050	4.23	3.37	2.98	2.74	2.59	2.47	2.39	2.32	2.27
	0.025	5.66	4.27	3.67	3.33	3.10	2.94	2.82	2.73	2.65
	0.010	7.72	5.53	4.64	4.14	3.82	3.59	3.42	3.29	3.18
27	0.100	2.90	2.51	2.30	2.17	2.07	2.00	1.95	1.91	1.87
	0.050	4.21	3.35	2.96	2.73	2.57	2.46	2.37	2.31	2.25
	0.025	5.63	4.24	3.65	3.31	3.08	2.92	2.80	2.71	2.63
	0.010	7.68	5.49	4.60	4.11	3.78	3.56	3.39	3.26	3.15
28	0.100	2.89	2.50	2.29	2.16	2.06	2.00	1.94	1.90	1.87
	0.050	4.20	3.34	2.95	2.71	2.56	2.45	2.36	2.29	2.24
	0.025	5.61	4.22	3.63	3.29	3.06	2.90	2.78	2.69	2.61
	0.010	7.64	5.45	4.57	4.07	3.75	3.53	3.36	3.23	3.12
29	0.100	2.89	2.50	2.28	2.15	2.06	1.99	1.93	1.89	1.86
	0.050	4.18	3.33	2.93	2.70	2.55	2.43	2.35	2.28	2.22
	0.025	5.59	4.20	3.61	3.27	3.04	2.88	2.76	2.67	2.59
	0.010	7.60	5.42	4.54	4.04	3.73	3.50	3.33	3.20	3.09
30	0.100	2.88	2.49	2.28	2.14	2.05	1.98	1.93	1.88	1.85
	0.050	4.17	3.32	2.92	2.69	2.53	2.42	2.33	2.27	2.21
	0.025	5.57	4.18	3.59	3.25	3.03	2.87	2.75	2.65	2.57
	0.010	7.56	5.39	4.51	4.02	3.70	3.47	3.30	3.17	3.07
40	0.100	2.84	2.44	2.23	2.09	2.00	1.93	1.87	1.83	1.79
	0.050	4.08	3.23	2.84	2.61	2.45	2.34	2.25	2.18	2.12
	0.025	5.42	4.05	3.46	3.13	2.90	2.74	2.62	2.53	2.45
	0.010	7.31	5.18	4.31	3.83	3.51	3.29	3.12	2.99	2.89
50	0.100	2.81	2.41	2.20	2.06	1.97	1.90	1.84	1.80	1.76
	0.050	4.03	3.18	2.79	2.56	2.40	2.29	2.20	2.13	2.07
	0.025	5.34	3.97	3.39	3.05	2.83	2.67	2.55	2.46	2.38
	0.010	7.17	5.06	4.20	3.72	3.41	3.19	3.02	2.89	2.78
60	0.100	2.79	2.39	2.18	2.04	1.95	1.87	1.82	1.77	1.74
	0.050	4.00	3.15	2.76	2.53	2.37	2.25	2.17	2.10	2.04
	0.025	5.29	3.93	3.34	3.01	2.79	2.63	2.51	2.41	2.33
	0.010	7.08	4.98	4.13	3.65	3.34	3.12	2.95	2.82	2.72
100	0.100	2.76	2.36	2.14	2.00	1.91	1.83	1.78	1.73	1.69
	0.050	3.94	3.09	2.70	2.46	2.31	2.19	2.10	2.03	1.97
	0.025	5.18	3.83	3.25	2.92	2.70	2.54	2.42	2.32	2.24
	0.010	6.90	4.82	3.98	3.51	3.21	2.99	2.82	2.69	2.59
200	0.100	2.73	2.33	2.11	1.97	1.88	1.80	1.75	1.70	1.66
	0.050	3.89	3.04	2.65	2.42	2.26	2.14	2.06	1.98	1.93
	0.025	5.10	3.76	3.18	2.85	2.63	2.47	2.35	2.26	2.18
	0.010	6.76	4.71	3.88	3.41	3.11	2.89	2.73	2.60	2.50
1000	0.100	2.71	2.31	2.09	1.95	1.85	1.78	1.72	1.68	1.64
	0.050	3.85	3.00	2.61	2.38	2.22	2.11	2.02	1.95	1.89
	0.025	5.04	3.70	3.13	2.80	2.58	2.42	2.30	2.20	2.13
	0.010	6.66	4.63	3.80	3.34	3.04	2.82	2.66	2.53	2.43

k_2	α	k_1										
		10	12	15	20	25	30	40	50	60	120	1000
25	0.100	1.87	1.82	1.77	1.72	1.68	1.66	1.63	1.61	1.59	1.56	1.52
	0.050	2.24	2.16	2.09	2.01	1.96	1.92	1.87	1.84	1.82	1.77	1.72
	0.025	2.61	2.51	2.41	2.30	2.23	2.18	2.12	2.08	2.05	1.98	1.91
	0.010	3.13	2.99	2.85	2.70	2.60	2.54	2.45	2.40	2.36	2.27	2.18
26	0.100	1.86	1.81	1.76	1.71	1.67	1.65	1.61	1.59	1.58	1.54	1.51
	0.050	2.22	2.15	2.07	1.99	1.94	1.90	1.85	1.82	1.80	1.75	1.70
	0.025	2.59	2.49	2.39	2.28	2.21	2.16	2.09	2.05	2.03	1.95	1.89
	0.010	3.09	2.96	2.81	2.66	2.57	2.50	2.42	2.36	2.33	2.23	2.14
27	0.100	1.85	1.80	1.75	1.70	1.66	1.64	1.60	1.58	1.57	1.53	1.50
	0.050	2.20	2.13	2.06	1.97	1.92	1.88	1.84	1.81	1.79	1.73	1.68
	0.025	2.57	2.47	2.36	2.25	2.18	2.13	2.07	2.03	2.00	1.93	1.86
	0.010	3.06	2.93	2.78	2.63	2.54	2.47	2.38	2.33	2.29	2.20	2.11
28	0.100	1.84	1.79	1.74	1.69	1.65	1.63	1.59	1.57	1.56	1.52	1.48
	0.050	2.19	2.12	2.04	1.96	1.91	1.87	1.82	1.79	1.77	1.71	1.66
	0.025	2.55	2.45	2.34	2.23	2.16	2.11	2.05	2.01	1.98	1.91	1.84
	0.010	3.03	2.90	2.75	2.60	2.51	2.44	2.35	2.30	2.26	2.17	2.08
29	0.100	1.83	1.78	1.73	1.68	1.64	1.62	1.58	1.56	1.55	1.51	1.47
	0.050	2.18	2.10	2.03	1.94	1.89	1.85	1.81	1.77	1.75	1.70	1.65
	0.025	2.53	2.43	2.32	2.21	2.14	2.09	2.03	1.99	1.96	1.89	1.82
	0.010	3.00	2.87	2.73	2.57	2.48	2.41	2.33	2.27	2.23	2.14	2.05
30	0.100	1.82	1.77	1.72	1.67	1.63	1.61	1.57	1.55	1.54	1.50	1.46
	0.050	2.16	2.09	2.01	1.93	1.88	1.84	1.79	1.76	1.74	1.68	1.63
	0.025	2.51	2.41	2.31	2.20	2.12	2.07	2.01	1.97	1.94	1.87	1.80
	0.010	2.98	2.84	2.70	2.55	2.45	2.39	2.30	2.25	2.21	2.11	2.02
40	0.100	1.76	1.71	1.66	1.61	1.57	1.54	1.51	1.48	1.47	1.42	1.38
	0.050	2.08	2.00	1.92	1.84	1.78	1.74	1.69	1.66	1.64	1.58	1.52
	0.025	2.39	2.29	2.18	2.07	1.99	1.94	1.88	1.83	1.80	1.72	1.65
	0.010	2.80	2.66	2.52	2.37	2.27	2.20	2.11	2.06	2.02	1.92	1.82
50	0.100	1.73	1.68	1.63	1.57	1.53	1.50	1.46	1.44	1.42	1.38	1.33
	0.050	2.03	1.95	1.87	1.78	1.73	1.69	1.63	1.60	1.58	1.51	1.45
	0.025	2.32	2.22	2.11	1.99	1.92	1.87	1.80	1.75	1.72	1.64	1.56
	0.010	2.70	2.56	2.42	2.27	2.17	2.10	2.01	1.95	1.91	1.80	1.70
60	0.100	1.71	1.66	1.60	1.54	1.50	1.48	1.44	1.41	1.40	1.35	1.30
	0.050	1.99	1.92	1.84	1.75	1.69	1.65	1.59	1.56	1.53	1.47	1.40
	0.025	2.27	2.17	2.06	1.94	1.87	1.82	1.74	1.70	1.67	1.58	1.49
	0.010	2.63	2.50	2.35	2.20	2.10	2.03	1.94	1.88	1.84	1.73	1.62
100	0.100	1.66	1.61	1.56	1.49	1.45	1.42	1.38	1.35	1.34	1.28	1.22
	0.050	1.93	1.85	1.77	1.68	1.62	1.57	1.52	1.48	1.45	1.38	1.30
	0.025	2.18	2.08	1.97	1.85	1.77	1.71	1.64	1.59	1.56	1.46	1.36
	0.010	2.50	2.37	2.22	2.07	1.97	1.89	1.80	1.74	1.69	1.57	1.45
200	0.100	1.63	1.58	1.52	1.46	1.41	1.38	1.34	1.31	1.29	1.23	1.16
	0.050	1.88	1.80	1.72	1.62	1.56	1.52	1.46	1.41	1.39	1.30	1.21
	0.025	2.11	2.01	1.90	1.78	1.70	1.64	1.56	1.51	1.47	1.37	1.25
	0.010	2.41	2.27	2.13	1.97	1.87	1.79	1.69	1.63	1.58	1.45	1.30
1000	0.100	1.61	1.55	1.49	1.43	1.38	1.35	1.30	1.27	1.25	1.18	1.08
	0.050	1.84	1.76	1.68	1.58	1.52	1.47	1.41	1.36	1.33	1.24	1.11
	0.025	2.06	1.96	1.85	1.72	1.64	1.58	1.50	1.45	1.41	1.29	1.13
	0.010	2.34	2.20	2.06	1.90	1.79	1.72	1.61	1.54	1.50	1.35	1.16

5. Durbin-Watson 검증의 상한과 하한

표본의 수 n	유의수준 α	p = 독립변수의 수 1 d_L	1 d_U	2 d_L	2 d_U	3 d_L	3 d_U	4 d_L	4 d_U	5 d_L	5 d_U
	.01	.81	1.07	.70	1.25	.59	1.46	.49	1.70	.39	1.96
15	.025	.95	1.23	.83	1.40	.71	1.61	.59	1.84	.48	2.09
	.05	1.08	1.36	.95	1.54	.82	1.75	.69	1.97	.56	1.21
	.01	.95	1.15	.86	1.27	.77	1.41	.63	1.57	.70	1.74
20	.025	1.08	1.28	.99	1.41	.89	1.55	.79	1.70	.70	1.87
	.05	1.20	1.41	1.10	1.54	1.00	1.68	.90	1.83	.79	1.99
	.01	1.05	1.21	.98	1.30	.90	1.41	.83	1.52	.75	1.65
25	.025	1.13	1.34	1.10	1.43	1.02	1.54	.94	1.65	.86	1.77
	.05	1.20	1.45	1.21	1.55	1.12	1.66	1.04	1.77	.95	1.89
	.01	1.13	1.26	1.07	1.34	1.01	1.42	.94	1.51	.88	1.61
30	.025	1.25	1.38	1.18	1.46	1.12	1.54	1.05	1.63	.98	1.73
	.05	1.35	1.49	1.28	1.57	1.12	1.65	1.14	1.74	1.07	1.83
	.01	1.25	1.34	1.20	1.40	1.15	1.46	1.10	1.52	1.05	1.58
40	.025	1.35	1.45	1.30	1.51	1.25	1.57	1.20	1.63	1.15	1.69
	.05	1.44	1.54	1.39	1.60	1.34	1.66	1.29	1.72	1.23	1.79
	.01	1.32	1.40	1.28	1.45	1.24	1.49	1.20	1.54	1.16	1.59
50	.025	1.42	1.50	1.38	1.54	1.34	1.59	1.30	1.64	1.26	1.69
	.05	1.50	1.59	1.46	1.63	1.42	1.67	1.38	1.72	1.34	1.77
	.01	1.38	1.45	1.35	1.48	1.32	1.52	1.28	1.56	1.25	1.60
60	.025	1.47	1.54	1.44	1.57	1.40	1.61	1.37	1.65	1.33	1.69
	.05	1.55	1.62	1.51	1.65	1.48	1.69	1.44	1.73	1.41	1.77
	.01	1.47	1.52	1.44	1.54	1.42	1.57	1.39	1.60	1.36	1.62
80	.025	1.54	1.59	1.52	1.62	1.49	1.65	1.47	1.67	1.44	1.70
	.05	1.61	1.66	1.59	1.69	1.56	1.72	1.53	1.74	1.51	1.77
	.01	1.52	1.56	1.50	1.58	1.48	1.60	1.45	1.63	1.44	1.65
100	.025	1.59	1.63	1.57	1.65	1.55	1.67	1.53	1.70	1.51	1.72
	.05	1.65	1.69	1.63	1.72	1.61	1.74	1.59	1.76	1.57	1.78

6. 그리스어 표

대문자	소문자	이름	해당영어 알파벳	발음기호
A	α	alpha	a	[ǽlfə]
B	β	beta	b	[béitə/bí:tə]
Γ	γ	gamma	g	[gǽmə]
Δ	δ	delta	d	[déltə]
E	ε	epsilon	e	[épsəlàn, −lən/epsáilən]
Z	ζ	zeta	z	[zéitə, zí:−]
H	η	eta	ē	[éitə, í:tə]
Θ	θ	theta	th	[θéitə, θí:−]
I	ι	iota	i	[aióutə]
K	κ	kappa	k	[kǽpə]
Λ	λ	lambda	l	[lǽmdə]
M	μ	mu	m	[m(j)u : /mju :]
N	ν	nu	n	[n(j)u : /nju :]
Ξ	ξ	xi	x	[si, zi/zai, sai/sai, gzai]
O	o	omicron	o	[ámikràn, óum − /o(u)máikr(ə)n]
Π	π	pi	p	[pai]
P	ρ	rho	r	[rou]
Σ	σ	sigma	s	[sígmə]
T	τ	tau	t	[tau, tŏ :]
Y	υ	upsilon	u, y	[jú:psilàn, ʌp−, −lən/ju:psáilən]
Φ	ϕ	phi	ph	[fai]
X	χ	chi	x	[kai]
Ψ	ψ	psi	ps	[sai, psi:/psai]
Ω	ω	ometa	ō	[o(u)mégə, −mí:−, −méi − /óumi−]

찾아보기

저자 소개

이원우

연세대학교 응용통계학과 졸업
(미)버지니아택주립대 통계학과 박사
계명대학교 경영학과 교수
세종대학교 응용통계학과 교수
ANR 리서치연구소 소장
세종대학교 수학통계학부 교수
현) 보스웰코리아 대표이사

장인홍

조선대학교 수학교육과 졸업
한양대학교 대학원 수학과 통계학박사
한양대학교 박사후연구원
미국 Rutgers 대학 방문교수
현) 조선대학교 컴퓨터통계학과 교수

예측을 위한 통계적 기법

SPSS 활용 시계열 자료분석 -제3판-

저 자 이원우·장인홍
발 행 인 주정희
발 행 처 자유아카데미
주 소 경기도 파주시 회동길 37-42
파주출판도시
전 화 031-955-1321
팩 스 031-955-1322
홈페이지 www.freeaca.com
전자우편 main@freeaca.com (대표)
editor@freeaca.com (편집)
crm@freeaca.com (영업)
등 록 제406-2003-017호, 1980. 7. 12
제3판1쇄 2018년 4월 25일 발행
정 가 27,000원

저자와의
협의하에
인지생략

무단 복제를 금하며, 잘못된 책은 바꾸어 드립니다.

ISBN 979-11-5808-186-7 93310